KB270428

오천년 숨겨진 비밀

大運

鄭再原 著

문지사

사람이 세상에 태어나 오래 살고 못사는 것은 다만 사주팔자(四柱八字)에 달려 있고·잘 살고 못 사는 것은 이름자에 달려 있다· 그러므로 병이 생기고 액운이 들어 고치고 못 고치는 것도 다만 바른 마음가짐에 달려 있는 것이니 이 마음가짐이야말로 신령스런 부작일 것이다· 사주는 체가 되고 이름은 용이 되며 부작은·호신이 되나니 지성이면 감천이요· 만사 여의 순조롭고 집안이 화평하리라·

夫凡人生壽不壽　只在生年月日時
夫凡人生榮不榮　只在某云名字號
夫凡病厄治不治　只在布心是靈符
柱爲體而名爲用　符爲消厄最護身
體用俱得策備符　萬事順調家和平

邵康節先生詩

丁丑　鄭再原

진인사대천명(盡人事待天命)이라고 했다. 내가 할 일을 다 하고 하늘의 뜻을 기다린다는 말이다. 이는 우리 인간들에게 선명한 삶을 제시하는 바탕이다. 그래서 서양 격언에도 '하늘은 스스로 돕는 자를 돕는다'고 하지 않았던가.

지금부터 46년 전 한국전쟁이 치열했을 때 일어난 끔찍한 사건, 그것은 과연 양민들에게 생존권이라는 게 있었더냐고 반문하지 않을 수 없는 일대 사건이었다. 전시 상황이라는 어수선한 틈새에서는 사람의 목숨이 파리보다 못 하다는 말을 실감했다.

그 당시 지리산 기슭이었던 경남 산청군 금서면 방곡리, 그러니까 산청·함양·거창의 양민 학살사건이 바로 그것이다. 많은 양민들이 적군이 아닌 아군 11사단 9연대 3대대 장병들의 총칼에 무려 7백여 명이나 무참히 학살되고 말았으니, 그 원통한 죽음을 누구에게 호소한단 말인가!

공비소탕이라는 미명 아래 양민들이 순진무구하게 옹기종기 살아오던 초가삼간을 불태우고, 주민들을 모조리 방곡 마을 앞 논으로 끌어내어 기관총으로 난사하고, 수류탄으로 온 마을을 초토화시켰으며, 그것도 모자라 시체를 확인 사살까지 하는 상상을 초월한 만행을 저질렀던 것이다.

그런 와중에도 저자는 총 3발을 맞아 관통상을 당했으나 하늘이 도왔는 지 극적으로 살아 남았다. 그날 가족 10명 중에 7명이 총살 당했다. 이런 처절한 현상을 그 부대는 공비 완전 소탕이라는 혁혁한 전공으로 보고하여 일계급 특진하는, 실로 어처구니 없는 상황이 전개되었던 것이다. 그렇게 통분의 죽음을 당한 양민들은 땅 속에 묻혀 말이 없고 천행으로 목숨을 건진 사람들은 공비로 누명을 뒤집어 쓴 채 벙어리 냉가슴 앓듯 말 한 마디 못하고 40여 년을 가슴 조이며 살아왔다.

이렇듯 분하고 비통한 마음을 더 이상 억누를 길이 없어 유족들은 분연히 일어났다. 정부와 국회에 탄원서를 보내고, 청와대와 방송국, 국회의사당 앞에서 시위도 하였으며, 각종 매스컴에 진정서를 보내 수십 차례나 이 사건의 진상을 밝혀 줄 것을 호소하였다. 그러나 별 효과를 얻지 못하다가 문민정부가 들어선 후에 만시지탄(晚時之歎)이나마 특별법으로 '거창사건'이 통과하게 되었다.

저자는 그 후 천애고아로 친인척 집을 전전하며 한없는 세상을 슬픔 속에서 살아갈 수밖에 없었다. 비통함이 가슴 속에 응어리로 똘똘 뭉쳐 있는 한 많은 세월을 보냈고, 그렇게 살아 남았다는 사실은 후일 무슨 일이 있더라도 그 억울함을 밝혀야겠다는 의지와 책임감으로 불붙기 시작했다.

20대 중반에 들어선 저자는 사업을 시작, 서울 강남구 압구정동의 땅 4만 3천 평과 방배동 노른자위 땅 2,300여 평을 소유, 수천억 원대의 거부가 되어보기도 했다. 또 무역업을 하면서 450여 명의 직원을 거느린 큰 회사로 성장시켜 믿기지 않는 거부가 되기도 했다.

저자가 총 3발을 맞고 그 당시 죽었거나 수천억 원대의 재산을 지금까지 가지고 있었더라면, 아마도 이 「대운(大運)」에 기술한 오천년 숨겨진 비밀을 찾아내지 못했을 것이다.

그런데 신기하고 재미 있는 것은 어려서부터 운수 보는 일에 대단한 관심을 가지고 있었다는 사실이다. 경남 함양군 유림면 옥산리 이모댁의 이웃집 노인에게 운수를 보아 달라고 했더니 그야말로 족집게였다. 그때부터 저자는 운수에 관심을 가지고 집중적으로 배우기 시작했다.

천애고아가 된 저자는 경남 진양군 이반성면 용암리에서 「명심보감」(明心寶鑑)·「사서삼경」(四書三經)·「주역」(周易)·「격암유록」(格庵遺錄) 등 관련 서적을 탐독하는 데 심취하였다.

그런데 또 하나 특이한 일은, 어린 시절부터 꿈만 꾸면 천둥치는 소리가 나면서 누군가가 생생한 말로 "너는 할 일이 따로 있다."고 하더니 40세가 넘도록 그치지 않는 것이다. 분명히 말하건대 저자는 신이 보낸 사람도 아니며, 상식을 바탕으로 사는 평범한 사람이었을 뿐이다.

이렇듯 기이한 일들과 더불어 저자가 새롭게 숙고하게 된 것이 '진리란 무엇인가' 하는 문제였다. 진리는 진실을 말하는 것이요, 올바른 논리이며, 참된 이치이자 진정한 도리다. 진리는 영원불변이고, 진리를 깨우치면 참으로 좋은 것이라는 사실을 터득하게 되었다. 「성경」(聖經)에도 '진리를 알라, 그러면 자유로워질 것이다'고 기록하고 있다.

진리는 위대한 것이다. 그래서 마틴 루터는 말하기를, "술은 강하다. 왕은 더 강하고, 여자는 그보다 더 강하다."고 하면서 "진리는 그 모든 것보다도 더 강하다."고 했다. 그런데도 사람들은 진리를 발견하지 못하고 방황을 하거나 소중한 인생을 가치없이 내팽개치고 있으니 어찌된 일인가?

간단하다. 그것은 사람의 지혜를 알지 못하기 때문이다. 그러니까 종교와 신앙에 의지하는 사람들이 많아지고, 미신을 믿는 사람들이 많아지니 엉터리 점술가가 판을 치는 한심한 세상이 되고 있는 것이다. 천당에 갈 수 있다는 엉터리 짓들을 하는 사람이 많으며, 유권자가 뽑아주는 국회의원의 금배지를 붙였다 떼었다 하는 점술가들도 있다. 심지어는 김일성이 죽은 날을 자신이 적중시켰다고 하질 않나, 지진, 삼풍백화점 붕괴, 철도·항만 등 대형사고만 나면 엉터리 점술가들이 앞을 다투어 자기가 예언했다는 등 실로 어처구니 없는 말장난을 하지 않던가.

그러면서도 1996년 9월 동해안에 침투한 무장 잠수함 사건에 대해서는 아무 말이 없었다. 그토록 유명(?)한 예언자라면 그 사건이 일어나기 전에 미리 해당기관이나 당사자에게 알려 더더욱 유명세를 타지 않았을까?

또한 남북통일이 2004년에 되느니, 언제 되느니 하질 않나, 김정일이가 1996년에 유럽으로 망명을 한다느니, 1996년 5월에 내각제가 된다느니 하면서 대대적으로 보도되기도 하는 등 요란 법석을 떨지 않았던가. 그러나 그 어느 것도 맞은 것이 없으며, 또한 맞을 리도 없다.

인간에게는 좋은 숫자와 나쁜 숫자가 있다

1996년 저자가 세계 최초로 발견한 『大運 오천 년 숨겨진 비밀』― 주민등록번호와 은행비밀번호·자동차번호·인장, 그리고 이름과 상호―로 사람의 운세를 정확하게 아는 법을 발견하여 국내는 물론 전세계 역학계에 충격적인 화제를 던졌다.

모든 숫자는 운세에 맞아야 한다. 특히 자동차번호가 운세에 맞지 않을 경우에는 100 퍼센트 사고가 난다. 사람에게 맞는 숫자는 상식이면서 진리라고 말할 수 있다. 숫자를 잘 헤아려야 건강하고 오래 산다. 저자처럼 헤아리다가 그만두면 실패하기 알맞다. 또한 인장은 사주와 맞아야 한다.

인간의 수명도 한 50이나 60세 정도까지만 헤아리다가 저세상으로 가면 무척 아까울 수밖에 없다. 그런데 숫자에는 사람에 따라서 행운의 숫자도 있고 불운의 숫자도 있다. 서양 사람들은 '럭키 세븐'이라고 하여 7을 가장 좋아하고 13을 싫어한다. 특히 13에 금요일까지 겹치면 흉일 중의 흉일로 꼽는다.

1970년 4월에 발사했던 인공위성 아폴로 13호가 달 착륙을 포기하고 중도에 비상 귀환했다. 그 사고가 바로 13일에 발생했다. 발사 시각도 1시 13분이었다. 아폴로 13호는 사고 발생이 13일, 발사 시각도 13분이었다. 게다가 태평양에 착륙한 시각도 13분이었는데, 불운의 숫자이기 때문에 18분으로 발표했다는 설까지 나돌았다.

뿐만 아니라, 서양에서는 아파트도 13층이 없다. 12층 다음엔 바로 14층이다. 호텔의 객실도 13호실은 없다. 12호실 다음엔 바로 14호실이다. 이처럼 서양 사람들의 숫자 개념이 철저하다고 할 때 13일에다 금요일까지 겹쳤다면, 어찌 마음 놓고 움직일 수 있겠는가? 방문을 꼭꼭 걸어 잠근 채 꼼짝달싹도 하지 않으며 숨도 크게 쉬지 않고 방안에 눌러앉아 있어야 하지 않겠는가?

그 원인을 살펴보면 그렇게 믿는 이유가 분명히 있다. 이브가 아담을 꾀어 선악과를 따 먹은 날이 바로 금요일이었다. 「성경」에 나타나는 노아의 방주나 바벨탑의 붕괴, 예수가 십자가에 못 박혀 운명한 날도 금요일이었다.

일본 사람들은 8을 좋아하고 7은 싫어한다. 4와 9도 싫어한다. 우리 나라 사람들은 사(四)와 사(死)가 동음이라는 이유로 싫어하고

9를 좋아한다. 9·10일은 손이 없는 날이라고 하여 이사 택일을 많이 하는데, 그것은 어불성설이다. 그러면서 가장 좋아하는 숫자는 3이다. 천지인(天地人)이 우주의 기본구조 숫자이기 때문이다. 음과 양이 합치는 천지 창조의 숫자이기 때문에 3을 좋아한다.

예를 들어 보자. 달걀은 며칠만에 병아리로 깨어나는가? 21일 만이다. 3주일이라는 숫자다. 또 돼지새끼는 114일, 그러니까 3개월 3주일 3일이 되어야 분만한다. 소와 사람은 300일만에 태어난다. 이게 우연이랄 수 있겠는가?

다시 숫자에 대해 정리해 보기로 하자. 병아리·돼지새끼·송아지·아기 등은 우연이 아니라, 소위 징크스라 거나 신의 섭리일 뿐이다. 저자는 오랜 기간 임상실험을 거쳐 우리 인간에게 맞는 행운의 숫자 은행비밀번호·주민등록번호·자동차번호를 풀이하는 길흉 판단법을 오천년만에 처음으로 발견하기에 이르렀다.

│ 인장(印章)은 사업과 건강, 인생의 성패를 좌우한다. │

사람은 누구나 행복하게 살 수 있는 권리를 가지고 세상에 태어났다. 그러나 인간이 살아가는 과정에서 자신의 행·불행에 대한 이치를 빨리 깨달아야만 타고난 권리를 누릴 수 있는 것이다. 인장 속에 자기의 진용(眞用)을 동서남북 방위에 맞게 넣어 사람마다 행운을 주는 길흉판단법을 저자가 사상 처음으로 발견한 것이다.

인장 속의 오행에는 갑을병정무기경신임계(甲乙丙丁戊己庚辛壬癸)라는 천간이 있다. 움직이는 오행으로서 사람의 사주에 맞게 사용한다면 평생 동안 풍파가 발생하지 않고 죽을 때까지 부귀영화를 누릴 것이다. 그렇지 않고 자신의 운과 맞지 않는 도장을 잘못 쓰면 주어진 부귀영화도 물거품이 되고 만다.

인장 속의 오행을 살펴보면 사람의 사주에는 진용이 있다. 맞는 용을 넣어 사용한다는 것이다. 인장은 누구나 가지는 상징물이며, 전세계 인류의 징표가 되고 있다. 저자가 발견한 인장 오행이 일본·중국·동남아시아 등 세계 각국에 알려짐으로써 많은 외국인들이 신정인당(新正印堂)을 찾아와 깊은 관심을 가지는 이유가 무엇인가 하는 것은 독자 여러분의 판단에 맡기고자 한다.

그리고 다시 한 번 밝히거니와 개개인에게 숙명처럼 작용하는 숫자가 있는데, 그것이 바로 주민등록번호와 은행비밀번호, 즉 행운의 번호이다. 대한민국 국민이라면 누구에게나 국가로부터 주어지는 고유의 숫자로서 어느 누구도 마음대로 바꿀 수가 없다.

그것은 자기의 운명이다. 운이 좋은 사람은 우연히 좋은 번호를 부여받을 것이고, 그렇지 못한 사람은 나쁜 번호를 받게 된다. 그래서 저자는 행운의 번호(은행비밀번호)를 발견하여 모든 사람들에게 알려주고 있다. 행운의 번호가 좋으면 설사 주민등록번호가 나쁘더라도 액운을 상쇄시킨다는 말이다.

아무쪼록 이 책을 끝까지 읽은 분은 분명히 새로운 사실을 발견할 것이며, 또한 큰 행운을 얻을 것이다.

2003년 3월 개정 증보판을 내면서

鄭再原 씀

총 설

사주(四柱)란, 인간이 태어난 연월일시(年月日時)의 네 기둥 여덟 자를 일컫는다. 그래서 흔히들 사람에게는 사주가 좋아야 무병장수하고 복록을 누릴 수 있다고 한다. 그래서 우리 속담에도, '사주가 세다.' '사주에 없는 관(冠)을 쓰면 이마가 벗겨진다.'는 말이 있다. 즉 사주가 세다고 하는 것은 태어난 연월일시의 간지가 나쁘다는 말로서 '일생에 풍파가 많다'는 뜻이요, 사주에 없는 관을 쓰면 이마가 벗겨진다는 말은 '과분한 벼슬을 하면 힘에 겨워 도리어 괴롭다'는 말로서 '분수에 넘치는 일을 억지로 이루어 놓으면 도리어 해가 미친다'는 뜻이다.

간지(干支)는 천간(天干)과 지지(地支)이다. 다시 말하면 십간(十干) 십이지(十二支)인 것이다. 천간은 육십갑자의 윗 단위를 이루는 요소인 십간, 즉 갑(甲)·을(乙)·병(丙)·정(丁)·무(戊)·기(己)·경(庚)·신(辛)·임(壬)·계(癸)의 총칭이고, 지지는 육십갑자의 아랫 단위를 이루는 요소인 십이지, 즉 자(子)·축(丑)·인(寅)·묘

(卯)·진(辰)·사(巳)·오(午)·미(未)·신(申)·유(酉)·술(戌)·해
(亥)의 총칭이다.

이 십간과 십이지를 알고 육십갑자를 익혀야만 사주에 대한 이해
가 빠르다는 것을 알아두기 바란다.

일반적으로 사주팔자가 좋으니 나쁘니, 운이 들었느니 안 들었느
니 한다. 그래서 잘 사는 사람은 사주팔자가 대단히 좋은 사람이라
고 말하기도 하고, 빈천하고 불행하게 사는 사람은 사주팔자가 좋
지 않은 박복한 사람이라고들 한다.

흔히들 얘기하는 것처럼 숙명이라고 할 수 있을 뿐 아니라 운명
의 바탕이 되는 이 사주팔자라는 것은 과연 어디에서 나온 것인가
하는 의문을 갖게 된다.

삼라만상의 모든 물체는 다 돌고 돌아서 언젠가는 제자리로 되돌
아오게 되는 윤회법(輪廻法)에 근거하는 이치이며, 음양오행설(陰
陽五行說)의 상생상극(相生相剋)의 이치를 그대로 따른 것이라고
말할 수 있다.

이와 같이 윤회나 음양오행의 이치에 따라 움직인다는 것을 생각
할 때 사람의 운명도 또한 오묘하다 하지 않을 수 없다.

그러나 이 세상 모든 사람들이 윤회나 음양오행을 그대로 믿는
것은 아니다. 사람마다 학문이나 추구하는 바가 다르듯이 생각하는
것 또한 같을 수가 없다. 운명학이나 음양학을 무시해 버리는 사람
들도 대단히 많다. 그러나 그것은 그 사람들의 생각이므로 더 이상
언급하지는 않겠다. 다만 좀 더 심도 있는 동양철학에 대한 인식이
있기를 바랄 따름이다.

천지만물은 천리(天理)의 섭리에 의해 선천적으로 그 본분을 타
고나는 것이다. 세상만사는 모두 우주의 대원리에서 비롯되고 일어

나는 음양오행의 3대 기본 유기(流氣)의 조화작용으로 생성 전개되는 것이다. 이 우주는 생명의 힘이 기(棄)가 흐르고 있다. 그래서 우주에는 숫자의 기가 함께 흐르고 있다.

신정사주(新正四柱)는 숫자의 기를 바탕으로 하여 새롭게 창안해 낸 사상 최초의 신역학(新易學)이라고 할 수 있다. 그러므로 이 대발견을 독창적으로 정립하여 감히 공개하는 것이다.

우리 인간에게는 필수적으로 따라 다니는 각종 숫자가 있다. 태어나면서부터 부여되는 생년월일시의 사주와 나이, 호적 등재와 더불어 부여되는 주민등록번호, 사회생활과 연관되어 부여되는 숫자, 그리고 각종 비밀번호, 행운의 번호 등 다양하면서도 헤아릴 수 없을 만큼 많다. 이와 같이 주어지는 숫자의 좋고 나쁨에 따라 그 사람의 운명이 좌우된다는 것이다. 그것은 곧 길흉(吉凶), 즉 용신(用神)이냐 흉신(凶神)이냐 하는 것을 의미한다. 여기서 잠깐 신정사주가 창안해 낸 용어를 몇 가지 알기 쉽게 설명하면 다음과 같다.

용신(用神)과 기신(忌神)을 호(好)와 흉(凶)으로 분류하였다. 타고난 사주와 주어진 번호, 즉 숫자를 알기 쉽게 분석하고 흥미있게 설명하여 누구나 쉽게 이해할 수 있도록 한글로 풀어 설명하였다. 이것은 저자가 십수년간 연구해 온 것을, 또 10여 년에 걸쳐 정립시켜 집대성한 것이, 바로 신정사주(新正四柱)이다.

신정사주는 음양오행설을 비롯하여, 중국·일본 등 각종 사주의 근원을 섭렵하여 새로운 오행의 숫자를 독창적으로 개발·정립시킨 것이다. 즉, 사주의 숫자와 이름의 수리, 행운의 숫자, 인장의 호와 흉을 나열하여 그 원리의 최대 공약수를 도출해 내는 감정법인 것이다. 설명으로는 표현이 부족한 이 오묘한 술법을 간단하게, 그리고 누구나 쉽게 이해할 수 있도록 기술한 것이 이 책의 요체이므로 많은 분들이 필독하여 생활의 귀감이 되었으면 하는 바람이다.

사주팔자(四柱八字)란 생년월일시(生年月日時)의 천간지지(天干地支)를 말한다.

생년월일시를 간지(干支)로 표출하여 음양오행상 호·흉을 뜻하는 글자인 육십갑자(六十甲子)의 천간지지 네 기둥 여덟자(八字)로써 그 본분을 세워 표현한 것이 바로 사주팔자이다. 다시 말하면 인간의 모든 운명적인 요소는 이 여덟자로써 풀어낼 수 있다는 말이다.

각자 타고난 사주팔자 안에는 사람마다 운명적으로 정해진 길흉의 모든 것이 들어있게 마련이다. 그 안에는 부귀와 빈천, 수명의 장단(長短), 부부운, 인간관계와 사회생활, 적성과 학업, 질병과 건강, 부모 자식 관계 등 모든 조건이 정해져 있다. 따라서 그 사람의 사주팔자로서 각자의 평생지사(平生之事)를 판단하고 관찰할 수 있다는 것이다.

신정사주는 사주팔자의 오행(五行)을 목화토금수(木火土金水)로 나누어, 각 사주팔자에 따라 천간(天干 : 甲乙丙丁戊己庚辛壬癸), 지지(地支 : 子丑寅卯辰巳午未申酉戌亥)에 대입시켜 어떠한 글자가 그 사람에게 행운을 주는 것인가를 판별해 내는 것이다.

천간은 움직이는 오행이고, 지지는 전봇대처럼 꽉 박혀 움직이지 않는 오행이다. 육신상(六神相), 즉 비견·겁재·식신·상관·편재·정재·편관·정관·편인·인수라는 육신을 사주팔자에 따라 비교하여 호의 육신인가, 흉의 육신인가 하는 것을 판단하게 되는 것이다.

신정사주를 통하면 오행의 이치를 아주 쉽고 간단하게 이해하고 터득할 수 있다. 가끔 잘못 이해하는 사람들 중에는 이 신정사주를 점술처럼 여기는 경우가 더러 있는데, 이는 아주 잘못된 생각이라는 점을 명심해 주기 바란다.

중국 사주와 일본의 추명학 사주팔자는 이론이 어렵고 무척 까다롭다. 그래서 아직도 정확하게 판단해 내지를 못하고 있다. 그러나 신정사주는 순수한 우리 말로 표현하고 풀이하여 흥미있게 기술했으므로 누구나 쉽게 접할 수 있고, 또한 쉽고 빠르게 이해하고 터득할 수 있다.

수천년 동안 이어져 오던 역학(易學)이 오랜 기간을 전해 오는 과정에서 대단히 많은 부분이 변질되었다. 그렇기 때문에 아무리 오랜 기간 공부를 해도 자기 자신 한 몸의 운명조차도 제대로 볼 수 없다. 그러니 어찌 남의 운명을 감정할 수 있겠는가? 그래서 도처에서 우후죽순처럼 나타나는 엉터리 감정사들이 우글거리게 되는 것이다.

개개인의 사주팔자가 음양에 중화되었는지 잡화에 중화되었는지를 잘 관찰하면 평생사주를 한눈에 볼 수 있게 된다. 대운이니 세운이니를 따질 필요조차도 없다.

변질된 중국 사주는 사주팔자에서 사주팔자로 끝나지만, 신정사주는 사주팔자에서 시작하여 주민등록번호, 행운의 숫자, 자동차번호, 전화번호, 인장, 건강 문제에 관한 각종 수치를 비롯하여 마권, 증권, 입찰번호 등에까지 이어지도록 정립시켜 놓은 것이다.

앞에서도 기술했지만 신정사주는 오행(五行)을 호신(好神), 흉신(凶神) 위주로 감정함으로써 사주팔자의 분석과 판단을 정확하게 표출하게 되는 것이다.

신정사주를 알면 각종 번호는 저절로 분석 판단할 수 있다. 또 변질된 중국 역학의 길흉과 각종 살(殺)을 분석 판단할 수 있다. 이

살도 사람에 따라 모두 다르다. 가령 백호살(白虎殺)이 있다고 하자. 백호살도 길이냐, 흉이냐에 따라 다르다는 것이다. 흉살이 되는 경우에는 각종 재난에 풍파가 따르게 되고 건강을 해치게 된다. 또 길신(吉神)이 되는 경우에는 어떤 분야에서든 일인자가 되고 평생 부귀영화를 누리게 된다. 길흉이란 극과 극인 것이다.

☯ 백호대살(白虎大殺)이란?

「주역」의 원리가 되는 낙서(洛書)에서 구궁(九宮)을 순서대로 갑자(甲子)·을축(乙丑)·병인(丙寅)처럼 돌아가면 중궁(中宮)에 있는 간지(干支)가 백호대살이 된다. 백호살의 길흉을 도표로 보면 다음과 같다.

辛壬癸甲乙丙丁 酉子卯午酉子卯 四	丁戊己庚辛壬 巳申亥寅巳申 九	己庚辛壬癸甲乙 未戌丑辰未戌丑 二
庚辛壬癸甲乙丙 申亥寅巳申亥寅 三	壬癸甲乙丙丁戊 戌丑辰未戌丑辰 五	乙丙丁戊己庚 卯午酉子卯午 七
丙丁戊己庚辛 辰未戌丑辰未 八	戊己庚壬癸甲 午酉子午酉子 一	癸甲乙丙丁戊己 亥寅巳申亥寅巳 六

백호대살인 간지는 무진(戊辰)·정축(丁丑)·병술(丙戌)·을미(乙未)·계축(癸丑)·임술(壬戌)인데, 사주의 어디에 있더라도 모

두 해당된다. 궁중은 대궐이므로 이 살을 가진 사람은 남녀가 궁중에서 살게 되는 셈이다.

☯ 호로서 좋은 작용일 때는 남녀가 임금·왕자·왕비·공주처럼 행복하게 살게 된다.

① 어떤 분야에서든지 일인자가 되어 존경과 신망을 얻는다.
② 존귀한 신분이 되고 배우자운이 좋으며 자녀운도 좋다.
③ 재물이 풍부하고 매우 건강하다.
④ 큰 명예나 권력을 잡는다.

☯ 흉으로서 나쁜 작용일 때는 남녀가 궁중의 노비, 곧 내시나 궁녀처럼 불행하게 살게 된다.

① 무슨 일을 하더라도 제대로 되는 일이 없고 헛수고요 실패만 하며, 매일 남을 위해서 봉사만 하는 꼴이다.
② 비천한 신분이 되고 배우자운이 나쁘며 자녀운도 매우 나쁘다. 내시나 궁녀처럼 결혼을 할 수 없다.
③ 언제나 이성과 재물로부터 고통을 당하며 살게 된다. 예컨대 늘 빈곤하거나 재물을 잃는다. 또한 몸도 매우 허약하여 병고에 시달리게 된다.
④ 욕을 자주 먹거나 억울한 누명을 쓰는 등 관재수를 항상 달고 살아간다.

신정사주를 터득하면 각종 번호에 주어지는 운세 판단을 정확히 할 수 있다. 그리고 자신의 운세 판단은 물론 각종 질병이나 그 병을 고치는 방법까지도 알 수 있게 된다. 그에 따라 자신 뿐만 아니라 가족들의 건강도 살필 수 있으며, 병도 치유할 수 있게 된다.

【사람의 출생에 따른 운명의 배치도】

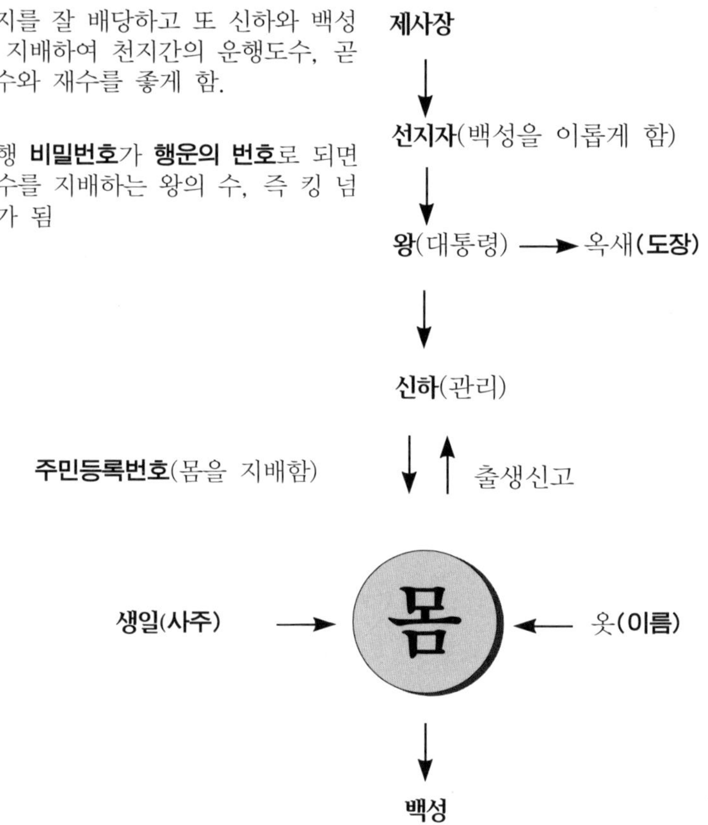

저자는 십수 년에 거쳐 변절되어 온 중국 사주를 깊이 연구하기 위해 해외여행을 많이 했다. 70~80년대에 외국을 자주 드나들면서 각종 자료를 수집하여 중국 사주의 진수를 찾고자 하였으나 별다른 묘안을 발견치 못했다. 그러나 거기서 끝내지 않고 자미두수(紫薇斗數), 귀곡자(鬼谷子) 선생의 진수, 육임, 점술, 주역, 기문둔갑, 당사주 등을 열심히 연구 검토했으며, 그에 따라 2만여 명의 임상실험까지 했다. 그러나 별다른 신통함을 발견치 못하였다.

중국 사주에 대한 기대가 허물어졌으나 실망하지 않고 계속 정진하기로 하였다. 그래서 국내에서 유명하다고 하는 역학자 80여 명을 찾아 다니며 저자의 학문 연구를 의논해 보았으나 역시 별다른 묘리를 찾지 못했다. 심혈을 기울여 매진해 왔던 연구가 기로에 서게 되고, 더 이상 무엇에서도 얻을 것이 없겠구나 하는 허망함이 쌓여갔다. 결국 저자는 상당 기간 회의에 빠졌다가 학문 연구를 포기하기로 하고 상경, 국가 최고기관에 있는 친구와 의논하여 사업을 하기로 마음먹고, 그 동안 수집하여 연구에 몰두했던 역서(易書) 30여 권을 소각시켜 버렸다. 저자가 본 그 역서들은 대부분 오자투성이였고, 또한 얼토당토 않은 말들이 주류를 이루고 있었기 때문에 더욱 회의에 빠지게 된 것이다.

그러던 중에 저자는 교양서적을 구입하기 위해 서점에 들렸다가 변만리(邊萬里) 선생의 저서를 보게 되었다. 무심히 그 저서를 살펴보다가 온몸의 전율을 느끼지 않을 수 없었다. 그 책에서 저자는 새로운 발견을 하게 된 것이다. 꼭 집어서 무어라고 표현할 수는 없었지만, 그분에게서 무언가 큰 것을 얻을 것이라는 예감이 온몸을 끓어오르게 만든 것이다.

그 즉시 찾아가 의논했다. 저자는 겨우 몇 마디 말만 듣고도 바로 이 분이야말로 저자가 심혈을 기울여 연구 검토했던 학문의 해답을 주실 수 있는 분이라고 생각한 나머지 사사를 결심하기에 이르렀다.

변만리 선생의 학문 연구에 깊이 빠져들어 임상실험을 해본 결과 대단한 학문임을 터득할 수 있었다. 저자는 그 때서야 최병주 선생이 하신 말씀이 생각났다. 변만리 선생은 1세기에 한 명 나오기도 힘든 훌륭한 학자라고 했던 말씀을 직접 사사해 본 결과 깨달을 수 있었다. 물론 선생의 학문에 대해서는 회원들의 찬양과 칭송은 말로 다 표현할 수 없을 정도로 지대한 것이다.

그러던 어느 날, 자칭 정도령이라는 사람이 저자에게 찾아와 운세를 감정해 달라고 하기에, 그 동안 연구해 왔던 학문과 변선생의 학문에서 터득했던 것을 반영하여 조목조목 풀이해 주었다. 자칭 정도령이라는 사람은, '자신은 60년대 장안의 화제로 떠올랐던 유명인이며, 지금은 미국으로 이민하여 크게 성공한 사람'이라고 했다. 그러면서 '선생은 어떤 경로로 이런 학문을 연구하게 되었으며, 또 누구에게 전수 받았느냐'고 묻기에 변만리 선생께 사사했다고 말했다. 그랬더니 그는 '그 분이 미국이라는 나라에서 태어났더라면 분명히 노벨상을 수상하고도 남을 인물'이라고 극찬을 아끼지 않는 것이었다. 그의 말처럼 저자도 그 무렵 변선생의 학문적 성취가 이미 극에 달해 있다는 사실을 터득하고 있었다.

저자는 변선생의 학문을 터득하기 위하여 그 분이 평생 연구하신 연구서적을 구입하여 의학·핵의학·성인병에 관한 각종 병리·임상 관계 등 많은 부분의 자료를 섭렵하기에 이르렀다. 그리고 거듭 연구에 정진하게 되었다. 거기에서 얻은 것은 실로 엄청난 것이었으며, 왜 진작 이런 분을 만나지 못했던가 하며 탄식하기도 했다.

그 후 학문 연구에 다시 몰두한 저자는 십여 년을 넓고 깊게 파고 들었으며, 그 열성에 못지 않은 효험은 하늘을 찌를 듯한 쾌거로 다시 저자에게 돌아왔다.

저자가 변질된 중국의 역학 사주를 십수 년간 연구했으나 한결같이 애매모호하고 이해하기가 무척 어려웠다. 그러나 선생의 학문을 가까이에서 살펴본 후로는 활화산 같은 욕구가 용솟음쳤으며, 오묘한 것이 하나씩 정립되기에 이르렀다. 그에 따라 새롭게 정립시켜 창안한 것이 숫자 속의 호흡이다. 길흉의 이치, 즉 숫자에도 음양이 있고, 인장 안에도 음양이 있다는 새로운 사실을 발견하게 된 것이다.

숫자와 인장의 음양을 이름의 음양과 조화를 이루도록 하여 사주팔자와 중화되게 해야 한다는 것을 정립시킨 것이다. 더불어 부적에도 음양의 이치를 대입시켜 작성해야 한다는 사실도 발견하였는데, 저자가 연구한 부적의 신비함은 타의 추종을 불허한다고 감히 자신하는 바이다.

그래서 저자는 그 동안 수집하여 검토하는 한편, 새롭고 신비한 부적을 작성하여 한 권의 책으로 발간하였다. 100년 대사의 부적 저서인 「大運靈符籍」이 역학 전문출판사인 가림에서 출간하였음을 밝혀둔다. 또한 인장과 성명학에 대한 연구도 많은 독자들을 위해 출간할 예정으로 현재 집필 중이다. 이 「대운 성명학 대사전」 (大運性命學大辭典)의 획기적 원리를 저술함으로써 독자 제현의 기대에 부응하고자 한다.

끝으로 이 신정사주를 정립하는데 많은 도움을 주신 분들께 감사를 드림은, 진정하고 새로운 역학의 이정표로 남도록 빛과 어둠을 조화있게 중화시킨 산 증인들이기 때문이다. 새롭게 정립된 신정사주와 함께 더 밝고 건강한 생활이 영위되기를 기원하는 바이다.

주민등록번호 · 은행비밀번호 · 자동차번호와 이름의 수리로 푸는 운수법

　사람이 태어나면서 운수를 결정 짓는 요소에는 여러 가지가 있다. 대체로 동양 사람들에게는 사주팔자를 비롯하여 관상·수상·족상·풍수지리·성명 등이 있지만, 태어나면서 국가가 반드시 부여하는 운수의 숫자, 즉 주민등록번호나 이름의 숫자인 진용(眞用), 행운의 숫자(은행비밀번호), 자동차번호, 인장 등이 사람의 운수를 좌우한다고 생각한 사람은 없었을 것이다. 또한 평소에 은행을 비롯한 금융기관이나 그밖에 자주 쓰이는 비밀번호도 운수를 크게 좌우한다는 것이다.

　예컨대, 그 숫자가 본인의 사주와 맞는 경우에는 행운을 부르는 숫자가 될 수도 있고, 본인의 사주와 전혀 맞지 않을 경우에는 불운과 재앙을 부르는 숫자가 될 수도 있다. 지구상의 인구가 50억이 넘지만 행운의 숫자를 알고 있는 사람들은 많지 않은 편이다(저자가 세계 최초로 발견하여 공개했다). 하여간 마치 물고기가 한시라도 물을 떠나서는 살 수 없듯이 사람들은 숫자에서 벗어난 생활을 잠시도 할 수가 없다는 사실이다. 이렇듯 숫자가 운명을 크게 좌우하기 때문에 운수(運數)라고 부른다.

즉, 사람이 숨을 몇 분간만 멈추면 죽는다던지, 시험 점수가 몇 점 이하면 낙제라던가, 기차·배·비행기를 타고서 대략 어느 정도 가면 어디에 도착한다던지 하는 것들이 그것이다.

또한 토끼는 수정한 지 30일만에 새끼를 낳고, 돼지는 114일, 사람과 소는 표준이 300일이고, 닭은 알을 품은 후 정확히 21일만에 병아리를 부화한다.

하여튼 동물과 사람이 공기를 마시고 물을 먹듯이 숫자 속에서 살아가기 때문에 숫자의 영향, 즉 운수 작용이 일어난다. 동물과 우리가 태어난 것도 자유의지에 의해서가 아니듯이 국가로부터 개인에게 주어진 숫자인 주민등록번호도 자유 의지에 의해서가 아니라 운수로써 작용하는 것이다.

설령 타고난 사주팔자가 나빠서 불운을 초래하기 쉬운 운수일지라도 주민등록번호가 사주를 보완하는 좋은 숫자일 경우에는 뜻밖의 행운으로 살아갈 수 있다.

반대로 좋은 사주팔자일지라도 주민등록번호가 사주를 해치는 나쁜 숫자일 경우에는 뜻밖의 불운으로 살아가게 되고 안 해도 될 고생을 엉뚱하게 당하게 되는 경우도 있다.

그밖에 이름도 운수로 작용하는데, 좋은 이름은 나쁜 주민등록번호를 완화시켜 주고, 좋은 주민등록번호는 더욱 좋은 운수로 유도해 준다. 한마디로 좋은 이름의 조건이란, 다음 여덟 가지 조건을 충족시켜야 한다.

① 발음이 명확하고, 변칙적인 발음이 나지 않아야 한다. 즉, 자음동화나 연음 등으로 엉뚱한 발음이 되지 말아야 한다는 뜻이다.

예컨대, 오철우→오처루 한명숙→함명숙 김철호→김처로 오선영→오서녕 등과 같은 것들이다.

② 이름에 쓰지 말아야 할 글자는 피해야 한다.

③ 이름에 뜻과 의미가 있어야 한다.

④ 법칙에 맞아야 한다.

⑤ 수리가 좋아야 한다.

⑥ 사주와 맞아야 하며 진용이 되어야 한다.

⑦ 음양이 진용이어야 한다.

⑧ 측자파자로 좋은 뜻이 되어야 한다. 한자를 깨뜨리듯이 분리해서 길흉을 예측하는 것을 파자라고 하며, 또 한자를 깨뜨리지 않고 여러 가지 일을 추측하고 유추하는 것을 측자라고 한다(신유승 「측자파자」 참조).

자, 그러면 주민등록번호로써 어떻게 본인이나 타인의 운수를 알 수 있는지 자세히 설명해 보겠다.

주민등록번호는 보통 앞부분과 뒷부분으로 나뉘어져 있는데, 앞쪽은 1살부터 대략 30~39살까지의 운명을 좌우한다. 또 뒤쪽은 40~60살부터 죽기까지의 운수를 좌우하고, 앞쪽과 뒤쪽의 수를 전부 합친 수도 대략 40~60살 이후 죽기까지의 운수를 좌우한다. 10살 정도의 차이가 나는 것은 운수 변화의 과도기이기 때문이다.

따라서 앞쪽의 수를 모두 합친 숫자가 전반 운수가 되고, 뒤쪽의 수를 모두 합친 숫자나 앞뒤의 모든 수를 합친 숫자가 후반 운수가 된다. 또한 똑같은 숫자라도 길흉의 차이가 날 수 있으며, 또 남녀에 따라서도 다를 수가 있는데, 그것은 각자의 이름 조건과 실제로 태어난 달(사주상 상당한 영향을 준다)의 차이 때문이다.

저자는 이미 수천년 동안 고집해 오던 도장 속의 인자(印字)·신자(信字)를 '신정인당'(新正印堂)에서 연구 개발하여 사상 최초로 공개했다. 인간은 누구나 오행을 가지고 세상에 나오게 된다. 목화토금수(木火土金水) 세상을 창조한 조물주가 평생 먹고 살 수 있는 식량과 이름과 행운의 번호표를 만들어 주어 인간은 행복하게 살다가 다시 조물주에게 되돌아 간다.

이러한 이치를 모르고 떠들어 대는 분들 잠꼬대는 그만하고 정신들 차려야 한다. 툭 하면 자기가 최고인 것처럼 모모 사망 예언, 모모 붕괴, 지진·가스 폭발 등을 예언했다는 등 어처구니 없는 잠꼬대하는 분들은 정신을 차려야 할 것이다. 신이 선택한 사람이라고 서로 다투어 치열한 경쟁을 하고 있다. 어처구니 없는 소리들이다.

신정인당을 창업하고 인·장·신(印章信)을 분석 연구하여 그 진가를 사상 최초로 공개하니, 먼저 오행을 진용(眞用)·가용(假用)으로 분석, 인장 내에 넣어 사용하면 좋다는 뜻이다. 육신오행이라 진용은 필요한 존재이고 가용은 불필요하다.

① 금(金)이 식상이면서 진용이면 자기 노력을 발휘하는 기회와 수단과 능력이 왕성하며 최고의 진용이다. 호기가 많이 발생하고 생산적인 투자 활동 능력으로 소득이 많이 발생하고 재다(財多)하며, 기회가 득다(得多)하여 돈을 무더기로 벌어들이는 자금과 물고기를 많이 잡는 고기배요, 황금알을 낳는 생산수단과 좋은 기회 등은 대표적인 진용이니 평생을 통해서 호의호식하는 진용의 뜻이다. 그러나 가용은 이와 정반대다.

② 목비겁(木比劫)이면서 진용이면 만인이 유정하고 인인성사(因人成事)하며, 누구에게나 즐거움과 도움을 주며, 누구에게나 필요하고 유익하며 아쉬운 존재가 된다. 만인이 나에게 다정하고 인심이 후하며 베풀기를 아끼지 않는다. 인덕이 후하

고 만인의 사랑을 받으며 인인성부(因人成富)·성귀(成貴)하
니 인생 최고의 행운이다. 가용은 반대다.

③ 화재성 진용(火財星眞用)은 타고나면서부터 행운이다. 재능
이 뛰어나고 성실하며, 진용이 있으면 검소하고 진실하다. 재
(財)를 생산하고 인력을 지배하며, 남을 부양하는 왕성한 장
정이며 대인이요, 사주가 재성(財星)인 진용이다. 가용은 반
대다.

④ 관성(官星)이 토진용(土眞用)인 경우 백성을 보호하는 진용
관성(眞用官星)이다. 생명과 재산을 보살피는 진관성(眞官星)
이며, 벼슬을 상징하고 동시에 나를 부양하고 보살피며 지켜
주는 보호자다. 중국 사주는 관(官)을 극아자(剋我者)로 판단
하고 통용한다. 나를 치고 지배하며 다스리고 빼앗는 무서운
호랑이가 관성(官星)이라는 것이다. 과연 생부(生父)와 부군
(夫君)과 생자(生子)가 자식과 아내와 부(父)를 치고 지배하
며, 억압하고 빼앗는 호랑이 노릇을 할 수 있는가? 힘으로써
약자를 지배하고 빼앗는 것은 짐승이다. 짐승은 약육강식이
철칙이지만, 인간은 사랑과 인정과 논리와 도덕으로써 상부
상조하는 것이 법도다. 우리 나라를 대표하는 고관 대작이나
정치가, 역대 대통령에 진관성이 많다. 가관성(假官星)은 반
대다.

⑤ 진인성수(眞印星水)의 경우 나를 먹이고 입히고 길러주는 생
어머니이니, 나를 가르치고 인도하며 덕성과 인성을 함양시
켜 주는 스승의 별이다. 생기와 윤기와 화기와 덕망을 상징한
다. 인성진용(印星眞用)은 의식주가 부유함으로써 정신력이
활발하다. 부모의 양육과 스승의 교육을 제대로 받음으로써

심신의 원숙하고 부족함이 없다. 반대로 가용이면 무(無)다. '수우[물소뿔]·상아 인장'을 써서 이름을 지어 반드시 행운의 번호와 예금통장을 만들어 주어야 한다.

예금 금액도 운세에 따라 각자 다르다. 시작이 대단히 중요하고, 진용의 숫자가 있다. 육신상 식상(食傷) 비겁 재성(財星)·인성(印星)·관성(官星)을 타고난 유아의 사주와 맞추어 예금하면 반드시 힘과 권위를 상징하고, 오래 사용할수록 인주를 잘 빨아들여 연륜과 권위를 나타내고 힘을 100퍼센트 발휘하며, 어려서부터 생기와 윤기와 화기를 받아 아무 장애없이 잘 자라고 갈수록 의식주가 풍부해지며, 정신이 총명하여 죽을 때까지 부귀영화를 누린다.

현재 국민의 90 퍼센트 이상이 은행비밀번호에 주민등록번호나 전화번호를 사용하는데 위험한 일이다. 조물주가 반드시 행운의 번호를 지어서 세상 밖에 내보냈는데도 미련한 인간들이 이를 알 수가 없어서 제멋대로 아무렇게나 지어 쓰니 밑빠진 독에 물붓기 형국이다.

사상 최초로 저자가 십수년간 연구하여 이를 공개하였다. 세상에 역학자가 수없이 많으나 아직까지 발견한 학자는 저자 외에는 한 사람도 없다. 전직 대통령의 경우와 한보 부도사건, 중소기업 대표 자살사건, 대기업 부도사태 등이 발생하는 원인은 무엇일까? 저자는 행운의 숫자를 미리 알아서 사용하고, 또한 행운의 인장을 가졌더라면 이러한 큰 사태는 줄일 수 있었을 것이라고 안타깝게 생각한다. 그래서 행운의 번호나 육신상 맞는 인장을 사용했더라면 오늘날과 같은 불행과 비극은 발생하지 않았을 것이라고 장담한다.

주민등록번호나 은행비밀번호, 자동차번호, 인장, 각종 번호로 사람의 운세에 따라 흥하고 망하는 판단법을 터득하여 공개한다.

　오늘날 현대과학이 제 아무리 높은 수준으로 발전했다 하더라도 한 치 앞에 놓인 인간의 운명과 생사는 절대로 알 수 없다. 시중에 성명학 관련 서적이 많지만, 사주와 맞추어 출간한 책이 얼마나 되는가? 이름, 수리오행만 가지고 길흉을 판단해서는 안 된다. 반드시 사주와 맞추어 진용을 표출하여 판단해야 된다. 어리석은 사람들은 인장과 행운의 번호, 자동차번호와 이름을 가볍게 여기는 수가 많은데, 이는 큰 잘못이다.

　이름은 출생하면서 바로 사주와 정확하게 용체(用體)를 표출시켜 작명해야 하는데, 옛부터 신생아 출생 후 이름을 지어 출생신고하는데 그치고 만다. 사람이 출생하면 반드시 갖추어야 하는 것이 분명히 있다.

　이름, 행운의 번호, 인장, 예금통장은 물론이거니와 평생 아무 장애없이 무럭무럭 자랄 수 있는 비법을 해 주어야 한다. 인간은 누구나 한평생을 행복하게 살 수 있는 의무가 있다. 건강·재물·배우자·자녀·학업·직업·수명 장수 등 모든 것을 바라는 바대로 누릴 수 있는 권리가 있는 것이다. 그런데도 우리 인간은 참으로 미련하여 은행비밀번호를 아무렇게나 쓰고 있다.

　특히 자기 전화번호나 주민등록번호, 군번이나 그렇지 않으면 1234나 1111 등 의미없이 편리하게 쓰고 있는데, 이것은 큰일 날 형국이다. 매스컴에서 피해 사례를 자주 접한다. 반드시 자기 사주와 맞추어 사용해야 한다. 독자 여러분은 지금이라도 늦지 않으니 자기 비밀번호를 계산하여 맞추어 보시기 바라며 보는 방법은 간단하다. 다음 장에 1번에서 81번 숫자까지 기록하여 오행이 상생이냐 상극이냐 하는 것까지 상세하게 수록하였으니 참고하기 바란다. 보는 법은 다음과 같다.

■ 은행비밀번호 보는 법

×는 흉, ○는 길

1 ⌐ + = 2 × 1 ⌐ + = 2 × 1 ⌐ + = 2 × 1 ⌐ + = 2 × 계 4 ×	1 ⌐ + = 3 ○ 2 ⌐ + = 5 ○ 3 ⌐ + = 7 ○ 4 ⌐ 계 10 ×
2 ⌐ + = 4 × 2 ⌐ + = 4 × 2 ⌐ + = 4 × 2 ⌐ 계 8 ○	2 ⌐ + = 5 ○ 3 ⌐ + = 8 ○ 5 ⌐ + = 13 ○ 8 ⌐ 계 18 ○

자동차 번호가 운세에 맞지 않는 경우에는 인장과 행운의 비밀번호로써 커버한다. 끝번 네 자리 숫자만 볼 것이며 흉한 것은 ×, 좋은 것은 ○표이다. ×표가 많은 자동차는 항상 위험하다. 사고를 예시하고 위험 수위에 있다.

9 ⌐ + = 10 × 1 ⌐ + = 10 × 9 ⌐ + = 10 × 1 ⌐ 계 20 ×	4 ⌐ + = 8 ○ 4 ⌐ + = 11 ○ 7 ⌐ + = 15 ○ 8 ⌐ 계 23 ○

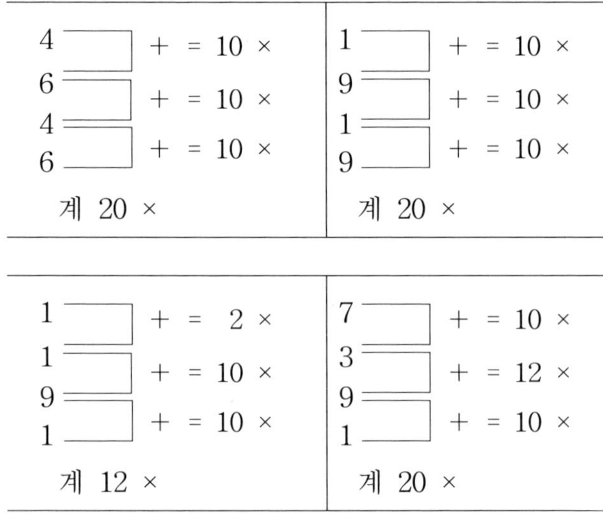

■ 대형사고 난 자동차

주민등록번호가 운세에 맞지 않는 사람은 단명하고 파산, 부부 생리사별, 자손운이 없고, 여자는 과부·화류계, 남자는 홀아비가 된다.

보는 법은 춘하추동에 따라 변동이 된다. 길한 것이 흉이 될 수도 있고, 흉한 것이 길로 변할 수도 있다. 앞자리와 뒷자리 또는 총합하여 본다.

32

앞자리 숫자	뒷자리 숫자	앞뒤 합수
4	2	
4	0	
0	0	20 ×
7	6	
2	7	17 ○
3	1	
	1	
계 20 ×	계 17 ○	계 37 ○

■거지 주민등록번호

앞자리 숫자	뒷자리 숫자	앞뒤 합수
4	2	
6	0	
0	0	20×
9	8	
1	2	20×
0	8	
	0	
계 20 ×	계 20 ×	계 40 ×

■거부 사주

앞자리 숫자	뒷자리 숫자	앞뒤 합수
4	1	
4	0	
0	0	21○
7	6	
4	7	17○
2	2	
	1	
계 21 ○	계 17 ○	계 38 ○

1. 각종 번호의 수리와 운수

이 팔십일운수법(八十一運數法)은 이름의 수리와 주민등록번호, 은행비밀번호, 자동차번호, 각종 입찰번호 등을 판단하는데 있어서 가장 중요한 기초이므로 독자 스스로가 판단할 수 있도록 상세하게 설명하였다. 그러므로 주운(主運), 총운(總運), 부운(副運), 자력운(自力運 : 이름이 지어지기 전의 운세)의 판단에 지대한 도움을 줄 것이다.

숫자 다음에 표시된 기호(記號) 중에 ◎은 대길(大吉)을, ○은 보통의 길(吉)함을, △는 흉함 중에서도 조금 나음을, ×는 흉한 숫자의 표시임을 참고하기 바란다.

① 영달과 의지(◎)

강한 의지력으로 영달과 개척을 뜻한다

만물이 처음으로 시작하는 출발·희망·발전의 형상으로서 만사가 뜻과 같이 이루어지고, 주위로부터 존경과 찬사를 받으며 명성과 지위를 득하는 암시력이 있다. 추진하는 일은 성공을 거두고 재운과 건강을 고루 갖추어 말년까지 행복하다. 특히 7~9월생은 더욱 더 좋은 작용을 하고, 10~12월생인 사람은 보통이나 1~6월생은 좋지 않을 수 있다. 사주에 진용이 많은 사람은 금상첨화다.

② 불화와 분열(×)

의자가 약해 항상 동요하므로 혼란 속에서 방황하는 수리

항상 마음이 불안하고 동요가 심하며 직업의 변동, 부모·친구와의 이별이나 분쟁을 암시한다. 건강을 해치고 질병의 우려와 독립심 부족으로 뜻한 일은 어렵고 고통을 수반하는 수리이다. 특히 1~6월생인 사람은 더더욱 나쁜 작용이 일어난다. 교통사고, 부부생리 사별이 많다.

③ 희망과 지혜(◎)

활동적이며 천혜의 복을 누린다

두뇌가 명석하여 모든 일을 적극적으로 처리하며 활동적인 성격이다. 인격이 고상하여 주위의 신뢰와 도움을 받으며 면밀한 계획으로 큰 업적을 이루며 성취한다. 여인은 현모양처로서 남편을 도와 성공에 이른다. 10~12월생인 사람은 더더욱 좋은 작용이 일어난다. 천지창조의 조화이기도 하다.

④ 재액과 손재(×)

요절과 방탕으로 불안에 떨며 재난과 앙화가 꼬리를 물고 다니는 수리

불운이 자주 일어나며 파멸과 곤궁·고통 등 불운으로 진퇴양난에 빠지는 불행을 암시하는 수리이다. 모든 일이 순조롭지 못하며 일확천금을 꿈꾸다 만사를 망치며 고통을 받는다. 특히 4～6월생은 매우 나쁘다. 7～9월생은 약간의 혜택을 볼 수 있다.

⑤ 발전과 성공(◎)

변화하면서 좋은 일에 기여 성공한다

음양이 조화를 이루어 심신이 안정되고 건강하며 부귀영화를 이루는 수리이다. 성격이 온화하면서도 적극성이 있어 사회적 신용과 명성을 얻어 지도자가 될 역량이 있다. 직장에서는 상사와 부하로부터 신망이 두터워 크게 발전한다. 특히 1～3월생은 더욱 좋은 작용이 일어나고 횡재수가 자주 있으며, 복권을 사면 가끔 당첨되는 경우도 있다.

⑥ 천덕과 복록(◎)

선조의 은덕을 받아 일생을 평안하게 지내는 좋은 수리

하늘과 땅으로부터 큰 복을 타고 났으며 재능과 복록을 구비하여 타인으로부터 신뢰감이 대단하며 큰 발전이 있다. 그러나 운세가 너무 강하면 불행이 올 수도 있으니 주의하라. 인내심을 갖고 일을 추진하면 대성공을 거두며 행복하다. 특히 1~3월생은 횡재수가 있고 날로 발전한다.

⑦ 권위와 강건(◎)

독립심과 의지력이 리더십을 발휘한다

독립심과 권위가 대단하며 독단적인 권위와 힘이 강하여 사회적으로나 가정적으로 불화가 있을 수 있다. 다행히 의지가 강하여 자기를 억제하고 일을 잘 조정하여 처리하는 능력이 있어 모든 고난을 극복하고 성공을 거둔다. 특히 1~6월생이 이 수리를 사용하면 더욱 행복한 생활을 할 수 있다.

⑧ 의지와 야심(◎)

의지가 견고하고 진취적인 기상이 풍부하여 목적을 이룬다

의지가 강하고 적극적이며 진취적인 기상이 풍부해 온갖 어려움을 극복하고 마침내 목적을 이룬다. 그러나 지나치게 강직하여 자기의 사주나 이름과 맞지 않을 경우 간혹 뜻밖의 조난과 액운을 만나는 수도 있다. 그러나 1~6월생이 이 수리면 더욱 행복하다. 나날이 발전하고, 주위로부터 신망과 존경을 받는다.

⑨ 역경과 불행(×)

재화가 깨지고 공로가 헛되어 불행과 파산 파멸을 초래하는 수리

질병·단명·불행을 암시하는 수리이다. 온갖 재앙과 불행이 한꺼번에 오고, 어렸을 때 양친과 생리사별하여 고통에 빠지며 배우자와의 인연도 박하고 질병·관재수 등이 겹친다. 그러나 뜻밖에 뛰어난 인물·재벌·명배우·대문호 등이 나오기도 하는데, 만에 하나요, 그것도 주민등록번호에서 실제로 태어난 달이 음력 4~9월생일 때 한한다.

⑩ 불행과 파멸(×)

공허와 몰락, 암흑천지에서 헤매이는 고독한 수리

이 수리는 9보다 더 흉한 수리이다. 노력하나 모든 일이 허사로 돌아가며 이익을 추구하고자 하면 실패가 따라오고 모든 재물이 흩어지며 단명한다. 나쁜 이름에다 나쁜 사주일 경우는 더욱 그러하며 흉액을 만나는 최악의 배치다. 자기의 사주와 맞는 용(用)을 찾아야 한다. 특히 10~12월생은 더 나쁘다.

⑪ 번영과 영달(◎)

천지조화의 복록으로 최고의 부귀영화를 얻는 수리

음양이 화합하여 천부의 혜택을 누리는 수리이다. 곧 하늘이 준 복록이라고 하겠다. 항상 온화하고 착실하며 모든 일에 노력하여 부귀영화를 누린다. 주위로부터 실력을 인정 받고 지위와 명성을 얻어 부귀하며 말년까지 행복해진다. 특히 7~12월생은 더욱 좋다.

⑫ 좌절과 실패(×)

연이은 실패로 타고난 수명을 제대로 누릴 수 없는 비극의 수리

의지가 박약하고 무력하여 추진하는 일이 중도에서 좌절되고 신용도 잃는다. 마음먹은 대로 풀리지 않고 가족과의 인연이 박하며, 경제적으로도 곤궁하여 외롭고 쓸쓸하며, 만사가 뜻과 같이 되지 않는다. 밑빠진 독에 물붓기로 만사가 진퇴양난이다. 특히 1~6월생은 부부 생리사별하고 만사가 불리하다.

⑬ 지혜와 희망(◎)

학문과 예술적 재능이 풍부하고 지모와 뛰어난 책략을 가진 수리

재능이 풍부하며 학문과 예술에 소질이 있고 뛰어나다. 영리하여 고난 장애를 능히 물리치며 명랑 활달한 성격으로 주위로부터 찬사를 받으며 강한 책임감으로 신용을 쌓는다. 가정의 행복도 도모하며 건강 장수하여 말년까지 행복을 누릴 수 있다. 특히 정치계로 진출하면 대성공을 거둘 수 있다.

⑭ 고독과 파괴(×)

비 오는 밤길을 걷는 형국으로 빈곤과 파괴를 당하는 수리

길흉이 심하여 부침이 극심하다. 부모를 여의든가 자녀를 잃던가 하며, 부부 이별하거나 형제간에 산산이 떨어져 나가 고독하고 괴로움이 많다. 모든 일이 뜻과 같지 않고 항상 번민과 고통의 연속이다. 노력한 공은 없고 가정의 파산으로 괴로움을 당한다. 특히 1~6월생은 더욱 불행하다.

⑮ 덕망과 행복(◎)

뛰어난 수완으로 민첩하게 큰 공을 세우는 수리

인품이 온화하고 아량이 넓어 도모하는 일이 순조롭다. 주위로부터 존경의 대상이 되며 신망을 한몸에 받아 대업을 성취하여 명예와 부귀를 누린다. 인덕과 복덕으로 대업을 성취하여 가문을 일으키며 행복과 장수를 누린다. 특히 1~3월생은 자손 가운데 천재가 탄생하고 주위로부터 크게 존경을 받는다.

⑯ 덕망과 행복(◎)

존귀한 지위와 덕망이 높아 평안과 부귀, 존경과 영예를 공유하는 수리

처음에 나빴던 일이 뒤에 좋은 일로 바뀐다. 전화위복의 운세다. 성격이 원만하고 온화하여 대중을 통솔하여 우두머리가 될 운수이다. 주위로부터 신망을 얻어 만사 뜻대로 발전하며 하는 일이 순조롭게 발전하며 성공을 거둔다 어떠한 재난도 능히 돌파할 수 있다. 특히 1~3월생은 더욱 대길하다.

⑰ 권위와 발달(◎)

매사를 강력하게 추진하여 크게 발전하고 성공하는 운수

의지가 강하고 어떠한 어려운 일도 극복하며, 강한 자신감으로 일을 처리하여 입실출세하고, 일단 뜻을 세워서 일이나 사업을 추진하면 주위에서 도움을 주어 원활하게 처리한다. 그러나 매사에 너무 지나치게 무리해서 강행한다면 실패할 우려도 있지만, 극복하고 대업을 이룬다. 특히 1~6월생은 더욱 좋은 수리로서 만인의 존경을 받는다.

⑱ 발전과 기운(◎)

매사를 강력하게 추진하여 크게 발전하고 성공하는 운수

굳건한 의지와 권위, 그리고 지모를 갖춘 운수로서 어떠한 일도 돌파할 수 있으며 목적을 달성한다. 그러나 자신감이 지나치면 주위로부터 비난과 반감을 살 수 있다. 자기 수양을 통해 포용력을 기르면 자연히 목적을 달성하고 명성을 얻는다. 특히 1~6월생은 나날이 발전하고 뜻한 목적을 달성하면서 만사 대길한다.

⑲ 재난과 불운(×)

재능있고 활동력이 있으나 하는 일마다 공(空)치는 허망한 수리

우수한 두뇌와 재능은 갖추었으나 어떤 일을 계획하여 추진하면 난관을 만나 좌절되고 한때의 성공도 물거품이 되고 만다. 능력은 충분하나 돌발적 사고나 관재수, 배우자와 사별, 명예 실추, 건강 상실 등 최악의 상태가 온다. 특히 7~12월생은 불행이 더욱 심하다.

⑳ 파멸과 빈곤(×)

쇠퇴하여 파멸하게 되고 결국 패망하는 지독히 나쁜 수리

재난과 파괴·단명하는 형상으로서 하는 일마다 액운이 겹치고 역경에 빠져 비참한 생활을 한다. 병약·단명·사업 실패로 인해 가정이 파괴되고, 혈육과 사별하여 평생 곤궁하게 살게 되는 등 고독하고 참담한 수리다. 특히 10~12월, 1~3월생은 더욱 심한 불행을 당한다.

㉑ 두령과 독립(◎)

독립적이고 권위가 있어 많은 사람을 지도하는 수리

독보적인 존재로 독립적이고 왕성한 의지를 지녔다. 확고한 신념으로 어떠한 난관도 돌파하며 주위로부터 존경과 신망을 받아 부귀와 영예를 누린다. 그러나 부부간의 인연이 박하니 조심해야 한다. 특히 7~12월생은 하늘이 내린 행복을 주고 가는 곳마다 형제요, 보는 사람마다 존경과 우러럼을 받는 대길한 수리다.

㉒ 박약과 좌절(×)

맹호가 날개를 더한 형상으로 권위와 권세가 매우 왕성한 수리

어떤 일을 추진하면 무기력하여 도중에 좌절을 맛본다. 초기에는 순조로우나 많은 장애가 닥치며 고독·병약·역경 등 악운에 시달려 만사가 도중에 막히는 불행한 운수이다. 가족과의 인연이 박하니 여성은 이 수리를 피해야 한다.

특히 1~6월생은 평생 쓰라린 삶을 살게 된다.

㉓ 두령과 승천(◎)

맹호가 날개를 더한 형상으로 권위와 권세가 매우 왕성한 수리

위대하게 융성하고 번창하는 운수로서 권위가 대단하여 욱일승천하는 형상이다. 미천한 환경에서도 역경을 딛고 일약 대업을 성취하여 두령의 지위에 오른다. 그러나 평소 기질이 다소 강한 경향이 있기 때문에 자제해야 한다. 특히 여성의 강한 기질은 부부간의 이별을 암시한다.

㉔ 성공과 개화(◎)

지혜와 지략, 지모가 출중하여 적수 공권으로 일가를 번창시키는 운수

지혜와 재능을 갖추어 재운이 가득하다. 근면 성실히 노력하여 맨손으로도 능히 크게 성공하여 가문을 일으킨다. 많은 사람들로부터 존경과 신망을 받으며 재화와 현모양처를 얻어 가정의 화목과 자손들의 경사가 겹쳐 말년에 대길하다. 특히 10～12월생은 100수 이상까지 운이 뻗어 나가면서 만인의 존경을 받는다.

㉕ 영민과 재능(◎)

매우 총명한 성품으로 지위가 있으며 권위와 부귀를 누릴 수 있는 수리

타고난 성품이 영민하고 의지와 개성이 강하여 어떠한 일도 잘 처리하여 목적을 달성할 수 있다. 자신이 겸손하고 사람들을 공경하는 마음을 가지면 목적을 달성하고 행운이 온다. 특히 1～3월생은 대단한 의지력으로 인해 주위의 부러움을 사고 계속 추진하면 일인자가 되는 수리이다.

㉖ 변화와 영웅(◎)

파란이 충첩되고 변칙적이며, 기이한 운명을 타고난 영웅 운수

파란만장한 운명을 타고난 영웅의 운수이다. 성품이 강직하고 어려움을 극복하나 변화 변동이 많아 풍파가 그치지 않는다. 그러나 이 운수를 가진 사람 중에는 크게 출세하는 사람도 있지만 운수가 약한 사람은 변화를 이겨내지 못하여 변을 당하는 사람도 있다. 길흉이 수시로 교차한다. 특히 1~3월생은 대단히 좋다.

㉗ 비난과 좌절(×)

풍파와 좌절을 연속적으로 겪게 되는 비탄 수리

자아가 너무 강렬하여 화를 불러오는 운수이다. 재능과 능력이 있으나 강한 성격 때문에 주위로부터 비난과 공격을 받아 좌절하고 실패한다. 지나친 자기 과신으로 주위에 적을 많이 만들어 칼날이 자기에게로 돌아온다. 생애를 비참하게 마친다.

㉘ 조난과 위험(×)

토끼가 호랑이 굴에 들어간 형상으로 조난을 당해 불길에 휩싸이는 수리

조난을 잘 당하여 수시로 횡액이 닥친다. 너무 강직하여 사람들로부터 비난과 비방을 받게 되고, 재액이 닥쳐 관재수, 가정 파탄, 죽거나 몸을 다친다. 후손들에게까지 화가 미치며 죽을 때까지 노고가 그치지 않고 불우한 말년을 보낸다. 특히 7~12월생은 더욱 한심한 수리이다.

㉙ 지모와 성공(◎)

명성과 실리를 널리 취하며 성공을 거둠으로써 크게 행복해질 수리

지모가 출중하여 활동적이고 탁월한 수완을 발휘한다. 사회적으로 신망과 명성을 얻어 크게 행복하고 재운과 성공을 거둘 수 있다. 지나친 야망과 욕망에 사로잡혀서 사업을 추진하면 실패를 초래하여 어려운 지경에 빠진다. 욕망과 야망이 너무 커서 모든 사람들로부터 크게 존경을 받는다.

㉚ 역경과 파란(×)

역경과 비운에 시달리다가 결국 모두가 끝나는 허망한 수리

부침과 기복이 수없이 교차하는 운수이다. 한 번의 상승 뒤에는 반드시 하락이 따른다. 또한 투기와 요행수만 바라다가 몰락한다. 노력의 결과는 바라볼 수 없으며 가정생활의 실패와 불행이 교차하며, 실의와 역경과 비운에 시달리다가 일생을 끝낸다. 특히 10~12월생은 더욱 한심한 인생을 살게 되고 관재수가 있다.

㉛ 두령과 행운(◎)

백절불굴의 의지와 용기로 난관을 극복하는 견고한 수령 수리

견고한 의지를 갖추고 지혜·인자·능력을 구비하여 어떠한 난관과 어려움도 돌파하여 위대한 사업이나 업적을 이룰 수 있으며, 주위로부터 신망과 존경을 한몸에 받는다. 사업·정계·교육계에서 활동하면 대길하며 남녀 공히 말년까지 부귀영화를 누린다. 특히 7~12월생은 무슨 일이던지 시작하면 끝장을 보고 크게 성공한다.

㉜ 요행과 번영(◎)

요행이 곁들여 큰 희망을 찬연히 꽃 피울 수 있는 아름다운 운수

요행과 행운의 운수로서 하늘이 준 행운을 타고나서 모든 일이 뜻하는 대로 이루어진다. 재주와 지혜가 뛰어나 순간적인 어려움을 능히 타개할 수 있으며, 주위의 도움으로 재기하여 사업을 중흥시킨다. 세상 사람들의 존경과 신망을 얻어 사업과 가문이 번창하여 최대의 행복을 누린다. 특히 7~12월생은 더욱 좋은 행운이 자주 생긴다.

㉝ 두령과 대업(◎)

아침 해가 힘차게 솟아오르듯 기세가 등등하여 전도가 쾌청한 운수

재주와 덕망을 겸비하여 사회적 지위와 명성을 얻고 어떠한 난관도 돌파하여 큰 뜻을 이루어 낸다. 성격이 강직하고 일을 독단적으로 처리하여 실패할 경우도 있다. 여자는 남편을 무능하게 할 수도 있어 유순함과 온화한 마음을 길러야 가정의 화평을 이룰 수 있다. 특히 7~12월생은 더욱 행복한 수리이고, 많은 사람들로부터 존경을 받는다.

㉞ 불운과 수난(×)

병약하고 재난이 잦으며 파괴와 위기, 망신살이 끊이지 않는 수리

모든 일이 파괴되는 불운이며, 일평생 행복을 찾아볼 수 없고 횡액만 겹친다. 도산·질병·교통사고, 정신적·육체적 고통이 발생하고, 만사가 불성이며 고통과 몰락뿐이다. 마음의 상처를 받아 말년을 고독하게 보낸다. 특히 1~6월은 더욱 한심한 수리이다. 부부운이 불길하고 자녀운 또한 나쁘다.

㉟ 발전과 부귀(◎)

온화하고 선량하여 순리로운 좋은 운수

문학과 예술에 특별한 재능이 있으며, 마음이 온화하고 선량하여 적극적으로 실천하면 마음먹은 대로 성취된다. 남에게 의지하지 말고 자기의 실력과 능력에 의지하여 용감하고 부지런히 노력하면 평생 행복하게 살 수 있으며 예능 방면으로 나가면 더욱 행복한 삶을 누릴 수 있다.

㊱ 파란과 변화(×)

시비와 고난과 파란을 일으키는 형세로 역경을 지난 후 나아지는 수리

파란이 중첩되고 인생의 부침이 심한 영웅의 운수이다. 의협적인 기질과 의지와 인정이 있음에도 대업을 성취하지 못하며 곤란과 고통에 빠져 헤맨다. 대변동과 파란의 연속이며 급변과 위기가 자주 닥치는 실패와 몰락의 형국이다. 특히 6～12월 출생자는 평생 쓰라린 인생을 살게 되고 단명하는 수리이다.

㊲ 권세와 출세(◎)

하늘이 내린 복을 타고 났으니 위엄과 존경을 받는 대단히 좋은 운수

매사에 진취적이고 독립심이 강하여 어떠한 일이라도 추진하여 목적을 달성시킨다. 자기 분야에서는 실력과 능력이 대단하여 큰 성공을 거두는 형상으로 주위로부터 존경과 신망을 얻어 대업을 이루고 자수성가하여 가문을 일으킨다. 여성에게도 대단히 길한 운수이다.

㊳ 예술과 재능(◎)

뛰어난 재주와 총명한 두뇌로 예능계를 주름잡는 운수

성품이 온화하고 성실하여 문학·서예·예술에 특출한 재능을 발휘한다. 사업운이나 재운은 약하지만, 예술 방면에는 대성공을 거둔다. 지혜롭고 인자하여 행복과 명성을 얻으며 만사가 조화롭게 진행되어 말년이 행복하다. 특히 행운의 번호와 인장을 사주에 맞는 한 쌍을 사용한다면 모든 일이 순조로워 만사가 대길하다.

㊴ 부위와 명성(◎)

지혜와 장수, 권위와 권세를 구비한 부귀영화의 운수

부귀와 영화를 누릴 수 있는 운수이다. 덕망과 지혜, 지도력을 고루 갖추어 천하를 압도할 만큼 기개가 대단하고 명성과 신망을 얻어 부귀영화를 마음껏 누린다. 특히 여성은 성격이 강렬하여 가정운·애정운이 박하니 인격 수양에 힘써야 한다.

⑩ 파란과 쇠퇴(×)

지략·재능·담력은 풍부하나 덕망이 결핍, 쇠퇴를 가져다 줄 수리

지모와 통찰력이 있는 것 같으나 사실은 매사에 파란과 부침이 격심하고, 결단력 부족으로 성공을 이룰 수 없다. 성격의 오만함과 불손으로 주위의 비난을 받을 수 있으니 자중하고 겸허한 자세를 가져야 위기를 모면할 수 있다. 특히 7～12월생은 파란이 중첩되고 불행이 꼬리를 물고 다니며, 관재수와 모함을 잘 받고 불구가 되며 가정이 파괴되는 불행한 수리이다.

⑪ 실력과 성공(◎)

부귀와 복록이 무궁무진하게 집안으로 몰려드는 양양한 운수

명예와 덕망이 높고 지혜와 수완이 탁월하여 만인의 존경과 신망이 두텁다. 추진하는 사업은 뜻대로 이루어지며 사회적 출세와 가문의 번창으로 행복한 생활을 누린다. 특히 여성은 명랑하고 재능을 갖추어 가정의 행복을 이룬다. 특히 7～12월생은 사람들로부터 많은 지지를 받고 세계를 통솔할 수 있는 능력의 소유자가 된다.

㊷ 다예와 재능(◎)

총명하고 박학다식하여 예술과 기예에 탁월한 운수

재능이 뛰어나고 총명하며 특히 예술 방면에 특출하다. 열심히 분발하고 노력하지 않으면 목적을 달성할 수 없다. 외화내빈으로 속빈 강정이다. 열 가지 재주는 있지만 사용하지 못한다. 길흉이 상반되는 운수이다. 특히 7~12월생은 뛰어난 실력을 발휘하여 만인의 존경을 받는다.

㊸ 산재와 빈곤(×)

산재와 무존(無存)으로 외화내빈하는 좋지 않은 수리

의지와 신념이 약하여 추진하는 일은 실속이 없다. 모든 계획은 수포로 돌아가고 재주와 지혜는 있으나 재산은 흩어진다. 외견상은 화려하나 내면을 들여다 보면 고통과 빈곤의 연속이다. 특히 이성 관계를 조심해야 하며 안일하고 방탕하여 금전운이 박하다. 특히 1~6월생은 부부운이 불길하고 재산이 축적 되지 않는다. 동쪽을 항시 조심하라.

㊹ 비운과 풍파(×)

참담하고 암담하여 파괴와 난리가 한꺼번에 밀려오는 슬픈 운수

파멸과 횡액이 겹치는 최악의 운수이다. 가족과의 인연이 박하여 파멸·단명·병고·불고. 부부와의 생리사별 등 온갖 재난이 발생하며 고통과 불행의 연속이다. 간혹 이 수리에서 대학자·영웅·위인·발명가들이 나오기도 한다. 말년에는 고독하게 지낸다. 특히 1~6월생은 비운이다. 관재구설과 자녀운이 더욱 나쁘고 비명사하는 수리이다.

㊺ 순풍과 창성(◎)

순풍에 돛을 올리니 만사가 뜻대로 순조로운 운수

순풍에 돛단배처럼 만사가 순조롭게 처리된다. 굳건한 의지와 덕망, 출중한 지모로 큰 뜻과 대업을 달성한다. 어떠한 난관도 돌파하여 재산과 명예를 획득하며 명성을 천지사방에 떨치기도 한다. 말년까지 부귀영화를 누린다. 특히 1~3월생은 하는 일마다 날로 발전하고 천지사방에서 도와주니 어찌 좋지 않다고 하겠는가.

㊻ 파선과 비애(×)

금은 보화를 실었으나 풍랑을 만나 좌초 또는 파선하는 수리

보물을 실은 배가 항해 도중에 심해에서 해풍에 침몰하는 운수이다. 처음에는 순조로우나 도중에 지위나 명예·사업 등이 급격하게 추락한다. 일평생 고통과 역경의 길이다. 일반적으로 비운의 연속으로 말년까지도 파란이 연장된다. 특히 4~12월생은 더욱 흉한 작용이 발생하고 대형사고를 잘 당하며, 누명을 쓰기도 한다.

㊼ 복록과 성취(◎)

천지에 꽃이 만발하여 아름다운 향기를 뿜으며 알찬 결실을 맺는 운수

봄이 되어 꽃이 만발하여 결실을 맺을 때까지 만사가 순조롭다. 하늘의 복을 타고 났으며, 모든 일이 뜻과 같아 크게 번창하고 주위로부터 명성과 신뢰가 두터워 모든 사람이 협력하여 만사가 성취된다. 말년까지 행복을 누리다가 후손에게 물려줄 수도 있다.

㊽ 영예와 존경(◎)

재능과 경륜이 탁월하여 덕망이 높으니 존경과 신뢰를 받는 운수

덕망과 재능을 구비하고 만인의 존경과 신뢰를 받으며 지도자의 위치에 설 수 있다. 고문이나 상담역을 맡을 수 있으며 만인의 인정을 받는다. 말년까지 왕성한 활동력으로 행복하게 지낸다. 특히 1~6월 출생자는 더욱 좋은 작용이 일어나고, 지도자가 되는 운수이며 천지 사방에서 도와주는 수리이다. 남자는 권위적인 직업을 가지며 대성하리라.

㊾ 행운과 불행(×)

자기 관리 소홀로 크게 실패하여 불운이 겹치는 운수

길흉이 상반되며 길하면 불운이 뒤따른다. 사업의 실패, 부부간의 생리사별, 재해·질병·관재수 등이 닥쳐 엄청난 고통을 받는다. 말년에는 금전 문제로 더욱 곤란을 받으며 사업보다는 직장 생활이 유리하다. 특히 4~9월 출생자는 다소 좋은 작용이 일어날 수 있다. 다른 달에 태어난 사람은 항시 구설수가 따른다.

(50) 성쇠와 파멸(×)

처음과 끝이 달라 낭패를 당하게 되어 타락할 운수

한 번의 성공과 한 번의 실패가 연속되는 불안한 수리이다. 사업의 실패와 몰락, 가정 파탄 등 비운과 흉운이 겹친다. 일시적인 성공에 자만하면 모든 것이 수포로 돌아간다. 불우한 말년을 보낸다. 특히 7~12월생은 매우 나쁘고 비통하여 항상 비참한 일이 발생하고 망신살이 뻗쳐 몸둘 바를 모르게 된다. 또한 관재구설이 유난히 자주 발생하며 결국에는 목숨까지 잃는다.

(51) 부침과 파란(×)

파란이 일어 변동이 심하고 부침으로 비참해질 운수

일시적 성공은 있으나 곧 쇠퇴해 버리는 허약하고 파란과 변동이 많은 운수이다. 초년과 중년은 일시적인 성공을 거두나 말년에는 운이 쇠퇴해지며 길흉이 자주 찾아와 형편이 어려워지고 고통이 심하니 매사에 신중하고 교만이 없어야 한다. 특히 1~6월생은 고통이 더욱 심하다.

(52) 공리와 달성(◎)

대기만성형으로 처음엔 다소 힘들더라도 나중에는 즐겁고 태평할 운수

통찰력과 선견지명이 있어 어떠한 일도 실패없이 성공시킨다. 계획을 세우고 빈틈없이 일을 진행시켜 목표를 달성시키는 예리한 통찰력이 있다. 대업을 성취시켜 가정의 번창, 자손 대대로 번영을 누리며 큰 뜻을 마음껏 펼친다. 특히 7~12월생은 양날개를 달고 펄펄 나는 형상이다. 위대한 업적을 남겨 후손에게 물려주는 행운을 잡는다.

(53) 내우와 불안(×)

표리부동 내우 허영으로 변파를 일으키는 운수

외견상은 화려하나 실속이 없으며 실패와 근심과 걱정만 쌓인다. 인생의 전반에는 약간의 성공이 있으나 후반에는 재앙이 닥쳐 불행이 찾아온다. 남의 충고를 받아들여 어려움을 해소해야 한다. 특히 1~6월생은 하는 일마다 브레이크가 작동하지 않아 죽을 지경에 이른다. 관재구설과 시비가 끊이지 않아 파탄한다.

(54) 고독과 다난 횡사(×)

열심히 노력해도 실패만 거듭하여 성공운이 없는 흉악한 운수

모든 일에 장애가 생겨 실패한다. 계획을 세워 일을 추진하나 결과는 참담한 실패만 남는다. 불화·대손실·고독·형벌·생리사별·자살 등 온갖 재난과 재앙을 당한다. 말년까지 불행이 따른다. 특히 1~6월 출생자는 더욱 나쁜 작용이 일어나 가정이 파탄하고, 항시 조난을 당하는 수리이다.

(55) 기회와 발전(◎)

기회를 잘 포착하여 성실하게 일을 추진하면 크게 성공할 수 있는 운수

흥망성쇠가 교차하는 운수이다. 치밀한 계획을 세워 일을 추진하면 사업의 확장과 발전이 있으나 전심전력하지 않고 일을 대충 처리하면 실패와 고통이 온다. 이것만 주의하면 대길이다.

(56) 소극과 박약(×)

부부궁이 불길하고 손재와 관재구설 등 재앙이 뒤따라 불길한 운수

의지가 약하여 돌파하기 힘들다. 용기와 인내력 부족으로 중도에서 쉽게 좌절하고 무너진다. 한번 넘어지면 재기할 수 없으니 병약·단명·고독·생리사별 등으로 말년을 불행하게 보낸다. 특히 1~6월생은 더욱 나쁘고 조난을 잘 당하며, 모함을 받고 처참한 일생을 살게 되며, 결국에는 비명사하는 수리이다.

(57) 천혜와 영광(◎)

재주와 지능을 바탕으로 추구하면 영광과 부귀의 천혜를 얻을 수리

가뭄에 비가 오듯이 하늘의 복을 받는 운수이다. 계획을 세우고 끈기있게 노력하면 어려운 일을 돌파하여 계획대로 성공시키며, 주위의 존경과 명성과 부귀를 얻는다. 험난한 시련 뒤에는 영광이 기다리고 있다. 특히 1~6월생은 횡재를 자주 보는 수리이고, 모든 사람들로부터 존경을 받는다.

(58) 재기와 융성(◎)

재욕이 융성하고 재화가 많아 말년이 좋은 운수

처음은 불행하나 점차 번창하고 융성하는 운수이다. 침착함과 인내력으로 어떠한 어려움도 돌파할 수 있으며 대업을 달성한다. 초기 운세보다 말년 운세가 좋은 편이다. 특히 1~6월생은 더욱 더 좋은 작용이 발생하고 사람들로부터 존경을 한몸에 받는다. 통솔력이 강하다.

(59) 박복과 고난(×)

의자가 강한 것 같으면서도 인내력이 부족하고 소심하여 실패하는 운수

인내력·용기가 없으면 매사에 우유부단한 성격으로 능력과 실천력이 없어 일을 제대로 처리하지 못하고 고통·재난·실패·부부이별·질병·사고 등으로 일생을 불우하게 보낸다. 특히 7~12월생은 더욱 심하고, 욕심을 부리면 100퍼센트 패망하니 평생 헌신적으로 살아가야 하며, 신앙생활이나 하면서 살아야 한다.

⑥⓪ 암흑과 대패(×)

먹구름이 항상 따라 다녀 하는 일마다 크게 패하는 수리

경솔하고 무모하여 노력과 공로가 수포로 돌아간다. 매사를 경솔하게 처리하여 진퇴양난에 빠져 헤어날 길이 없고 병약·형벌·빈곤 등으로 말년을 불우하게 보낸다. 이러한 수리는 피해야 한다. 특히 7~12월생은 험난한 세월을 보내고 늘그막에 더욱 비참한 인생살이를 하게 된다. 중풍·당뇨로 인생을 마감하는 수리다.

⑥① 융성과 번영(◎)

명예와 실리를 함께 얻을 수 있고 운기가 서려 있어 부귀할 운수

사회적으로 출세하여 부귀영화를 한몸에 받는다. 그러나 주변의 비난과 가정의 풍파를 조심해야 하며, 항상 모든 일을 화합 협조하면 어떠한 어려운 일도 돌파하여 성공하며 장수 부귀한다. 특히 7~12월생은 부귀영화를 만끽하며 하는 일이 원한 대로 이루어진다.

(62) 낙하와 무력함(×)

복록이 없고 서로 화합하지도 못하므로 불행의 늪에서 헤어나지 못하는 수리

자기의 고집을 너무 부리면 일의 성사가 어렵다. 신용과 명예가 떨어지며 계획이 중도에서 좌절되어 질병·사고·재난 등으로 고통을 받는다. 만사 주의하지 않으면 말년을 불우하게 보낸다. 특히 1~6월생은 만신창이가 되고 관재구설·시비 등으로 평생 고통을 받으며 살아가는 처참한 수리이다.

(63) 번영과 길운(◎)

오랜 가뭄 끝에 단비를 만나듯 융성하고 발전하는 운수

고기가 물을 만난 듯이 모든 일이 크게 발전한다. 모든 장애물이 걷히고 앞날이 탄탄대로이며 자기도 모르게 일이 성취되는 길수이다. 일이 계획대로 성취되며, 존경과 신망이 두터워 성공을 거둔다.

(64) 침몰과 불행(×)

일이 뜻대로 되지 않아 인재나 재앙이 득실거리는 운수

계획은 있으나 치밀한 계획이 없어 일은 모두 실패로 돌아간다. 한번의 실패는 돌이킬 수 없으며, 고통·재난·질병 등으로 말년을 불우하게 보내는 불행한 수리이다. 특히 1~6월생은 가족연이 전혀 없고 평생 고독한 삶을 살게 되고, 정처없이 떠돌이로 생활하며, 깊은 산 속에서 독수공방하는 수리이다.

(65) 복록과 형통(◎)

다복장수하고 부귀영화를 한껏 누리는 천혜의 수리

주위로부터 신망과 찬사를 받게 되며 명예와 부귀를 얻는다. 사업성공과 가정 화평으로 자손대까지 부귀영화를 남긴다. 특히 1~3월생은 더욱 좋은 작용을 일으키고, 하는 일마다 천지 사방에 드높은 최대의 행운 수리다.

⑥⑥ 궁박과 망신(×)

과욕이 실패를 부르게 되고 신용이 추락하여 결국 패가망신하는 수리

인덕이 없어 주위로부터 배신당하고 만사불성이며, 재산상의 손해도 막심하다. 추진하는 일은 모두 막히며 재산상의 손해와 실패의 연속이다. 상속 받은 유산도 탕진할 수이니 조심해야 한다. 특히 4~12월생은 더욱 나쁜 작용이 발생한다. 유난히도 관재구설이 많고 교통사고도 잘 당하며, 도난·강도를 만나니 항시 주의하라.

⑥⑦ 지위와 덕망(◎)

뜻하는 바를 마음껏 이룰 수 있어 천혜를 누리는 대길한 수리

사회적으로 인정을 받는 운수이며 일을 추진하는데 장애가 없고 대성공을 거두며, 만사형통한다. 선후배로부터 선망과 존경의 대상이 되어 높은 지위에 오른다. 뜻대로 되는 길수이다. 특히 1~6월생은 더욱 발전하고 세상 사람들의 존경을 받는다.

⑥⑧ 근면과 통솔(◎)

의지력이 강하고 계획이 견실해 성공을 이루는 운수

지모가 출중하여 어떠한 난관도 돌파하고 계획한 일들은 차질없이 성공을 거둔다. 발명과 창조력이 뛰어나 주변의 신망과 복록을 얻어 대성공을 거둔다. 특히 1~6월생은 말년이 행복한 운수이다. 더욱 좋은 작용이 발생하고 주위로부터 존경과 신망을 한 몸에 받고 부귀영화를 누리는 수리이다.

⑥⑨ 요절과 병액(×)

복록이 없고 불안과 동요가 심해 궁박해지는 대단히 불길한 운수

인덕이 없고 하는 일이 실패의 연속이며, 가난과 병액이 수시로 닥쳐 고통이 겹겹이 쌓인다. 질병·재해·교통사고·형벌 등 죽음의 고비를 수없이 넘는 흉한 수리이다. 이비인후과에 속하는 질병이 많다. 특히 7~12월생은 더욱 환난을 잘 당하고 관재구설·시비를 잘 당하며, 주위로부터 비방을 자주 받고 단명하는 수리이다.

⑩ 적막과 빈곤(×)

근심 걱정이 떠날 날이 없어 일생동안 빛을 볼 수 없는 수리

근심 걱정이 쌓여 고독하고 적막하다. 하는 일은 성취되지 않고 허송 세월 하며, 고통·질병·재난·형벌·살상의 재액이 끊일 날이 없다. 처와 자식에게까지 재앙이 미친다. 특히 7~12월생은 더욱 심하여 고통을 받고, 주위로부터 비방을 받으며 조난을 잘 당하는 수리로 단명한다.

⑪ 찬동과 행복(○)

용기와 기백이 약해 전력을 쏟아도 크게 전진하지 못하는 수리

능력과 지모가 출중하여 호운(好運)이 자주 있고, 해결능력이 매우 크다. 눈앞에 횡재가 자주 나타나고 하늘의 뜻에 따라 행운을 맛보게 된다. 특히 7~12월 출생자는 횡재를 잘 보고 능력과 역량을 발휘하여 만인의 존경을 받는 운수이고 부귀영화를 획득한다.

⑫ 잠재와 길흉(×)

먹구름이 밝은 달을 가리므로 항상 불안정한 운수

휘영청 밝은 달밤이었다가 갑자기 먹구름이 뒤덮어 버린 후 다시는 걷히질 않는 운수다. 겉으로는 행복하게 보여도 속은 고민이 태산 같다. 처음에는 번성하고 영화로운 것 같았으나 끝이 보잘 것 없으며 길흉이 중복되는 흉한 수리다. 특히 7~12월생은 더욱 흉측한 일이 발생한다.

⑬ 천여와 평안(◎)

자연의 혜택을 크게 받아 일평생 안정과 복록을 누릴 수리

72 수리와 길흉의 영향이 비슷하나 반대로 초반에는 고통이 수반되고, 차츰 나아져 말년에는 만사가 평안하다.

특히 10~12월생은 더욱 힘이 생기고 역량을 발휘하여 세상 사람들의 존경을 받으며, 뜻한 바 소원을 성취하여 만방에 이름을 떨치는 수리이다.

⑭ 미로와 불화(×)

미로를 헤매이다가 출구를 찾지 못해 어둠 속에서 보내는 수리

생활을 영위할 능력이 부족하여 남에게 의지하려고 하며, 항상 헛된 망상에 빠져 있으며 주위의 비웃음을 살 수리다. 특히 1~6월생은 더욱 심하며, 관재구설과 모함을 잘 당하고, 항상 불평불만이라 사람들과의 화합이 잘 이루어지지 않는다.

⑮ 신중과 평길(◎)

대복은 없지만 분수를 잘 지키면 일생을 평안하게 보내는 수리

분수에 넘친 욕심을 부리다 낭패를 당하는 운수이다. 만사가 뜻대로 되지 않으며 욕심은 화근을 만들어 재액이 닥치므로 자중하고 신중해야 잘 풀린다. 그러나 1~3월생은 하늘의 뜻을 받아 하는 일이 모두 행복하다. 나쁘다고 하는 일이 오히려 좋은 일로 돌아가는 수리이다. 가히 하늘의 복이라 하지 않을 수 없다.

⑯ 고독과 병약(×)

병약하여 단명하는 불운의 수리로 배우자와의 관계도 돈독하지 못하는 수리

계획성없이 일을 추진하여 실패를 자초한다. 성취되는 일이 없으며, 질병·재난·형벌·교통사고·이별 등으로 말년이 불우하다. 특히 7~12월생은 더욱 그러하고 고질병으로 평생을 불우하게 살고 단명하는 수리이다. 모든 사람들을 믿지 못하고 적으로 생각하니 어떠하겠는가?

⑰ 추풍과 파란(◎)

흉중에도 길운이 있어 인생 전반에는 흉하나 후반기는 길운한 수리

항상 길흉을 동반하는 운수이며 나쁜 일 중에 좋은 일이 생기기도 하며, 좋은 일 중에 나쁜 일이 발생하기도 한다. 초반 중반 후반 중에 한 번이 나쁘면 한 번은 좋다가도 나빠진다. 특히 7~12월생은 형평성을 잃고 만인을 불신하며, 배신을 잘 당하고 쓸쓸한 세상을 살게 된다.

⑦⑧ 야력과 패망(◎)

길흉이 반반인 평범한 수리

길흉이 교차하나 흉한 일이 자주 발생한다. 하늘이 내린 복과 재능을 발휘하지 못하고 고생한 보람도 없이 고통과 재난으로 말년이 불행해 진다. 그러나 1~6월생은 반대이다. 하는 일마다 행복이 가득하고, 뜻과 소망이 성취되며, 만인의 존경과 덕망을 한 몸에 받으며, 어떠한 어려움이 있을지라도 능히 돌파하고 타개해서 마침내 큰 뜻을 이루고야 만다.

⑦⑨ 역경과 실패(×)

역경에 처해 헤어나지 못하며 아무리 발버둥쳐도 활로를 찾지 못하는 수리

의지력이 허약하고 근면하지 못하여 일을 추진하지 못하면 주위로부터 신망을 잃어 원성만 듣는다. 고난·질병·횡액으로 폐인에 이른다. 그러나 1~6월생은 반대이다. 4~6월생은 진용으로 변하고, 1~3월생은 소용(小用)으로 변하니 오히려 좋은 일로 유도되며, 만인으로부터 존경을 받는다.

⑧⓪ 공허와 불안(×)

냉음한 곳에서 공허와 고독, 실의에 빠지는 생활을 해야 하는 수리

급격한 운세로 고통이 심하다. 재난과 질병이 끊일 날이 없고 자살·형벌 등으로 고독과 고통이 수없이 닥친다. 자중하면 재난을 면한다. 특히 7~12월생은 더욱 나쁘고 가족 인연이 희박하며, 모함을 잘 받고 평생 수술이 그칠 날이 없으며, 결국에는 황천길이 제일 좋은 수리이다.

⑧① 행혜와 복락(◎)

뜻한 바 소원이 성취되며 명예를 되찾고 부귀와 영화가 찾아드는 수리

하늘이 내린 복으로 만사가 순탄하고, 건강·명예 등 모든 것이 성취되어 만인의 존경을 받고 말년까지 부귀영화를 누린다. 특히 7~12월생은 더욱 행복하고, 세상 사람들의 존경을 받으며, 뜻과 소원이 마음대로 이루어진다. 순풍에 돛을 올린 형상으로 만사가 뜻과 같이 잘 되며 순조롭다. 대길수이다.

2. 행운의 이름은 운(運)을 열어준다.

옛말에 범이 죽어 가죽을 남기고 사람은 죽어 이름을 남긴다고
했다. 사람의 일생은 길어야 100년 가기 어렵고 이름은 남아 후세
에 길이 전하는 것이니 작명은 그만큼 심사숙고해야 한다.

한 사람의 이름이 운명을 절대적으로 좌우한다고는 볼 수 없으나
좋은 이름은 그 사람에게 좋은 작용을 끼쳐 행운을 열고, 나쁜 이
름은 나쁜 작용을 일으켜 운을 막으며 여러 가지 해를 부르게 된다.

또한 이름은 그 사람을 대신하는 상징으로 만나기 전에 이름만
듣고도 벌써 그 이름을 가진 사람의 인상이 떠오르며, 성격이나 인
품까지 미루어 짐작할 수 있는 것이다.

좋은 이름의 조건은 다음과 같다.

① 사주와 맞게 행운의 번호를 만들어 이름자와 어울리도록 조
　화를 이루어야 한다.

② 부르기 쉽고 듣기 좋으며 기억에 오래 남아야 하며, 자기 사
　주와 맞아야 한다.

③ 수리와 오행의 구성이 잘 조화되어야 한다.

④ 사용한 글자의 뜻[字意]이 훌륭해야 한다.

⑤ 남자의 이름은 돈독하고 장중한 것이 좋으며, 여자의 이름은
　맑고 명랑한 느낌이 드는 게 좋다.

⑥ 이름에 쓰지 않아야 하는 글자[不用文字]나 사람의 이름으로
　어울리지 않는 괴상한 글자, 너무 긴 이름은 피해야 한다.

1) 한자의 획수 계산법

· 약자(略字)는 반드시 본래 글자로 계산한다.
· 부 수

扌(手) — 手는 4획 提(13) 挑(10)
忄(心) — 心은 4획 情(12) 恬(10)
氵(水) — 水는 4획 洙(10) 洪(10)
犭(犬) — 犬은 4획 猶(13) 狼(10)
礻(示) — 示는 5획 福(14) 祥(10)
王(玉) — 玉은 5획 珉(10) 珠(11)
艹(艸) — 艸는 6획 花(10) 英(11)
衤(衣) — 衣는 6획 褐(15) 袱(12)
月(肉) — 肉은 6획 脈(12) 能(12)
罓(網) — 網은 6획 羅(20) 罟(11)
辶(辵) — 辵은 7획 連(14) 送(13)
阝(邑) — 邑은 7획 都(16) 鄭(19)
阝(阜) — 阜는 8획 陳(16) 限(14)

· 숫 자

一(1획) 二(2획) 三(3획) 四(4획) 五(5획) 六(6획) 七(7획)
八(8획) 九(9획) 十(10획) 百(6획) 千(3획) 萬(15획)

· 틀리기 쉬운 글자 획수

5획 — 世 巧
6획 — 臣 亥 印
7획 — 成 廷
8획 — 亞 協 武

9획 － 泰 表 染 致 飛

10획 － 育 馬 芽 酒 哲

11획 － 胡 梁 偉 紫 貫 胤

12획 － 盛 能 傑 淵 博 卿

13획 － 琴 裕 路 鼎

14획 － 夢 實 華 壽 慈 碧 興

15획 － 養 與 寬 郵

16획 － 燕 龍 龜 道 導

17획 － 燦 隆 鄕 鴻 聯

18획 － 翼 豊 爵 繡

19획 － 關 贊 繩

20획 － 瓊 羅

삼재와 수리오행

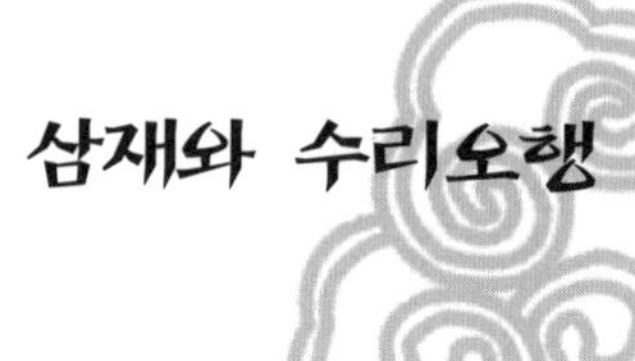

· 수리오행

甲	乙	丙	丁	戊	己	庚	辛	壬	癸
1	2	3	4	5	6	7	8	9	10
木		火		土		金		水	

 앞으로는 전부 오행이라면 특별한 말이 없는 한 수리오행을 가리키며, 수리오행은 발음상 약간 참고로 할 뿐이지 쓰지 않으며, 별다른 가치가 없다.

■오행의 작용

상생(대부분 좋은 작용)　상극(대부분 나쁜 작용)

1) 삼재배치

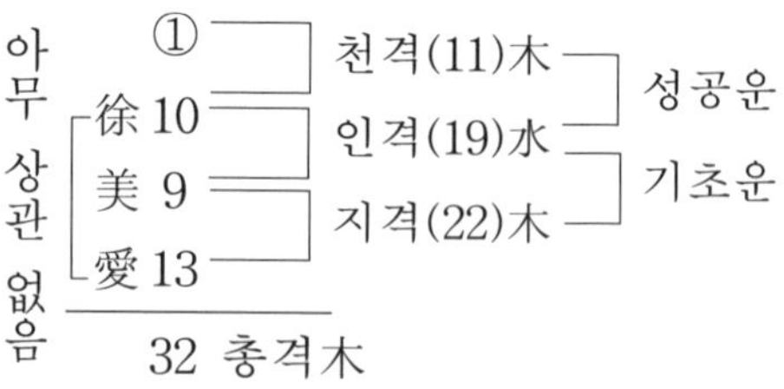

수리오행은 취하지 않는다. 또 천격과 인격을 비교하여 성공운을 알 수 있으며, 인격과 지격을 비교하여 기초운을 알 수 있다.

삼재란 오직 천격·인격·지격을 말하고 총격은 다른 격과 비교하면 안 된다.

수리는 인격·지격·총격뿐이며 천격이나 徐와 愛를 합친 23 따위는 아무 필요가 없고, 어떤 수리든 간에 길흉과 전혀 상관이 없다. 그래서 수리의 좋고 나쁨은 19·22·32만을 따질 일이며, 인격이 사람(본인)을 대표하므로 가증 중요할 뿐만 아니라, 만약 ①을 총격 수리에 더하면 절대로 안 된다.

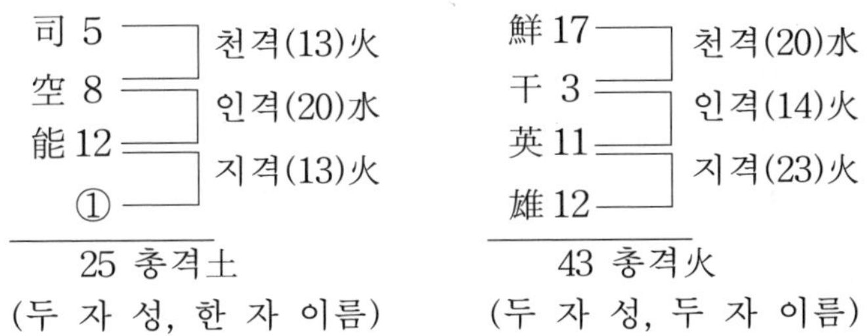

· 천격·인격·지격이 모두 똑같은 오행으로 될 때가 가끔 있는데 사주에 맞으면 좋으나 맞지 않을 경우에는 매우 나쁘다.

· 삼재[수리]오행이 상생이라고 해서 무조건 좋은 것도 아니며, 오히려 크게 나쁠 경우가 많고, 비록 상극일지라도 오히려 크게 좋

은 경우도 있으므로 선입관을 버리고 끝까지 확인할 필요가 있다.

천격·인격·지격·총격 중에서 인격이 제일로 중요하고 다른 격이 아무리 좋더라도 인격이 나쁘면 쓸모가 없으며, 인격이 좋고 다른 격이 나쁠 경우에는 상당한 의지와 노력으로 가끔 만회할 수도 있다.

사주상에서 오행의 결함이나 문제가 있을 때는 반드시 천격·인격·지격·총격의 수리오행으로써만 보완이 가능하며, 시중의 엉터리식으로 화(火)가 필요하다 하여 炫·變·勳과 같은 글자를 흔히 쓰는데, 사주의 진용과 기용을 구별하여 진용을 정확하게 표출하여 적용한다.

가장 중요한 것은 총격에 진용으로 맞추어야 한다는 점이다. 그러나 총격에 진용이 나오지 않을 수도 있다. 만일 진용이 없을 때는 소용이라도 넣어야 한다. 진용 소용을 맞출 수 없을 때는 수리가 진용에 가깝게 나와야 한다.

2) 삼재배치의 주의점

① 밑에서 위로 상생한 좋은 배치

水	金	土
金	土	火
土	火	木

그러나 아래의 배치는 천·인·지·총격의 수리가 모두 좋아야 쓸 수 있고, 그 이유는 水의 주역적인 특이성 때문이다.

火	木
木	水
水	金

② 위에서 아래로 상생한 좋은 배치

    木   火   金
    火   土   水
    土   金   木

아래의 배치는 화(火)가 가용인 사람은 좋다.

    土
    金
    水

③ 위에서 아래로, 밑에서 위로 상생한 좋은 배치

    木   火   土
    火   土   金
    木   火   土

아래의 배치는 반드시 사주에 맞아야 하고, 사주에서 화금(火金)
이 가용일 때라야 비로소 쓸 수 있다.

    金   水
    水   木
    金   水

④ 가운데서 위아래로 상생한 좋은 배치

    火   土   金   木
    木   火   土   水
    火   土   金   木

아래의 배치는 수(水) 가용일 때 나쁘다.

水
金
水

⑤ 두 개의 오행이 다른 오행과 상생한 좋은 배치
火 水 木 木 火 土 木 火 土 金 土
木 木 木 木 火 火 火 土 土 土 土
木 木 火 水 木 火 火 土 火 土 金

아래의 배치는 반드시 사주에 맞아야 하고 사주에서 목화(木火)
가 가용일 때 쓸 수 있다.
土　　　金　　　水
金　　　金　　　金
金　　　土　　　金

⑥ 비록 상극이 있으나 오히려 좋은 배치인 이유는 천지자연의
형상이기 때문이다.
水 火 木 木 木 水 水 水
木 木 木 土 土 土 土 土
土 土 土 火 金 火 金 土

⑦ 비록 상생이 있으나 오히려 나쁜 배치인 이유가 나무에 불이
붙어서 한창 일어나는 판에 소나기가 와서 꺼지는 형상이기 때문이
다. 수(水)가 가용일 때 쓸 수 있다.
水
木
火

3) 삼재의 형상과 상징

<table>
<tr><td rowspan="3"></td><td></td><td>①</td><td>천격 – 부모 · 윗사람 · 상사 · 남편</td></tr>
<tr><td>弓 長 11</td><td></td><td></td></tr>
</table>

```
        ①┐  천격 – 부모 · 윗사람 · 상사 · 남편
弓 長 11 ┤  인격 – 본인
日 月  8 ┤  지격 – 자녀 · 아랫사람 · 부하 · 아내
人 右  7 ┘
      26    총격
```

천격 : 길흉을 따지지는 않으나 상극을 받으면 머리를 다친다.

인격 : 주운이라 하며 일평생 운세에 영향을 미치고, 특히 56
　　　 살까지 강력하며 중년 운세이다. 만일 상극을 받거나
　　　 수리가 나쁘면 얼굴을 다친다.

지격 : 초년 운세로서 37세까지 강력하고, 나쁘면 모래 위에
　　　 누각을 짓는 격이다. 만일 상극을 받거나 수리가 나쁘
　　　 면 수족과 내장을 다친다.

총격 : 말년 운세로서 58살 이후에 영향을 미친다.

· 이름이 좌우로 완전히 갈라지면

　－ 조실부모하기 쉽고, 부모 · 형제 인덕도 없다.

　－ 실패 · 좌절 · 고난 · 고통이 많다.

　－ 부부운과 자녀운이 매우 나쁘고 본인은 단명하기 쉽다.

4) 삼재의 상생, 상극 및 비교

① 천격이 인격을 살리면

부모나 윗사람의 총애를 받거나 귀인의 도움을 얻으며 조상의 음
덕과 여덕을 얻을 수 있다.

② 인격이 천격을 살리면

부모에게 효도하고 공손하며 손윗사람에게 충성을 다하고, 윗사람을 공경하고 따르면서 신의와 의리를 중히 여긴다.

③ 인격이 지격을 살리면

대부분 자녀를 잘 키우고 아랫사람과 아내에 대해서 인연이 두터우며 사랑하고 화목하다.

④ 지격이 인격을 살리면

대부분 자녀의 효도를 받고 부하의 힘을 얻는다.

⑤ 천격이 인격을 극하면

윗사람과 부모로부터 압박과 고달픔을 당하고 매사에 보람이 없으며 서로 오해가 생기기 쉽다.

⑥ 지격이 인격을 극하면

대부분 자녀로부터 불효를 받거나 부하의 모함을 받고 아내에게 억압을 당한다.

⑦ 인격이 지격을 극하면

처자와의 인연이 박약하고 부하와 불화하며 반목이 많으면서 한 가지 일에 집착함이 없다.

⑧ 인격이 천격을 극하면

부모나 손윗사람에게 불효·불충하고 거역하며 역경 속에 헤매이고 제멋대로 하다가 실패·좌충우돌한다.

· **구민경**(具旼卿)**의 수리**

어려서 부모와 생리사별하기 쉽고, 배 다른 형제나 자식이 대단히 많으며 인간 관계가 야박하다.

형제 자매가 뿔뿔이 헤어지고 본인과 자녀·형제·부모 등이 자주 병고에 시달린다. 초년에 타향을 떠돌아 다니며 구걸 신세가 되고, 무엇을 하든 실패만 하여 풍비박산이 난다. 결혼을 해도 부부운이 나빠서 생리사별 하는 수가 많다.

사주는 체이고 이름은 용(用)이다. 소강절 선생의 시에서 보듯 공망수리(空亡數理)는 모든 일이 헛수고요, 연이어 실패만 하며 패망하는 운수이다.

단 사주가 용이 많은 사람이 쓰면 예외다. 28수라고 무조건 나쁜 것은 아니다. 사주에 따라 좋은 수도 있다. 이유인즉, 봄[春]에 출생하고 사주에 진용이 많은 사람은 27·28 등 흉한 수가 있어도 그다지 나쁘지 않다.

여름[夏]에 출생한 사람이 사주에 진용이 많은 사람은 9·10·20도 그다지 나쁘지 않다. 그러나 가급적이면 피하도록 하라.

가을(秋) 출생자도 사주에 진용이 많은 사람은 12·22이면 흉하다고 하는데 큰 걱정은 하지 않아도 된다. 다만 11·21·31·41 등이 대길하다.

겨울[冬] 출생자는 사주에 진용이 많은 사람이다. 4·14·34 등이 진용으로 변할 수도 있다.

우리 나라 고관 대작들의 이름을 보면 불용문자(不用文字)가 많은데 사주와 맞는 사람은 괜찮으나 맞지 않는 사람은 추풍낙엽처럼 급작스런 고난에 시달려 불행한 사태가 발생한다.

1. 유명 인사들은 개명을 많이 한다

대부분의 사람들이 이름을 항렬에 준하여 짓는다고들 하는데 사주와 맞으면 천만 다행이다. 그러나 사주와 맞지도 않는데 억지로 맞추려고 하면 엉망이 되고 만다. 심지어 외국어로 된 외국 사람들의 이름인 세례명을 축복으로 여겨 좋다고 받거나 또는 이름을 지으면서 사주에도 맞지 않는 엉터리 작명가들 말을 믿고 함부로 이름을 짓는 사람들이 허다하다.

그렇다고 모두 틀리는 것은 아니다. 어디까지나 잘 몰라서 그런 것이요, 엉터리 작명가들에게 속아서 그럴 수도 있다. 사주가 음양에 잘 맞지 않는다고 하더라도 이름을 조화롭게 꾸며 행운의 번호와 인장을 만들어 가지면 더욱더 힘차고 굳건하게 살아갈 수 있고, 사주와 맞추지도 않고 개명하는 것을 아주 우습게 여길 수도 있다. 그러나 음양과 용체(用體)를 제대로 분석하고 나서 친족이나 집안에서 사용하는 이름자를 살펴본 뒤 사주에 맞게 이름을 지어야 한다.

그렇지 않고 호적 신고가 끝난 후에 보면 할아버지나 아버지의 이름과 같은 글자가 있는 경우가 대단히 많은데, 수리가 나쁜 경우가 흔하다. 반대로 이름을 고치지 말고 그래도 써도 되는데도 불구하고 이름이 나빠서 되는 일이 없다거나 어느 성명학 책자를 보고 비전문가가 사주도 제대로 모르면서 이름을 고쳐 오히려 불행하게 되거나 처참한 신세로 전락하는 경우도 있다. 이름을 제멋대로 고치기는 했어도 사주와 음양오행의 원칙에 맞지 않게 고쳤기 때문에 불행을 당하지 않을 수 없는 경우도 있다. 게다가 삼재원칙에도 맞지 않는 경우도 많다. 그러므로 개명할 경우에는 사주와 진용에 정확히 맞추어 고쳐야 명성과 행운을 얻게 된다.

참고로 1980년 관훈 클럽에서 김대중(金大中) 씨가 기자들과 토론하면서 다음과 같은 발언을 한 적이 있는데, 살펴보기로 하자.

내 이름은 할아버지가 지어 주셨는데, 당시에는 '大仲'으로 되어 있었다. 그러나 호적에 올릴 때 행정 착오로 그랬는지 몰라도 '大中'으로 되어 있어 그대로 쓸 수밖에 없었다. 그래서 1954년에 다시 호적 변경신청을 하여 大仲으로 바로잡았다. 그 후 大仲으로 쓰면서 사업을 했지만 번번이 망하기만 했다. 국회의원 선거에서 번번이 지기만 하던 차에 '人변을 떼고 大中으로 하면 좋지 않겠느냐'는 이야기에 귀가 솔깃해서 人변을 떼고 大中으로 고쳤다. 그 후 국회의원에 당선되었다.

■개명한 인사들의 실례

본래 이름		고친 이름
金昌洙	→	金九(독립운동가)
安應七	→	安重根(독립운동가)
李承龍	→	李承晩(초대 대통령)
丁一鎭	→	丁一權(전 국무총리 · 정치인)
李秉吉	→	李秉喆(전 삼성그룹 회장)
金大仲	→	金大中(정치인)
柳榮弼	→	柳珍山(정치인)
金弘一	→	金弘壹(정치인)
崔榮澤	→	崔元錫(동아그룹 회장)
金元周	→	金一葉(독립운동가)
朴槿瑛	→	朴書永(박정희 대통령의 딸)

이밖에도 현재 재계나 정계에서 활동하고 있는 인사들 가운데도 무수한 개명 인사가 있지만 생략한다.

‘金大仲’이란 이름으로 얼마나 불운의 늪이 깊고 한이 맺혔기에 이름까지 고칠 생각을 했겠는가. 당시 김대중 씨는 자신만 믿고 목포에서 출마했다. 개표 결과 떨어지고 말았다. 패배에 승복한 것이다. 패배의 고배를 마시고 그 불행은 쉽게 가시지 않아 4대와 5대 때 강원도 인제로 옮아 가 또 연패하고 5대 보궐선거 시에 같은 인제에서 천신만고 끝에 당선되었다. 가까스로 당선이 되어 서울로 오는 도중 차 안에서 5·16 군사 쿠데타를 만났다. 천신만고 끝에 당선증을 받았지만 국회의원 배지는 달아보지도 못하는 신세가 되고 말았다. 금배지는 고사하고 1962년 6월 1일 엉뚱한 이주당(二主黨) 사건으로 김상돈(金相敦)·조중서(曺仲瑞) 등과 함께 불운의 옥고를 치러야 했다.

이렇게 기복이 험난한 정치 가도를 달려 온 그의 이름은 大中 - 大仲 - 大中으로 돌아오는 운명에 처해진다. 大中을 大衆으로 바꾸었으면 그 운명이 달라졌을 것이다. 사주는 체(體)요, 이름은 용(用)이라고 하지 않던가. 大中보다 大衆이 만 배나 좋다.

하여튼 大中으로 고친 후 6·7대 국회의원에 당선되는 바람을 휘몰아 대통령 후보가 되기까지 하였으나 또다시 유신 체재를 만나 1972년 몰락하는 길고 암울한 터널을 지나야만 했다. 그는 죽을 고비를 수없이 넘긴 끝에 그 터널의 다른 한쪽 끝으로 나왔다고 믿고 싶어한다. 그러나 정말로 대통령이 되려면 기(氣)가 정확하게 통하는 사주와 맞는 이름, 행운의 번호, 인장을 가지고 ‘김대중(金大衆)’으로 바꾸어 82령부를 실시하면 암울한 터널이 밝은 태양으로 바뀔 것이다. 진정 국가와 민족을 위한 대통령이 되고 싶으면 다시

한 번 더 이름을 고칠 결단이 필요하다.

맹자(孟子)께서도 '유지자사경성'(有志者事竟成)이라고 했다. 뜻 있는 자는 반드시 일을 이룬다는 의미로, 명성과 결실을 얻어 국가와 민족을 위해 큰 일을 할 수 있다는 말이다.

지난 6대 대통령 선거 때의 일이다. 1노 3김(一盧三金)의 각축전이 벌어져 온 세상이 다 떠들썩하지 않았던가. 저자는 진용에 대한 이름을 가진 사람이 정치나 사업을 할 때 제대로 발전한다는 믿음을 가지고 있다. 다음을 보자.

이승룡(李承龍)을 이승만(李承晚)으로 바꾸어 대통령이 되기는 했지만, 결과는 어떻게 되었는가.

■김대중(3전 4기 대통령에 당선된 이유)

<pre>
        101 91 81 71 61 51 41 31 21 11   1 (나이)
癸 乙 丙 癸 四 甲 乙 丙 丁 戊 己 庚 辛 壬 癸 甲 大
亥 丑 戌 巳 柱 寅 卯 辰 巳 午 未 申 酉 戌 亥 子 運
</pre>

위의 사주는 축월생(丑月生)으로 일간(日干)은 병화(丙火)이면서도 병술일(丙戌日)이다. 중요한 것은 진용으로서 사주에 절대적으로 필요하다. 다시 말해서 비견(比肩)이 진용이다. 비견용은 같은

인간이요 인력이며, 인구요 동포다.

만인을 다스리고 부양하는 생업이요, 보호하는 벼슬아치다. 축월 생화(火)는 진용으로 만인을 다스리는 최고의 관직이요 관리자다. 큰 기업과 나라를 다스리는 막대한 인력이 필요하고 다다익선(多多益善)이 듯이 만백성을 다스리는 벼슬과 임무를 다하려면 유능한 인재가 대량 필요하다.

김대중 당선자는 일간 진용인 꿀벌이며, 황금알이요 귀인이다. 인간마다 은인으로서 다정하게 우대하니 만인이 따르고 상부상조 한다. 인덕이 태산같고 만인의 사랑과 존경을 받으니 문자 그대로 인중왕이요 최고의 사주이다. 그러나 인명은 재천이라고 했다. 김대중 당선자의 사주풀이는 다음과 같다.

축월생 월간인 을목(乙木)이 있는데 계수(癸水)가 수생목(水生木)하고 또 목생화(木生火)하니 일간인 병화(丙火)의 세력이 대단히 강하다.

그러나 대운이 해자축(亥子丑), 수운(水運)은 체흉(體凶)이 되어서 크나 큰 고생을 한다. 신유술(申酉戌) 금운(金運) 대운은 재운(財運)이기는 하지만 체흉이기 때문에 경신(庚申) 대운 41세에서 51세까지는 연간(年干)과 시간(時干)의 계수와 월간인 을목은 부목(浮木)으로서 썩은 고철인 경신금(庚申金)과 바다에 침몰하는 운세이다.

일간인 병화 덕분에 위기는 면하였다. 하마터면 목숨까지 잃는 신유술 금대운은 꽁꽁 언 한랭한 금(金)이니 흉사의 사고무친으로서 태산같은 재화를 탐한 나머지 잉어 낚시로 고래를 낚으려다가 도리어 고래에게 끌려들어가서 물에 빠져 죽는 형국이다. 또 신유술 금대운은 재처운(再妻運)이고 체는 흉이니 처의 자리가 변하게 되고, 이후로는 생재나 득재가 오히려 이처(以妻) 또는 이재(以財)로 재앙을 부를 것은 불문가지다. 그런데 백호대살(白虎大煞) 진용이 길(吉)이어서 3차례나 대권에 도전했지만 번번이 패배하였다. 단 기미 대운과 무오 대운까지는 여전히 세운(歲運)이 단 한번이라도 진용 길의 작용으로 발동하지 못했다.

그래서 무오 대운이 대권에 도전했으나 역시 패배하였다. 이유인즉 무토(戊土)가 월지(月支)인 축토(丑土)의 비견 오행(五行)이 체흉이 되었기 때문이다. 그러나 71세인 정사 대운(丁社大運) 용화(用火) 생일인 병술이 백호가 되어 동서남북 온 세상을 호령한다. 즉 관(官) 일간인 병화가 계수(癸水)와 상극한다. 2개인 연간과 시간은 원래가 체흉이지만 강한 화용길(火用吉)에 굴복하고 동화되어서 그만 용(用)으로 둔갑해 버린다. 관은 본디 국가와 백성의 생명과 재산을 지키고 보호하는 것이 큰 의무이다. 따라서 백성은 법(法)과 관(官)에게서 보호를 받는다. 그러므로 대관 대통령은 모든 백성의 생명과 재산을 보살피고 의식주를 마련해서 부양하는 것을 으뜸 임무로 친다. 또 대관은 동시에 나를 보살피기도 하기 때문에 정축년 1977년은 일약 다시 대권에 도전해서 권세를 장악할 수가 있었다.

정화 화용 길대운은 남방이며 작열하는 여름의 태양이 중천에 떠 있는 형상이라서 꽁꽁 얼었던 운이 마침내 확 풀리니 천지가 행동하여 백성인 비견 일간인 병화와 같은 오행인 정사 화용 길로 변하여 투표장에 가면 자기도 모르게 오른손이 김대중 2번으로 자연스럽게 끌려가서 2번만 찍어버린다.

18일은 갑오일 일간 병화를 목생화 갑목인 인성(印星) 생모(生母)가 70년 만에 나타나서 쫄쫄 굶고 있던 친자식을 배불리 먹이는

날이다. 18일 정축년 겨울 해자축(亥子丑) 한동 겨울 수월(水月)이
며, 또 체인 흉월(凶月)이 선거달이었다. 해자축월은 꽁꽁 얼어붙는
겨울철이라서 호사다마라고 본인에게 방해가 될 수도 있었다.

그런 백호살 병술(丙戌)이 용길이고 71세가 정사 대운이라서 저
자는 김대중 대통령 후보를 확실히 당선이 된다고 장담을 하였고,
또한 100 퍼센트 당선을 자신하였다. 더욱이 101세까지 장수할 것
이며 건강도 40~50대의 힘이 넘치는 운세라고 장담하였다. 100퍼
센트 당선이 확실하다는 말은 「대운」 개정판에서 장담하였으나 출
판 과정에서 차일피일 밀리다보니 연말이 다 되도록 출간하지 못하
였다. 100퍼센트 당선이 된다는 말을 한 것은 저자가 우연히 김대
중 당선자의 사주팔자를 풀어보니 직감이 튀어나오고, 사주에 천명
의 어명이 들어 있음을 알게 되었다. 약 1년 전에 김대중 당선자의
수행원인 서울시 의회 내무분과 위원장 김재경 의원에게 이미 위의
내용을 작성하여 그 당시 국민회의 김대중 총재에게 전달해 달라고
전해 주었다. 또한 서울 방산시장에서 포장용 부자재업을 하는 내
쇼날 상사 남덕기 사장과 돈 내기까지 하자는 말을 하여, 저자는
1천만원을 은행 공탁을 하자고 자신있게 대답하였다.

강릉 유인촌 식당 오경은, 부산 광고업계 선두 주자 정수철 사장,
부산 만리호텔 문정선 사장, 충북 제천 역학인 모임회, 돌침대 사업
자 박준섭 회장님 등 본 연구실에 오는 고객 수백 명에게 복사를
하여 나누어 주었다.

어느 한 분은 12월 18일 18시 약간 넘어 개표 시작 후 개표율이
저조하여 전화로 핀잔을 주기도 하였다. 그래도 저자는 마지막까지
보면 확실히 김대중 후보가 당선이 된다고 말하고 전화를 끊었다.

아무튼 김대중 대통령 당선자의 사주를 풀이하여 당선된다고 확

신한 사람은 저자를 제외하고 한 사람도 없었다. 저자는 김대중 당시 대통령 후보 운세가 100년 만에 찾아오는 최고의 운세이니 당선은 확실하고, 101세까지 장수하면서 대통령 임무도 무사히 마칠 수 있다고 확신한다. 그러나 아쉬운 것은 청와대가 27획 흉금(凶金)이고 기와터 외에는 아무 의미도 없고 흉한 글자이기 때문에 주인을 해치니 잘 판단해서 이름을 바꾸었으면 좋겠다는 생각을 해본다.

　김대중 당선자는 운이 좋기는 하지만 경제 위기에 당선이 되었으니 열심히 국정을 운영하신다면 2, 3년 내에 큰 희망이 있을 것으로 낙관한다. 국운으로는 경진년인 2000년에 무슨 일이 일어날 것 같다. 아무튼 대통령에 당선된 것을 국민의 한 사람으로 축하드린다.

인장에 관한 신비한 이야기들

일본·중국·한국과 동남아시아 일부 등 많은 나라 사람들에게는 운수를 살펴보는 방법이 잘 알려져 있다. 뿐만 아니라 서양이나 유럽 등 세계 각국에서도 운세에 대한 관심은 대단하다.

운세를 보는 데는 여러 가지 방법이 있다. 서양 사람들은 별자리로 운명을 감정한다. 동남아시아에서는 갖가지를 다 보고 있는 것이 현실이다. 성명학·사주·관상·손금·족상·풍수지리·무속 등 다양하다.

앞에서도 설명했지만 운세를 정확하게 보려면 주민등록번호, 행운의 번호, 자동차번호, 인장, 이름을 보아야 총제적 판단이 나온다. 그러나 우리가 자주 사용하고 있는 도장이 운수에 크게 작용을 하고 있지만 이를 알고 있는 사람은 지극히 드물다. 이를 제대로 정확하게 알고 있는 사람은 세계에서 단 두 사람뿐이다. 인장은 앞서 말한 바와 같이 인감·은행실무인 등 한 세트가 있어야 완전하다. 사업이나 기업을 하는 사람은 추가로 법인·법인사용인감 등이 있어야 완전한 한 세트의 보물 인장이 된다.

이제부터 그 유래를 살펴보기로 하자.

1. 인장의 역사

인장은 본래 정치에서는 신비하게 작용하는 신물(信物) 또는 부절(符節) 역할을 했다. 그 역사가 우리의 경우에는 일찍이 환인이 그의 아들 환웅에게 천하를 다스리고 인간 세상을 구하라고 천부인(天符印) 세 개를 주어 보냈다는 기록이 단군신화에 나타났는데, 천부인 중의 하나가 바로 인장이었다.

우리가 인장을 사용하게 된 확실한 동기와 연대는 정확하게 알 수 없으나 「삼국사기」(三國史記)에 의하면 신라시대에는 국왕이 바뀔 때마다 국새를 손수 전했다는 기록이 있다.

이러한 사실로 보아서 그 이전부터 나라에서는 인장을 사용했던 것으로 생각되며 개인이 인장을 소지한 것은 고대부터인 것으로 추정되고 있다.

당시에 사용했던 인장은 청자나 청동으로 만들었고, 또한 용・봉황・잉어 등 여러 종류의 기묘한 짐승들이 새겨져 있었다. 그밖에 장서인(長書印)・가인(家印)・사인(私印)등도 많이 전해지고 있다.

현대 사회에서는 서명 날인이라고 하여 문서에 자기의 이름을 쓰는 일과 인장을 찍는 일은 관습상 꼭 필요한 행위로 간주되고 있다. 오늘날은 대통령의 직인을 비롯하여 국무총리 및 각 부처 장관의 직인, 각 관청의 관인, 단체나 회사의 사인(社印), 그리고 개인의 사인(私印) 등이 있다.

또한 사인(私印)에는 실인(實印)・인인(認印)・막도장 등이 있는데, 실인은 면사무소나 동사무소에 인감을 신고해서 등록하고 필요에 따라서는 인감증명서를 요구해서 사용하는 인장으로서 법률상의 효력이 있다.

인인은 성자(姓字) 또는 이름자만을 새겨서 그다지 중요하지 않은 일에 쓰는 인장을 말하며, 막도장은 문자 그대로 인감이 필요치 않은 경우에 손쉽게 찍는 인장을 말한다.

중국의 경우에는 옛날 나무나 참대에 기록한 서간(書簡)을 봉하는데 진흙을 사용하여 거기에 인장을 눌러 봉했다. 이것을 봉니(封泥)라고 하며 각처에서 출토되고 있다.

중국에서 가장 오래된 인장은 은허(殷墟)에서 출토된 정방형과 장방형의 옥판에 새긴 은새(殷璽)이며, 다음으로는 동주(東周) 말기 및 전국시대의 청동인을 꼽는다.

인장제도가 정비된 것은 진(秦)·한(漢) 나라 때부터이며, 진나라 시황제는 소부(小府)에 부절령(府節令)이라는 관직을 두어 국새를 비롯해 각종 인장을 관리시켰다.

한대의 관인은 중앙정부에서 관직에 따라 반포하고 관직에서 물러날 때는 정부에 반납했다. 그 관인에는 수(綬)라고 하는 긴 끈이 달려 있어서, 그것을 허리에 감고 관인을 차고 다녔으므로 관직에 임명되는 것을 '인수(印綬)를 띤다'고 하였다.

후한(後漢) 때 종이가 발명되면서 그때까지 봉니로써 입체적으로 사용되던 인장을 평면적으로 사용하게 되어 인장사(印章史)에 혁명을 가져왔다. 송대(宋代)에 이르러 인장은 서화와 낙관(落款)으로도 사용하게 되어 많은 인영(印影)이 전해지고 있다.

재료는 청동인 외에 금·은·옥·도기·나무 등이 사용되었고, 청동인은 주로 주조인(鑄造印)이며, 그밖에는 조각을 하였다. 이 조각법은 전각(篆刻) 기술로 발전하여 지금도 중국이 자랑하는 국기(國技)의 하나가 되었다.

다른 지역의 경우에는 옛날 메소포타미아 지역의 수메르인들이 사용했던 원통의 인장이 있었다. 또 이집트의 고대 무덤에서 발굴된 천금석으로 만든 도장 또는 반지로 만들어서 끼고 다녔던 반지 도장도 있었다.

파키스탄 신드(Sind) 지방 남부의 인더스 강가에 있는 인더스 문명의 도시 유적으로서 '죽음의 언덕'이란 뜻을 가지고 있는 모헨조다로 유적지와 더불어 파키스탄 동부의 편잡 지방에 있는 인더스 문명의 유적지인 하라파에서도 출토되었으나, 아직까지 해독되지 않은 채 여러 문자가 새겨진 도장들이 전해지고 있다.

남미의 마야와 잉카 유적지에서 출토된 도장들도 있으며, 고대 미노스 문명을 꽃 피웠던 지중해의 크레타 섬에서 발굴된 도장들도 있다. 이로써 미루어 짐작해 보면 세계의 전 문명권에서 모두 출토되고 있는데, 도장이란 인간이 집단생활을 시작한 먼 옛날부터 중요하게 쓰여왔다고 할 수 있다.

인장은 목적과 용도에 따라서 크게 관인(官印)과 사인(私印)으로 구별한다. 먼저 관인에는 황제가 쓰던 '새(璽)'를 비롯하여 '인(印)'과 '장(章)' 등이 있었는데, 관인이란 말 그대로 관청에서 쓰는 도장을 말한다.

관인은 모두 정해진 인장제도에 따라서 계급과 신분, 지위에 알맞게 만들어졌으며, 황제가 쓰던 새(璽), 제후가 쓰던 장(章), 상급 관리가 쓰던 인(印), 그리고 하급관리가 사용했던 검기(鈐記) 또는 책기(冊記) 등이 있다.

이와 같이 인장은 신민(臣民)을 통치하고 천하를 다스리기 위한 하나의 신표(信標)였기 때문에, 예로부터 인장의 규격과 사용에는 엄격한 규제가 있었다.

그 제도가 규정한 대로 인장의 규격이나 재질 그리고 용도는 물론이요, 신분에 따라서 인장에 새길 수 있는 글자와 새길 수 없는 글자도 정해져 있었으며, 인장을 매는 끈의 색깔까지도 제한을 두었기 때문에 인장은 곧 그 착용자의 신분을 증명하는 유일한 신표이자 신물이었다.

이러한 인장제도가 처음으로 확립된 것은 진나라 시황제 때부터인데, 시황제는 옥으로 새(璽)를 만들어서 옥새라고 칭했다. 그 이전에는 봉니처럼 주로 흙이나 도기를 재질로 사용했기 때문에 토(土)를 받침으로 삼아서 사(壐)라고 했다.

그러다가 토(土)가 아닌 옥(玉)을 쓰기 시작한 것은 진시황이 신표의 재질을 옥으로 쓰면서부터였다. 그 이후에는 계속 새(璽)를 황제의 신표를 나타내는 글자로 사용했다.

원래는 국가와 천하를 다스리고 매우 중요한 일(事)에 쓰이기 때문에 사(事)의 소리를 빌려서 사(壐)·새(璽)라고 했다. 그러다가 당나라에 이르러 측천무후는 사(壐)의 소리가 사(死)와 음이 같아서 기분 나쁘게 여겼기 때문에 새라고 부르는 한편, 같은 뜻의 '보(寶)'라고 쓰기 시작했다. 특히 그녀는 점쟁이나 신하들의 말에 잘 놀아나서 엉뚱한 한자들을 새로 만들어 쓰는 일이 많았다.

또한 장(章)은 악(樂)과 같은 뜻을 가진 말로서 음(音)과 십(十)을 취하여 만들어졌다. 즉, 음악과 같이 하나[一]에서 열[十]까지 시종일관 이치에 맞으며, 더욱이 음악에서 화음을 이루듯이 제도를 시행하는데도 이치에 맞도록 시행함을 뜻한다.

인(印)은 갑골문자에서 보면 손으로 사람을 눌러 꿇어앉히는 형상으로서 사(壐)·새(璽)와 더불어 눌러찍는다는 압(壓)의 뜻이다. 설문해자에서는 '인(印)은 집정을 하는데 필요한 신(信)'이라고 하였다.

이에서 알 수 있는 바와 같이 새·사란 황제가 사주를 받들어서 신민을 다스리는 중요한 일(事)을 하므로 '사'라고 했다. 인은 상급 관리가 황제의 명령을 공명정대하게 집행하는 것이라 해서 인이라 했으며, 장은 제후의 역할이 황제와 그 밑의 상급 관리들을 흡사 음악의 악장(樂章)처럼 화음을 이루듯이 조율하는 것이므로 그 뜻을 빌려서 장(章)이라고 했다.

사인(私印)이란 일반 평민들이 쓰던 것으로서 성명인(姓名印)·아호인(雅號印)·자인(字印) 등이 있으며, 옛날에는 도장에 대개 이름만 새긴 경우가 대부분이었지만, 경우에 따라서는 인 또는 지인(之印) 등의 글자를 보태거나 자호(字號) 혹은 생년월일 등을 새기기도 했다.

이와 같이 관인과 사인에 뚜렷한 구분이 생기게 된 것은 송대(宋代) 이후 도서를 수정하는 사람들이 자신의 도장에 ○○도서(圖書)라는 글자를 새기면서 도서는 곧 인장의 새로운 별명이 되었으며, 격식 또한 높아지게 되었다.

그 이후부터 공(公)과 사(私)를 가려서 관인은 인(印)이나 장(章), 혹은 인장으로 불렸고, 사인은 사기(私記)·도서(圖書)·도장(圖章)이라고 하여 관인과 사인의 구별이 생기게 되었다.

2. 인장의 뜻

인장이란 금·은·옥·수정·돌·나무 또는 동물의 뿔[角]이나 뼈(骨) 등의 인재(印材)에 글씨나 그림·문양 등을 조각해서 인주나 잉크 등을 발라 찍음으로써 개인이나 단체를 증명할 수 있는 신물이다. 도장·인감·인신(人信)·신장(信章)이라고도 한다.

인장은 인간 생활의 실상이라고 할 수 있는 것으로서, 일신과 일가를 다스리는 근본이라고 전해 오고 있다. 길인(吉印)을 사용하면 일생 동안 재액을 면하고 스스로 행복을 얻음은 물론 자손들까지도 행복을 얻을 수 있다.

저자의 생각으로는 우리 나라 국민이라면 한 사람에 적어도 두 개씩의 인장을 가져야만 된다고 본다. 관공서에서 사용하는 관인과 개인의 인감, 또는 일상생활을 하면서 막 쓰는 막도장과 각각 분리하여 사용함이 좋다.

지금까지 우리 나라 국민들이 사용해 온 인장은 앞서 말한 대로 신(信)·장(章)·지인(之印) 등을 사용해 왔다. 이것은 인장업자들이 본래의 의미를 잘 몰라 상식에서 벗어났고 옛풍습이라고 하여 무조건 좋은 줄로만 착각한데서 비롯된 것이라고 본다.

이는 아주 잘못된 생각이며, 현 시대 역시 그릇된 인식을 갖고 있어, 전혀 먹혀들지 않는다는 것이다. 세상의 모든 사물들은 깊이 연구하면서도 오직 인장에 관한 연구를 하지 않았기 때문에 지금의 후진 상태를 면하지 못하고 있다.

더욱이 인장을 판매하기 위해 많은 인장업자들이 성명 풀이까지 해주면서 길흉을 선택한다고 하지만, 사실은 장님이 코끼리 뒷다리를 잡고서 '이것이 기둥이로구나!'하는 소리와도 같은 일이다.

한편 어떤 인장업체는 수십 년의 전통을 자랑한다고 하면서 글자에도 음양이 있으므로 그 음양을 살려 조각한 자기 회사의 제품이 최고라고 뚱딴지 같은 소리를 하며 하늘같이 엄청나게 높은 값을 부르며 엉터리 도장을 팔고 있다.

이러한 수법에 넘어가서 쓰는 인감은 틀림없이 흉인(凶印)이다. 이러한 흉인을 사용하면 여러 가지 재액이 연발하여 일신상은 물론이요, 일가를 망치게도 되는 것은 필연적이다.

옛부터 인장을 한 번 잘못 사용함으로써 비운에 빠졌던 사례가 적지 않았다. 그러므로 속담에 이르기를 '돈은 빌려주어도 도장은 빌려주지 않는다'고 했다.

이것은 절대로 보증인(保證印)을 함부로 찍어서는 안 된다는 행위를 말하며, 인장을 신중하게 취급하여 사용하지 않으면 뜻밖의 큰 재난을 받게 됨을 경계한 말이다.

그러나 우리 인생살이에서 혼자 살아 살 수 있는 방법은 없다. 살아가다 보면 인간관계 때문에 어쩔 수 없이 보증인을 찍어야 할 경우가 있듯이 상부상조해야 되는 세상이지 않은가?

그렇기 때문에 인장은 확실히 제대로 제작한 것만이 보증을 섰다 하더라도 보증 받은 사람이 잘 되어서 보증을 서준 사람에게 감사 표시를 하게 되는 것이다.

저자는 오랫동안 인장의 길흉에 관한 연구도 해 왔다. 또한 2만여 명의 임상실험과 확인을 거치며 길흉에 대한 절대적인 이론과 확신을 가지게 되었다. 그러므로 그 사람의 도장만 보아도 보증을 서 주어 손해를 보았다 안 보았다, 또는 건강과 재물까지도 확실하게 파악할 수 있었다.

세계 50억 인류는 분명히 음양오행을 가지고 세상에 태어났다. 사계절의 끝인 토(土)를 비롯하여 태생이 봄은 목(木), 여름은 화(火), 가을은 금(金), 겨울은 수(水)의 기운을 조물주가 사람들에게 주어서 세상 밖으로 내보냈다.

그래서 저자는 확실하게 인장의 비법을 터득하여 인간에게 하늘이 주는 더욱 더 큰 복을 공급하려고 세상에 태어났다는 믿음을 가지게 되었다. 또 서울 장충동에서 사람들이 행복하고 건강하게 살 수 있도록 온갖 비법들을 연구하면서 많은 사람들에게 혜택을 베풀고 있는 중이다.

　음양을 철저하게 깊이 분석해 보면 지구 뿐만 아니라 하늘에도, 예컨대 화성에도 생명체가 있다고 생각하게 된다. 인간은 말로써 의사를 소통하지만 생명의 영역에서는 물체, 즉 말하자면 도장과 같은 암호나 기호로써 의미를 전달하고 있을 것이라고 확신한다.

　모든 사람은 반드시 자기 자신에게 알맞은 인장을 가져야만 한다. 그러면 자연히 건강·재물·직업·명예, 기타 모든 일이 원만해지진다.

　예를 하나 든다면 1993년에 있었던 일이다. 어느 날 중년 신사 한 분이 운명 감정을 해 달라며 찾아왔다. 저자는 먼저 그 사람에게 인감도장을 가지고 왔으면 보여 달라고 했더니, 처음에는 약간 황당해 하면서 의심까지 했다.

　그러다가 내놓기에 잠깐 동안 자세히 들여다보고 나서 말했다.

　"이런 도장을 가지고 있는 사람은 패가망신하고 재물의 손실이 크며 갈수록 첩첩 산중입니다."

　"왜 그런지 구체적으로 말씀해 주시면 고맙겠습니다."

　"이 도장은 재물을 싹둑싹둑 깎아먹는 형상이라서 매우 나쁜 도장입니다. 당신은 봄에 태어난 사람이다. 따라서 금기가 전혀 없습니다. 금기를 쉽게 설명하자면, 즉 꽃은 피어 있는데 열매가 열지 않는 운수입니다.

　그렇기 때문에 도장을 가질 때 자신의 운수를 좋게 하려면, 오행 중에서 사철을 의미하는 사행(四行) 중의 하나는 꼭 있어야 하는데 하나도 없을 뿐만 아니라, 오히려 거꾸로 흐르고 있습니다. 그래서 불법과 부정으로 재앙이 자주 발생하고 치명적인 수난을 겪는 운수입니다. 무엇보다도 부인이나 여자가 큰 문제입니다. 재물과 여자와 부인 문제가 계속 나쁜 방향으로 흐르고 있습니다.

남자에게 있어 재물과 여자와 처는 같은 것이라서 재물로써 재앙이 발생하여, 곧 이재생재(以財生災)하고 또 처로 하여 실의에 빠지니, 즉 이처실의(以妻失意)합니다. 당신은 사주도 신약사주이지만, 먼저 인장을 제대로 가져야 합니다. 현재는 그 도장으로 해서 되는 일이 하나도 없습니다. 예컨대 10톤 차가 100톤의 짐을 싣고 분수를 모르고 사정없이 달리게 되면 망가져서 만신창이가 되는 것과 같습니다. 그래서 인장을 잘못 쓰면 뜻밖의 재난이 발생한다는 사실을 수없이 확인했습니다.

이렇게 설명해 주었다.

인장은 대외적으로 나를 대표하는 상징물이며, 일종의 분신이라는 관점에서 보아야 한다. 인장의 길흉은 바로 나 자신의 길흉과 불가분의 관계를 갖는다고 할 수 있다. 따라서 결함이 있거나 흉상의 인장보다는 길상의 인장이 좋을 것은 말할 필요조차 없다.

3. 행운이 따르는 인장의 참뜻

저자는 오랜 임상 실험 끝에 행운이 따르는 인장의 참뜻을 발견하여 지상에 공개하였다. 행운이 따르는 인장을 공급하기 위해 '신정인당(新正印堂)'을 특허출원하여 38534의 번호를 확정 공고하였다. 1996년 출원 신청하여 1997년 11월 21일 확정 발표하였다.

행운이 따르는 인장은 신정인당을 창업한 저자의 참뜻이다. 사주에 따라 인장을 조각한다. 인장을 조각할 때는 사주팔자(四柱八字)의 진용(眞用)을 표출하여 동서남북의 방위를 진용인가 가용인가 분석해야 한다. 즉 동북·서북·서남·동남 간방(干方)에 한 치의 오차라도 있으면 안 된다.

사주에 따라 이름을 지어서 행운의 번호, 즉 은행비밀번호를 진용을 표출해 인장과 이름, 행운의 번호를 만들면 여덟 가지의 행운이 따른다.

① 행운이 따르는 인생의 성명과 사주는 반대다.
② 행운이 따르는 인장은 자기의 분신체요, 제2의 생명체다.
③ 행운이 따르는 사주에 맞는 인장은 좋은 집을 갖는 것과 같다.

밝은 미래를 위해서 최소한 행운이 따르는 인장, 즉 사주와 맞는 인장을 가져야 한다. 인생의 중대사에서 최후의 마무리는 행운이 따르는 이름과 행운의 번호, 그리고 인장이다. 인장은 반드시 원형을 써야만 하고 선명한 글자여야 한다. 크기는 조그마한 것이지만 음양을 잘 표출하여 각인하면 행복을 가져온다. 단 원형이 아니고 음양의 원칙에도 맞지 않는 인장은 불행을 가져오기도 하는 희귀한 귀중품이다.

행운이 따르는 인장은 귀하의 신명이며, 제2의 생명이다. 행운이 따르는 좋은 신정인당 수호인을 소유하면 좋은 운세를 얻을 수 있다. 자기 사주와 맞지 않는 이름은 행운이 따르는 신정 수호인과 행운의 번호로 커버한다.

사주에 따라 신정인당 수호인은 고난과 난관을 파 헤치고, 귀하를 성장 발전시키는 원동력의 역할을 담당하고, 어려움이 있을 때 그것을 극복하려는 의지가 생기며, 마침내 신의 축복으로 연결시키는 행운의 인장이 된다.

도표로 보면 다음과 같다.

행운이 따르는 印章

- 人生은 一代요, 姓名과 四柱는 萬代이다.
- 印은 자기의 분신체요, 제2의 생명이다.
- 사주에 맞는 인장을 갖는 것은 좋은 집을 갖는 것과 같다.

新 正 守 護 印

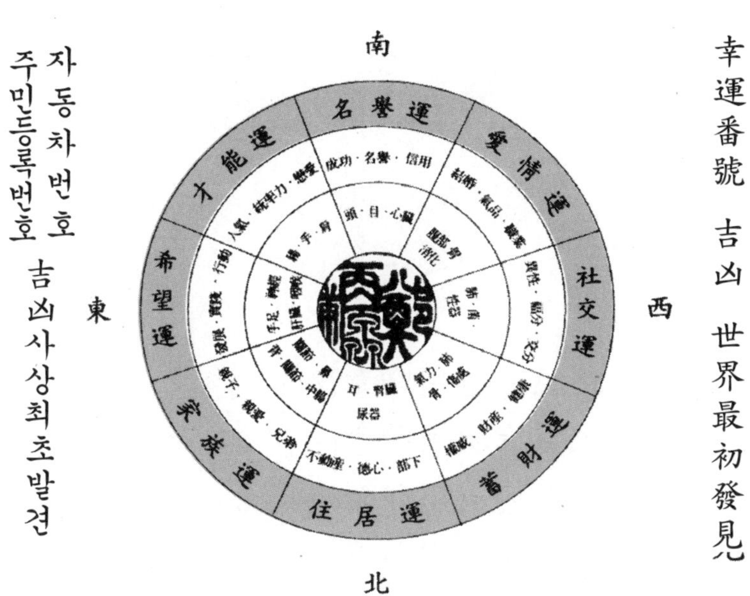

밝은 미래를 위해서 최소한 이것만은 준비합시다!!

인생의 중대사에서 최후의 마무리는 '印'입니다. 인장은 크기는 작지만 행복을 가져오기도 하고, 불행을 가져오기도 하는 귀중품입니다.
좋은 '印'(신정수호인)을 소유하면 좋은 운세를 얻을 수 있습니다.

자기 사주와 맞지 않는 이름은 신정인으로 커버한다.

印章配置圖

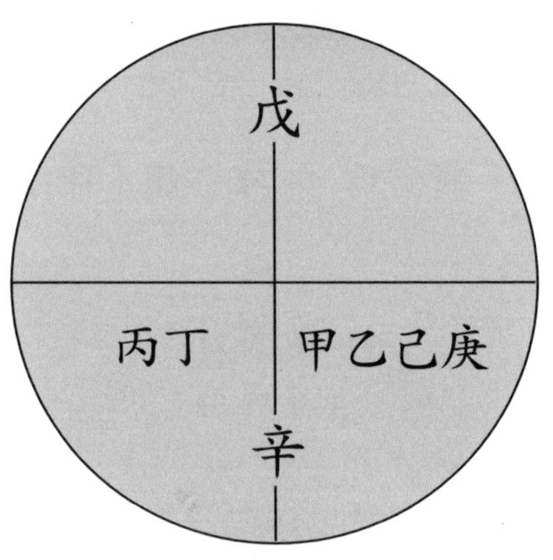

地位昇進用印章(직업·지위·명성)

家庭幸福用印章(가정·화합·평화)

財産增大用印章(금전·물자·동산)

學問著述用印章(지혜·학술·명성)

交際圓滑用印章(신용·교제·우정)

性格魅力用印章(매력·결혼·우정)

壽命健康用印章(건강·보신·장수)

求道悟印用印章(기도·안심·평안)

➡ 이 도표는 사주에 따라 다를 수도 있다.

1) 행운이 따르는 명예운 인장

사주팔자(四柱八字)를 뽑아 놓고 명예운이 좋다고 하자. 즉 남쪽(南方)에 명예운이 있다고 하자. 이에 행운이 따르는 신정수호인(新正守護印)을 가지면 어떠한 현상이 일어나는가를 살펴보기로 한다.

첫째, 세상에서 인정 받는 좋은 이름이나 사랑, 광명을 얻는다.

둘째, 어떤 직위나 직명, 권위를 얻어 대학 교수나 자연 과학자가 된다. 즉, 목적하는 바에 따라 이름을 빛내고 만인의 축복을 받는다. 특히 사람의 지혜로는 생각할 수 없는 신비스러운 용기와 신과 같은 거룩한 신용(神容)이 특출한다. 머리가 맑고 깨끗하며 눈이 맑아지고, 심장이 강해지며 비위가 좋아진다. 그래서 행운이 따르는 참뜻의 진용 인장은 명예와 성공, 신용을 얻으며 두혈·목·심장 등이 수정처럼 맑고 깨끗해진다.

2) 서남(西南)행운이 따르는 애정운 인장

정식으로 부부 관계를 맺는 관계를 혼인이라고 한다. 사주를 뽑아놓고 애정운이 없는 사람에게 행운이 따르는 진용의 신정수호인을 행운의 숫자와 이름에 맞추어 한 세트, 즉 ①진용인감 ②은행인장 ③실무인장을 가지게 하면 최상이다.

직업이란 생계를 꾸리기 위해 일정 기간 계속 종사하는 노동이며, 그 종류도 수십만 가지가 있다. 행운에 따르는 진용인장을 가지면 눈앞에 좋은 일이 찾아오고, 아무리 괴롭고 어려운 일이 있다 하더라도 좋은 일로 변하며, 스스로 길흉화복을 만들고 피해 가는 길을 신이 인도해 주며, 또한 신이 복을 베풀어 줌에 따라 큰 행복을 받는다.

복이 어디에서 왔던지 방자한 태도를 보이지 않으면 틀림없이 큰 행운이 온다. 운이란 신이 인간에게 잠시 맡겨둔 것이기 때문에 언제나 몸과 마음을 닦으며 참고 견디는 사람에게 따르게 된다. 그래서 사주팔자를 뽑아 놓고 진용을 표출하여 행운이 따르는 애정인장을 가지면 결혼운·직업운이 대길한다. 즉 복부·골·소화 기능이 대길하다. 복부는 서남간에 위치한 간방이다. 뼈가 약한 부분의 부위가 튼튼해지며, 소화가 불량한 사람은 위가 건강하고 좋아진다는 주장이다.

3) 서방 사교운 인장

사주를 뽑아놓고 정밀하게 분석한다. 사주에 진용이 없는 사람은 사교와 이성(異性), 복분(福分)과 교분(交分), 폐균(肺菌)과 성기(性器)의 약함을 행운이 따르는 인장으로 극복한다. 사회적 신망이 두터워지며, 이성교제가 부족한 사람은 행운이 따르는 이성에 대해 눈을 크게 뜨면서 관계가 원활해진다.

복분을 누리며 정분이 두터워진다. 생식기가 약한 사람은 음양의 이치에 따라 행운의 인장을 한 세트 가지면 더더욱 좋은 형상이 나타난다. 그래서 행운의 인장을 씨앗이라고도 한다.

착한 일을 하는 사람은 복을 많이 받고, 악한 일을 하는 사람은 화를 입는다는 것이다. 진용의 인장은 나쁜 것을 좋게 하는 음양의 수리로서 완화작용을 한다.

좋지 않은 행동을 하는 사람이 한때 잘 사는 것처럼 보이는 것은 촛불이 마지막으로 큰 빛을 발하는 순간적인 것이므로 백에 하나라도 부러워하지 말고, 그 마음이 불행의 씨를 만들 수 있으니 이러한 운명에 처해 있는 사람이 행운의 인장을 가지면 모든 문제가 해결될 것이다.

4) 행운이 따르는 축재운(蓄財運) 인장

사주를 뽑아놓고 진용을 표출하여 분석한다. 사주팔자에 음양이 중화자가 아니라, 편고나 잡화상인 사람은 축재나 권위, 재산·건강·기력·폐의 기능에 마비 상태가 온다.

축재는 전혀 불가능하고 권위는 허무하며 재산은 산적에게 몽땅 빼앗기고 목숨마저 위험하다. 건강은 평생 좋지 않고 기력은 전무한 상태이다. 이러한 사주를 가진 자는 밥솥에 쌀을 넣고 아무리 기도를 한다고 해도 그것이 밥이 되지 않는다. 불을 붙이지 않는 한 소용이 없다. 그렇기 때문에 행운이 따르는 인장을 한 세트 가지면 어떠한 현상이 일어나는가 살펴보자.

축재운이 나날이 높아지고 성장하며, 권위 또한 만방에 드높이 울리고 가는 곳마다 재산이 모이며, 건강 또한 세계 제일을 자랑한다. 상처난 골이 다시 새로워지며 폐 또한 대단히 좋아진다. 기력이 나날이 좋아지고 천하에 힘을 과시한다.

5) 행운이 따르는 주거운(住居運) 인장

사주를 뽑아놓고 북방에 진용이 있는가를 분석하고 판단한다. 사주팔자는 진용이 있어야 중화된 사주라고 할 수 있다. 즉 주거라면 부동산·덕심(德心)·부하(部下)·요기(尿器)·이(耳)·신장 등이 북에 위치하면서 진용이 없는 사람을 살펴보자.

예　壬 壬 壬 壬
　　　寅 寅 寅 寅

위의 사주팔자는 진용이 전무한 사주이다. 평생 동안 집을 한 번도 가져보지 못한다. 특히 덕심과 인심을 발휘하지 못하고 건강상 좋지 못한 현상까지 일어난다. 오줌이 불순하고 귀가 멍하며, 심지어 들리지 않을 정도다. 신장·콩팥이 불길해 평생 고생하고 만신창이가 되면서 단명하는 운수이다.

이러한 사주를 가진 사람들이 행운이 따르는 인장을 가지면 어떠한가. 주거가 자연스럽게 생기고 모든 사람들이 다 형제요, 동포다. 모든 작용이 좋아지며 귀·콩팥 등이 건강해진다. 천지 사방에서 나를 도우니 내 마음대로 안 되는 일이 없다.

6) 행운이 따르는 가족운 인장

사주팔자를 뽑아놓고 정밀하게 분석을 한다. 동북 간방(干方)에 위치하는 사주팔자는 사오미(巳午未) 생월의 사주팔자로 반드시 수(水)가 진용이기는 하나 목(木)이 희신이라고 할 수 있다. 사주팔자에 화(火)나 목(木)이 없으면 진용이 없다는 뜻이다.

가족 인연이 뿔뿔이 헤어져 살 팔자요, 자식·애정·형제운이 희박하고, 모든 일이 내 마음대로 안 된다고 화를 내거나 투정을 하고 한탄을 하게 된다. 이 세상 모두가 적이요, 또한 내 뜻대로 되는 것이 없다. 내 뜻을 모든 사람들에게 제시하더라도 받아주질 않고 거절하니 어찌 세상 살 맛이 나겠는가. 지극히 나쁜 운수로 평화와 행복을 얻을 수 없는 팔자이다.

그러므로 행운이 따르는 진용의 인장을 한 세트 가지면 어떠한가? 뿔뿔이 헤어진 가족이 다시 만나게 되고 친자·친애·형제·복부·관절·중장(中腸)·비(鼻) 등 마비되었던 현상들이 정상적으로 움직인다. 하늘을 찌를 듯한 장송도 작은 씨앗으로 시작해서 성장한 것이다.

자그마한 내 가슴 속에서 씨앗이 싹트면 하늘과 땅을 꿰뚫는 무한한 힘이 된다. 자신을 좁은 테두리 안에 가두지 않고 참모습을 보려고 한다면 위대한 존재가 될 것이다. 그래서 가족운에 행운이 따르는 인장, 행운의 번호, 이름 등을 진용으로 만들어 사용해야 뜻과 소망이 이루어진다.

7) 행운이 따르는 희망운 인장

사주팔자를 뽑아놓고 중화자인가, 편고자, 잡화자인가를 면밀히 분석하여 판단해야 한다. 중화자는 지극히 드물고 편고자는 다소 있으며, 잡화상 사주팔자가 대부분이다.

희망운은 발전·실천·행동·수족·신경·폐·인후 등이 이에 속한다. 편고자와 잡화상 사주는 위의 조건이 맞지 않기 때문에 희망과 발전이 동결되고, 하는 일마다 제동이 걸리며 만인의 모함과 시비를 받는다. 건강상 수족의 마비 현상이 자주 일어나고 신경이 쇠약하며, 간장이 불치될 우려가 많다. 목구멍과 목에 큰 이상이 생긴다. 이러한 체질을 타고난 사람은 단명하고 경제 능력이 전혀 없다. 그래서 행운이 따르는 인장을 한 세트 가지면 운세를 역전시킨다는 것이다.

8) 행운이 따르는 재능운 인장

사주팔자를 뽑아놓고 분석을 한다.

예　丁　辛　戊　壬　女
　　　亥　未　午　戌　命

화극금(火剋金) 토극수(土剋水) 충(沖)의 잡탕이다. 재능이 부족하고 인기가 없으며, 통솔력이 부족하고 연애가 부실하다. 만인이 무정하고 천상천하 유아독존으로 이기적이다.

무엇이든 좋지 않은 일을 잘 배우고 그것을 즉각 행동으로 옮긴다. 좋지 못한 것은 취미로 하고 좋은 것은 내팽개치기도 한다. 이런 사주팔자는 10만 명당 하나 꼴로 드문 사주팔자이다.

그렇기에 행운이 따르는 인장, 행운의 번호, 행운의 이름을 진용으로 표출하여 사용하면 어떠한가? 가용(假用)이 진용으로 탈바꿈하는 위치다. 개선장군처럼 만인의 호응을 받으며 인인성사(人因成事)·성귀(成貴)·성부(成富)하니 만인이 꿀벌이요, 황금이며 귀인이 된다. 인력에 의지하는 재왕(財旺)·관왕(官旺)이 되고 인간마다 은인으로서 다정하게 후대하니 만인이 따르고 상부상조한다. 인덕이 태산 같고 만인의 사랑과 존경을 받으니 글자 그대로 인중왕(人中王)이요, 최고 호명(好命)이며, 행운아의 사주팔자로 탈바꿈한다.

4. 인재의 선택

인장의 재료로는 금·은·동·철 등의 금속은 물론이고, 옥·마노·수정·비취 등의 광물질과, 회양목·배나무·침향목·가목·죽근(竹根)·매근(梅根) 등의 나무류와 상아·우각·우골 등의 동물류가 있다.

한편 인공으로 만들어지는 도인(陶印)·자인(瓷印)·소교인(塑膠印) 등과 화학물질의 발달로 만들어지는 고무나 플라스틱 인재가 있다.

이들이 인재(人材)를 오행상으로 분류해 보면, 목(木)은 청록색으로 회양목이나 배나무 등은 나무 인재이고, 화(火)는 적색으로 고무

행운의 번호와 新正印堂의 幸運印으로 開運이 된다

재록상승(인감인)

1) 인감인(印鑑印)

인감 가운데서도 가장 중요한 인감인은 토지와 가옥 등의 등기와 매매 또는 주식이나 유가증권 등 재산의 운영 관리에 사용된다. 시, 동, 읍, 면사무소에 등록해 놓고 필요할 때 인감증명을 발급받는다. 그런데 사회적으로나 법률적으로 반드시 의무와 책임이 있는 것이기 때문에 꼭 사주와 맞는 인장을 사용해야만 운수가 좋아진다. 또 인감인은 인감증명 사용시에만 사용해야 한다. 인감인은 재산을 지키는 도장이다.

재록상승(은행인)

2) 은행인(銀行印)

예기치 않은 사고를 방지하기 위해서는 반드시 은행인만을 따로 쓰고 인감인을 은행인으로 같이 쓰지 말아야 한다. 더욱이 은행인은 재물인의 성쇠·증감과 매우 밀접한 관계를 가지기 때문에 중요한 의미를 가지므로 인감인과 구별해서 사용해야 한다. 은행인은 반드시 은행의 현금 출금시에만 사용해야 한다. 아울러 필히 은행의 비밀번호를 행운의 번호로 써야만 하고 또 행운의 번호는 본인의 사주와 꼭 맞아야만 행운이 찾아 온다. 은행인은 재산을 증대시키는 도장이다.

희 망 (실무인)

3) 실무인(實務印)

일명 막도장이라고도 한다. 사무용에서 가정용까지 일상 생활에서의 가장 빈번하게 사용하는 것이 실무인인 막도장이다. 그런 만큼 사람의 눈에 띄는 기회도 많고 또 좋든 나쁘든 氣가 주어지기 때문에 이왕이면 좋은 기가 작용하도록 水牛로 사용하면 더욱 좋다.

재록상승(법인인감)

4) 법인인감(法人印鑑)

주식회사 대표이사 법인인감은 사장의 운세에 맞추어 사용해야 사업이 발전하고 사방에서 고객이 구름처럼 모일 것이며, 순풍에 돛을 올린 현상으로서 만사가 뜻과 같이 잘 되며 일이 순조롭고 덕망이 크고 출장하여 큰 업적을 이룩하고 능숙하게 처리하는 것으로 유도된다. 반드시 대표이사 인감은 대표이사 사주와 음양의 법칙에 맞게 움직이는 오행을 표출시켜 인장 내에 넣어 사용해야만 큰 업적을 성취할 수 있다. 법인인감은 회사를 대표하는 도장이다.

성공발전(법인사용인감)

5) 법인사용인감(法人使用印鑑)

주식회사 대표이사 사용인감은 반드시 사장의 운세에 眞用을 표출하여 인장 내에 넣어 사용해야 할 것이며, 특히 비밀번호(행운의 번호)를 운세에 맞추어 사용해야만 막혔던 길이 열리고 일이 풀리며 고대했던 기회가 주어지고, 축적된 능력을 발휘하여 소원을 성취, 만사가 형통한다. 법인사용인감은 회사의 발전을 도모하는 인장이다.

신정인당의 삼합인장이란?

· 인감인(印鑑印)은 발생과 동시에 몸전체를 돌바준다.

· 은행인(銀行印)은 성장하면서 재산을 축적한다.

· 실무인(實務印)은 갈무리하면서 재산을 보호한다.

운명(運命)의 변화는 이름이 결정하며 그 이름의 표식은 도장이다. 그 이름이 나쁘거나 사주에 맞지 않으면 삶이 괴롭고 도장의 몸체나 글자체가 파손되어 있으면 건강과 재산이 깨어진다. 몸체는 건강, 글씨체는 재물을 의미하는데 인감인, 은행인, 실무인을 아무렇게나 쓰면 일신상 또는 금전상의 해를 입을 뿐아니라 패망하는 경우도 허다하다.

신정인당의 삼합인장본 (三合印章本)

신승원(申承沅)　신인섭(申仁燮)　김원준(金沅俊)　김학동(金鶴東)　최소영(崔素榮)

최양옥(崔良玉)　나선복(羅善復)　이주희(李周熺)　나만기(羅萬基)

나민성(羅民盛)　나정우(羅正寓)　이신자(李信子)　경강호(慶剛浩)　안덕자(安德子)

경우성(慶寓誠)　김송희(金宋熺)　정재원(鄭再原)　박현이　정재원(鄭再原)

법인인감　법인인감　법인인감　법인인감　정재원(鄭再原)

나 플라스틱 등의 화학물질 인재이며, 토(土)는 황토색으로 옥이나 우각 등의 인재이고, 금(金)은 백색으로 수정·상아·돌·쇠 등의 인재이며, 수(水)는 흑색으로 물소뼈[水牛]와 같은 인재이다.

인재 선택에 따라서 길흉의 차이가 다양하게 나타난다. 그러므로 그 내용을 잘 알고서 이용하는 지혜가 필요하다고 본다. 그러나 현시대에는 몰지각한 사람들이 성명만을 가지고 오행의 법칙을 조작해서 사용한다고 떠들어대는 사람이 많다.

시중에는 많은 인재들이 사용되고 있지만 플라스틱이나 나무를 쓰면 인덕과 금전운이 없으며 손해를 많이 당한다.

1994년에 있었던 일이다. 어떤 아주머니가 저자를 찾아와서 운명을 감정해 달라고 하기에 대뜸 말하였다.

"아주머니! 먼저 주머니에 도장이 있다면 좀 봅시다."

그러자 그 아주머니는,

"운명 감정을 해 달라고 하는데 웬 도장입니까?"

하면서 안주머니에서 꺼내 주기에 찍어보니 아주 나쁜 도장이었다.

"이 도장으로 감정해 볼 때 아주머니는 지금 남편과 갈등이 극심하고 친정집 남동생의 사업보증을 섰다가 완전히 패가망신할 형상입니다. 금전 문제로 남편과 이혼까지 갈 흉한 도장이므로 당장 없애 버리세요."

이렇게 말하자, 그녀가 고백하며 대답하였다.

"서울의 유명한 인장업소에서 내 이름이 나쁘니 도장을 새로 가지면 좋다고 해서 거금을 주고 3년 동안 써 왔습니다. 그런데 이 도장을 쓴 뒤부터는 제대로 된 일이 한 번도 없었습니다."

"아주머니에게 일이 잘 풀리는 인장이 있으니 바꾸어 써 보시고 연락 주십시오. 세 개 중에서 한 개만이라도 제대로 살려서 쓰시면 막혔던 길이 열리고 일도 확 풀립니다. 또 고대했던 기회가 주어지고 새로운 무대가 나타나서 축적했던 능력을 맘껏 발휘하고 소원을 성취하여 만사가 형통할 수 있는 비법이 있습니다.”

저자가 보기에 먼저 그녀의 도장은 사방이 꽉 막히고 만사가 불통이니 어찌 마음이 어지럽고 답답하지 않겠는가. 무엇을 하더라도 장애가 생기니 진퇴양난이요, 의식주가 불안하고 문서도 불리한 인장일 뿐이다.

인장에 있어 색깔 따위는 아무 상관이 없다. 무소뿔이나 옥이 가장 길하다. 첫째 조건은 사주팔자를 잘 분석해야만 하는데, 매우 중요한 것은 용신이다. 줄여서 말하기를 용(用)이라고 하며, 또 진짜 용신을 진용이라고도 한다.

용신은 ‘행복의 씨’라고 할 수 있으며, 운수를 감정할 경우나 인장을 새길 때는 무엇보다도 용신을 잘 찾아서 사용해야지 진용을 잘못 찾아서 쓰면 더욱 나쁘다.

현재 우리 나라나 세계 어느 곳을 살펴보더라도 용신을 제대로 찾아서 운명 감정을 하는 사람은 저자를 제외하고 딱 한 사람만 있다. 이 사실은 분명하고 확실하므로 어느 누구와도 시험을 해보라. 그 비법을 앞으로 기회가 있으면 공개할 작정이다.

5. 인장으로 길흉을 보는 비법

개인이 사용하는 인장은 모양이 원형이어야만 좋다. 둥근꼴의 인장은 양(陽)을 상징하고 활동성과 현실의 이익을 크게 얻을 수가 있다. 정확하게 참 용신, 즉 진용을 찾아 잘 새겨서 쓰면 재산운과 건강도 확실하게 좋아진다.

그리고 인장을 사각형으로 쓰면 재산이 늘어나지 않고 항상 지출이 많다. 무소뿔을 제외한 모든 뿔도장은 음(陰)을 상징하고 은행이나 금융기관 등에 사용하면 파멸과 불행에 빠진다.

그러나 그림을 그리거나 글씨를 써서 행적을 남기는 도장에는 괜찮다. 단, 사주에 부족한 오행이나 용신을 찾아서 반드시 함께 새겨 사용해야만 그 작품의 진가가 높아진다.

현재 전국의 서예가나 화가들은 모두 다 자신들이 낙관을 조각해서 사용하지만, 이것도 잘못된 일 중의 하나이다. 왜냐 하면 대부분의 사람들은 오행을 다소 안다고들 하지만, 제대로 모르는 경우가 거의 전부라서 겉으로는 그럴싸하지만 실속은 없고, 오히려 나쁜 작용만 있으니 마치 비단옷 입고 밤길 가는 격이다.

또한 타원형의 인장을 쓰거나 진용을 새기지 않은 인장을 쓰면 운기가 크게 쇠퇴하고 모든 일에 실패가 자주 따른다. 길쭉한 타원형의 인장은 막도장에만 사용해야 한다. 가늘고 긴 인장은 사인(私印)으로 쓰면 발복과 행운을 억제하여 늘 빈곤하고 불행한 일이 따른다.

관공서의 관인이나 회사인은 정방형의 인장을 쓰고, 개인의 인장은 원형을 써야만 한다. 단 회사인은 그 대표자의 사주에 따라 반드시 진용을 찾아 새겨서 사용해야만 법률에 거슬리지 않으면서도 모든 사람들이 다정하고 인덕이 있으며 재물과 건강을 항상 지켜준다.

더욱이 큰 뜻을 세울 기회가 자주 나타나고 의욕적으로 분발하고 노력해서 큰 재물과 명예를 얻을 수 있다. 반지 인장은 인문(印文)의 조화나 부조화를 불문하고 최악의 나쁜 도장이다.

부부의 인장이 크기가 똑같으면 여성 상위로서 남편이 무능해지거나 무력증에 빠지도록 유도한다. 아내의 인장은 남편의 인장보다 반드시 작아야만 한다.

만일 남편의 인장이 아내의 인장보다도 작으면 모든 일에 발전성이 없고 아내에게 짓눌려서 괴롭게 사는 인생이 되기 쉽다. 새긴 인장의 각자(刻字)가 서툴거나 유치하고 조잡하면 운수와 인품도 나쁘게 닮아간다.

혹시 잘못된 획이 있어서 그 부분을 깎아 내고 그 인재에다 다시 새긴 인장을 사용하면 그 인장은 큰 손해를 볼 일에만 찍게 된다. 단 석 달 동안 이상 모르고 쓰다가 뒤늦게 발견해서 다시 고쳐서 새긴 인장은 나쁘지만, 처음 제작시에 며칠 이내로 바르게 다시 새긴 인장은 괜찮다.

더욱이 낡은 인장을 깎아 내고 다시 새겨서 사용하거나 가인(家印)을 실인(實印)으로 사용하면 운수가 막히고 몸을 망칠 우려가 많다. 인장의 재료와 진용을 맞추지 않고 아무렇게나 사용하면 만성병에 걸릴 위험이 매우 높다.

인장의 테두리를 이중으로 써서 사용하거나 진용을 찾아서 쓰지 않으면 사회적으로 고립이 되며 쓸데없는 지출이 많이 생긴다. 또 인장에 남들이 알아보기 어려운 서체를 쓰게 되면 운수를 크게 하강시킨다.

더욱이 인장을 판독하기 어렵도록 괴상망측한 기체(氣體)나 각체(刻體)로 새기면 대단히 나쁘다. 인장의 서체는 전서체나 예서체로 새겨야만 하며, 무슨 글자인지 반드시 남이 알아볼 수 있도록 새겨야 한다.

현재 ○○堂, ○○堂 같은 인장업자들이 해괴망측한 글자들을 새겨서 자기네들이 무슨 메이커라도 되는 줄로 착각하고 자랑하면서 대대적으로 광고까지 하고 있는데, 그것은 웃기는 짓거리다.

인장에 한 글자만을 달랑 새기면 차금인(借金人)이라고 하여 대단히 좋지 않다. 즉 하고한 날 돈 빌리는 데 찍는 인장이기 때문이다.

인장의 글자를 비뚤어지게 새긴 것은 의외로 실패가 자주 따른다. 인장의 글씨를 보면 대개 장신지인(章信之印)처럼 불필요한 글자를 새김으로써 집안간의 내분이 발생하거나 혈족관계로 인한 불상사가 초래된다.

인장의 서체가 흐리고 선명치 않으면 대단히 흉하다. 사기를 잘 당하고 남에게 이용당하는 일에만 찍게 된다. 인장의 서체가 흐리고 음양오행이 없는 인장은 집안에 우환이 생기고 파탄과 고난이 따르며 부부이별이 있는 것으로 본다.

인장의 서체가 고르지 못하고 오행이 없을 경우에는 사업이 나날이 쇠퇴하여 하는 일이 지연되고 실패를 잘 하게 된다.

인장의 서체가 너무 가늘고 음양과 수리가 맞지 않을 경우에는 부모 중의 한 분 또는 모두를 일찍 잃게 될 뿐만 아니라 작은 일에도 소심해져서 빈궁하게 되며 실패가 잘 따르고 질병에도 쉽게 걸린다.

인장의 서체가 너무 약하고 음양이 부족하면, 틀린 오행이나 육신(六神)을 사용하게 되면 마음이 약해지고 감언이설에 쉽게 속아서 손해를 자주 보게 된다. 또한 부부간에도 의견 대립이 크게 생기면서 결국 파탄으로 치닫는다.

인장의 테두리가 너무 굵으면 발전성이 없어져서 생활에 활기를 잃게 된다. 또한 친인척이나 가정과 가족관계에 골치 아픈 문제가 자주 생긴다.

인장의 테두리가 적당히 가늘면서도 인각에 조화를 얻으면 활달하고 힘찬 운수를 띠는 길운으로 변한다. 아울러 음양의 조화가 맞아야 한다.

인장의 어딘가에 흠이 있으면, 그 인장을 사용하는 동안은 대체로 손해볼 현상이 잘 나타난다. 파손된 인장을 사용하면 가운이 쇠퇴하고 망함을 암시한다. 하여튼 인장은 항상 깨끗하게 닦아서 잘 보관해야만 한다.

인장에서 악취가 나고 음양의 수리가 맞지 않으면, 더욱이 사주의 진용을 사용하지 않고 오히려 가용을 쓰면 재물운이 없어지고 불치의 중병에 걸리기 쉽다.

인장에 금이 가거나 변형된 것은 심히 허약하여 신경쇠약이나 신경통이 따르게 되고 사업이 부실해져 부채를 크게 짊어지거나 부도가 나는 경우가 많다.

인장의 테두리가 깨지고 떨어져 나가면 마음이 불안해지면서 사업은 중단되고 실패가 따른다. 특히 간·심장·중풍·신경통의 질병에 잘 걸린다.

인장의 윗부분이 흐리거나 밝지 못하고 깨져 있으면 목 안이 아프거나 편도선염이 생기며 고생이 많다.

인장의 윗부분이 양쪽 모두 금이 가거나 떨어져 나가면 호흡기·기관지염·폐질환 등으로 고생하게 된다.

인장 테두리의 머리 부분이 깨지거나 떨어져 나가면 인체의 머리 부분에 질병이 생기게 되고, 뇌신경·뇌일혈·신경쇠약 등으로 고통을 받게 된다.

인장 테두리의 중앙 부분이 깨지거나 떨어져 나가면 인체의 중앙 부위에 질병이 발생하게 된다. 즉 위장·심장·간장·비장·폐질환으로 고생하게 된다.

인장 테두리의 하반부가 깨지거나 떨어져 나가면 인체의 하복부와 하체에 질병이 발생하게 된다. 특히 신장염·요도염·방광염·성병 등에 조심해야 한다. 또 다리 부분의 부상이나 각기병 혹은 신경통을 앓게 되며 수술을 하는 경우도 허다하다.

6. 인장을 찍는 태도로 길흉을 보는 비법

인장을 찍을 때는 반드시 선명하고 깨끗하게, 또 눈에 확 띄게 찍어야만 한다. 희미한 인주로 스치듯이 슬쩍 찍어서 날인하는 사람은 금전적인 위기가 임박한 상태에 있다.

인주를 질퍽하게 듬뿍 묻혀서 힘껏 날인하는 사람은 머지 않아 수습할 수 없는 위태로운 일이 생긴다. 또 아무런 주견도 없이 남의 의견이나 행동에 덩달아서 따르고 주변머리가 없는 사람이 된다.

인면(印面)에 인주가 마치 때처럼 가득히 낀 인장을 힘차게 날인하는 사람은 머지 않아서 사업이나 하는 일에 크나큰 변동이나 이변이 생기고, 대표자는 성품이 거칠고 낭비벽으로 재물복이 없게 된다.

인면의 인주가 흡사 때처럼 가득 낀 인장을 힘없이 날인하는 사람은 사치형으로서 가정운이 희박하고 육친덕이 없으며 대체로 인정이 거의 없다.

인장의 윗부분을 희미하게 날인하는 사람은 발전하는 운수가 항상 약하고 끈기 있게 한 가지 일을 계속하지 못하고 떠돌이처럼 매사가 흐리멍텅하다.

인장의 아랫부분을 희미하게 날인하는 사람은 생활이 어렵고 가정이 안정되지 못한 상태에 놓여 있다. 그리고 부하 중에도 쓸만한 사람이 거의 없다.

인장의 가운데 부분을 희미하게 날인하는 사람은 인내력이 부족하고 전진하는 추진력이 전혀 없다.

인장의 오른쪽 부분을 강하게 날인하는 사람은 말과 행동이 틀리며 거짓말을 잘 하고 의타심이 강하다.

인장의 왼쪽 부분을 강하게 날인하는 사람은 자존심이 너무 강하고 오만하여 지나치게 편파적이다.

인장에 인주를 묻힐 때 흡사 망치질을 하듯이 탕탕 두드리는 사람은 시야가 좁고 경제감각이 뒤떨어지며 실패가 많다.

인장을 날인할 때 손이 떨리던지 해서 이중으로 날인하는 사람은 심신이 불안하고 초조하기 때문에 머지 않아서 가정이나 직장에 골치 아픈 문제가 생긴다.

인면에 입김을 습관적으로 하하 불어서 날인하는 사람은 성장 과정이 빈곤하였기 때문이며 지출은 많고 재물이 모이지를 않는다.

인장을 쓴 뒤에 휴지로 정성껏 깨끗하게 잘 닦아서 보관해 두는 사람은 장래가 약속되고 풍요한 생활이 보장되어 있다고 보아도 확실하다.

인장을 날인하기 전에 인면을 먼저 확인하고 나서 정확하게 똑바로 찍는 사람은 매사에 경우가 바르며 언행이 일치하여 틀림이 없고 진취적이어서 성공 가도에 있다고 본다.

인장을 날인하는 순간에 시선을 다른데 두고 이야기하는 사람은 신용과 신의가 없고 믿을 수 없다고 본다.

인장은 자기의 사주에 부족한 오행을 먼저 찾고 또 진용을 새겨서 사용해야만 크게 성공하고 발달한다. 인장은 언제나 소중하게 잘 보관하고 날인을 할 때는 정성들여서 찍어야만 길상인(吉相印)의 역할을 하게 된다.

날인을 하기 위해서는 먼저 인장을 향해 가볍게 목례하는 기분을 갖는다. 그런 다음에 인장을 들고서 단전에 힘을 모으고 몸의 중심을 잡는다.

인면에 인주를 정성껏 골고루 묻힌 다음에 힘을 모아서 조용히 찍는다. 이렇게 귀중한 인장을 신중히 생각하지 않고 적당히 아무렇게나 구입해서 사용하면 되겠는가?

7. 인장 감정의 사례

특히 인감도장을 함부로 찍는 사람은 드물겠지만, 평소 우리들이 일상생활에서 흔히 쓰는 도장이 잘못되어 있으면 큰 손해나 낭패를 보는 경우가 많다.

설령 도장에 관심이 있는 사람이라 하더라도 시중의 인장업자들이 과장 광고를 많이 하는 사행에 끌려 그곳을 찾아가서 거금을 지불하고 좋은 도장을 받는 것이 아니라, 오히려 나쁜 도장을 받아오는 경우가 더 많다.

저자가 오랫동안 인장의 작용과 신비를 연구하면서 실지로 감정했던 사례들을 소개하고자 한다. 다만 한 가지 아쉬운 점은 당사자의 도장을 찍어서 공개할 수가 없다는 점이다.

왜냐 하면 도장에는 반드시 이름이 새겨 있고 좋지도 않은 사실, 더구나 큰 재앙과 불행을 당했던 사실을 무슨 자랑이라도 되는 양 세상 사람들에게 알리고 또 공개할 수 없기 때문이다.

다음에 소개하는 이야기들은 실지로 도장 때문에 너무 엉뚱한 재난을 당한 경우들인데, 참으로 안타까운 일이다. 세상 사람은 누구나 열심히 자기의 행복을 추구하지만 이루어지기가 지극히 힘들고 어려워서 지친 나머지, 행복이란 그저 헛된 꿈·희망 사항·신기루쯤으로 생각하여 일찌감치 포기하거나 단념하는 경우가 많다.

그러나 세상만사는 궁하면 통하는 법이다. 행복을 얻을 수 있는 여러 가지 방법 중에 하나가 자기의 사주에 맞추어서 정확하게 잘 만들어진 좋은 도장을 소지하는 것인데, 운수를 바꾸어 행복을 얻을 수 있는 강력한 비법 중의 하나라는 사실을 강조하고 싶다.

참고로 사람들이 행운과 행복을 얻기 위해서 비교적 쉽게 취할 수 있는 방법을 설명하겠다.

첫째 : 행운을 부르는 이름을 가진다.

옛날 사람들의 이름은 부르기도 힘들고 뜻도 괴상할 뿐만 아니라 너무 촌스럽고 세련되지 못한 경우가 많았다. 또 요즘 사람들의 이름도 역시 대부분 나쁜데, 그 이유인즉 사주를 정확히 모르는 사람들이 발음도 안 되고 법칙에도 맞지 않는 괴상한 이름들을 짓기 때문이다. 아예 처음부터 좋은 이름을 가졌더라면 좋겠지만, 만일 그렇지 못한 경우에는 나이가 어리거나 젊었다면 법적으로 개명을 하는 편이 좋다.

또 그마저도 어려운 경우라면 별명이나 일명을 좋게 지어서 부르는 방법이 있는데, 평소의 취미활동이나 사회활동에서는 각자의 노력 여하에 따라서 그렇게 불리어질 수 있다.

어쨌든 남녀노소를 불문하고 좋은 이름을 가져야 하는 목적은 부귀영화에 있다. 좋은 이름의 좋은 인장은 은행 등의 금융기관에 필

연적인 인연을 갖고 있다. 즉, 자기의 사주에 정확하게 잘 맞추어
행운을 부르는 이름에, 더욱이 행운을 부르는 도장에다 행운의 씨
를 함께 심고 새겨서 쓰는 방법이다.
　현재 금융실명제를 실시하고 있지만 통장에 찍는 도장 만큼은 아
무 도장이라도 관계가 없다.

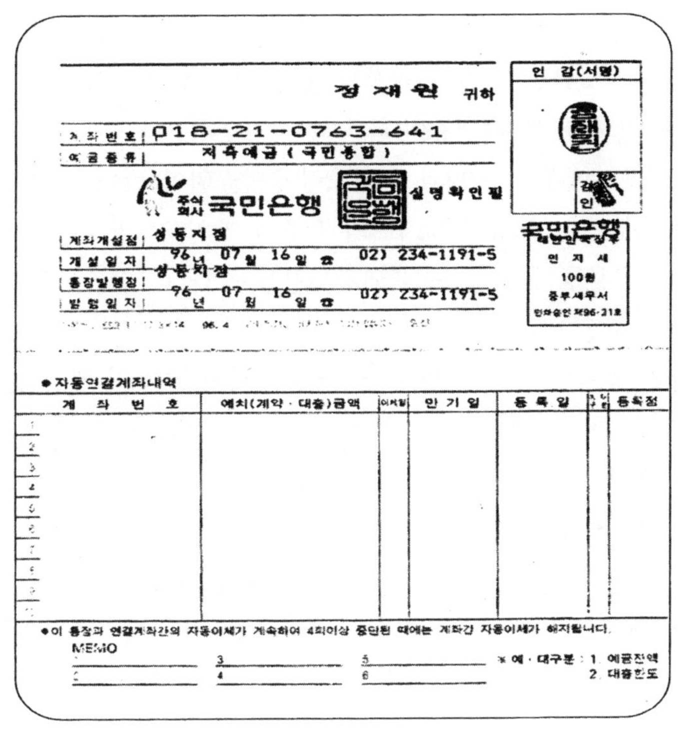

　따라서 '정재원'이라는 사람이 '홍순재'라는 이름이 새겨진 도장
을 써도 된다는 뜻이다. 이왕 그렇게 쓰려면 아예 자기의 사주에
딱 맞고 행운을 부르는 이름을 새겨서 쓰자는 뜻이다.

둘째 : 행운을 부르는 도장을 가진다.

새삼스럽게 말할 필요조차도 없지만 좋은 도장, 즉 자기의 사주와 딱 떨어지게 맞고 진짜 용신이 새겨진 인장을 가져야 행운을 얻음은 물론이요, 사주상의 나쁜 작용이나 기타의 불운을 막고 또 피할 수가 있다.

처음부터 좋은 이름을 좋은 도장에 새긴다면 금상첨화로 더할 나위없이 좋겠지만, 거의 대부분의 사람들은 이름이 나쁘다. 이왕에 나쁜 이름이라면 최대한 인장의 좋은 작용을 빌려서 좋은 효과를 볼 수 있도록 하자는 뜻이다.

사회생활에서는 본명과 인감도장을 쓸 일이 많다. 그래서 은행 거래시에 쓰는 도장에는 자기의 사주와 제일 잘 맞는 행운의 도장을 쓰고, 본명의 도장 또는 인감도장을 하나 더 만들어서 두 개를 쓰자는 주장이다.

결국 행운을 얻는 도장이 두 개가 되니까 효과도 배로 증가하게 된다. 설령 생활이 아무리 가난하더라도 도장을 두 개씩 지녔기 때문에 살림이 크게 거덜날 일도 없고, 오히려 나날이 재물과 건강이 증진되니 좋기만 할 뿐이다.

보통 사람들의 살아가는 태도를 보면 장래의 운수를 엿볼 수가 있다. 대체로 인생에서는 돈과 물질이 중요하고, 많으면 생활에 여유가 있고 즐겁게 살아갈 수가 있다.

그러나 꼭 돈과 물질이 인생의 전부요, 지상 최고의 목표는 아닌데도 거의 대다수 사람들은 돈을 벌기 위해서라면 물불을 가리지 않고 혈안이 되어 있다.

심지어는 돈과 목숨을 바꿀 정도로 돈을 잃느니 보다 차라리 죽겠다는 식이다. 예컨대 살림살이가 넉넉하고 경제적으로 여유가 충분한데도 몸에 좋다는 음식이나 약은 고사하고라도 수술이나 치료를 하지 않으면 죽게 되는데도 돈이 많이 들어서 아까워한다.

그러다가 때를 놓친 다음 뒤늦게 뒷북이나 치듯이 돈은 돈대로 없앤 다음에 결국 죽는 사람의 경우를 본 적이 있다.

어리석은 사람들은 언제나 거지귀신이 들린 것처럼 돈과 재물을 탐하여 늘 껄떡거리고 걸근거린다. 예를 들면 1억을 지녔다면 그것에 만족하면서, 조금씩 여유있게 즐길 줄도 알아야 하는데 오히려 10억을 모으겠다고 발악을 하면서 가족과 부모형제를 괴롭히는 것이다.

또 요행스럽게 10억을 지니게 되었다고 하자. 그러면 이번에는 100억을 벌겠다고 또다시 미친 지랄을 떠는 것을 보노라면 수전노인 그 인생이 불쌍하다기보다는 슬프게 보인다.

평소 사기성이 농후하여 잘 사는 것처럼 위장하여 돈을 빌리고 나서 떼어먹으려고 하는 인간들은 언제나 허세를 부리고 거들먹거린다. 그러나 이런 인간보다도 더 나쁜 인간은 잘 살고 여유가 있는데도 항상 죽는 소리나 하면서 궁상을 떨고 짜디 짠 왕노랭이짓이나 골라 가면서 하는 사람이다.

누가 자기의 재물과 돈을 강탈이라도 해 가는 줄로 알고 언제나 전전긍긍하면서 심지어는 가족과 부모형제들까지도 의심할 지경이라면 할 말을 잃어버리게 된다. 입살이 보살이라는 말대로 결국 평소에 늘 지껄인 말 그래도 불행하게 되는 경우가 허다하다.

즉 돌발적인 질병으로 죽든가, 혹은 뜻밖의 재앙으로 급사하는 수가 많다. 한마디로 돈벌레나 수전노로 살다가 죽었으니 헛된 개죽음이요, 버러지보다도 못한 삶이니 얼마나 불쌍하고 슬픈가!

제발 돈에 환장하지 말고 살자. 삶의 질은 결코 돈과 물질에 좌우되지는 않는다. 쉽게 말하면 돈이 별로 없어도 즐겁고 여유 있는 삶을 사는가 하면, 돈이 너무 많아도 껄떡거리고 짜게 굴어서 마치 거지처럼 헛된 삶을 살 수도 있다.

설사 경제적인 여유는 다소 없더라도 자기와 가족과 부모형제, 또는 친구와 이웃들을 위해서 돈과 물질을 분수에 맞게끔 베풀 수 있는 사람이 그것을 쓰기라도 하면 내일 당장에 거지가 되어 깡통이나 차고 거리에 나 앉을 것처럼 사시나무 떨듯 벌벌 떠는 꼴이라면 역시 우리를 슬프게 한다.

몇 푼의 돈을 악착같이 쓰지 않고 모아봐야 재물이 크게 불어나지도 않고 또 지독하게 아꼈던 몇 푼의 그 돈으로 한평생을 여유 있게 살 수 없는데도 팔자에도 없는 큰 부자가 되겠다고 짜디 짠 노랭이짓만 한다면 얼마나 불쌍한 존재인가.

기껏 돈이 있어 보아야 몇 푼에 지나지 않고 없어져 보았댔자 몇 푼이지만, 제때에 바르게 쓴다면 그 효과는 실로 크다.

결국은 돈과 물질이 있고 없음이 문제가 아니라 여유 있게 쓰는 사람은 언제나 아낌없이 쓰며, 쓰지 못하는 인간은 자기 자신과 이웃을 위해 쓰지 못하고 거지처럼 살다가 죽는다는 결론이 나온다.

정녕 돈을 소원대로 실컷 얻고 싶다면 지혜로운 생각·방법·노력으로 돈의 흐름이 자기에게로 흘러오도록 물꼬를 터야만 한다. 또 돈의 결실을 얻을 수 있게 씨를 뿌려놓고 기다려야만 한다.

그런데도 정작 손끝 하나 까딱 않고 씨도 뿌려놓지 않은 채 그저 세월만 보내면 저절로 하늘에서 돈벼락이 떨어지고, 혹은 땅에서 금덩어리가 솟듯이 뜻밖의 행운이 자기에게 일어날 것이라고 기대하는 인간이 의외로 많다.

한마디로 말한다면 마치 사냥꾼이 산에는 가지 않고 집안에 가만히 들어앉아서 맛있는 꿩고기를 누가 자기 입에다 계속 넣어주겠지 하는 고약한 심보와 다름없지 않은가!

또 어리석은 노랭이들은 죽자고 재물을 모았다가도 호박씨 까서 한 입에 털어넣는 격으로 왕창 한 방에 재물이 깨어지던가 사기를 몽땅 당하는 경우도 매우 많다.

셋째 : 행운을 부르는 비밀번호를 가진다.

주민등록번호가 운수에 크게 영향을 미친다는 것은 이미 자세히 설명했고, 독자 여러분들도 직접 확인했을 것이다. 사주의 좋고 나쁨을 판단하고 또 운수를 정확히 알기란 지극히 어렵다.

그러나 비록 간단하기는 해도 그 적중률이 매우 높은 데 대해서 여러분들은 놀랐을 것이다. 그런데 자기가 원하든 원치 않든 간에 나라에서 정한 숫자가 그대로 운수로 정확하게 작용하기 때문에 문제의 심각성이 있는 것이다.

만일 주민등록번호의 숫자가 좋으면 다행이겠으나 나쁠 경우에는 고칠 수도 없고, 또 그렇다고 해서 눈뜨고 멍청하게 나쁜 운수로 살아갈 수도 없으니 그야말로 진퇴양난인 셈이다.

그러나 세상만사는 궁하면 통하고, 또 하늘이 무너져도 솟아날 구멍이 있다고 하듯이 해결 방법은 얼마든지 있는 것이다. 즉 사주에 꼭 맞도록, 그리고 힘을 크게 발휘하도록 네 자리의 숫자를 만들어서 쓰면 쉽게 해결할 수 있다.

마치 인장을 만들 때 서체를 잘 조화시켜 진용을 넣어서 새기면 좋은 도장이 되어 길운을 초래하듯이 네 자리의 숫자도 사주에 맞는 진용을 표출하도록 조립하면 된다.

이 숫자들은 사주의 약점들을 충분하고도 강력하게 보완할 수 있음은 물론이요, 주민등록번호의 나쁜 작용도 소멸시켜 주므로 결국 행운을 초래하기 때문에 행운의 숫자라고 불러도 손색이 없다.

사람들은 태어나서 죽을 때까지 잠깐 동안이라도 숫자의 영향 속에서 살아가야 하는데, 이는 마치 물고기가 물 속에서 살아야만 하는 경우와 똑같다.

세상에는 별의별 숫자들이 다 많지만, 알든 모르든 자기의 뜻과는 관계없이 써야 하는 경우가 너무나 많다.

따라서 계속적으로 좋은 숫자만 가질 수도 없거니와 또 그렇게 할 수도 없는 노릇이다. 그렇지만 행운의 숫자는 왕노릇을 하는 숫자이므로 좋은 숫자는 더욱 좋게 작용하게 되고, 설령 나쁜 숫자가 해당되더라도 나쁜 작용을 해소시켜서 좋은 작용으로 유도시켜 주면 된다.

또한 '행운의 액수'라는 것도 있다. 금액이나 숫자의 많고 적음과는 전혀 관계가 없으나 자기의 사주와 맞으면 역시 행운을 초래하고 좋은 운수를 가져다준다.

만일 자기의 사주와 전혀 맞지 않는 액수는 좋지 않은 일이 발생하거나 불운을 초래하기 쉽다. 예를 든다면 어떤 물건을 샀는데 오래도록 유용하게 쓸 뿐만 아니라 뒷사람에게까지 물려줄 정도로 오래 가는가 하면, 반대로 어떤 물건을 사서 얼마 쓰지도 않아 금방 부서져 버리거가 잃어버리는 경우가 있다.

또 어떤 집을 시세보다도 비싸게 내놓았지만 금방 팔리는가 하면, 반대로 어떤 집은 시세보다도 훨씬 낮은 가격으로 그야말로 거져 주다시피 하는데도 오래도록 팔리지 않아서 골탕을 먹은 경험이 있을 것이다.

은행의 입출금 액수도 역시 마찬가지로 어떤 때는 비록 적은 액수이기는 하지만 요긴하게 쓰고 또 보람 있는 곳에 썼는가 하면, 반대로 큰 액수를 은행에서 찾았지만 흔적도 없이 순식간에 마치 눈 녹듯이 없어져 버리고, 그것도 쓰잘 데 없는 곳에 썼기 때문에 크게 후회하고 마음 아파한 경험이 있었으리라.

우리 나라 사람들은 습관적으로 물건값을 깎지 않으면 바가지를 썼다고 생각하거나 돈이라도 몽땅 잃어버린 듯이 그야말로 무조건 값을 깎으려고만 기를 쓰고 덤비는데, 이런 태도는 반드시 고쳐야만 할 태도이다.

자기가 잘 알고 있는 값 이상으로 너무 지나친 값이면 사지 말아야 할 것인데, 아예 잘 모르면서도 무조건 설치고 약탈하듯이, 또는 공짜나 다름없는 시세보다도 훨씬 싼 헐값에 남의 물건을 가지려한다면 도둑이나 진배없지 않은가.

설사 어떤 물건을 지나치게 싸게 사더라도 좋은 결과가 없거나 아니면 싼게 비지떡이될 가능성이 많다. 왜냐 하면 세상은 주고 받으면서 살아가게 되어 있고 절대로 공짜란 있을 수 없기 때문이다.

공짜를 좋아하면 머리가 벗겨진다는 말도 있지만, 반드시 사기를 당할 확률은 100퍼센트이다. 하여튼 돈이 오고 가는 거래에는 반드시 행운의 액수를 알고 잘 활용하라는 뜻이다.

즉, 그 숫자에 맞게끔 값을 깎던가, 혹은 좀더 주던가 하면 반드시 행운이 따르게 된다. 곧 가는 정이 있으면 오는 정이 있게 마련이고 베풀면 얻게 되고 기운이 서로 교감되어 직접 간접으로 행운을 초래하게 된다는 뜻이다.

왜냐 하면 세상이 각박하고 의리와 인정이 없다고 외치는 소리가 높더라도 착하고 좋은 사람이 압도적으로 더 많다. 다만 어리석음 또는 한두 번의 실수로 하여 손해를 보고 사기를 당한 사람들은 아예 겁부터 내거나 크게 의심을 가진다. 이는 자기의 잘못으로 내 탓인 것이다. 즉 자라한테 물린 놈은 솥뚜껑만 봐도 놀란다는 꼴이 지 않은가?

그렇다고 해서 어린애처럼 유치하고 단순하게, 아니 어리석을 정 도로 덮어놓고 무조건 아무나 믿으라는 뜻은 결코 아니다. 오히려 착하고 나쁜 사람을 제대로 구별하고 대우하는 지혜와 안목을 길러 야만 한다는 사실은 두말할 필요조차 없지 않은가?

결국 네 자리인 행운의 숫자는 숫자 중의 왕일 뿐만 아니라 행운 의 액수까지 알게 되므로 인생에서 행운의 열쇠를 거머쥔 셈이다. 언제나 지혜롭고 여유있게 또 당당하며 느긋하고 즐거운 삶을 오래 도록 행복하게 누릴 수가 있는 것이다.

그렇지 않으면 금전 거래에서 행운의 액수인 줄도 모르고 무조건 기를 쓰고 악을 쓰면서 액수를 깎으려고만 하는데, 이것은 꼭 제 손으로 발등을 찍는 짓이거나 제 손으로 눈을 찌르는 것과 무엇이 다르겠는가? 늘 행운을 비켜가고 뜻밖의 재난과 불운만 맞이하려는 태도가 아니면 무엇이겠는가?

어쨌든 사주의 오묘한 이치와 핵심을 알아야만 좋은 인장을 만들 고 행운의 숫자를 만들 수가 있겠지만, 여간 힘든 노릇이 아니다. 흔히 세상에 알려져 있는 사주 추명은 제대로 맞는 것이 거의 없고 눈치 코치요, 이현령 비현령인 것이다.

그래서 사람의 운수를 적중시켜 보려고 노력한 부분들이 여러 가 지가 있는데, 그 중에서 대표적인 것이 귀문둔갑·육임·자미두 수·당사주 등인데, 이는 한결같이 애매한 논리와 말장난에 지나지 않을 뿐이다. 즉, 모두가 사주의 핵심을 몰라서 알기 위한 몸부림을 치다가 파생한 부산물일 뿐이다.

130

세상의 모든 이치가 그러하듯이 먼저 기본적인 바탕과 소질을 충분히 갖춘 다음에 많이 보고 체험한 결과에 따라 깊이 파고들어 가되 그것도 핵심과 뿌리를 찾아야 하는 것이다.

끝으로 동양은 물론이고, 특히 우리 나라에서 사주를 잘 안다(?)고 떠벌리거나 큰소리를 치는 사람들이 많다. 그러나 저자는 딱 한 사람을 제외하고, 실지로 온갖 여러 가지 실험을 통과하지 않은 다음에는 절대로 인정할 수가 없음을 새삼스럽게 강조하고 밝혀두는 바이다. 인장 사용의 실례를 몇 가지 들어보기로 하자.

◖ 나쁜 인장으로 남편이 실종된 과부

1995년 여름에 있었던 일이다. 어느 날 한 아주머니가 저자를 찾아와서 운명 감정을 의뢰했다. 저자는 먼저 그녀에게 말하기를,

"아주머니! 우선 어떤 도장을 쓰시는 지 한 번 봅시다."

라고 했더니 슬그머니 가방 안에서 꺼내 주었다.

그것을 분석해 본 결과 인장의 가운데 부분이 너무 가늘고 희미해서 단정하듯 그녀에게 말했다.

"아주머니는 끈기도 없고 가정이 안정되지 못하여 재물이 흩어지는 일만 계속되고 있습니다. 또한 잦은 실패가 있으며 고독 씹기를 아예 밥먹듯이 합니다. 즉 괴롭고 쓸쓸한 과부란 말입니다.

이 도장은 파멸과 쇠퇴의 원인으로 작용하여, 하는 일마다 망하고 전부 안 되는 쪽으로 유도됩니다. 일평생 신체 허약하여 병고에 시달리고 만사 이루어지는 일이 없습니다. 평안할 때가 잠시도 없는 운수로서 재난이 자주 들이닥치고 역경에 빠져서 온전치 못하며 홀로 될 신세의 인장입니다. 인장을 지닌 지 몇 년이나 됩니까?"

"거의 십 년이 다 되어갑니다."

"그럼, 인장이 사주와 전혀 맞지 않으면 패가망신한다는 이야기를 들어본 적이 있습니까?"

"전혀 없습니다."

"아주머니, 이런 인장은 빨리 불에 태워서 없애 버리세요. 인간이 세상 밖에 나올 때는 행복하게 살아야 된다는 것은 누구도 부인하지 않을 것입니다."

그제서야 아주머니는 무릎을 탁치면서 하는 말인 즉,

"세상에 도장 때문에 내 신세가 요모양 요꼴인가? 선생님, 어떻게 도장만 보고서도 저의 과거와 현재를 귀신이 곡할 정도로 정확하게 맞추시는지요? 5년 전에 남편이 수석을 채취하러 영춘강으로 갔다가 실종이 되어버렸습니다. 지금에서 생각해 보니 요놈의 도장 때문인가 봅니다. 선생님! 그럼 좋은 도장만 가지면 팔자가 펴집니까? 만약에 팔자가 펴질 수만 있다면 저의 분수에 맞추어서 해주세요."

그래서 저자는 아주머니의 행운 숫자 및 액수와 도장을 사주에 정확하게 맞추어서 만들어 주었더니 과연 운수가 좋아졌다. 그 이후로 지금까지도 많은 사람들을 소개하여 직접 모시고 오는 일이 많고, 언제나 싱글벙글 웃고 다닌다.

막도장 인감으로 쫄딱 망한 50대 중년 남자

1993년 영월에서 우연히 있었던 일이다. 버스 터미널에 있는 다방에 앉아서 커피를 한 잔 마시고 있는 중에 30대 젊은 남자와 50대 중년 남자가 무슨 계약을 하는 지 다소 이상한 느낌이 들었다.

옆에서 슬그머니 들여다 보니 젊은 남자는 영판 씨름꾼처럼 양

어깨가 떡 벌어지고, 인장의 주인은 중년 남자로서 조그만 체구에 끌려 다니는 것 같은 인상을 주었다. 그래서 궁금하여 말을 걸지 않을 수 없었다.

"여보세요! 보아하니 중요한 계약을 하시는 모양인데, 그 도장은 흔히들 쓰는 막도장입니다. 그런 도장을 가지고 중요한 계약서에 찍으면 아저씨에게 좋지 않은 문제가 반드시 발생합니다."

"아니, 당신은 누군데 처음 보는 사람이 그런 심한 말을 함부로 할 수가 있습니까?"

그래서 저는 명함을 한 장 꺼내 보여주었다.

"아니, 유명한 선생님이군요. 그럼 내 운명을 점쳐 줄 수 있으신 지요?"

"점치는 게 아니고, 우선 도장을 보면 그 사람의 운명을 확실하게 알 수 있는 사람입니다."

그렇게 해서 도장 감정을 시작했다.

"아저씨의 인장은 서체가 너무 가늘고 쇠약해서 하는 일이 모두 지연되고 답답합니다. 게다가 음양의 수리도 전혀 맞지 않고, 특히 사주상에는 목(木)이 진용인데 몰라서 쓰지 않았으니 더욱 나쁩니다. 그러므로 부모를 일찍 잃게 되고 작은 일에도 소심하여 빈궁하게 살아야만 하며 실패가 항상 그림자처럼 따라 다니게 됩니다."

이렇게 설명하자, 그는 처음부터 끝까지 하나도 틀리지 않고 꼭 그대로 전부 다 맞다고 했다.

◖ 혼외 자식으로 파탄 직전의 여자

1996년 5월쯤에 있었던 일이다. 어느 날 아주머니 한 분이 저자를 찾아왔기에, 그녀의 사주와 함께 도장을 감정했다.

사주(四柱)				대운(大運)						
甲	壬	己	丁	辛	庚	己	戊	丁	丙	乙
午	申	亥	卯	未	午	巳	辰	卯	寅	丑

"아주머니! 이 도장을 대략 20년 정도 써 왔습니까?"

"네, 맞습니다."

"아주머니는 경제적으로는 괜찮으나 남편덕이라고는 전혀 없는 도장입니다. 가정불화와 심신의 과로로 한 번 정신병에 걸렸었고, 더구나 가출까지 해서 다른 남자와 동침하여 아이를 가질 팔자이며, 그렇게 불행한 운수를 초래하게 한 도장입니다. 인장이 너무 나약하고 음양이 없습니다. 그래서 길흉이 미정인 형상으로서 신경이 매우 날카로와 또 신경질적입니다. 더욱이 양보하는 마음이 너무 부족하여 남편에게서 사랑을 받지 못하고 이리저리 방황하다가 결국에는 미친 여자처럼 이상한 남자와 관계를 갖게 되는 도장입니다."

그러자 아주머니는 크게 놀라며 솔직하게 고백하여 말하기를,

"남편이 원래 의처증이 너무 심했기 때문에 가출해서 딴 남자와 관계하여 낳은 아들이 하나 있습니다. 어떻게 도장을 가지고 그런 판단을 할 수가 있습니까? 참으로 기가 막혀 그저 신기할 뿐입니다. 이런 학문은 정말 노벨상감입니다. 저는 결혼생활 20년 동안 몇 번이나 자살까지 기도한 적이 있습니다. 그렇지만 딴 남자와의 관계로 낳은 아들 때문에 죽지도 못하고 이렇게 험난한 세상을 살아가고 있습니다. 더욱이 제가 저지른 불륜관계 때문에 남편을 제대로 쳐다보지도 못하고 8년간을 악몽 속에서 생활하였지요. 저는 견디다 못

해 이혼을 결심하고 이혼청구 소송을 제기했습니다. 이제야 도장이 중요한 줄을 깨달았으니 저에게 꼭 맞는 것으로 해 주세요."
하고 부탁을 했다.

저자는 그녀를 위해서 사주에 딱 맞는 이름과 은행에 쓰는 도장을 비롯하여 인감도장·행운의 숫자·행운의 액수 등을 모두 만들어 주었다. 따라서 그녀의 운수는 앞으로 틀림없이 만인이 유정하고 화합하며 상부상조할 것이다.

더불어 대인관계도 원만하고 순탄하여 또 생산적이면서도 우호적이며 적극적으로 협력하는 귀인을 만날 것이라고 확신한다. 더욱이 인인성사하고 꽉 막혔던 길이 활짝 열리고 풀리면서 고대했던 기회가 주어진다. 또 새로운 무대도 나타나게 될 뿐만 아니라, 장래에 계속 능력을 마음껏 발휘하고 소원을 이루어 반드시 형통하는 운수로 변할 것이다.

◖남편이 비명횡사한 도장

1995년의 일이다. 어느 날 어떤 아주머니 한 분이 오셔서 운명감정을 부탁했다. 저자는 그녀의 생년월일시·주민등록번호·은행의 비밀번호를 적은 다음에 도장을 가지고 있으면 좀 보자고 했다. 지갑에서 꺼낸 도장을 보고 설명해 주었다.

"아주머니의 도장은 우선 뚜껑부터 잘못되었습니다. 답답하고 나약하면서도 사주팔자와는 아무런 상관이 없습니다. 그리고 쓰던 도장을 깎아 내고 다시 새겼기 때문에 나쁜 데다가 음만 있고 양이 없으니 흡사 자동차 바퀴가 한쪽이 없는 경우와 같습니다.

마치 절름발이처럼 되었으니 살아가기가 무척 힘들 뿐만 아니라 부부인연이나 자손덕이 전혀 없습니다. 그래서 가정이 깨지고 몸과 이름이 더럽혀지며 모든 일이 패망하는 인장이고, 아주 흉한 서체로서 재물의 손실이 겹치니 늘 궁상을 면치 못하는 형상입니다.

 일평생 성공하기가 지극히 어렵고 설사 잠깐 동안은 성공하였더라도 금방 곤란과 고통이 발생합니다. 가정에는 항상 풍파가 많고 남편과 사별을 면치 못하며 병약하고 정신 이상이나 단명, 또는 파멸의 징조도 있습니다.”

 “네, 선생님! 꼭 맞습니다. 어찌 이렇게 귀신처럼 내 그림자를 밟아가며 본 것처럼 정확하게 알아맞출 수가 있으신지요. 제 남편은 공무 중에 그만 누명을 쓰고 그 흉악스러운 5공과 5·18 광주 민주항쟁 때 괴한들에게 붙들려 가서 모진 고문을 당했습니다. 귀가 하여 시름시름 앓다가 그만 운명을 달리 했습니다. 그 후로 혼자서 3남매를 키우느라고 죽을 힘을 다해 겨우 살아가고 있습니다. 그놈의 도장이 그렇게 나쁜 지 몰랐군요. 어쨌든 앞으로 잘 되게끔 제대로 된 도장을 만들어 주십시오.”

 “너무 걱정 마십시오. 앞으로는 반드시 잘 될 것입니다. 3개월 후면 틀림없이 소식이 있을 것입니다. 도장을 잘 만들어 드릴 테니 꼭 시키는 대로 해야만 합니다. 은행비밀번호인 네 자리 숫자와 행운의 액수인 18번을 드릴 테니 은행에 가셔서 새로운 도장과 이름을 쓴 뒤 새로 통장을 개설하고 1만 8천원만 넣으십시오.”

 그 후에 그녀는 도장을 가지고 가서 은행에 새로이 개설을 하자, 마음이 당장에라도 부자가 된 듯 편안해지고 안정감을 얻어 열심히 일하였다.

 마치 만물이 다시 새롭게 태어나는 형상으로서 꽁꽁 얼었던 초목들이 따뜻한 봄볕을 받아서 양분을 맘껏 흡수하여 무럭무럭 자라나는 것과 같으며 점진적으로 향상되었다.

또한 모든 사람들이 이상하게도 도와주려고 하며 주위 사람들로부터 신망을 받으니 만사가 순조롭고 잘 되어가는 기분이었다.

그러다가 우연히 10살 위인 귀인의 도움을 받게 되었다. 그 분은 헌신적인 사랑으로 아껴주고 또 편안하게 해 주는지라 늘 마음이 설레이고, 새로 세상에 태어난 것처럼 기분이 좋아, 그 분을 생각만 해도 항상 신혼초의 꿈같고 꿀 같은 기분이 들더라고 했다.

그래서 죽도록 사랑하며 다시 태어난 인생인 것처럼 아끼고 또 아껴서 그분을 위해서라면 모든 것을 다 바칠 작정이라고 말했다.

모든 사람들이 현재의 그녀처럼 행복하다면 세상은 사랑의 빛으로 가득차 있고 안 되는 일이 없을 것이다. 그녀는 초등학교 밖에 나오지 못했으나, 그분은 최고 학부 출신으로 하늘과 땅 차이로 상상도 못할 정도로 훌륭하신 분이라고 말했다.

"이런 분이 어떻게 저같이 무식한 여자를 그토록 사랑해 주시는지 너무나 고마워서 매일 열 번씩 큰절을 해도 못다 할 정도입니다. 저는 제 육신이 살아있을 때까지 최선을 다할 작정입니다. 선생님! 정말 감사합니다. 도장을 지니고부터인지는 몰라도 하여간 너무나 행복합니다!"

하고 눈물을 글썽거리며 진실하게 말했다.

도장 때문에 아버지를 일찍 사별하고

1996년 봄 어느 날, 나이어린 아가씨가 저자를 찾아왔다. 이미 소문을 들어서인지 도장도 가지고 왔다. 그녀의 도장에는 음양의 배치가 없었으며, 특히 아버지를 의미하는 양이 너무 치우쳐 있어서 다음과 같이 말해 주었다.

"아가씨, 아버지는 덕이 전혀 없고 일찍 사별하거나 이별할 운수이군요. 학교에서는 공부를 잘 한다고 칭찬은 받지만 시험운이 너무없고 되는 일도 없어요."

그녀는 전부 맞는다고 하면서 오히려 물었다.

"선생님! 어디서 누구한테 들었습니까?"

저자는 웃으면서 다시 말했다.

"도대체 아가씨는 왜 그런 허무맹랑한 소리를 해요? 이 도장을 제작한 사람은 제 딴에는 잘 했다고 만족하겠지만, 전문가가 볼 때는 오히려 잘못 제작되었기 때문에 흉한 조짐으로 변합니다. 그러니 아무리 노력을 하더라도 댓가는커녕 되는 일이 전혀 없습니다. 명문 여고에서 상위 그룹에 속하며, 희망도 크게 부풀어서 설마 A급에 못 가면 B급이라도 가겠지 하는 생각을 갖겠지만, 도장이 나빠서 마치 누군가가 방해한 것처럼 꿈은 몽땅 사라져 버렸어요. 그래서 공무원 시험이나 쳐서 월급쟁이라도 해 보려고 하였지만, 그것마저도 미역국을 먹고 말아요."

그러자 아가씨가 냉큼 대답하기에 말을 멈추었다.

"저는 공무원 시험쯤은 식은 죽먹기라고 생각했습니다. 그래서 각종 시험을 두루 쳐 보았지만, 한 곳도 되는 데가 없었습니다. 심지어는 4류나 5류 월급쟁이 생활이라도 하려고 열심히 해 보았는데 역시 미역국만 먹었습니다. 저보다도 훨씬 못 생기고 공부도 못하는 친구들은 대학 가고, 공무원 시험을 쳐서 합격되고, 모두가 다 잘 되었는데, 오직 저만이 낙동강 오리알 신세가 되었습니다. 선생님께서 하신 말씀은 전부 다 맞습니다. 아버지는 초등학교 때 갑자기 돌아가셨습니다. 어찌 그리 도장만 보고서도 아버지가 돌아가셨

다는 말씀을 하십니까? 하도 신기해 정신이 없습니다. 선생님, 정말
로 제 도장이 나빠서 되는 일이 없습니까?”

저자도 매우 안타까운 심정으로 그녀에게 말했다.

“아가씨! 부모님을 한 번 모시고 와요. 아니, 참! 아버지가 없다
고 했지요. 그러면 어머니라도 모시고 와 봐요.”

그 후에 그녀의 가족은 별 탈없이 행복했고, 아기씨는 좋은 일자
리를 찾았으며 열심히 일하고 있다. 또 항상 고마운 마음을 잊지
않고 내일을 향해서 힘차고 생기 발랄하게 살아가고 있노라고 가끔
소식을 전해 올 때는 오히려 고마움을 느낀다.

깨진 인장으로 인해 수천억 원 손실한 큰 회장님

1994년 서울 강남에서 장충동으로 전화가 왔다.

“여기는 서울 ○○회사 큰 회장님 비서실입니다. 장충동에서 도
장만 보면 그 회사의 속사정을 훤히 알아맞춘다는 소문을 듣고 전
화를 드리니 강남으로 출장을 오셔서 도장 감정을 한 번 보아주시
겠습니까?”

“저는 그렇게 위대한 사람은 아닙니다만, 강남까지는 갈 수가 없
으므로 곤란합니다.”

적당히 거절하고 전화를 끊었다. 그러나 연속해서 3일간이나 전
화가 왔다. 그래도 출장을 갈 만큼 한가하거나 시간이 많은 사람이
아니라고 정중하게 거절할 수밖에 없었다. 그러나 사실은 누가 부
른다고 금방 달려간다는 것은 자존심이 상하는 짓이기도 했기 때문
이다.

그러자 비서관은 출장비가 얼마인지를 말씀해 주시면 송금해 드

릴테니 은행 계좌번호를 알려 달라고 정중하게 요청했다. 저자는 너무 거절하는 것도 실례인 것 같아서 못 이긴체 계좌번호를 불러 주었다.

그 후로 그만 깜빡 잊어버리고 연구실에서 열심히 일하고 원고를 쓰고 있었기 때문에 서울 ○○회사의 비서관이 은행계좌에 입금을 얼마나 시켰는지 안 시켰는지 알 수가 없었다. 물론 은행에 갈 시간이나 갈 일도 없었기 때문이기도 했다.

그러던 중에 어느 날 또 전화가 왔다. 수화기를 들자마자 나오는 소리인 즉,

"아니, 해도 참 너무 하시네요. 우리 회사 큰회장님이 선생님을 모시고 오라고 하셨는데, 통 연락이 없으시니 답답하기만 합니다." 하고 불평을 털어놓았다.

참고로 큰회장님이란 분의 명예 때문에 누구라고는 말하지 않겠다. 종종 엉터리 점쟁이들이 재벌들이나 사회 각층의 유명한 사람들의 이름과 사주를 적어둔 노트를 내보이며 모두 자기의 단골이며 또 자기 말대로 움직이고 있다는 헛소리를 지껄이기 때문이다.

거의 전부가 새빨간 거짓말이다. 유명한 사람들이 무슨 할 짓이 없어서 알지도 못하는 엉터리 점술가를 찾아 다녔겠는가? 사기성이 아주 농후하고 위험한 인간들이다.

어쩌다가 유명 인사들과 우연히 함께 찍은 사진이라도 있을 때는 무슨 크나큰 영광이나 자랑, 혹은 특종감이라도 되는 것처럼 아예 대대적인 광고로 써 먹으니 참으로 한심한 짓거리가 아니라 할 수 없다.

이 따위 짓거리는 참으로 위험한 행동이고 상식을 벗어난 작태이기도 하다. 장본인들은 철저히 광고로 이용해 먹는 사실을 보고서

도 왜 가만히 있는 것인지 의심이 간다.

재벌들이나 유명 인사들, 특히 연예계나 스포츠계의 톱 스타들이 무슨 사연이 그렇게 궁금해서 하찮고 엉터리 점술가한테 가서 운명이나 운수를 감정했는지 의심하지 않을 수 없다.

하여튼 저자는 큰회장님의 운수와 도장을 감정해 달라는 정중한 요청에 가지 않을 수도 없어서 승낙을 했다. 먼저 강남으로 가기 전에 과연 송금을 제대로 하였는지 확인하고 싶었다.

저자는 확인하자마자 깜짝 놀랐는데, 입금된 돈이 매우 큰 액수였기 때문이다. 그 돈을 공개는 못 하겠지만, 아무튼 상상을 초월할 만큼 큰 액수였다. 더욱이 큰 회장님을 만나보고 또 한번 놀라지 않을 수 없었다.

사회적으로 대단히 바쁜 활동을 하시는 분께서 겸손하게 운수와 도장 감정 때문에 나를 초청했다고 생각하니 영광스럽기도 하고 또 무척 고맙기도 했다.

큰회장님이 하시는 말씀인즉,

"어떻게 당신이 도장만을 보고 신비스런 감정을 하시는지 비서관에게서 전해 듣고 궁금해서 불렀소이다. 소신껏 마음 놓고 있는 그대로 감정해 주시오. 설령 아무리 나쁘고 좋고 간에 상관없으니 나오는 대로 말씀해 주시오. 또 소문 대로인지 한 번 보겠습니다."

저자는 수많은 사람들을 직접 접촉해서 얻은 경험과 확인은 물론 임상체험이나 실험을 토대로 하여 감정을 하였으나, 이번에는 글로 써서 있는 그대로 차근차근 설명했다.

"먼저 큰회장님께서 저에게 출장 감정을 의뢰하신데 대하여 감사하며 매우 영광스럽습니다. 제가 아는 소신껏 터득한 그대로 감정을 하겠습니다. 틀리면 지적해 주시고 맞으면 칭찬해 주십시오.

관상·수상·사주·풍수 등을 보고 판단하는 운명 감정보다도 인장 감정은 10배나 어렵고 틀릴 확률이 높으면서 또 위험합니다. 왜냐 하면 올바른 이치를 제대로 알면 나쁜 운수를 피하고 좋은 운수를 택할 수 있지만, 제대로 알지 못하면 자기 자신이나 남들도 다 함께 불행해지기 때문입니다. 아무튼 끝까지 들으시고 질문은 나중에 하시기 바랍니다."

건강상에 치명적인 위험이 있음 : 큰회장님의 건강부터 먼저 말씀드리겠습니다. 몸 전체가 완전히 일그러졌으며 정직하게 말하면 불치에 가까운 고질병이 자라고 있습니다. 하루 속히 근본적인 치료를 해서 병의 뿌리를 완전히 뽑아야 합니다. 평소에 늘 의욕이 떨어지고 혹시 치명적인 질병이나 잘못된 부위가 있을까 봐 늘 전전긍긍하고 걱정을 하고 계십니다. 그러나 절대로 걱정 마시고 제가 조언해 드리는 대로 섭생하시면 얼마든지 수명장수를 하실 수가 있습니다.

깨진 인장은 무조건 불행을 자초함 : 큰회장님의 도장이 음양오행상으로 전혀 맞지 않는 것은 이해를 하겠습니다만, 깨진 인장을 가지고 계시다는 사실에 대해서는 이해를 할 수 없습니다. 물론 소탈하셔서 옛것을 사랑하고 물자를 아끼시는 절약정신과 검소함은 충분히 이해합니다만, 도장만큼은 자기의 몸과 같고 분신이기 때문에 깨진 도장은 재물을 잃는 일이 발생하므로 100퍼센트 정확합니다. 금년은 갑술년입니다. 인장의 테두리가 깨져 갑술·을해년은 부도위기이고, 그렇지 않으면 큰회장님의 건강에 치명적인 질병이나 사건이 발생합니다.

관재수가 발생하여 협박을 받음 : 국내 문제로 골치 아프시겠지만 무엇보다도 해외에 투자하는 계획에 큰 문제가 생기고, 공무원을 비롯한 믿었던 사람들로부터 협박을 받는 해입니다. 거래상의 관례로 주고받던 금일봉이나 뇌물이 큰 문제로 발전되어 언론에까지 영향을 미쳐 골치가 아프던가 아니면 세무사찰까지 받을 수 있습니다.

부부 문제로 갈등이나 망신살이 뻗침 : 평소에 이해를 하고 서로 아껴주던 부부 사이가 급속도로 나빠지면서 파란이 예상됩니다. 즉 일본처럼 다 늙어서 복수 이혼을 당하는 격입니다.

큰회장님은 마치 옛날의 황제처럼 예쁘고 젊은 여자들을 사귀면서 재미를 보셨겠지만, 사모님은 그저 독수공방으로 지내면서 단지 듣기 좋은 실속 없는 사모님으로 명칭만 가지고 있을 뿐 스트레스와 불만이 생활의 전부였습니다.

물론 인장이 깨지지 않았더라면 두 분이 잉꼬부부처럼 사이가 좋아겠지만, 깨진 인장은 역시 깨진 금실로 보기 때문입니다.

어쨌든 사모님은 신경이 크게 발병해서 치명적인 문제가 생긴 것입니다. 왜냐 하면 큰회장님과 여비서와의 관계 때문에 신경이 곤두서서 거의 미칠 지경에까지 이르러 참으려 해도 도저히 참을 수 없는 상황입니다.

어서 빨리 관계를 끝내는 것이 사모님의 최대 소원일 것입니다. 그렇지만 참을성이 강하고 이해심이 많은 현숙한 사모님은 절대로 말을 하시지 않습니다. 부디 소원을 풀어주시기 바랍니다.

장남과 재산으로 법정 문제 있음 : 큰회장님의 장남은 현재 재산 때문에 매우 신경을 곤두세우고 있습니다. 까딱 잘못한다면 재산 문제로 법정 시비가 벌어지겠습니다. 그 시비는 어느 누구도 말리지 못할 뿐만 아니라, 잘못하면 사람이 죽을 수도 있고 사회적으로 완전히 망신을 당하기가 쉽습니다. 왜냐 하면 장남의 성격이 매우 거칠고 브레이크 없는 대형 트럭처럼 위험하고 안하무인이요, 무인지경이기 때문입니다. 특히 장남은 유부녀와의 색정관계로 발각되어서 여러 언론사에 오르내릴 것 같습니다. 원인은 큰회장님과 라이벌이 되는 회사에서 보낸 산업 스파이에 의해서 일이 꾸며졌습니다.

그게 누구냐면 바로 큰회장님이 가장 아끼고 귀여워하는 여비서와 그 주변 인물들입니다. 그들 중에서 누구라고 딱 집어 말씀드리기가 곤란하지만 큰회장님은 감이 잡힐 것입니다. 당장 처리하지 않으면 좋지 않은 결과가 초래될 것이며, 마치 호미로 막을 일을 가래로도 막기 힘든 사태로 발전할 수 있습니다. 더불어 이야기를 하자면 몹시 곤란하고 쑥스러운 말씀입니다만, 중대한 일이라서 말씀드리지 않을 수가 없군요. 큰회장님! 현재 남몰래 숨겨 놓은 여자가 큰 문제를 일으키고 있습니다. 그 여자는 백 년 묵은 여우짓을 하고 있습니다. 아예 돈을 주어서 매수를 하십시오. 이미 산업스파이가 그녀에게 접근해서 한창 농탕질을 할 뿐만 아니라, 회사의 중요한 정보를 빼돌리는 짓은 기본이요, 한술 더 떠서 큰회장님을 사회적으로 매장시켜 파멸시키려고 온갖 수단을 다 부리면서 기를 쓰고 있습니다. 그런데 큰회장님! 저를 만나신 것은 참으로 다행한 일이고 운이 좋습니다. 저는 이상하게도 무엇이든지 보는 순간 기억이 똑똑하게 떠오를 뿐만 아니라 느낌도 강하게 느껴집니다. 장군이면 멍군으로 대하듯이 이제부터는 큰회장님도 라이벌 기업에 스파이를 심으세요. 그쪽 회사의 중역을 포섭하시면 됩니다. 포섭 방법은 매우 간단합니다. 이름과 주민등록번호만 입수해 주신다면 제가 쉽게 골라 드리겠습니다. 그것은 식은 죽 먹기보다도 더 쉽지만, 예사로 생각하거나 성공하지 못하면 큰회장님은 언론사에 특정감으로 낱낱이 보도되어 사회적으로 크게 망신을 당하고 그 충격으로 변이 일어날 우려가 큽니다. 라이벌 회사에 대해서는 큰 회장님이 더 잘 알고 계시기 때문에 긴 설명이 필요없겠지만, 지금부터 빨리 조치하시기 바랍니다.

은퇴하여 후진을 양성하면 대길함 : 그리고 앞으로 큰회장님께서는 일선에서 물러나시고 명예회장으로 남으시는 것이 훨씬 좋습니다. 사원들과 임원들 중엔 대단히 뛰어난 인재들이 많으므로 실무를 그들에게 넘겨 주셔도 조금도 착오없이 회사를 잘 이끌어 갑니다. 그보다도 큰회장님의 건강이 아주 좋지 못합니다. 제가 한의학을 잘하는 분을 소개해 드릴테니 한 번 만나서 상의하시면 건강에 큰 도움이 되실 겁니다. 끝으로 큰회장님은 오래 사실 수 있는 인장을 꼭 가지시길 바랍니다. 즉, 법인인감·사용인감·개인인감·회사 직인·사인 등 개인이나 회사에서 쓰는 인장들을 하나도 빠짐없이 모두 바꾸어야 된다는 것은 말할 나위도 없지요. 큰회장님은 지금 바라는 것이 있다면 얼마나 오래 건강하게 더 살 수 있는가, 지금 불치에 가까운 병을 어떻게 치유할 것인가, 또 건강은 완전이 회복이 될 수 있을까 하는 것이 급선무입니다. 이제까지 제가 도장에 대한 설명을 해드렸습니다. 어디가 맞고 또 맞지 않은 부분이 있는지 지적하셔서 말씀해 주시면 고맙겠습니다.”

“아니, 젊은 분이 어디서 그런 학문을 터득했습니까? 도저히 상상도 못했던 일을 미리 다 말씀해 주시니 크게 놀랐습니다. 또 조목조목 잘 이야기해 주었습니다. 건강 문제, 도장에 음양오행이 없다, 해외 투자문제, 부부문제, 아이들과 장남의 재산문제, 상대 기업의 스파이 문제, 앞으로 회사와 내 진로에 관한 문제 등을 조목조목 밝혀 주시니 정말로 기가 막히네요.

이제부터 대도사님이라고 불러도 무리가 아니라는 생각이 드네요. 점수를 드리자면 100점 만점이 아쉽네요. 200점을 주겠어요.

그리고 젊은이, 우리 회사에 와서 같이 일할 생각이 있으면 언제라도 말씀하세요. 당장 이사직을 드리고 특별대우를 보장하겠습니다. 장충동에서 돈을 얼마나 버는 지는 몰라도 젊은이의 도장 감정에 내가 놀라지 않을 수 없군요. 내 평생 유명하다는 역술인이나 학자들을 다 초청해서 운명 감정을 해 보았는데, 지금까지 오늘처럼 속이 후련한 적은 단 한 번도 없었습니다. 우리 회사에 오셔서 같이 일을 좀 도와주실 수 있는지요?”

하며 진심에서 우러나온 말씀을 하셨다. 그러나 나는 단호하게 거절하였다.

“큰회장님의 호의는 정말로 감사하게 생각합니다. 그러나 저는 체질상 월급쟁이 노릇은 절대로 못 합니다. 그저 자유로운 자영업이 저에게는 최고로 좋습니다. 어느 누구에게 꽉 묶여서 간섭 받고 잔소리 듣는 일은 딱 질색이며 죽기보다도 싫습니다. 이 세상에서 자유보다 더 소중한 것이 어디에 있겠습니까? 설령 수억 원을 주신다고 하셔도 저는 싫습니다. 앞으로 회사의 무궁한 발전을 빌고 또 큰회장님의 건강과 장수를 빌겠습니다. 정말로 영광스럽고 감사합니다.”

라고 고마운 뜻을 전했다.

그런데 그때 했던 말 그대로 저자에게 실지로 수억원의 돈과 자유 중에서 하나를 반드시 버려야만 하는 일이 발생했다. 하지만 저자는 수억 원을 버리고 자유를 선택했다.

잘못 새긴 도장으로 남편이 행방불명, 결국 죽었음을 알게 되었다.

1996년 5월 어느 날, 전화벨이 시끄럽게 울려 수화기를 드니 한 중년 여자가 하는 말인 즉,

“거기가 도장을 보고 운수 판단을 하는 뎁니까?”

하면서 매우 가냘픈 목소리가 들려왔다.

얼마 후에 그 여자는 저자의 연구실을 방문하였고 들어오자마자 대뜸 하는 소리가,

"도장이 여기 있으니 어디 잘 보아주세요."

하는 말이 여간 심상치 않았다.

저자는 도장을 찍고 10분 동안을 명상으로 관찰했다.

"아주머니! 이 도장을 지닌 지, 몇 년 몇 개월이 되었습니까?"

"약 3년 정도 된 것 같습니다."

"아주머니는 이 도장으로 남편과의 이혼장에 찍었습니다. 그리고 옆집에 사는 제비족인 유부남의 꾀임에 빠져 보증서에 도장을 찍었고, 또한 친정집의 남동생이 비싼 자동차 구입에 필요한 보증서에도 인장을 찍었습니다. 그 뿐만 아니라 시장에서 우연히 사귄, 같은 장사꾼이지만 10살 이상의 연하 남자가 가계수표를 할인하는데 보증까지 서서 아주머니가 몽땅 책임을 져야 할 상황입니다. 이처럼 나쁜 도장은 한시 바삐 소각시켜 버리세요. 저에게 직접 오신 것은 늦은 감이 있습니다만, 그나마도 큰 다행입니다. 이혼한 전남편은 이미 끝났고, 친정의 남동생이라고 구제해야 당신이 살아 남습니다. 구제할 길이 있으니 내 말을 들으시겠습니까? 그러면 제비족인 옆집의 남자에게 보증을 선 것도 7~80퍼센트 정도는 건질 수 있습니다. 우선 훨씬 연하의 남자와 결혼해서 혼인신고를 하세요. 혼인 예물로는 인감인장 한 쌍과 사용인장 한 쌍, 모두 두 쌍을 만들어 쓴다면 3개월이 지나면서부터 확실히 일이 잘 풀릴 것입니다. 만일에 제 말이 틀릴 경우에는 모든 책임을 지겠으니 시행해 보세요. 그리고 집 장롱 속에 있는 가짜 다이아몬드 패물은 없애는 것이 좋습니다. 그것은 제비족인 옆집의 유부남이 사준 것인데 아무

소리도 말고 보석감정원에 가셔서 감정을 해 보세요. 그것이 진짜라면 2, 3천만 원을 호가하는 보석일 테지만 진품이 아닙니다. 왜냐하면 아주머니의 운수에는, 또 도장에는 음양과 진용이 없습니다. 엉터리 가짜 인장을 가지고 있는 사람이 어떻게 그런 고가의 좋은 선물을 받을 리가 있겠습니까. 만분의 일도 없습니다. 무엇보다도 아주머니는 정조관념이 매우 흐릿하여 마치 남대문처럼 아예 문을 항상 열어놓고 있습니다. 어서 빨리 열 살 이상의 연하 남자와 혼인신고를 하시고 과거 청산도 하셔서 새로운 출발을 하세요. 그렇지 않으면 온갖 스캔들에 휘말려서 시달리다가 패가망신을 당하고, 나중에는 성병이나 괴질병에 타고난 수명대로도 못 살고 비참한 죽음을 당할 우려가 매우 큽니다. 지금은 땅덩어리가 두서너 개 있어서 재산은 꽤 있습니다마는 보증관계로 몽땅 다 빼앗기고 맙니다.”

이렇게 운수를 감정하자, 그녀는 매우 불쾌하고 성질이 나는 듯이 짜증을 내면서 이렇게 대꾸했다.

“가만히 앉아서 들어보니 누군가가 짜고 귀띔을 했습니다. 그렇지 않으면 선생님은 귀신입니까, 아닙니까? 겁이 나고 무섭습니다. 이 정도까지 아시는 분이라면 어디 사람이라고 할 수 있겠습니까? 그렇다면 어떻게 이런 사무실에 앉아서 돈도 조금 받고 또 발다닥에 흙을 묻히고 사십니까? 제가 질문을 하나 하겠습니다. 사모님이 계시는지요? 만약에 계시지 않는다면 제가 선생님께 프로포즈를 하겠습니다. 받아 주실 수 있습니까? 저는 부산의 박도사와, 지금은 작고하고 없는 대전의 박 ○○ 등, 이런 분들을 찾아가서 운수를 보았으나 소문난 잔치에 먹을 것이 없다는 옛 속담이 그대로 맞았습니다. 가서 보니 사람은 몇 명 있더군요. 저를 보고 얼토당토 않은 소리만 늘어놓기에 신경질을 부렸더니 무안한지 복채도 받지 않고 그냥 가라고 해서 몇 만원을 던져주고 상경했습니다. 유명한 분들이라고 해서 찾아갔더니 실망만 크게 했습니다. 그러나 선생님은 도장을 보고 부부간의 갈등으로 이혼한 사건을 적중시켰고, 친정집의 동생이 수억 짜리 자동차를 구입해서 보증 선 것까지 적중하셨습니다. 또한 옆집 제비족인 유부남과 불륜 관계를 맺은 것과 가짜 보석을 선물 받고 보증 선 것 하며, 더욱이 시장에서 우연히 열 살 연하 남자와 사귀었다고 하셨는데, 사실은 열두 살 아래입니다. 하여간 열 살 연하이라고 하셨는데, 그쯤이면 귀신이라도 놀라지 않을 수가 없군요. 거기에다가 가계수표 보증 선 것까지 아서서 도대체 이런 분이 어떻게 이 세상에 계시는지 혼자만 알고 있기에는 너무나 아깝군요. 온 천하에 크게 공개를 해서 일이 잘 안 풀리는 분을 위하여 홍보를 많이 하겠습니다. 선생님! 제 관상 좀 보아주세요.”

바짝 얼굴을 디미는 것이었다. 역시 남대문 체질이 발동을 한 모양 같았다. 저자도 성질이 한껏 돋아서 가시가 돋친 말투로 그녀에게 쏘아붙이듯 말하였다.

“아주머니! 지금까지 사실대로 다 얘기했는데, 또 무엇이 부족합니까? 열 길 물 속은 알아도 한 치 사람 속은 모른다고 하는 옛 속담이 있듯이 사람의 운수를 관상만으로 알아맞추는 것은 부족합니다. 따라서 아주머니의 관상은 볼 필요조차 없습니다. 이제까지 했던 말 그대로입니다. 그것만 믿으시면 충분합니다. 언제라도 궁금한 점이 있으면 오셔서 물으세요. 성심껏 다 말씀해 드리겠습니다.”

그리고는 그녀와 함께 온 중년부인을 쳐다보며 물었다.

“옆에 같이 오신 분은 누구입니까? 얼굴이 상당히 비운에 빠져 있습니다.”

그러자 옆에 다소곳이 앉아 있던 그녀는 간청하듯이 대답하였다.

“선생님! 맞습니다. 그럼 구체적으로 자세히 말씀해 주세요.”

“도장을 먼저 꺼내 보여주세요. 만일 도장이 없으면 왼손 엄지를 찍어보세요.”

마침 그 여자분은 도장을 가지고 오지 않았으므로 왼손 검지를 종이에 찍어 주었다. 저자는 한참 동안이나 들여다본 후에 다음과 같이 말했다.

“아주머니의 남편께서는 안타깝게도 행방불명입니다. 아주머니는 지금 43세 정도입니다. 10년 전에 행방불명이 되었네요.”

그녀는 너무나 탄복해서 감탄한 듯이 말을 이었다.

“나 원 참, 세상에! 선생님, 어떻게 그 사실이 내 손의 지문에서 나옵니까? 내 손이 과부팔자입니까? 참으로 기가 막히네요. 그럼 선생님, 어떻게 하면 남편을 찾을 수 있겠습니까?”

“아주머니, 아예 일찌감치 단념하시고 사망신고나 하세요. 그리고 음력 9월 9일 밤 11시에 제사나 지내세요. 두 자녀는 훌륭하게 잘 커가고 있으니 장래 큰 일꾼이 되겠습니다.”

“네, 선생님! 제 큰놈은 초등학교에서부터 지금 고3까지 줄곧 1등을 했고, 단 한 번도 1등을 놓치지 않았습니다. 그래서 저는 큰 기대를 하고 있으며 학비도 주지 않는데 잘해 나가고 있습니다. 둘째 놈도 제 형을 닮았는지 비슷하게 공부를 잘 합니다. 저는 오직 자식들만 믿고 세상살이를 하고 있습니다. 선생님! 앞으로 저는 어떻게 살까요? 무척 걱정이 됩니다. 아이들과 함께 잘 살겠습니까?”

“우선 아주머니는 도장을 아이들과 2개씩 운수에 맞는 것을 지니고 은행의 비밀번호를 행운의 번호로 바로 잡아야 합니다. 집안의 생활 방향을 바로잡아야 합니다. 한편 남편이 쓰던 옷이나 물건 등을 모두 태워서 없애 버리세요. 그런 다음에 재혼하세요. 그러면 도장의 힘으로 크나큰 길운이 발생하고 귀인이 나타나서 남은 평생을 행복하게 해줄 남자가 반드시 생깁니다. 아이들은 걱정을 안 해도 되고, 어머니가 행복해진다면 결혼하라고 두 아이들은 하나같이 승낙할 것입니다.”

그 후 5개월 만에 그녀가 다시 저자를 찾아와서 정중하게 큰절까지 하였다. 그리고 나서는 결혼 날짜를 잡아 달라고는 부탁과 함께 배우자가 될 사람이 왔으니 궁합을 보아 달라고 하였다.

“아주머니! 궁합은 안 보더라도 이미 하늘이 맺어준 인연 같으니 남자분의 도장이나 지문만 찍어 확인이나 해봅시다.”

하여 그 배우자 될 분의 지문을 한참 동안 들여다본 다음에 말하였다.

“아하! 당신은 지금 이혼이 안 되었군요. 작년에 합의이혼을 했는데 구청에 가서 신고를 하지 않았네요. 당장에 전 여자와 만나서 다시 이혼 절차를 밟아서 신고하십시오.”

“아니, 선생님! 기가 막힐 노릇이네요. 어떻게 그런 것이 지문에 나옵니까?”

“나오지 않으면 제가 어떻게 압니까? 당신들도 지금 확인하지 않습니까? 내일 당장 호적등본부터 떼어보세요. 그런데 문제가 되는 것은 돈이 약 5천만원 이상 들겠습니다. 전 여자가 반드시 요구할 것입니다.”

“5천만원 정도라면 문제가 안 되는데 쉽게 응할까요? 그것은 제 실수로 이혼신고를 안 했지만 충분한 위자료를 주고 합의이혼을 했는데 설마 또 돈을 요구하겠습니까? 어쨌든 확인해 보겠습니다.”

하면서 돌아갔다.

열흘쯤 후에 그가 다시 연구소를 찾아와서 항의하듯이 그 여자와의 사이에 있었던 일을 말하였다.

"선생님이 5천만원이라고 하셨는데, 1억원을 요구했습니다."

"그것 보세요. 당신은 충분한 위자료를 주고 합의이혼을 했다고 하였지만 실지로는 어땠습니까? 그래서 1억원을 준다고 했습니까? 무조건 5천만원만 준다고 딱 잘라서 말하십시오. 그렇지 않으면 못 주겠다고 하세요. 왜냐하면 당신의 전 여자가 연하의 남자를 만났어요. 지금 한창 달콤한 사랑을 하고 있습니다. 지금 열애 중이라 돈이 필요하지만 쪼들리는 상태이기 때문에 5천만 원만 주겠다고 그냥 버티기만 하면 다시 합의이혼을 쉽게 할 수 있는 찬스가 옵니다. 그러나 당신은 부자이니 형편상으로는 5억원을 주어도 재산상 하등의 문제나 부담이 없습니다. 그러니 만약에 계속해서 1억원을 요구하면 7, 8천만 원을 주고 합의이혼을 다시 하십시오. 그리고 당신이 현재 거주하고 있는 집을 그냥 헐값에 팔아버리고 다시 새로 집을 구입하시거든 동남쪽 방향으로 설계해서 짓고, 하수도는 서남방에 설치하고, 화장실은 서북방에 두고, 부부 침실과 침대는 정동으로 두고 생활한다면 만인이 유정하고 화합하며 상부상조합니다. 더욱이 대인관계가 원만하고 순탄하며 생산적이고 또 우호적이면서도 협동적입니다. 항상 사람들과 더불어서 성공을 도모하여 재물을 크게 모으면서 이름을 날립니다. 이제까지 답답하게 막혔던 일이 확 풀리고 고대했던 기회가 주어지고 새로운 활동무대가 전개됩니다. 평소에 힘쓰고 축적했던 능력을 맘껏 발휘하고 소원을 성취하면서 만사는 형통합니다. 집이란 운수에 맞추어서 설계함이 좋다는 것은 두말하면 잔소리지요."

그들은 감사하며 돌아갔고 위자료를 다시 7천만 원을 더 주고 합
의 이혼에 성공했으며, 새롭게 출발한 두 사람은 행복한 삶을 누리
고 있다. 서로간에 이제까지 주고받지 못했던 사랑과 정을 따따블
로 쏟아부으면서 너무 좋아서 죽고 못 살 지경이다.

가끔씩 저자에게 고맙다는 안부 전화가 올 뿐만 아니라 만나서
함께 맛있는 음식을 나누어 먹는 것도 하나의 즐거움이요, 보람이
기도 했다.

인장과 상호변경으로 귀인 만나 70억 회사 재생

	사주(四柱)				대운(大運)				
庚	己	戊	庚	庚	辛	壬	癸	甲	乙
寅	卯	申	申	辰	巳	午	未	申	酉

본명은 묘월생(卯月生)으로 진용(眞用) 금(金), 희신이 토(土)다.
토(土) 비견이고, 금(金)은 인성이다. 비견(比肩)이란 진용일 경우
모든 인간은 형제요 동포다. 만인을 부양하는 생업이요, 만인을 보
호하는 벼슬과 인인성사다.

인성(印星)이 진용일 경우 나를 도와주고 먹이고 입히며 나아준
생모(生母)이자 가르치기도 하는 덕성과 사랑을 주는 별이다. 본명
은 비겁 인성이 진용이라 덕망이 천하에 가득 차는 사주이다. 백화
점에 물품이 즐비하고 고객이 앞을 다투어 물품을 구입한다. 이성
과 비겁이 서로 돕고 사랑하니 만인이 나에게 다정하고 인심이 후
하며 아낌없이 베풀기를 좋아하고, 누구에게나 다정하고 인심이 후
하며 베풀기를 아끼지 않는다.

인덕이 후하고 만인의 사랑으로 존경을 받으며 덕을 베푸는 사주

다. 본명은 목월생(木月生)으로 금토(金土)가 진용이다. 토는 금이어야 살고 성장하며 왕성하다. 일지(日支)에 금이 있고 시지(時支)토금이 있다.

사주는 금상첨화다. 무토(戊土)는 수(水)가 재성이다. 재는 가용이고 재만 보면 마음이 흔들린다. 월에 목욕하니 두 번 세 번 결혼하고 여(女)재만 보면 고장이 난다. 재만 탈피하면 대부대귀(大富大貴)를 이룰 수 있다. 일지(日支)에 희신인 금을 얻으니 입찰권 관계에는 일인자의 사주로 군림한다. 무(戊)·기(己)·경(庚)·신(辛)년에는 동서에 길용이 만발하니 최고의 부귀영화를 누리고 즐길 수 있다. 이를 비생식(比生食)이라고 한다.

무기년(戊己年)에는 비견이 진용이라 만인이 유정하여 최고의 좋은 인간 관계로 덕을 봤고, 경신년(庚辛年)에는 식상이 진용이라 자기 능력을 발휘하는 기회와 찬스를 잡는다. 능력이 왕성한 본명은 식상이 최고의 진용이라 생산적인 투자를 할 것이고, 능력을 발휘하여 소득이 늘어나고 이득을 크게 보는지라 돈을 무더기로 벌어들인다. 즉 황금알을 낳는 투자 시설을 활발하게 가동하여 인생 최고의 호기를 맞이하여 갑부로 부상하는 사주이다.

신정사주는 아무리 사주가 좋아도 10년에 한 번씩은 곤두박질한다는 원리를 개발하였다. 4년은 호기요, 6년은 절기다. 4년간 호기를 맞이할 때 하늘 높은 줄 모르고 옆도 뒤도 보지 않고 전진하다가 그만 절벽을 만나 4년간 호기를, 6년간 절벽 강산을 만나 위기에 처한다.

본명도 마찬가지다. 금토(金土)가 용이고 목수화(木水火)는 가용이다. 가용은 진용을 괴롭힌다. 본명은 임계갑을병정(壬癸甲乙丙丁) 6년간 쓰라린 사업을 확장하였으나 병정년(丙丁年)에 인성이 가용인 까닭으로 진용을 해치니 온전할 리가 없다. 수백 억대의 회사로 위기에 직면하였다.

정축년(丁丑年) 8월 「대운. 오천년 숨겨진 비밀」의 초판을 본 독자의 소개로 저자에게 전화가 걸려왔다. 저자는 본명의 사주는 천하 일품이되 현재 처해 있는 사업에 대하여 상당한 어려움이 많다고 하면서 다음과 같은 세 가지 문제점을 지적해 주었다.

① 상호가 음양의 위치에 어긋나 있다.

② 이름이 사주와 맞지 않는다.

③ 개인인장과 은행인장, 실무인장, 법인인장 모두 사주와 맞지 않고 은행비밀번호, 전화번호도 어긋나 있다. 이러한 조건에서 사업을 하니 크게 성장할 것 같으나 결국에는 호박씨 까서 한 입에 넣는다는 옛말 그대로이다.

본명은 지금이 위급한 시기로, 현재의 고비만 넘기면 문제가 없을 것 같은데 못 넘길 것 같으니 무슨 비방이 없느냐고 부탁을 하는 것이었다. 저자는 조금 늦기는 하였지만 최선을 다해 보겠다고 하고, 먼저 상호와 개인인장, 은행인장, 실무인장, 법인인장, 법인사용인장, 가족인장과 그에 이름을 지어서 송달한 다음 부산 본명의 사옥 현장을 가 보아야겠다는 생각으로 현지에 도착하였다. 건물은 800평 규모에 건물 입구는 대길방(大吉方)이었다.

저자는 본명을 보고 대길 건물이니 조금만 있으면 황금 건물이 되고, 사업도 크게 번창한다고 장담하였다. 본명은 믿기지 않는다고 하며 금년을 못 넘길 것 같다고 하였다. 저자는 본명에게 82령부를 해줄 터이니 고급 액자로 표구하여 사무실에 걸어두면 획기적인 사건이 일어난다고 했더니 알아서 해 달라고 하였다(82령부(八

十二靈符)의 설명은 책에서 참고).

그 후 저자는 본명과 10월 중순께 부산에서 다시 만나기로 약속하였다. 그러나 웬일인지 만나주지 않고 소식이 끊어졌는데, 10월 20일경 갑자기 장충동 사무실에 나타나서 1차 부도를 내고 내일이면 2차 부도라고 하면서 회사를 정리하던가 다른 방법을 찾아봐야지 도무지 방법이 없다며 안절부절 못하는 것이었다.

저자는 본명에게 용기를 내라고 하며, "분명히 말하건대 부도는 발생하지 않는다."고 하니 무슨 소리냐며, "대책도 없이 절벽 강산인데 무슨 춤을 추라는 말입니까? 기가 찹니다. 이 놈의 세상이 어떻게 되어가는 건지 온통 세상 사람들이 거저 먹으려고 덤벼들기만 합니다. 거대한 공장을 헐값에 넘겨라. 40, 50억 짜리를 4, 5억 원에 먹어치우려고 하는 자들이 부지기수입니다. 어쨌든 은행에서 1차 부도를 막아줄 터이니 2차 부도는 막으라고 하기에 대책이 없으니 1차고 2차고 이젠 상관없다고 은행측에 통보해 놓고 상경했습니다."고 하였다.

저자는 10분간 연구실에서 혼자 명상을 한 뒤 특이한 비법을 본명에게 가르쳐 준 뒤에 부도는 틀림없이 막을 수 있다고 확신을 주고 헤어졌다.

본명은 야간 버스를 타고 하향했다. 그러나 이튿날이 문제였다. 다음날 오후 4시면 모든 사업이 끝장이었다. 어쩔 수 없는 일이지만, 할 때까지 다하고 벼랑 끝에 섰으니 이제 믿을 수 있는 사람은 저자 뿐인지라 지푸라기 잡는 심정으로 믿을 수밖에 없었다.

본명은 저자의 뜻에 따라 16년간 사용한 상호와 50여 년을 써온 이름, 가족의 이름까지 바꾸었음은 물론, 사업장의 전화 번호마저 모두 바꾸었다. 실낱 같은 기대라도 있을까, 심지어 인장이 맞지 않

는다고 가스 용접기로 소각까지 하였다. 이렇듯 철저하게 바꾸었는
데도 이미 1차 부도는 처리되고, 이제 곧 2차 부도가 처리 되려는
순간이었다.

본명은 이른 아침 5시에 진주에 도착 피곤한 몸이라도 풀까 하여
목욕탕에 들러 탕 안에서 몸을 이리저리 휘젓고 있는데, 누군가와
부딪쳤다. 그 사람이 쳐다보며 안면이 많다고 하기에 어디서 본 듯
하여 탕 밖으로 나와 자세히 살펴보니 옛날에 절친했던 대학 선배
였다. 이미 서부 경남에서 재력가로 알려져 있는 사람이었다.

선배가 하는 말이, "이 사람아, 사업 잘 된다고 소문이 자자하더
군. 내 이미 알고 있지. 지금 자네 광산업을 한다는 소문도 듣고 있
네. 요즘 어려운데도 불구하고 사업을 잘 한다는 소문을 들으니 내
가 기분이 좋더군. 그러나 사업을 하다보면 갑자기 위기에 처할 때
가 있네. 자네를 두고 하는 말은 아닐세. 그러나 자네도 혹시 모를
일이지만, 무슨 일이 갑자가 있으면 연락하게." 하며 명함을 한 장
주는 것이었다.

본명은 이게 꿈인지 생시인지 무슨 소리를 듣고 말하는지 모르겠
다고 생각하며 볼을 한 번 꼬집었다.

"선배님 찻집에 가서 차나 한 잔 하며 긴요한 말씀을 드리겠습니
다."

하고는 오전 7시 30분 진주 영 찻집에서 선배와 마주 앉았다.

"선배님 목욕탕에서 하신 말씀으로는 저에 대해서 소상히 알고
계시는 것 같은데……."

하고 질문하였다.

"소문에는 자네 사업이 번창하여 광산까지 인수했다는 이야기가
있던데, 그 광산은 원래 내가 염두에 두고 있던 차에 자네가 매입

했다는 이야기를 듣고 잘 되었구나 하는 생각만 하고 있었네. 그 광산은 황금 광산일세. 앞으로 좋아질 걸세. 기회가 오고 있네. 자네 참, 그 광산 잘 샀어. 사실 내가 욕심을 부리던 광산이고 구입하려고 흥정하던 중인데, 그만 자네에게 빼앗겼네.”
하며 장담을 하였다.

본명은 하도 신기하다고 느끼고 말문을 터뜨렸다.

“선배님, 오늘 저희 회사에 사활이 걸려있습니다. 1차부도를 내고 오늘 4시면 2차부도가 처리되고 맙니다. 이제 대책도 없고 어찌해 볼 도리도 없습니다. 끝장이 났습니다.”

“아니 이 사람, 소문에는 알부자라고 하던데 무슨 소리야? 참 이상한 소문일세. 도대체 오늘 2차부도 금액이 얼마인가?”

“○○○원인데 무슨 대책이 없겠습니까?”

“그러니까, 오늘 막을 돈이 얼마인가?”

다시 ○○○이라고 하니, 그 자리에서 은행에 같이 가자고 하며 이유도 묻지 않고 어디엔가 전화를 걸어 우선 몇 억 원을 은행에 입금하라고 명령하였다.

본명은 도대체 이게 꿈인지 생시인지 아무 생각도 나지 않았다. 그만 울음을 터뜨렸다. 평생 처음으로 기쁜 마음으로 울음을 터뜨리지 않을 수 없었다. 그러자 맨 처음 떠오르는 생각이 저자 생각이었다.

제일 먼저 서울 저자의 사무실 02-275-2975로 전화를 걸어왔다.

“감사합니다. 정말 이 은혜는 죽어도 잊지 않겠습니다. 과연 신이 없다고 할 수 있겠습니까? 선생님이 절대로 부도가 나지 않는다고 하셨던 말씀이 적중되었습니다. 회사 창립 기념식을 하려고 하니 부디 참석해 주십시오.”

158

저자는 이런 좋은 소식을 전해 들을 때처럼 자부심에 감동하지 않을 수 없다. 초대장을 받고 창립기념식에 가보니 행사장에는 지역 유지와 단체장 등 거창하기 그지없었다. 본명이 저자를 고문으로 추대하여 수락하고 사회자의 식순에 따라 축사를 하였다.

"안녕하십니까? 「대운. 오천년 숨겨진 비밀」의 저자입니다. 오늘 제가 이 자리에서 몇 말씀 드리고자 하는 것은, '주식회사 성진GS'의 정수철 사장님께서 노심초사하며 몇 개월 동안의 고통스러웠던 실상에서 기꺼이 위기 극복하여 빛나는 자리를 이룬데 대해 찬사를 보내는 바입니다.

오늘 이 자리를 마련해 주신 정수철 사장님은 그 위기를 극복한 장한 기업인입니다. 아마도 정사장님과 가까운 분들은 이미 아실 테지만 불과 몇 개월 전, 아니 며칠 전까지만 해도 상당한 어려움에 직면했었습니다. 그러나 묘안을 찾고 지혜를 모아 새로운 창의력을 발휘하여 난제를 풀 수 있는, 가히 엄두도 낼 수 없는 기적 같은 해결책이 마련된 것입니다. 물론 그 위기를 극복할 수 있었던 것은 훌륭하고 고마운 분의 도움이 있었기 때문이기도 합니다만, 이제 정사장님은 승승장구할 것입니다. 전도가 창창합니다. 타고난 사주와 이름, 상호의 수리가 완전무결하게 일치되도록 만들어졌기 때문에 힘찬 전진과 활화산 같은 성장만 있을 것입니다. 그래서 부산 지역뿐만 아니라 전국을 휘어잡을 광고업계의 선두 주자가 될 것임은 명약관화합니다. 혹시, 여기에 와 주신 기업인들 중에서도 어려움을 겪고 계신 분이 있을지 모르겠습니다만, 그리 큰 걱정 안 하셔도 될 묘안들이 있습니다. 지혜로운 선택의 길이 있습니다. 그런데, 단지 그 묘안을 찾지 못했을 뿐입니다. 그 묘안을 찾는 지혜를 제가 가르쳐 드릴 수 있습니다.

정사장님과 제가 인연을 맺게 된 것은 불가 몇 달밖에 안 됩니다 제가 펴낸 저서 「대운」이란 책이 인연이 된 것입니다. 정사장님은 저의 저서를 보시고 사업문제를 의논해 왔고, 저는 위기에 처한 정사장님에게 그 묘안을 만들어 드린 것이 오늘 이 자리에서 여러분들과도 인연을 맺게 될 것이고, 또 이런 인사의 말씀을 드리게 된 것입니다.

기업이란 장난이 아닙니다. 한번 해 보고 안 되면 그만이라는 생각은 절대 금물입니다. 철저한 준비가 필요합니다. 상호 하나, 인장 하나라도 그 수리와 사주에 맞도록 준비해야 하며 모든 정성과 심혈을 다 쏟아 부으며 지혜롭게 창안하지 않으면 안 됩니다. 그러기에 대기업들도 대표자의 사주와 맞게끔 상호를 바꾸고 새로운 각오로 묘안을 짜내는 것입니다.

이름이나 회사의 명칭 등은 기업주와 사주가 맞는 것을 찾아내야 합니다. 그래서 이름을 바꾸는 것입니다. 물론 현재의 상호와 이름이 좋은 분은 몇 가지만 보완해 주면 되기도 합니다.

사람의 이름이나 기업의 명칭에는 불용문자를 쓰면 절대 안 됩니다. 그 사람의 사주, 즉 생년월일시와 이름의 수리가 맞아야 합니다. 이것은 절대적입니다. 그에 따른 인장도 대단히 중요합니다. 여러분들은 은행비밀번호를 아무 의미없이 사용하는데, 이것은 불행을 초래합니다. 행운의 번호도 사주와 맞는 것이 있습니다.

제가 오천년 숨겨진 비밀을 체계적으로 연구 검토하여 내놓은 「대운」이라는 책자를 보면 40여년간 연구 검토한 묘안들이 기술되어 있습니다. 이것은 세계 최초로 체계화시킨 독창적 사주비법입니다. 그래서 특허 출헌까지 되어있습니다. 여기 정사장님은 저의 독창적인 수리법에 의해 14년간 사용해 왔던 '극동'이라는 상호와 '영호'라는 이름을 과감히 버리고 '주식회사 성진GS'라는 상호와 '수철'이라는 이름으로 새 출발을 함으로써 일촉즉발의 위기를 극복, 오늘처럼 환한 웃음을 띄울 수 있었던 것입니다. 진심으로 축하합니다.

오늘 창립 14주년을 맞는 정수철 사장님의 전도가 양양함은 재언할 필요도 없고, 여기 오신 여러분들의 앞날에도 무궁한 발전이 있기를 바라마지 않습니다. 두서없이 인사를 드리게 된 점을 널리 양해해 주시기 바랍니다. 그리고 우리 모두의 건강과 발전을 위해 건배를 올리고 정사장님의 일익번창을 축하해 주시기 바랍니다. 감사합니다."

저자는 축사를 마치고 상경하였다. 본명의 회사는 분명히 말하건대 국내 굴지의 회사로 성장할 것이다.

부적에 관한 신비한 이야기들

1. 부적의 유래와 역사

부적이란 옛날부터 오늘날까지 몸에 지니거나 집안에 붙이면 재앙이나 불행을 피하고 복덕과 행운을 가져다 준다고 믿어서 붉은 색의 그림과 글씨를 쓴 종이를 말하며 부작(符作)이라고도 한다.

아주 까마득히 먼 옛날에는 사람들이 무지하고 힘이 나약했기 때문에 온통 두려움과 위험 투성이었다. 어둠·추위·더위·질병·배고픔, 적이나 맹수들의 습격, 가뭄과 홍수를 비롯한 천재지변 등 감당하기가 지극히 어려운 지경이라서 안전과 위안을 얻고 싶은 것이 당연한 일이었다.

그래서 동양에서는 두렵고 위험한 존재를 12띠로 삼았으며 무서운 동물들을 섬기거나 심지어는 사람과 가축을 희생하는 제사도 지냈다.

제사라는 종교의식은 여럿이 함께 모여서 치르는 행사로 유대와 친분 관계가 성립되고 마음이 편안해지며, 또 신[두려운 존재]으로부터 가호를 받기 위한 징표로 제사 때 썼던 물건을 나누어 가졌는데, 그것이 바로 부적이며, 이를 매우 소중하게 여겨졌다.

그런데 제사음식은 여럿이 조금씩 나누어 먹는 음복이 가능하였지만, 제물은 여럿이 나눌 수 없는 것이 단점이었다.

그렇다면 매우 소중하면서도 다 같이 유대감과 공감을 가질 수 있는 물건은 무엇일까? 연구 끝에 소중한 물건도 마음대로 구입할 수 있는 화폐인 돈을 만들게 되었다.

그래서 먼 옛날에는 제사를 주관하던 신전에서 돈을 주조했던 것이다. 돈이 부적인 셈이어서 진짜 부적 노릇을 하면 복돈이요, 재수 있는 돈이지만, 가짜 부적 노릇을 하면 검은 돈이자, 재앙을 부르는 돈이다.

또 옛날에는 재정일치 시대였다. 「삼국유사」(三國遺事)에 기록하기를 환인이 환웅에게 천부인을 주었다고 했다. 천(天)은 천리(天理)로서 하늘과 우주 및 삼라만상, 즉 음양오행에 관한 오묘한 원리를 뜻한다.

부(符)는 부적으로서 사람이 문명생활을 할 수 있도록 온갖 원리를 그림과 글씨로 나타냈고, 국가 건설에 필요한 여러 종류의 설계도나 계획서, 그러니까 글자와 그림으로 된 국민 계몽용 교과서라고 할 수 있겠다. 인(印)은 도장으로서 국가경영의 책임과 권위·신분·질서를 확립하는 데 사용되었다.

결국 부적을 사용한다는 것은 재난이나 불행을 당하지 않는다는 믿음과 희망을 주어서 사람의 마음을 안정시켜 주기 때문에 곧 종교 행위인 것이다. 종교란 사람을 불행과 악에서 멀어지게 하고 두려워하는 마음을 안정시키면서 지혜롭고 참을성 있게 하는 가르침, 즉 주장·생각·느낌이다. 그러므로 종교를 원시종교와 현대종교로 구분할 필요가 없다.

성당·교회·사원·절·불탑·스튜파·솟대·장승·서낭당·

고향집·우물가·장독대 등등, 아무튼 몸과 마음이 편안하고 좋다고 느끼면 바로 종교이다. 거창하고 복잡하며 골치 아프게 생각할 필요가 없다.

특히 우리 민족에게는 생각만 해도 가슴이 뭉클하고 눈물이 날 지경이면서 매우 거룩하고 장엄하며 또 신비스러운 백두산이 종교로서 아주 훌륭하다. 따라서 별다른 종교가 필요없음에도 불구하고 종교 수입국, 종교 박람회장 같이 너무도 많은 종교가 난립하고 있는 실정이지 않은가? 더구나 종교적인 갈등으로 국론이 분열되고 국력이 낭비된다면 어떻게 되겠는가?

종교를 원시종교와 현대종교로 구분 짓지 않는 것은 언어에 비유하자면, 마치 아프리카의 어느 미개한 부족언어를 쓰고, 영어·불어·중국어 등 세계적으로 널리 쓰이는 언어를 현대언어라고 구분 짓지 않는 것과 같다.

언어란 그저 주장·생각·느낌을 충분히 전할 수가 있으면 그만이지 별게 아니다. 수화도 훌륭한 언어 역할을 한다. 다만 문명과 생활 관습의 차이와 필요에 의해서 어휘 수가 많으냐, 적으냐의 차이뿐이다.

또 어휘란 필요로 하면 그만큼 늘어나고, 필요가 없으면 없어지게 된다. 요즈음 우주과학·반도체·유전공학 등등의 용어가 불어나듯이 말이다.

겨울 눈에 대해서 우리는 싸락눈·함박눈·첫눈·길눈·마른눈·봄눈·도둑눈·진눈·가루눈·가랑눈·풋눈·잣눈·밤눈·소나기눈·눈꽃·눈송이·눈발·눈보라·진눈깨비 등 거의 20단어나 되지만, 에스키모인들은 눈을 구분하는 단어가 우리보다 훨씬 많다.

그 대신에 우리 나라는 사철이 뚜렷하여 계절마다 색깔이 달라지기 때문에 그 색을 표현하는 말이 수없이 많다. 이는 모두 환경과 필요에 의한 결과일 뿐이다.

굳이 원시와 현대를 구분 짓자면, 원시는 동물에 가까워서 약육강식이며 이기적인데 반하여, 현대는 사람에 가까워서 강약 평등이요, 개성적이다.

따라서 무슨 종교든지 사람을 편하고 이롭게 하면 현대종교요, 반대로 재물이나 갈취하고 사람을 괴롭히면 원시종교라고 구분할 수 있다.

결국 사람은 마음과 느낌이 비슷한 점이 있어도 각각 조금씩 다르듯이 남의 종교[가르침, 즉 주장·생각·느낌]를 자기와 다르다고 해서 비난하든가 우습게 여김은 오히려 자기자신을 욕되게 하는 짓이라서 하늘을 보고 침을 뱉는 격이다.

사람은 자연 환경과 더불어서 체질대로 살아야 하기 때문에 신토불이를 선호하는 듯 종교 역시도 신토불이다. 그래서 사람들은 자기가 원하고 바라는 대로 신을 섬기면서 산다. 즉 신의 창조자는 인간이기 때문에 운수도 자유자재로 바꿀 수 있다는 말이 된다. 아울러 너와 내가 다르면서도 함께 있듯이 종교를 가지고 왈가왈부하면서 싸운다는 인류가 망할지도 모른다.

오늘날 쓰이고 있는 부적은 대부분 흰 종이에 빨간색 주사(朱砂), 즉 단사[丹砂 : 석류꽃을 재료로 한 유화제와 수은]로 모인[摹印 : 고전 8체의 하나, 옥새 글자에 씀]식으로 알아보기 힘든 고전체(古篆體)를 새겨서 찍은 것인데, 이를 중국이나 일본에서는 주부(呪符) 또는 부주(符呪)라고 부른다.

이를 우리 나라에서는 부적이라고 부르고 있으니 『국어사전』에서는 이를 불교나 도교를 믿는 집에서 악귀나 잡신을 쫓고, 재앙을 물리치기 위하여 야릇한 글자를 붉은 글씨로 그려 붙이는 종이라 설명하고, 부작(符作)이라고도 부른다고 기록하고 있다.

한편 부적의 하나인 호신부(護身符)에 대한 설명은 몸에 지니고 다님으로써 신비한 힘을 얻어 신명(身命)의 위해를 방지할 수 있다고 믿는 물건으로 기석(奇石)·뼈·머리털·나뭇잎·나뭇가지 등 여러 가지를 사용하고 있다고 설명하고 있어서 부적과 호신부를 별개의 개념으로 설정하고 있음을 알 수 있다.

그러나 종이부적에도 호신부적이 있어서 정확한 개념의 정립이 필요하다고 생각한다. 먼저 부적의 글자와 뜻을 분석해 보면 서적과 호적 등에서 '적(籍)'이 문서·장부·전적 등을 뜻하는 것처럼, 부적은 적의 원적(原籍), 즉 인간의 운명이 기록되어 있다고 믿는 천계(天界)의 원부를 말함이다.

또 '부(符)'란 한자는 대나무[竹]에 글씨나 그림을 그려서 믿음의 징표로서 둘로 나누었다가 나중에 붙여서[付] 서로 딱 맞는지, 곧 부합되는지 확인하는 신물이다. 이와 같이 사람이 재앙을 피하고 늘 원하고 바라던 대로 부합되도록 만든 신물이자 신물(神物)이 곧 부(符)이다.

또한『자전』에는 '부(符)'의 뜻이 다음과 같이 설명되어 있다.

① 부신 부 : 부절(符節)·할부(割符)

② 증거 부 : 증험·부험(符驗)

③ 도장 부 : 인장·부새(符璽)

④ 상서 부 : 길조·상부(祥符)·천부(天符)

⑤ 부적 부 : 나뭇조각·신부(神符)·호부(護符)

⑥ 미래기 부 : 예언서·부참(符讖)

⑦ 맞을 부 : 부신 조각이 서로 맞춘 것처럼 꼭 맞음. 부합(符合)

그러므로 부적은 정해진 길흉화복의 운명을 간절한 염원과 적덕을 바탕으로 수정해 보려는 의지와 기개를 담고 있으며, 이의 실현을 위해서 신을 부리는 명령서로도 쓰이고 있음을 알 수 있다.

부적이 평면 재료에 의해 만들어지는 이유도 이러한 증명서적 역할과 기능 때문이라고 하겠다. 그러나 이러한 불교나 도교의 부적은 종교적 모습에 앞서서 먼 원시시대의 전승으로 보이는 돌·씨앗·조개·뿔·뼈·털 등에 의한 유감주술적인 주술물까지 부적이라고 부르는 것은, 그 어의상 적절치 못하며 부작(符作)이라고 부르는 것이 타당하다고 하겠다.

따라서 부적의 역사에 비해 부작의 역사는 한층 멀고 광범위하며 범인류적인 모습을 띄게 된다. 또 부적은 그 표현하는 문자, 즉 한자로 인해서 동양권의 주술물로 한정된다는 느낌도 주고 있다.

그렇지만, 서양권도 그 나름의 문자를 사용하며 부적을 만들어 썼던 증거가 있는데, 영어로 부적을 뜻하는 단어는 charm·amulet·phylactery·talisman 등이 있고, 부작과 비슷한 말은 mascot가 있다.

어쨌든 동서양 고금을 막론하고 복을 빌고 재앙을 쫓는 주술물이라는 뜻에서 모두가 일치한다. 더불어 부작의 연구는 앞으로 기록에 없는 고대문화의 실마리를 푸는 열쇠 구실로 생각된다.

예컨대 볍씨를 넣은 작은 주머니와 칠성부적을 지니면 업장소멸과 소원성취를 이룬다고 한다.

선사시대의 암각화와 동굴벽화·고분벽화·토기·청동기 유물·무속유물 등에서 보이는 조형적인 표현 의도는 부작의 쓰임을 통해서 고대문화의 해석이 가능하다는 이야기이며, 앞으로의 연구에 따라서 좀더 많은 옛날 정보를 얻어내는 열쇠의 실마리가 되리라고 믿으며 학계의 많은 관심을 기대해 본다.

2. 부적을 만드는 법

부적을 쓰는 시간은 자정부터라고 하였는데 그렇지 않다. 매일 그날의 부적을 가지는 사람과 만드는 사람의 진용이 되는 시간이면 합당하다.

부적을 쓰는 장소는 닭이나 개 짖는 소리가 들리지 않는 곳이 더 좋으나 요즈음같이 소음이 많은 세상에서는 어렵다.

그래서 작성하는 사람과 사용하는 사람의 진용이 되는 방향과 대길한 방향을 찾아서 먼저 맑은 냉수에 얼굴을 깨끗이 씻고, 또 손발도 정결하게 씻은 다음, 신단이 없으면 대길한 진용 방향 앞에 좌정한다.

초와 향을 밝히고 심신을 조용하게 안정시킨 다음에 정신을 한 곳으로 모으고 부적을 가지는 사람의 주소와 생년월일시까지 정확하게 알아야 함은 물론, 반드시 30분 이상 명상을 해야 한다.

또 가지는 사람의 목적과 소원에 대하여 기원하고 나서 주문과 기도문을 읊은 후에 괴황지에 부적을 쓰라고 되어 있는데, 노란 종이나 흰 종이에 써도 무관하다.

부적은 절대로 영사나 물감을 사용치 않는다. 반드시 경면주사를 곱게 갈고 적당하게 녹각액을 타서 한참을 갈면 붉고 고운 색깔이 난다.

이것을 붓에 찍어서 쓰되 일절 재선을 해서는 안 된다. 선을 두 번 세 번씩 다시 그으면 아무런 효력이 없다. 붓글씨를 쓸 때 재선을 하지 말라는 원리와 같다.

부적을 다 쓴 후에는 각각 부적을 들고서 지닐 사람의 희망 사항을 세 번 외우고, 또 그 사람의 이름과 생년월일시를 고하면서 기도한다. 기도하기 전에 기도문을 먼저 한문으로 작성해야만 한다.

부적을 필요로 하는 사람의 사주를 잘 살펴서 그 사주에 방해가 되고 기선이 되는 글자를 제거하는 글자와 글귀를 사용해서 소원과 희망이 이루어지도록 한문자를 만들어야 한다. 무조건 희망 사항과 소원을 그냥 입으로만 달달 외는 것은 넋두리요 공염불이다.

기도가 다 끝난 다음에 정중하게 봉하여 햇볕을 피하고, 새벽이나 해가 진 뒤에 불에 태워서 먹거나 필요한 장소에 붙이거나 한다.

부적을 붙일 때는 남자라면 왼쪽에, 여자라면 오른쪽이 원칙이고 탄부(呑符), 즉 태워서 먹는 부적을 하는 사람은 그 기간 중에 아기 낳은 집과 초상집에는 가지 말아야 한다. 또 개고기와 꽁치·삼치·참치·준치·가물치·멸치·갈치 등 '치'가 들어가는 고기를 절대로 금해야만 한다.

가급적이면 가지는 사람과 주는 사람이 진용날 진용시여야 하는데, 부득이 할 때는 진용날 또는 진용시를 찾아서 작성하여도 된다. 물은 서쪽에서 동쪽으로 흐르는 산골짜기 정화수라면 더욱 좋다.

그리고 300년 이상 묵은 봉분을 찾아가서 그 사람이 원하는 학업·사업·질병 등의 소원을 빌 때 동서남북 방향의 대추나무·탱자나무·버드나무·복숭아나무를 각각 구입하여 사용함이 더욱 좋다. 그리고 자기가 원하는 기도문을 낭송하고 난 다음에 태산주를 낭송하면 더욱더 좋다.

태산주(泰山呪) 주왈(呪曰) 태산지양(泰山之陽) 상상지음

(常上之陰) 도적불기(盜賊不起) 호랑불행(虎狼不行) 귀신
불침(鬼神不侵) 성곽(城郭) 불완폐이금관(不完廢以金關)
천흉만악(天凶萬惡) 막지감당(莫之敢當) 급급여율령(急急
如律令)

기도문과 주문을 외우는 목적은 소리로 울려 퍼져서 사방으로 진동하는 것이며, 우주적이고 범 세계적이면 좋다. 특히 넓은 대륙의 기운이 뻗치도록 하고, 선신과 공명현상을 일으켜서 효과와 작용을 크게 읽어야만 더더욱 좋다.

부작이란 수십만 년 전부터 시작하여 진시황제 이전까지 전해져서 내려온 비법이다. 큰 성인께서도 믿고 써 내려온 하나의 신앙에 속할 수 있으며, 부작종교라고 믿어도 충분히 될 수 있는 비법 중의 비법이다.

일상생활에서 즐겁고 슬프면서도 괴롭고 복합적으로 연속되는 과정에서 어느덧 인생의 종말을 허무하게 맞이한다는 말이 잔소리 같고 너무 뻔한 것처럼 들릴지도 모른다.

온갖 종교가 범람하고 믿도록 권장하거나 아예 신도 확장인지 전도인지 물불을 안 가리고 미쳐서 설치는 광신도가 많은 현실이지만, 어쨌든 종교가 이 세상에 존재하지 않는다고 해 보자.

과연 사람들이 하는 일과 미래가 안전하게 보장될 수 있을까? 극심한 불안함으로 초조하여 어둡고 무서운 수렁 속으로 빠져들지 않을까 우려된다.

종교라고 해서 반드시 기성종교를 말하는 것이 아니다. 사람의 마음과 몸을 편안하고 안정되게 해주면, 그것이 바로 종교인 것이다. 사람·장소·주장·생각·느낌·동물·작품·물건 등등 온갖

존재가 다 종교가 될 수 있다.

그러므로 어떤 종교든지 사람을 편안하게 하지 않고 오히려 심신에 손해만 끼치고 억지로 재물을 강요한다면, 그게 바로 사람·가정·사회·국가·자연·세상을 망치는 사교라고 할 수 있다.

아무튼 종교가 있으므로 해서 우리 인간은 악에서 멀어지고 착한 마음으로 안정되게 사는데 도움이 된다.

또한 부적이나 부작이 없다면 사람들은 초조하고 불안해서 일을 그르치기 쉽다. 그리하여 실망하고 더욱 좌절하여 절망에 빠져서 자살하는 일도 자주 발생할지 모른다.

인간에게 믿음과 안정을 갖게 한다는 것은 역경 속의 세상을 살아가면서 얼마나 크나큰 도움이 되는지를 알아야만 한다. 마음이 불안하고 초초해 있을 때 친한 친구나 애인이 있다면 편안하고 안정을 갖게 될 것이다.

그러나 사람은 자기 뜻대로 희망 대로 되지 않는다는 사실을 잘 안다. 그러니 더욱 불안하고 초조해지기 쉽다. 그럴 때 만약 부적을 몸에 지녔다면 부적의 기가 발산되므로 자연스럽게 마음은 우선적으로 초조함에서 벗어날 수가 있다.

사실 제대로 만들어진 부적에 의지함은 그만큼 사람의 마음을 평온하게 만들어 준다는 것이다. 물에 빠지면 지푸라기라도 잡는다는 속담도 있지 않은가?

부적은 귀신을 쫓는 작품으로서 귀신이 싫어 하는 글씨와 경면주사로 쓰는 것이므로 어떠한 귀신이라도 피해 갈 것은 너무나 당연한 이치이다.

부적은 흡사 의사가 약을 처방하는 것과 같다. 약을 처방할 때는 여러 가지 약재를 겸용하듯이 반드시 부속된 부적을 같이 겸했을 때 비로소 효력이 나타난다는 점이 비법 중의 비법이다.

가령 재수가 없어 그것을 예방하는 부적을 사람들에게 주어서 사용하게 되면 재수부 하나만 몸에 달랑 지녀서는 절대로 효력이 나타나지 않는다.

지금 시중에는 개나 소가 부적을 물고 다닐 정도로 무성의하게 만들어졌거나 아예 인쇄된 사이비 엉터리 유사품이 너무나 많이 번져 있다.

이는 합당치 않다. 반드시 가지는 사람의 목적을 위해 한참 동안을 명상하면 작성하는 사람에게 생각이 떠오르게 된다. 그렇지 않고서 함부로 마구 써 받는 사람은 큰 재난을 당하기 쉽고 가지는 사람은 효과나 작용을 전혀 볼 수가 없다. 간혹 우연하게 또는 소발에 쥐잡는 격이면 모를까?

부적은 그 원리와 이치를 잘 알고 정성껏 만들면 효과와 작용이 있다. 하지만 그 방법과 정성에 따라서 효력이 있거나 없을 수도 있다는 점을 재삼 사주하는 바이다.

세상의 수많은 동물 중에서 가장 강하면서도 약한 동물이 바로 사람이다. 사람을 동물이라고 하면 웬 미친 소리냐고 욕할 사람도 있겠지만, 동물처럼 자손 번식을 위해서 남녀가 옷을 벗고 하는 행위를 생각하면 역시 동물이구나 하는 생각에 빠질 것이다.

영장류인 원숭이와 사람은 사촌간이라고 할 정도로 거의 99퍼센트 닮았다. 다만 1퍼센트 정도 다른 점은 두뇌의 차이 뿐인데, 그것이 동물과 사람을 하늘과 땅 차이로 갈라 놓은 것이다. 즉 영(靈)이 있기 때문에 사람을 만물의 영장이라고 하지 않는가.

또 사람은 편하게 살기 위하여 두뇌, 곧 영을 발휘하여 도구와 기계를 만들어 이용하고 더욱이 정신적인 두려움에서 벗어나서 편하

게 살기 위하여 동물을 기르고 종교를 만들었다. 더불어 종교에 필
요한 대상물인 신도 사람의 두뇌에서 느끼고 생각한 대로 만들었다.

종교라면 대체적으로 집단이 참가하는 의식 행사이지만 개인적
인 종교가 필요하여 고안하고 만든 것이 부작이나 부적이다.

기(氣), 즉 염원과 혼령을 불어 넣어서 만든 진짜 부적이나 부작
은 기가 발산되어서 심신을 안정시키고 엔돌핀을 생산하여 일에 능
률을 오르게 하므로 목적 달성과 소원 성취할 수 있는 휴대용이나
질병 치료용, 또는 설치용의 개인 종교라고 할 수가 있다.

그러니 이 세상에서 부적과 재앙을 예방하는 비법 등이 없다면
난관에 부딪쳐 해결하지 못하여 실패와 좌절로 쓰러지는 일도 많을
것이다.

그러므로 부적과 그 제작법은 꼭 이 세상에 있어야 하고, 또 부
적의 효력과 작용이 강력함을 확실히 알고 부적을 작성해야 한다고
간곡히 부탁하는 바이다.

흔히들 잘 되면 제 탓이고 잘못되면 조상 탓으로 생각하는 사람
들은 동물적인 약육강식의 이기적인 자기 편의로만 말하기를 좋아
한다.

그래서 걸핏하면 팔자 타령을 하는데, 도대체 그 팔자를 제대로
알고 하는 말인지? 인간은 어디에서 왔으며, 무엇을 위해 살다가
어디로 가는가를 가끔 생각할 때도 있겠지만, 하여튼 골치만 아플
뿐이다.

또 사람들은 주위에서 누가 온갖 수난과 어려움을 겪고 있으면
"아, 이 사람아! 모두 팔자려니 전생의 업보 탓으로 생각하게."라는
위안(?)의 말들을 하게 된다.

그래서 "사주팔자나 한 번 봐 볼까?"하고, 이런저런 이유에서 운

명 상담을 하게 된다. 그러면 점술가들은 당신의 사주가 이렇다 저렇다고, 신수·궁합·이름이 좋다 나쁘다고 말할 것이다.

또는 당신 집안의 묘자리가 잘못되었다느니, 팔자에 무슨 살이 있어서 어떻다느니, 흉액이 어떻고 궁합에 어떠하다고 대부분 좋지 않은 이야기를 듣게 된다.

그러니 어려움에 처해 있는 사람들은 물에 빠지면 지푸라기라도 잡는 심정으로 어찌할 줄 몰라서 운명 상담을 하게 된다. 따라서 "선생님! 그럼 어떻게 해야 합니까?", "스님, 무슨 대책이 없겠습니까?" "보살님! 무슨 비방이 없겠습니까?"라고 묻게 된다.

이럴 때, 만에 몇을 제외하고 오묘한 역학·사주·성명학·측자파자·부적·풍수 등을 제대로 알 수 있는 실력이나 재능도 없는 점술가들은 마음 속으로 쾌재를 부르고 회심의 미소를 짓게 된다.

드디어 기다렸다는 듯 궁지에 빠진 사람들을 울거먹으려는 작전이 개시된다. 즉 물에 빠진 사람을 구해 주지는 못할지언정 아예 머리꼭지를 눌러서 죽이는 짓을 태연하게 자행하는 것이다.

이러니 어려움에 처한 사람들은 그야말로 설상가상이요, 엎친 데 덮친 꼴이라서 형편은 아예 무인지경이 되고 만다. 그러다가 속고 또 속는 바람에 나중에는 불쌍한 의심 암귀가 되어버리니 얼마나 안타까운가!

결국 이래저래 하도 많이 속았던 사람들은 분별할 능력과 기력이 없어져서 진심으로 자기를 구해 줄 사람을 만나더라도 이 때는 맛이 완전히 간 사람으로 변했기 때문에 조금도 믿지 않게 된다. 따라서 좋은 행운의 기회도 그냥 놓쳐버리므로 그림의 떡이 되고마는 경우가 너무나 허다하다.

그렇지 않으면 어리석게도 엉뚱하고 사악한 점술가들에게 엄청나게 많은 재물과 돈을 퍼붓거나 쳐들이고는 정작 자기를 구해 줄 사람에게는 좋은 일을 한 번 하는 셈치고 적선하라, 보시하라느니, 제발 살려 달라느니 하면서, 즉 쉽게 말하자면 자신에게 행운이 오게끔 공짜로 해 달라고 생떼를 쓰는 것이다.

고통받는 사람들을 위한 흉액의 예방책은 있지만, 그 비방을 제대로 알고 행할 수 있는 사람은 매우 드물다. 대체로 불교에서는 업보에 의한 것이니 참회로써 업장소멸을 해야 하고, 기독교에서는 마귀의 장난으로 시험에 들었으니 회개를 해야 하고, 무속 신앙에서는 잡신이나 조사의 탈이니 굿을 해야 한다는 식으로 각 종교 나름대로 비방을 한다고 볼 수가 있다.

그런데 비방들 중의 하나인 부적은 그 효력이 똑같은 문제에 똑같은 부적을 사용하여도 그 차이는 작성하는 사람의 능력과 기에 따라서 천태만상으로 나타난다.

저자는 십여 년간 부적을 연구하여 굳은 확신을 얻었고, 늦으나마 경험 중의 일부를 소개하는 바이다. 흔히 재앙을 피하고 행운과 복덕을 바라는 비방에는 반드시 부적이 따르게 된다. 그러나 이 부적을 작성하고 사용하는 방법이 수백 년 전이나 지금이나 무조건 똑같은 사실에 어이가 없을 뿐이다.

수백 년 전과 지금은 사회적 구조나 문화적 생활, 사람들의 살아가는 방법 및 생각하는 사고방식이 다른데, 시중의 많은 부적에 관한 서적은 한결같이 엉망진창으로 난무하고 있기 때문에 저자는 십여 년 전부터 고서 및 수많은 서적의 자료와 중국·일본·동남아 등에서 재앙 예방과 부적에 대해서 현지 실태를 조사했다.

그 자료들을 연구하여 새로운 형태의 부적을 작성하여 실제로 필요한 사람들에게 드렸던 바, 그 효력과 작용이 강력하고 또 빨랐다.

가끔 어떤 가정을 방문하여 보면 그 집의 외모나 실내가 참으로 잘 꾸며져 있었고, 시세로 몇 십억의 가치가 있지만 현관이나 방문 위에 겨우 손바닥만한 크기의 조잡한 부적 쪼가리가 볼품없이 붙어 있는 것을 보고 마음 속으로 크게 느끼는 바가 있었다.

예컨대 서푼 짜리 집에 천 냥 짜리 문은 우습지만, 만 냥 짜리 집에다 한 푼 짜리 문도 어울리지 않기 때문이다. 따라서 집의 크기와 규모에 걸맞도록 예술성과 작품성 및 보존 가치가 충분하고, 보면 볼수록 감동과 편안함을 느끼게 하는 대형 부적을 정성스럽게 표구하거나 액자에 넣어서 잘 보이도록 걸어두면 어떨까?

사람은 누구나 평생에 그것도 일찌감치 28수 부적을 한 번 이상은 꼭 만들어야만 된다고 저자는 강력히 주장하는 바이다. 또 제일 경이롭고 신비한 힘을 발휘하는 부적으로 팔십이령부라는 특이한 부적이 있다.

이 신비의 부적을 잘 만들어서 집안에 걸어두고 바라보거나 기도한다면 대단히 신비로운 효력과 작용이 발생할 것이다.

사람들은 대개 과학이 거의 만능이고 가장 확실한 선택이라고 생각하겠지만 그렇지도 않다. 어쩌면 과학이란 좁은 시야에 갇혀서 마치 우물 속에서 하늘을 바라보는 것과 같을지도 모른다. 어쨌든 천제존성이라고도 하는 팔십이령부는 틀림없이 신비의 극치를 이룬다.

즉 믿음과 신념의 독실함과 부적의 오묘함에서도 위대한 신비가 탄생할 수 있기 때문이다. 컴퓨터를 비롯한 과학 만능 시대에서도 신비스런 영험에 대해 절대로 간과해서는 안 된다.

사람에게 일생 동안 일어나는 갖가지 재앙과 불행을 과학의 힘으로도 도저히 해결할 수 없는 일들이 헤아릴 수 없을 정도로 많다.

그럴 때에는 무엇인가 초자연적이고 초과학적인 힘에 의지하여 해결을 호소하는 경우가 허다하다. 이럴 때 종교와 신앙이 필요하며, 옛 선인들은 태고적부터 사용하고 전해져 내려오는 부적과 부작의 도움을 받았다.

이 천제존성인 팔십이령부는 부적 중의 부적이며 가장 신비스러운 신이 내린 부적이다. 그러므로 아무렇게 복사하거나 또는 불빛을 유리판 밑에서 비추어 마치 그림을 베끼듯이 하면 효과가 없을 뿐만 아니라, 오히려 작성하는 사람이나 가지는 사람 모두가 재앙과 불행이 발생할 요지가 많다.

그렇기 때문에 저자는 아직까지 세상에 공개하지 않았다. 독자들이나 전국의 점술가들이 저자에게 직접 문의해 오면 보여 드리겠다. 앞으로 저자는 28수 부적을 비롯하여 팔십이령부 등등 수백 가지 부적을 공개하고 전시하기 위해 준비 중이다.

특히 팔십이령부는 모든 재난·병마·불행을 타개해 주는 신비한 힘을 가진 부적으로서 족자로 만들어 걸어두고 매일 조석으로 정한수에 향불을 피워 놓고 기도하면 가정의 번영과 안정을 가져온다.

더불어 가족들의 건강과 행복을 물론이고 입신출세하여 부귀영화를 누릴 수 있는 대길한 부적이며, 그 효력과 작용은 누구에게나 강력하고 빠르게 일어난다.

저자는 부적을 작성하는데 다음과 같은 방침을 확고하게 세워두고 있다.

① 재필이나 재선은 절대로 금한다.

붓글씨도 재필을 금하는데 하물며 부적을 쓰는 데는 두말할 필요조차도 없다. 잘못되었다면 불에 태우고 처음부터 새로이 시작해야 한다.

선을 다시 두 번 이상 긋거나 붓을 다시 댄다면 기가 흐트러져 버리기 때문이다. 정성과 마음을 모으고 단전에 힘을 주고서 일필휘지로 써 내려가고 그에 맞는 그림을 그려야만 한다.

그래야 비로소 기가 부적에 들어가기 때문이다. 부적의 기는 아둔한 사람은 못 느끼지만 예민하고 총명한 사람은 강하게 느끼고 감동한다.

옛날에 일자병풍이 있었다. 어느 가난하고 무식한 선비가 부잣집에 묵게 되었다. 부자는 선비가 글을 잘 하고 글씨도 잘 쓰는 줄로 알고 좋은 병풍에 글씨를 써 달라고 부탁했다. 가보로 남길 작정이었다.

그래서 날마다 좋은 음식을 대접하면서 선비를 극진히 모셨다. 그런데 선비는 글을 써줄 생각은 않고 대접만 받으면서 하루하루를 보냈다. 그러던 어느날 부자로부터 독촉을 받자 무식한 선비는 글자를 모르니 낭패가 아닐 수 없었다.

할 수 없이 병풍을 펼쳐 놓고 한참 동안 먹물만 정성스럽게 갈고 있었다. 마침내 붓을 들어 먹을 듬뿍 찍어서는 병풍의 맨 왼쪽에서부터 오른쪽 끝까지 단숨에 얏! 하고 기합을 지르며 일(一)자를 긋고 그만 죽어버렸다.

부자는 졸지에 초상을 치르게 되었고, 아까운 병풍만 버렸다고 생각하여 접어서 그냥 광에 처 넣어 버렸다. 세월이 흘러 어느 날 뛰어난 한 선비가 마을 뒷산에서 부자의 집을 유심히 보게 되었다.

부자의 집에서 상서로운 기운, 즉 서기가 뻗쳐 올랐기 때문이다. 마침내 선비는 부자를 찾아가 그 이야기를 하고 확인을 했더니 서기는 광에서 나오는 것이었다. 바로 버려두었던 병풍에서 나온 것이다.

병풍을 펼쳐본 선비는 크게 감탄하고 감동하였다. 글자 하나에 기와 혼을 불어넣었기 때문이다. 결국 양심에 가책이 되었던 어리석은 선비가 온몸의 기와 혼을 '일(一)'자에 다 불어넣고는 자기는 기가 끊겨서[絶] 기절하듯이 죽어버렸던 것이다.

이후로 그 일자병풍은 귀중한 가보로서 대대로 전해졌다고 한다. 그래서 부적도 이와 같이 기와 혼을 불어넣어 써야 좋은 기가 서리고, 또 효력과 작용이 강하고 빨리 일어난다. 그러므로 기운이 서려 있지 않은 부적은 엉터리요, 가짜인 것이다.

② 미적 감각이 있고 예술성과 보존가치가 있도록 작성한다.

부적은 반드시 기와 혼이 들어가서 작품성과 예술성이 겸비되어야만 효과와 작용이 일어난다. 기에 대해 좀더 쉽게 설명하자면 가족을 위하여 온갖 정성을 다 기울여서 만드는 엄마의 손끝에서 나온 음식맛, 손으로 손자의 아픈 배를 만져주면 낫는 할머니의 약손을 생각하면 된다.

성의없이 대량으로 인쇄된 부적이나 그저 손바닥만한 종이 쪼가리에 지나지 않은 조잡한 부적으로 재수와 복덕을 받을 수 있다면 이 세상에서 행복하지 않을 사람이 어디에 있겠는가?

③ 부적의 의미를 분명하게 해야 한다.

분명한 목적과 의미도 없이 그저 막연하게 잘 되게 해 달라는 식이면 염력이 없을 뿐만 아니라 기와 혼이 들어가지 않아 효력이 없다. 마치 생사에 관련된 것처럼 신중하고 심각하게 작성해야 한다.

④ 사용법을 정확하게 알아야 한다

좋은 약이라도 모르고 함부로 먹으면 독약이 되듯이 부적 역시 마찬가지다. 부적이라고 하면 무조건 좋은 작용과 효과가 있는 것으로 믿고 함부로 지니거나 사용하면 기가 흐트러져 뜻밖의 불행을 초래하는 경우가 있다. 잘 모르는 내용의 부적이나 엉터리 조잡한 부적은 오히려 태워버리는게 안전하다.

⑤ 효력과 작용이 최대한 강력하고 빠르게 일어나도록 한다

요즘같이 바쁜 세상에서 어떤 문제가 해결되지 않으면서 시일만 질질 끌면 기력이 다 빠지고 기운이 새고 만다. 그래서 잘못된 문제는 가능한 빨리 확실하게 해결되고, 또 운수가 트여서 뜻대로 되어야 한다. 그리고 그 시작되는 시기는 대략 석 달로 보면 된다.

그냥 평생을 별 볼일없이 허송세월로 보내야 할 사람이 석 달 이후부터 서서히 자기의 운명과 운수가 바뀌기 시작할 텐데, 그 동안을 기다리지 못한다면 무엇을 하겠는가? 너무 조급하게 서두르면 매사를 망치는 수가 있다.

위와 같이 5개의 항목에 역점을 두고 부적을 작성하여 모든 사람들에게 사용토록 해야 성공할 것이고, 또한 주는 사람도 더욱 좋은 일이 생기게 된다.

매사를 실행함에 수양과 정신일념, 성심성의와 정심정도로 하면 신비로운 효험·효과·효력을 얻을 수 있다.

끝으로 부적은 좋은 일에 쓰는 의식이며, 악덕행위나 불의불선한 의도로 사용하면 큰 불행과 재앙을 자초하게 됨을 일러두니 부디 삼가길 바란다.

3. 부적 사용의 실례

1) 효험 있는 부적

적자를 흑자로 돌려 재기한 일들을 실례로 들겠다. 부적으로 큰 효험을 본 일은 분명히 있다. 그러나 전국에 부적이 난무하여 마치 개나 소도 부적을 물고 다닐 정도이다.

그런데 정확하게 알고 제대로만 사용하면 거짓말처럼 효력과 작용이 있다는 것을 체험할 수 있다. 이웃 나라 일본은 국민의 90퍼센트가 부적을 가지고 다닌다는 보도가 있을 정도이다.

부적은 작성하는 사람이 뜻과 사용법 및 작성법을 제대로 알고 있어야 한다. 시중에 유통되고 있는 부적책을 보고 무성의하게 적당히 그려서 주면 조만간에 큰 재난을 당한다.

① 부적으로 옷가게를 처분하다(김종임)

사주(四柱)				대운(大運)					
辛	丙	庚	己	丁	戊	己	庚	辛	壬
丑	申	寅	卯	酉	戌	亥	子	丑	寅

1993년 6월 초여름이었다. 30대 주부로 보이는가, 아니면 처녀로 보이는 여인이 연구실로 찾아왔다.

"선생님! 선생님의 소문이 자자하여 찾아왔는데, 제 운명을 좀 감정해 주세요."

"부인은 지금 섬유류, 즉 옷가게를 운영하시고 계신데 손실이 커서 팔려고 내놓았지만 팔리지 않네요."

"아니! 선생님 누구에게서 그런 말을 들었습니까?"

"사주를 보면 쉽게 알 수가 있지요. 그런 정도도 모르고 어떻게 사람의 운수를 말하겠습니까? 부인은 금년에 손실이 대단히 큰 운수이고, 만일 재산상의 피해가 없으면 가정적으로 골치 아픈 문제가 있습니다. 그러니 부인의 판단으로 가게를 인수하였으니 손해가 계속되겠지요. 너무 권리금을 많이 주고 인수했군요."

"네, 지금 와서 생각하면 친구한테 속은 것이에요."

"부인! 친구를 원망하지 마십시오. 친구가 속이려고 그렇게 한 것은 아닙니다. 장사 자리는 좋은데 경험이 없고 물건도 제대로 갖추어 놓지 않았기 때문에 장사가 잘 되지를 않아요. 그러니 아직 경험도 없고 하니 내놓으세요."

"우리 시장에서는 선생님의 부적을 쓰면 확실하게 팔린다고 하는데 팔릴까요?"

"그렇습니다. 어디 한 번 해봅시다."

자신있게 말하고 며칠 뒤에 오라고 했다. 며칠 후에 저자는 그 부인에게 부적을 주면서 말했다.

"이 부적을 붙이고 금년 7월 30일 술시에 가게가 팔릴 것이니 두고봅시다."

그리고 나서 1개월 후 7월 30일 오후 6시에 부인이 연구실로 전화를 했다.

"선생님, 오늘까지 계약이 된다고 하셨는데, 아직 한 사람도 오지 않았어요. 그리고 지금은 오후 6시이고 저는 문을 닫아야 되는데 어떡하면 좋아요?"

이렇듯 아주 다급하게 물어왔다.

저자는 느긋하게 그러나 자신있게 말하며 위로했다.

"부인! 그때 분명히 술시라고 말했으니 술시는 오후 7시에서 9시

사이이므로 두 시간만 더 기다려 보십시오.”

부인은 ‘어디 선생님을 믿고 기다려 보자.’라고 믿는 마음으로 가게를 지켰다. 오후 8시가 되었는데도 손님이 오지 않자 그녀는 초조해졌다. 만약 가게가 팔리지 않으면 큰일이라고 생각하면서 거의 완전히 포기상태로 있었다. 그런데 오후 8시 20분쯤에 느닷없이 평소 안면이 있던 사람이 와서 말을 거는 것이었다.

“아주머니, 왜 지금까지 집에 안 가시고 계세요?”

“오늘 저녁에 가게를 계약할 사람이 온다고 해서 지금 기다리고 있는 중이에요.”

“아니! 아주머니, 이 가게는 원래 장사가 잘 되는 곳인데, 왜 팔려고 하십니까?”

“저의 남편이 경기도 이천으로 발령이 났어요. 그래서 갑자기 팔게 되었어요.”

“그럼 얼마에 내놓았습니까?”

“원래는 8천 5백만 원인데 조금 밑지고 팔아야 되겠어요.”

“밑지다니? 다른 데는 여기보다 못한 가게도 1억씩 가는데, 그럼 아주머니, 내가 이 가게를 인수하겠으니, 지금 계약하고 2천만 원은 3개월 후에 꼭 줄 터이니 그리하겠습니까?”

“그럼 반드시 약속을 지킬 수 있겠어요?”

“그럼요. 젊은 사람한테 거짓말을 하겠습니까?”

“네, 좋습니다. 계약합시다.”

그래서 오후 8시 40분에 계약을 하자마자, 그녀는 저자에게 전화를 걸어왔다.

“선생님이 한두 시간 기다리라고 해서 기다린 결과 우연히 아는 사람이 찾아와 이런저런 이야기를 하다가 그 사람과 계약했어요.

그렇지만 돈은 3개월 후에 다 받기로 하고, 우선 계약금 1천만 원
만 받고 나머지 2천만 원을 제외한 금액은 내일 받기로 했어요."

"참 잘했습니다. 하여간에 아는 사람이고 모르는 사람이고 간에
그 날짜, 그 시간에 계약이 되었으면 그만이지요."

"네, 선생님! 참으로 용하십니다. 이제 저는 선생님이 하라는 대
로 하겠습니다. 지금부터 우리 시장에 소문을 내겠어요. 그렇게도
나가지 않던 가게가 어떻게 그날 그 시간에 딱 떨어지게 맞았는지
선생님 수고하신 김에 저의 이삿날을 좀 받아주시고, 언제쯤 돈 많
이 벌고 편안하겠습니까?"

"아니, 부인은 젊은 나이에 무슨 그런 걱정을 합니까? 부인의 사
주는 한쪽으로만 잘못 치우친 사주라서 남편과 이별수가 생기는
데, 왜 그런 걱정은 안 하고 돈 걱정만 합니까?"

"아니, 선생님! 남편과 사이가 안 좋다고요? 그렇지 않아도 저는
상당히 심각합니다. 그럼 어떡하면 잘 되겠습니까?"
라고 묻기에 대답해 주었다.

■신비한 부적으로 큰 효험을 보다

"부부화목을 위한 부적이 있습니다. 다만 의처증이나 의부증이
있는 부부에게는 별로 효험이 없습니다. 왜냐 하면 비방이나 비법
을 쓸 경우에는 합심된 마음과 정성이 중요한데 의처증이나 의부증
에 걸린 사람은 자기가 중증에 걸린 사실을 추호도 인정하지 않습
니다. 오히려 상대방에게 모든 책임을 전가시키고 또 뒤집어 씌우
려는 마음뿐이니 무슨 정성과 협조나 합심이 있겠습니까? 그러니
의처증과 의부증엔 백약이 무효합니다. 어쨌든 이 부적은 아무렇게
나 쓰는 것이 아닙니다. 지금 전국의 서점에는 많은 부적 책자가

있지만, 거의 전부가 수박 겉핥기식이고 대충 흉내만 냈을 뿐이며, 기본도 모르고 핵심도 없습니다. 정확하게 만들어 드릴 터이니 사용하시오. 무엇보다도 중요한 일은 남편이 금년에 실직 상태라는 사실입니다.”

“남편은 회사에서 인정 받고 있으며 대단히 중요한 임무를 맡고 있는데요?”

“그러나 남편의 올해 운수에는 재직하고 있는 회사에 크나큰 문제가 발생합니다.”

“큰 문제라면 무슨 문제인가요?”

“남편이 오랫동안 몸 담아 열심히 일해 온 회사가 과잉투자로 하여 경영난으로 파산합니다. 그래서 남편은 퇴직금조차 못 받는 상태가 될 것입니다. 더욱이 남편이 퇴직금을 못 받는 것이 문제가 아니라, 보증 선 것이 문제가 됩니다. 따라서 이것저것 골치 아픈 일 때문에 부부 문제로까지 발전되어 불상사가 반드시 일어날 것입니다.”

“선생님! 큰 불상사라고 하면 무슨 일입니까?”

② **乾命**(김종임 남편의 사주)

“남편의 정신이 돌아버려요. 정신착란증 상태가 돌발하여 치명적인 사태가 발생합니다. 그러니까 남편을 아주 편안하게 해 드리고 위로를 아끼지 말고 용기를 잃지 않도록 해주는 일이 중요합니다.”

사주(四柱)				대운(大運)					
癸	辛	丙	戊	庚	己	戊	丁	丙	乙
巳	酉	子	戌	申	未	午	巳	辰	卯

그런 충고를 부인에게 해 주었다. 그러고는 얼마쯤 시간이 흘러

갔다. 아니나 다를까, 그녀의 남편은 신미월에 회사가 파산하자, 채권자들이 벌떼처럼 그에게 달려들었다.

"사장을 찾아내 놔! 네놈이 미리 짜고 사장을 감춰 놓고 부도를 냈으니 네놈도 공동 책임이야, 임마!"

채권자들은 이놈저놈 고래고래 고함을 치며 멱살잡이를 하고 이리저리 끌고 다니는 중에 그녀의 남편은 그만 실신하여 병원에 입원을 했다.

"선생님! 정말로 너무 용하십니다. 알고 계셨으면 미리 예방이 될 터인데 부적을 왜 써서 주시지 않았습니까?"

부인은 원망하는 투로 말했다.

"허허! 내 참, 앞서 미리 다 말했는데도 듣지 못했습니까? 이러한 사태가 일어난다고 말입니다. 그런데도 부인은 그냥 예사로 여기고 별로 신중하게 생각지 않더군요. 그러니 낸들 어쩝니까? 어쨌든 남편은 이런 고통을 받을 운수와 이름입니다. 자, 사주를 보세요. 사주에 진용이라고는 없지 않습니까? 그리고 금년 갑술년은 재물을 강탈하는 귀신 같은 채귀가 나타나서 남편을 괴롭힙니다."

"선생님! 남편은 이왕에 일이 이쯤 되었지만, 28수 부적이 있다는데 무슨 부적입니까? 아무한테나 써 주지 않는다는 소문을 들었습니다만, 저의 부부 문제와 앞으로 아무 일없이 평탄한 삶을 살 수 있도록 부적을 만들어 주세요. 금년처럼 이런 일이 또 있다면 어떻게 살겠습니까? 선생님, 부탁드립니다. 지금까지 도사 선생님이 말씀하신 일은 하나도 틀린 데가 없습니다."

그녀의 간절한 부탁을 거절할 수가 없어 잠시 생각하다가 말했다.

"부인! 우선 남편이 쓰는 도장을 가지고 오시고, 아이들과 부부 모두 도장을 바꾸고 나서 부적을 작성하겠으니 그렇게 하시겠습니까? 아이들은 도장이 없을테고 남편이 쓰는 도장은 깨져 있을 겁니다."

"선생님! 남편이 회사에 근무하고 있을 때 가방을 들고 온 행상에게 도장을 한 개 파서 사용하다가 책상에서 바닥에 떨어지는 바람에 동강이가 났어요."

"그것 봐요. 깨져 있을 거라고 하지 않았어요?"

"어쩌면 선생님! 그런 것까지도 아실 줄이야. 그럼 선생님이 잘 알아서 저의 부적을 써 주시는 거지요. 네?"

부인은 급하게 졸라대기 시작했다.

저자는 손을 저으면서 그녀를 진정시키고 말했다.

"지금은 쓸 수가 없고 10일 후에 반드시 써 드리겠습니다. 왜냐하면 도저히 쓸 시간이 없을 뿐만 아니라, 제가 명상이 되지를 않습니다."

이렇게 차근차근 설명해 주었다.

10일 후에 부인에게 28수 부적과 도장 4개를 만들어 주고 보냈으나 약 5개월 동안 소식이 끊어졌다.

■횡재를 본 부적

그러던 어느 날 서울 상계동이라고 하면서 그 부인으로부터 전화가 걸려왔다.

"선생님! 은혜를 갚아드려야 할 텐데 어떻게 하면 되겠습니까?"

그녀의 목소리가 너무나 다급하기에 오히려 깜짝 놀라지 않을 수가 없었다. 혹시나 또 무슨 나쁜 일이 터졌나 하고 걱정이 되었다.

"지금 남편은 좋은 곳에 취직이 되어서 불편없이 잘 근무하고 있습니다. 또 옛날 직장에서 근무할 때의 사장님이 몰래 찾아와서 위로금과 퇴직금을 배 이상으로 주었기 때문에 횡재를 만난 것 같습니다. 사실 남편은 아예 일찌감치 퇴직금을 못 받는다고 포기했던 것인데 얼마나 다행한 일인지 모릅니다. 다른 동료들은 한푼도 못 받고 모두 실업자가 되었는데, 오직 남편만 취직도 빨리 되었습니다. 그것도 10년 동안 근무한 전 회사보다도 대우가 더 후해서 선생님 생각이 제일 먼저 났습니다. 우리 집에 대한 정성으로 써 주신 부적 때문이 아닌가 생각하면서 선생님에게 고마운 보답을 하려고 작은 것이나마 성의껏 준비했고, 또 남편에게도 지금까지 있었던 일을 소상하게 말씀드렸습니다. 남편은 오히려 저보다도 먼저 선생님에게 큰 보답을 해야 한다면서 같이 가자고 합니다. 선생님께서 만날 날짜를 말해 주시면 찾아가서 사례를 하겠습니다."

감동한 목소리로 이야기하기에 한편으로는 안심했고 큰 보람을 느꼈다. 그러나 보답과 사례라는 말에 극구 사양하지 않을 수 없었다.

"부인! 그러실 필요는 조금도 없습니다. 부인과 남편이 잘 되셨고 행복하게 살고 계시는 그것이 저에 대한 보답이고 사례인데, 그 이상 더 무엇을 받겠습니까? 두 분의 마음씨만으로도 저는 충분히 감사하고 감동 받고 있습니다."

"선생님! 정말 감사합니다. 저는 선생님을 너무나 존경합니다. 우리 가정을 정상적으로 이끌어 주신데 대하여 항상 감사한 마음으로 기도를 드리겠습니다. 선생님! 부디 오래오래 건강하게 사시면서 깊이 연구하신 학문을 많은 사람에게 베푸셔서 고통 받고 어려운 사람들을 구해 주세요. 그럼 안녕히 계세요. 선생님!"

너무나 감사하다는 인사의 말을 하다가 전화를 끊었다.

참고로 우리의 삶에 관한 이야기를 하나 해보겠다. 인생이란 항상 지난 일들을 반성하고 앞날을 예상하면서 살아가지 않으면 어느 날 하루 아침에 큰 불행이나 재앙을 당하는 경우가 허다하다.

그러므로 반드시 미리 미리 사물을 헤아리고 하던 일도 다시 한 번 더 살피고 생각하며 점검할 필요가 있다. 그렇지 않고 타성에 젖거나 안일에 빠져서 하루하루를 무사 안일주의로 살다가는 큰 코 다치는 수가 있다. 폭풍전야의 고요함에 휘말려서 죽을 지 살지도 모르는 곳으로 날아가 버린다.

옛말에 호미로 막을 일을 가래로도 못 막는다고, 어리석은 사람들은 꼭 발등에 불이 떨어져서야 화급하게 허둥지둥 서두르고 설치는데, 그때 가서는 이미 엎질러진 물이요, 소 잃고 외양간 고치는 격이며, 뒷북이나 치는 꼴이 된다.

미리 대비하면 작은 조치로도 충분히 화근을 막을 수 있는데도 방치해 두었다가 걷잡을 수 없는 상황이나 재앙에 휘말리게 된다는 뜻이다.

흔히 몸이 아프면 병원에 가서 진단과 진찰을 받는다. 당연히 어디가 아프고 상태가 안 좋다는 소리를 듣기 마련이며 아울러 치료와 약을 처방해 준다. 그런데도 환자가 의사로부터 몸이 건강하니 아무 걱정이 없다는 거짓말을 달콤하게 듣고 싶어한다면 말이나 되겠는가?

운명 감정의 경우도 그와 같다. 좋지 않은 이름·사주·주민등록번호·도장·비밀번호로 온갖 고생을 하다가 몸과 마음이 아프고 지치고 또 운수까지 나빠서 일은 막힐 대로 막혔기 때문에 운명 감정을 물으러 왔다고 하자.

그렇다면 당연히 정확한 진단이 우선이다. 그러나 당사자는 억지로 희망을 달라는 달콤한 거짓 진단처럼 무조건 틀려도 듣기 좋은 소리만을 간절하게 듣고 싶어 하므로 이는 참으로 한심한 일이 아니겠는가? 그러려면 아예 백일몽을 꾸던지 망상과 착각에 빠지면 될 일이지 무엇 때문에 시간과 돈을 없애면서까지 운명 감정(?)을 한단 말인가?

지혜로운 사람은 나쁜 점을 깨닫게 되면, 오히려 그 속에서 자신을 좋게 변화시킬 수도 있다는 기회를 놓치지 않는다. 그런데도 어리석은 사람은 무조건 듣기 좋은 사탕발림을 해 달라고 떼를 쓰듯이 조르는데, 그것은 눈 가리고 아웅하자는 것인가?

자고로 건강은 건강할 때 지키고 재물은 있을 때 지키라고 했다. 따라서 몸이 건강하고 운수에 탈이 없을 때 미리 점검하고 예방하는 일이 중요하다.

예컨대 몸이 아프기 전에, 즉 건강할 때 몸에 좋은 보약을 먹어 두면 건강을 계속적으로 지킬 수 있음은 물론이요, 그 효과는 10년 이상 지나서 크게 나타난다.

그렇지만 몸에 탈이 나고 아픈 다음에 약을 먹는다면 고생은 고생대로 실컷하고서도 그 효력과 효과는 훨씬 못하다.

그렇다고 해서 무조건 값만 비싸고 정력 타령이나 하는 한약을 먹으라는 뜻은 결코 아니다. 세상에서는 비싼 것이 무조건 좋다고 여기는 한심한 사람들이 너무 많아 경계하는 말이다.

특히 우리 나라 남자들은 정력에 좋다면 닥치는 대로 먹으려고 하니 세계에서 제일 정력이 없다는 말인가?

운수도 몸과 같이 미리 나빠지기 전에, 즉 운수가 좋고 탈이 없을 때 똑바로 정확하게 점검하여 조치와 처방을 함이 현명하다.

일시적으로 운수가 좋은 한때를 어리석게도 계속적으로 좋은 줄로만 알고 지나친 욕심을 부리거나 자만하여 안정된 삶을 엉망진창으로 만든 다음에야 그 처방에 매달린다면 그 효력과 효과도 훨씬 못함을 명심해야 한다.

또 오늘날에는 개인·가정·사회·국가·세계가 한결같이 재물의 고통을 겪고 있다. 마치 물과 공기처럼 돈의 쓰임은 중요하고 절실하다.

그렇지만 돈을 쓰는 데는 재물의 많고 적음이 크게 문제되는 것은 아니다. 돈을 보람있게 쓸 줄 아는 사람은 어려운 가운데서도 뜻대로 쓸 수가 있다.

또한 그 반대로 돈을 쓸 줄 모르는 사람은 제 아무리 돈이 많더라도 제대로 쓸 수가 없다. 그저 수전노처럼 무조건 아끼기만 할 뿐만 아니라, 한술 더 떠서 더욱더 돈에 껄떡거리고 걸근거리기만 한다.

그런데 참으로 신비하고 묘한 이치는 이름·사주·주민등록번호·비밀번호, 즉 행운 숫자 등에 돈복이 없는 사람이 엄청나게 큰 돈과 재산을 가졌지만, 전혀 베풀거나 쓰지 않는다면 반드시 본인이나 자녀의 수명이 매우 짧거나 또 불의의 재난으로 불구가 된다는 사실이 입증되었다는 증거이다.

특히 당사자는 죽도록 뼈 빠지게 노력하여 큰 재물을 모으기만 했지 쓸 줄을 몰라 입는 것, 먹는 것조차도 벌벌 떨며 아끼기만 하다가 졸지에 죽어버리고 나면 자식들은 그 남긴 재산으로 방탕하고 신나게, 아니 미친 듯이 탕진해 버린다는 사실이다.

이렇듯 돈복이 없는 사람이 큰 돈을 가지면 돈과 목숨을 바꾸어야 할 운수이다. 돈과 목숨 중에서 하나를 선택한다면 어느 쪽일까?

답은 너무나 당연한 것 같은데도 그렇지 않은 것이 또한 현실이다. 결국 형편이 어려운 사람이 예상 외로 돈을 보람 있게 쓰고 돈이 있는 사람은 거의 대다수가 인색함을 보여주고 있다.

어쨌든 돈에 인생의 모든 목표를 두고 죽기 아니면 까무러치기로 돈이 좋은 사람은 우선적으로 생각해야만 할 점이 있다.

정말 좋은 보약을 사거나 치료비를 쓰기가 아까우면 늘 아프지 말고 건강하던가, 자기의 인생을 치료하는 신비한 비법과 비방에 쓸 돈이 아까우면 늘 운수가 좋으면 그만인 것이다.

그렇지도 않으면서 오로지 이기적인 마음으로 나에게만 착한 일을 하고 적선하는 셈치고 보시(공짜)를 하라는 따위의 얌체 같은 말은 하지 않아야 옳지 않겠는가?

2) 불행한 사주(乾命)

	사주(四柱)				대운(大運)				
壬	壬	甲	庚	癸	甲	乙	丙	丁	戊
子	子	申	午	丑	寅	卯	辰	巳	午

갑목(甲木) 수(水) 가용으로서 화(火)가 진용이다. 천간에 수가 둘이요, 지지에 신자(申子)가 수국(水局)을 형성하니 천지가 완전히 물바다로 변했다. 그러니 천간의 갑목은 물에 둥둥 뜨는 나무가 되었다. 더욱이 왼쪽에 경금(庚金)인 칠살(七殺)이 있으니 온전할 까닭이 없다.

자월(子月)은 한겨울로서 뼈에 사무치는 추위와 꽁꽁 언 얼음과 깜깜한 어둠을 상징한다. 천지가 얼음덩어리요, 혹한이며 암흑이니 도저히 생물이 발생할 수도 살 수도 없다.

갑(甲) 일생(日生)은 임수(壬水)가 편인이고 서모요, 계모이고 대해에 해당한다. 결국 이모(二母)가 있으나 친어미와는 달리 깊은 정이나 사랑이 없다.

오히려 미운 놈 밥이나 먹여서 아예 바보로 만들자는 식으로 둘이서 연달아 밥을 먹이고 또 먹이는 형국이다.

또 앞길은 만경창파의 창해로서 물이 많으면 나무는 둥둥 떠서 정처없이 떠내려 간다. 더욱이 겨울나무는 불이 생기요, 흙은 뿌리를 내릴 터전이다.

오화(午火)가 있긴 하지만 힘이 너무 미약해서 마치 대해에 떨어진 성냥불과 같아서 있으나 없으나한 불이다. 결국 화토(火土)가 한 점도 없으니 생기도 설 땅도 없다. 갑목(甲木)은 배로써 고철[庚金]을 싣고 북극의 겨울바다를 가다가 빙산을 만나서 정면 충돌하여 침몰한 상태이다.

1992년 2월쯤의 일이다. 대구에서 저자의 연구실로 전화가 걸려 왔다. 50대 남자의 말소리가 들려왔고, 여기는 대구의 김○○라는 사람인데, 금년 운수를 보아 달라는 부탁이었다.

"김○○씨! 금년에 혹시 군에 입대하는 아들이 있습니까?"

"네, 임자생 쥐띠인 아들이 군대에 들어갈 예정입니다."

"육군에는 보내도 해군에는 절대로 보내지 마십시오."
하고 전화를 끊었다.

그러자 김씨는 궁금했는지 연구실로 단숨에 달려왔다.

"아니 선생님! 해군에 보내지 말라고 하셨는데, 우리 아이가 해군에 입대하기로 이미 결정이 났습니다. 선생님이 해군에 보내지 말라는 말씀은 무엇 때문에 그러는지 꼭 알고 싶어서 이렇게 단숨에 서울로 올라왔습니다. 아시는 대로 제발 소상하게 알려주세요."

"아드님의 사주는 온통 천지가 물바다인데 자신을 의미하는 갑목(甲木)은 근거 없고 정처없이 떠돌아 다니는 목선과 같습니다. 게다가 녹슬고 엄청 무거운 고철 덩어리와 같은 경금(庚金)을 싣고 만경창파 대해를 항해하다가 침몰하는 운수입니다. 그래서 해군에 입대하려면 육상 근무를 시키고 혹시라도 훈련을 해도 바다에 가서 훈련을 하지 않도록 하십시오.”

이렇게 말했지만 군대가 어디 아버지의 마음과 희망대로 될 수 있겠는가?

■침몰방지 부적도 있다고 하니 거절하다

일단 입대만 하면 규율이 있기 때문에 명령대로 하지 않으면 안 되다는 것이 원칙이다. 저자는 진지하게 침몰방지 부적이 있으니까 아들이 가지게 하면 좋겠다고 일러주었다.

그러나 아버지는 저자를 의심하고 쓰지 않았다. 오히려 출입문을 열고 나가면서 핀잔을 주듯이 말하였다.

“부산에 유명한 박 도사라는 사람이 있는데, 10일 전에 우리 아이가 해군에 입대한다고 하니 참 잘되었다고 하면서 아무일 없이 해군 복무를 마치고 귀가한다고 했습니다. 무슨 뚱딴지 같은 소리를 하십니까?”

다시 차분히 아버지에게 말하였다.

“잠시 얘기나 들어보시오. 부산의 박도사가 도대체 누구인지는 몰라도 그 사람 말을 믿으면 되었지, 왜 이렇게 먼 곳까지 달려왔습니까?”

그러자 아버지는 불만스럽게 말하였다.

“나는 제천 처가댁에 왔다가 장모님의 권유로 왔습니다. 장모님은 정재원 철학원에 가서 입대 무사고 부적이나 써다가 한 장 주면

194

임무 마칠 때까지 괜찮다고 하시더군요.”

하고는 훌쩍 떠났다.

세상에는 모래알처럼 많은 사람들 중에서 이런 사람, 저런 사람이 하도 많으나 그들이 무슨 소리를 하던 저자는 눈도 깜짝 안 하고 내 방식대로 그들을 대하고 또 있는 그대로 감정을 한다.

그러던 어느 날 느닷없이 김○○라는 분이 찾아왔다. 그러고는 다짜고짜로 대성통곡을 하며 넋두리하듯이 이야기를 시작하였다.

“우리 외손자가 해군에 입대하여 훈련 중에 실종되었어요.”

“아니 손님? 지난 봄에 사위라는 사람이 저에게 와서 핀잔을 주고 갔습니다. 입대안전 부적, 즉 침몰방지 부적이 있다고 했는데 부산의 박도사가 괜찮다고 했답니다. 그러니 저도 무어라고 말할 수가 없었습니다.”

외할머니는 대성통곡으로 30분간이나 감정실에서 실컷 울었는데 마침 대기실에서 기다리던 사람에게까지 들릴 정도로 큰 울음소리였다. 놀란 손님들이 외할머니를 안정시키고 위로하였다.

그 후로 또 20일이 지난 어느 날 죽은 아들의 아버지가 장모님과 함께 왔다. 아버지는 선생님하며 정중하게 큰절을 했다. 당황한 저자는 아버지를 만류하며 말하였다.

“잘 되고 와서 큰절을 하면 반가울 터이지만 자식이 실종되고 시체도 찾지 못해서 20일 동안 바다를 뒤져도 나오지 않는다고 하니 제 마음도 여간 아프지 않습니다.”

“선생님 시체가 어디쯤 있겠습니까?”

다짜고짜 아버지의 간절히 묻는 소리에 저자는 어이가 없고, 기가 차서 일단 위로의 말부터 먼저 하였다. 그러나 아버지는 계속해서 무슨 비방이 없겠느냐는 말만 하는 것이다. 그러자 옆에 계시던 장모님이 나무라듯 말하였다.

"있고 말고, 자네 먼저 부적을 쓰라고 하셨다는데 왜 안 썼나? 옛날 속담에 호미로 막을 것을 가래로도 못 막는다고 하였는데, 바로 사위 자네한테 하는 말인 것 같네. 좌우지간에 선생님! 제발 좀 찾아주세요."

하며 생때를 쓰듯 매달리므로 두 분에게 조용히 말하였다.

"여보세요, 잠수부들도 많이 있고 한데 왜 못 찾습니까? 시체는 절대로 멀리 가지는 않았어요. 어쨌든 오늘은 일단 그냥 돌아가셨다가 모레쯤 전화를 하고 오시면 제가 깊이 생각해서 방법을 찾아 놓겠습니다."

저자는 그날 밤에 조용히 명상을 시작했고 오랫동안 명상을 하니 마침내 시체가 상상으로 떠올랐다. 이틀 후에 눈이 빠지게 답을 기다리던 두 사람에게 확신하여 말했다.

"신비한 28별자리 부적, 즉 28수 부적과 시신 찾는 명상부적을 사용하면 틀림없이 해결될 것입니다. 해 보시겠습니까?"

죽은 아들의 아버지는 두 말하면 잔소리라는 듯이 어서 빨리 해 달라고 하면서 선뜻 많은 돈을 내놓았다.

"왜 이렇게 많은 돈을 주십니까? 먼저 오셨을 때는 인색하기가 그지 없을 정도였습니다."

"그 때는 내가 눈에 보이는 것이 전혀 없었습니다. 죄송합니다."

하며 미안해 했다.

저자는 받은 돈에서 절반을 떼어서 아버지에게 주면서 무조건 잠수부의 총책임자에게 주라고 하였다.

잠수부 총책임자는 우리 나라 해군에서는 별명이 물귀신으로 소문난 사람이었다. 한번 물 속에 들어갔다 하면 무엇이든지 찾는데,

심지어는 물에 빠진 바늘도 찾을 수 있을 정도라는 소문이 자자했다.

책임자는 그 돈을 보고 흔쾌히 약속하며 확답하였다.

"우리 수색대원들이 철수 직전에 있었는데 아버님의 성의가 대단하시니 다시 상부에 허가를 받아서 수색을 하겠습니다."

이번에는 그냥 지휘만 하던 책임자가 돈의 위력에서인지 직접 바닷 속으로 들어갔다. 이 책임자는 해군 준위로서 잠수일만 무려 30년 동안 했으며 물 속에서는 오히려 육상보다 더 잘 보인다는 물귀신이었다.

준위가 드디어 물 속에서 첨벙거리며 샅샅이 뒤져갔다. 1개조는 5백미터 밖에서 안으로 수색해 오게 하고, 1개조는 안에서 밖으로 수색해 나가면서 교대로 수색했다.

준위는 물밑의 귀신인지라 물 속에 들어가면 다른 어떤 부하들보다 몇 배나 더 있으면서 자유자재로 헤매고 다니는 사람이었다. 수색이 다시 시작되어 10시간 만에 준위가 드디어 시체를 찾았다.

그는 자기의 아들인 것처럼 한 손으로 안고 또 한 손으로 헤엄쳐 오면서 "찾았다! 찾았다!"고 크게 고함을 쳤다. 많은 부하들이 이구동성으로 혀를 내두르며 역시 물귀신이라면서 감탄을 하였다.

그러나 아들의 시체를 찾은 부모는 하늘을 쳐다보면서 울부짖으며 대성통곡을 하였다.

"아이고, 하느님! 원망스럽습니다. 실낱 같은 한 가닥의 희망이 있었는데, 정말 이 놈은 제명대로 살지 못하고 가버렸습니다. 아이고! 아이고!"

동시에 수색대원들을 비롯하여 아들의 동료들과 상부에서 지휘차 나왔던 사령관 이하 5백여 명의 장병들이 함께 우는 바람에 울음바다가 되었다.

거의 2시간 동안이나 기진할 정도로 부모가 우는 사람에 많은 사람들이 눈시울을 붉게 적셨고 말 한 마디조차 하는 장병들이 없었으며, 서로 쳐다보고 눈만 껌벅이고 있었다.

부모는 실종되었다고 하기에 더더욱 애가 타서 꼭 찾고야 말겠다고 했지만 '설마 물에 빠져 죽었을까' 하는 의구심에 한 가닥의 기대를 가졌었다. 만에 하나라도 살아서 돌아올 것만 같았기 때문이다.

그러나 이렇게 처참하게 물에 빠져 죽은 시체로 발견되었으니 얼마 원통하겠는가! 부모는 부대 사령관 장례로 치르기로 협의하고 대전 국군묘지로 향하였다.

죽은 아들의 아버지는 장례를 치르고 다시 찾아왔다. 진심에서 우러나온 말로 고맙다는 인사를 했고 앞으로 의형제를 맺자고까지 간청하였다. 이에 그에게 말하게를, "저는 사주에 의형제 같은 것은 없습니다." 라고 했지만, 지금은 더욱더 의좋고 친하게 지내고 있다.

3) 부적으로 죽어가는 사람을 살리다

사주(四柱)	대운(大運)
癸 乙 壬 丙	甲 癸 壬 辛 庚 己 戊
酉 卯 申 午	寅 丑 子 亥 戌 酉 申

확실히 관찰하지 못하고 남의 운세를 이래라 저래라 하면서 부적을 작성하고 운에 맞지 않는 부적을 주면 이때 가지는 사람보다 주는 사람이 더 큰 변을 당한다. 부적은 누구나 30분만 명상을 하면 움직인다. 그러므로 함부로 조작하지 말기 바란다.

위의 사주를 먼저 정확하게 풀이하고 본론으로 들어가겠다. 신정 사주 용어에서 길한 것은 가용, 좋은 것은 진용이라고 쓰겠다. 또한 길한 것을 희신(喜神), 좋지 않은 것은 기신(忌神)이라는 용어를 쓰 겠다. 가용은 수(水), 진용은 금(金)이다.

위의 사주를 주재하는 재상은 임수(壬水)이다. 묘월생(卯月生) 임수는 기신이고 식상 재관이 가용이며, 비겁이 기신이다. 일재무 관(一財無官)하니 극허(極虛)하고, 평생 많은 짐을 싣고 산으로 오 르는 형국이니 늘 기진맥진한 상태다.

재가 기신이면 화난을 양산하고, 관이 기신이면 산적으로서 신명 을 박해하며, 법이 무정함으로써 관재를 면하기 어렵다.

나를 부양하는 관이 기신이니 부덕이 두텁지 못하고, 내가 부양 하는 재가 기신이니 두 처를 거느리고 있다. 타고난 팔자가 아니겠 는가?

견물생심이라고 재를 보면 욕심이 생긴다. 일찍부터 기업에 진출 해서 부를 추구했으나 역부족으로 기복이 무상하다. 북방 수운에서 는 비겁이 왕(旺)하니 잉어 낚시로 고래를 낚는 격이다.

경술 대운 인성 기선이 작당해서 몸을 공격하고 박해하니 속수무 책으로 부도를 내고 파산을 했다. 정사년(44세)엔 대운과 세운에서 인성이 나타나고, 관인(官印)이 상생하니 귀인이 구제로 재기한다.

신유술(申酉戌) 대운에선 세운 희신을 만나 나를 도우니 만인이 유정하고 상부상조함으로써 인인성사하고 일취월장으로 번창을 했 다. 부동산 투자로 일약 치부를 해서 시설을 확대하고 경영을 정상 화했다. 하지만 무리한 욕심에 의한 지나친 투자 확대로 자금과 부 채의 압박에서 벗어날 수가 없었다.

신유술(申酉戌) 대운 정사월(丁巳月)에 천지함이 함께 있으니 오월동주 격으로서, 만인이 무정하고 적대시하며 돌발 사태가 심상치 않다. 올해년(62세)은 이재이살(二財二殺)이 작당해서 공격하고 난타하니 혼비백산하고 기진맥진한 상태다. 마침내 부도를 내고 옥고까지 치러야 했다.

이제 을해년이 신수를 살펴보기로 하자. 무인(戊寅) 기묘월(己卯月)은 관(官)이 첩첩 기신하나 기묘월은 천지충(天地沖)하니 옥신각신이 많았다. 월지(月支)의 비겁이 왕하고 비겁이 무력하여 그림의 떡이었다. 대인은 유익하나 소인은 중상과 모략 등으로 박해가 심했다. 경진 신사월은 기신이 나타나서 화월(火月)을 극하여 재생관(財生官)하니 재관의 압박이 가속화하고 극대화한다. 10톤 차에 100톤을 싣고 무모하게 발동을 했으니 어찌 되겠는가? 스스로 무덤을 파고 호랑이 굴로 뛰어든 격이다. 욕심 때문에 재난을 자초한 것이다.

임오 계미월 기신이 난무하니 사면초가다. 기(忌)는 채귀(債鬼)다. 채귀가 사방에서 공박하니 속수무책이다. 부도가 불가피했다. 막을 길이 없었다. 막상 부도가 나니 기업이 하루 아침에 곤두박질을 하고 무너져 갔다.

갑신 을유월은 가용이 적당해서 난동을 하고 극성을 부리니, 마치 절벽강산에서 백호를 만난 격이다. 깊은 산중에서 산적의 무리가 포위하니 꼼짝없이 변으르 당할 수밖에 없다. 자고로 호랑이에게 물려가도 정신만 차리면 살 수 있고, 36계 가운데서도 도망치는 것이 상책이라는 계책이 있듯이 재치있게 피신을 하니 호난과 산적을 면할 수 있었다.

병술 정해월은 재성이 나타나서 관(官)이 상생하니 귀인이 무정하다. 채귀와 신뢰와 관심을 구하는 것이다. 하지만 타고난 욕심과 유아독존의 천성은 천재일우와 호기를 물거품으로 만들고 이재생재를 자초했다.

무자 기축월은 기신인 비겁이 난도질하니 그림의 떡이다. 분노한 채귀떼가 난입하니 꼼짝없이 잡혀서 투옥된다. 관살이 기산(忌神)이면 법이 무정하듯이 관재가 불가피한 것이다. 자축월은 기신이 왕하니 이비생비가 극심한 것이다.

A씨는 불치병이 왔다고 하여 고칠 수 있느냐고 묻기에 저자는 자신있게 대답했다.

"우선 A씨, 당신은 동서남북 두루 다니면서 안해 본 것이 없소. 처음엔 일이 안 풀리니까 인왕산 보살[돌팔이]에게 어지간히 뜯기고, 끝내는 팬티까지 벗어주는 등 꽹과리 치고 북치고 장구치며 무슨 도깨비한테 홀린 것처럼 몽땅 내주고, 그것도 모자라 일수까지 내어서 굿하는 데 썼으며, 또한 기독교 믿으면 하느님이 사업 잘 된다고 이웃집 아주머니가 꾀어서 서울 장안의 이름난 곳까지 갔으니 알만한 징조요."

하니 A씨는 차근차근 얘기하기 시작하였는데, 내용인 다음과 같다.

처음엔 목사라는 자가 머리에 손을 얹어놓고 무어라고 중얼거리기를 며칠간 하면서, "열심히 하느님을 믿으시오. 마귀가 붙어 있어서 될 일이 안 되고, 점을 너무 쳐서 마귀가 몸에 붙어서 생명까지 위태로우니 참 잘 오셨소. 십일조나 열심히 내시고, 매일매일 우리 교회에 나와서 기도하시오. 지옥에서 헤매다가 왜 이제야 오셨소." 하고 눈물을 흘리면서 극진히 대접을 했다.

"사업을 하는 사람인데 어떻게 매일매일 하루도 빠지지 않고 온단 말이오?"

"지금 환갑 진갑 다 지난 사람이 죽을 때도 얼마 남지 않았는데 열심히 믿어야지요.”

이렇게 말하므로 A씨는 목사의 말만 믿고 6개월 동안 정말 열심히 다녔다. 하루는 헌금을 많이 해야 하느님이 복을 주신다고 해서 정말 그런가 하고 빚을 내어 헌금까지 하였다. 그런데 어떻게 된 영문인지 돈 낸 명단을 공개하여 순위까지 정해서 무슨 경쟁이나 하는 것처럼, 순위 도표를 만들어 사람을 현혹시키는 것 같았다. 그 후 A씨는 매일매일 헌금을 하였다. 목사는 깍듯이 대하면서 무슨 상감마마 대하듯이 큰 인사를 하면서 반가워했다.

그래서 진작 교회에 나올 일이지 엉뚱한 짓만 하고 일생을 살아온 것 같아서 허무한 생각이 들었다. 그러나 매일같이 교회에는 갔지만 사업상 너무 힘이 들고, 또한 돈이 너무 많이 들었다. 매일 가던 교회도 사업상 도저히 못 가겠다고 해서 1주일에 한 번으로 줄였더니 목사가,

“헌금은 하느님 사업이니 가급적이면 많이 내라.”
하여 많이만 내면 일이 잘 풀리고 사업도 잘 되는 줄로만 믿고 매일같이 헌금을 5만 원씩 내고, 주일에는 20~30만 원씩 냈다 한다.

한편 목사는 주인공의 월수가 얼마냐고 물으며, 10억 이상 매출을 올리면서도 십일조는 왜 하지 않으냐고 다그치는 것이었다. 주인공은 솔직히 십일조가 무엇인지 몰라서 물었다.

“이 사람 교회 헛 나오는구만. 십일조는 하느님 사업에 동참하여 하느님께 바치는 헌금이오.”

하니 주인공은 그런 줄만 알고 헌금을 하기로 결심을 하였다. 그러나 막상 십일조를 하려고 돈을 들고 교회문을 열고 가서 내려고 생각하니 너무 아까운 생각이 들어 십일조를 내지 않았다. 그러자 3일 후에 목사가 자기 집으로 불렀다.

“A씨 당신, 그렇게 보지 않았는데, 왜 십일조를 하지 않았소?”

하며 핀잔을 주는데는 참으로 기가 막혔다. 헌금이나 십일조는 자기 마음에서 우러나 내는 것이요, 목사가 이래라 저래라 할 것은 아닌지라, 도무지 이해가 가지 않았다. 이제까지 6개월간 갖다 받친 돈만도 약 6천여 만원이나 되는지라, 지난번 무당에게 바친 돈은 어린아이 과자값이었다. 어림잡아 6천여 만원인데 이제 더 이상 낼 수 없다고 했더니, 그 동안 상감마마 떠받들 듯이 하던 태도에서 돌변해 독사로 변하며 아예 쳐다보지도 않았다.

A씨는 목사에게 하느님 믿으면 일이 잘 된다고 하여 빚까지 내 6천만 원이란 큰 돈을 냈는데, 잘 되기는 커녕 빚 독촉에 죽을 지경이라고 하였더니 깜짝 놀라는 얼굴이었다.

“당신, 사람 잡아먹는 소리 하지도 마시오. 뭐, 6천만 원? 그거 어디에다 근거를 두고 하는 소리야?”

하며 고래고래 고함을 치는 것이 아닌가.

“아니, 여보시오 목사 양반. 어디 나를 감옥소 보내려고 작당하는 거요?”

A씨도 목사의 태도에 화가 나서 시비를 걸었더니,

“당신은 십일조도 제대로 한 번 하지 않은 사람이 무슨 하느님 덕 보겠느냐?”

욕설까지 해 가면서 요란을 떨어대는 것이었다.

돌이켜 생각해 보니 참으로 한심하고도 기가 막혔다. 교회를 때려 치우고 집에 앉아서 빚 갚을 걱정을 하면서 “요놈의 목사를 어떻게 때려잡을 길이 없을까.” 하고 생각 중에 전화가 걸려왔다. A씨는 빚쟁이 전화인 줄만 알고 받지 않았다. 그런데 15일 후 목사가 찾아와서 하는 말이, “김집사님, 좋은 소식드릴 터이니 들어보세요. 지금 개척 교회를 개설하려고 하는데, 헌금을 좀 하시면 하느님이 당신을 도와 주실 것이라고.” 꾀는 지라, A씨는 이 사람 사기꾼도 아주 큰 사기꾼이라는 생각이 들어 너무 기가 차서 그만두겠다고 한마디로 거절하였다.

 그 후 빚만 자꾸 눈덩이처럼 불어나 모두 포기하고 죽을 작정까지 하였다. 그러나 죽을 정도면 무슨 일이든 못하랴는 생각에 다시 고민 중에 우연히 미모를 갖춘 40대 여인이 접근하여 설득을 하는 바람에 그녀를 따라 나섰다.

 여자를 따라가 보니 웅장하고 상상을 초월할 정도로 사람이 많이 모여 이상한 행동을 하고 있었다. 어떤 분이 A씨를 보고 조상 제사를 잘못 지냈기 때문에 되는 일이 없을 것이라고 하면서 조상 제사를 지내주라고 하였다.

 A씨는 ‘이 사람, 참 어떻게 일이 안 풀리는 것까지 귀신같이 아네.’ 하면서 조상 제사를 어떻게 지내느냐고 물었다.

 “조상 제사를 지내려면 당신 마음 내키는 대로 돈을 내라.” 하므로 생각 끝에 여기는 제대로 믿으면 되겠다고 하여 열심히 믿기 시작했다. 이러다 보니 사업은 엉망진창이 되었다. 빚은 커지고 사업은 망하려고 하였으므로, 아예 부도를 내고 ○○ 진리에 힘을 기울이며 은둔생활을 하였다.

 그러나 역시 돈이었다. A씨는 조물주가 이 세상에 내보낼 때 누구에게 속기만 하고 살아라는 명을 받았나 싶어서 설마, 잘 되겠지 하고 아예 새 출발을 하자 마음먹고 재산 정리를 시도하였다.

 여기다가 완전히 내 재산을 다 바쳐야 되겠다는 생각이 들면서 죽으면 그만이지, 그까짓 재산 다 주고 편안하게 살아보자는 엉뚱한 마음에 몽땅 다 바치고 나니 무일푼에 쪽박 찬 거지꼴 신세가 되고 말았다.

그제서야 A씨는 어떡해서 요모양 요꼴이 되었나 하는 한심 속에 이제 사업 재기는 다 글렀고 목 매달아 죽을 수밖에 없다는 결론을 내리고 허리띠를 천장에 대목을 박아 묶어놓고 발밑에 의자를 놓은 다음 매달렸다. 그러나 매달았던 못이 부러져 땅바닥에 떨어져 가벼운 타박상만 입었다. 목 매달아 죽는 일도 귀신이 잡아가야 되는 모양인지, 그 큰 대못이 왜 부러지냐 생각하자, 그만 모든 종교이고 지랄이고 다 팽개치고 빚진 것이나 청산하고, 사업이나 잘 하자고 마음을 고쳐 먹고 다시 재기할 목적으로 사람을 만나기 시작하였다.

먼저 진빚을 탕감해 주던지, 다시 한 번 봐 주면 재기해서 갚을 터이니 사정하며 밑천을 부탁하였다. 그러면서 그간 일어났던 일을 소상히 말하였더니, "세상에 나이가 몇 살인데, 그런 일을 하였느냐."고 핀잔을 주면서 잘해 보라고 용기를 넣어주는 지라, A씨는 다시 사업을 시작했다.

그러나 무슨 팔자인지 또 사업이 기우뚱하여 고민을 하면서 사무실 책상 머리에 앉아 있던 중에 목탁 소리가 나서 문을 열어보니 중이 문앞에 서서, "마하반야바라 밀다심경 관자재보살 행심 반야바라 밀다시 색불이공 공불이색 색즉시공." 염불로 사람을 이상하게 현혹을 시켜놓고 하는 말이,

"주인 선생님, 전생이 무슨 억장이 그리 많습니까? 선생님은 평지풍파가 너무 많은데요. 나는 선생을 구제하려고 부처님이 보내주셔서 왔소이다. 주인 선생은 명이 얼마 남지 않고 하여서 명을 좀 연장시켜 드리고, 하시는 일을 잘 되게 하기 위해 부처님 심부름을 왔습니다."

하는 것이 아닌가.

"어랍쇼. 이거 무슨 희안한 소리 하네요."

누구한테 얘기 듣고 온 것 같기도 해서 의심을 한 번 해볼 일이라고 마음을 다졌다. "세상에 괴상망측도 하네. 교회 나갈 때도 이상하게 끌려 나가서 작살을 먹고, 또 ○○진리에 가서 개작살을 먹었고, 또 중한테 개개작살을 먹을 것 아닌가."고 곰곰이 생각하였다. 그러면서도 중이 하는 이야기를 듣고 보니 무슨 도사 같은 느낌이 들고 하여서 차근차근 이야기 좀 해달라고 하며 식사 대접까지 하고, 그 동안 당한 이야기를 들려주었다.

"선생님은 우리 사찰에 다니시면 좋은 일이 터질 것입니다."
하고는 나무아미타불 관음보살 하면서 목탁을 탁탁 치고는 갔다.

A씨는 그 사찰에 다니기로 작정하고 전화번호와 위치를 묻고 4일 후 그 사찰을 찾아가 보니 사찰이란 곳이 이렇게 생겼나 할 정도로 초라하기 그지 없었다. 사찰하면 합천 해인사처럼 웅장하고 대단히 클 터인데 싶어서 중을 찾았다. 그랬더니 다 찌그러져 가는 방에서 나와 반가히 맞이하며, 중이 하는 말이 걸작이었다.

"이곳에 사찰을 건립하기 위해 탁발을 하러 다니던 터에 처사님을 만난 것은 인연 중에 인연입니다. 부처님 사업에 동참하셔서서 과거의 나빴던 일을 청산하면 처사님의 사업은 대단히 훌륭한 사업으로 성장할 것입니다."
하고 각처에서 받은 사찰 건립자금 명단을 보여주는 것이었다.

"공개하지 말라는 분이 있는데 보여드립니다. 아무에게도 말씀하지 마세요."
하면서 명단을 보여주는데, 깜짝 놀라지 않을 수 없었다. 우리 나라에서 가장 큰 회사 회장님 이름이 적혀 있는 것이었다. 그것도 한

명이 아니고 8명이나 되고, 고관대작들의 이름이 20명이나 적혀 있었다. 그러니 의심할 여지가 없었다.

"이렇게 많은 돈을 가지고 여기다 무슨 절을 짓겠습니까?"

"우리 나라에서 가장 좋은 충청도 명산에 이미 30만 평을 확보해 놓았어요. 처사님은 영광입니다. 여기 명단을 ABCD 4등분으로 나누어 관리를 할 것입니다. 부처님 사업에 동참하시는 많은 중생을 구제하고 소원성취 만사형통하라는 대법회가 자주 있을 것입니다."

"ABCD 4등분에 나는 어디에 속합니까?"

"A그룹에 속하게 해 주겠습니다."

하면서 성의껏 헌금을 하라고 하였다.

A씨는 난감하지 않을 수 없었다. A는 5천만 원, B는 3천만 원, C는 2천만 원, D는 1천만 원인데, 백만 원도 내놓을 형편도 안 된다고 하며 50만원을 내놓았다.

"처사님의 50만 원은 5억 보다도 더 큰 돈이므로 만들 방법을 가르쳐 드릴터이니 시행해 보시오."

"어떻게 말이오?"

"이 명단을 복사해 드릴테니 전국을 다니면서 신도 표교 활동을 하시오. 그러면 처사님은 A그룹에 속하게 됩니다."

A씨는 그럴싸 하여 중의 말을 듣기로 하고 시행했다. 우선 주위 사람들을 설득시켜 동참하라고 하고 얼마내겠다는 확약서를 받고 전국을 누비기로 하였다. 사업은 조그마한 것이니 부서 직원 셋이서 잘 하라고 지시해 놓고 포교활동에 나섰다.

처음에는 좋은 일을 한다며 칭찬이 대단하였다. 그리하여 주변에서 50명, 합해 3천만 원이 헌금되었다. 그리고 경상도 마산으로 가서 선주 명단을 찾아 가지고, 내가 이러한 사람인데 부처님 사업에 동참을 바란다고 집집마다 방문하여 명단을 보여주니 다들 칭찬을 아끼지 않았다.

마산에서 선주 50명으로부터 5천만 원, 부산 선주로부터 1억 원, 삼천포 선주 2천만 원, 여수 선주 1천5백만 원, 목포 1천만 원, 제주도에 가서 5백만 원, 영덕·포항·구룡포에서 천만 원, 기타 합해 2개월간 찾아 다니면서 3억 8천만 원이란 거금을 모았다.

그 동안 A씨는 자기 돈까지 써 가면서 받은 돈은 한푼도 쓰지 않고 꼬박꼬박 송금하였다. 그 돈은 부처님 돈이라고 생각하였기 때문이다. 전국을 다니면서 또 고관대작들과 재벌 총수 명단을 보여주고 자신의 주민등록증 사본 한 장씩 복사하여 주니 의심도 하지 않고 척척 통과, 우리 국민이 대단히 온순하다는 사실을 새삼 느끼기까지 했다.

그리하여 도착 2개월 만에 중은, "처사님, 처사님은 오직 부처님을 위해 오신 분"이라고 하면서 "그럼 다음 사업 한 번만 더 하여서 착공을 해야 되는데, 조금만 더 헌금을 받으면 됩니다."하고 또 지시하는지라, 이제는 재미가 있어서 각 기업 사장을 만나는 작업을 먼저 하기로 하고, 미리 기업주 자택을 알아놓고 어느 때 집에 있는 지 시간을 맞춰 방문을 했다.

이 때는 중이 승려증을 만들어 주며 승복 차림으로 방문하라는 지시였다. 그래 전국 방방곡을 찾아 다니기로 결심하고 먼저 서울·부산 등 대도시에서만 명단을 입수하는데, 무려 3개월이 걸렸다.

이후 2천 명의 중소기업 사장님, 회장님, 각 부처 단체장, 기관장 등 모조리 찾아 다녔다. 한 사람씩 만나면서 충청도에 한국에서 가장 크고 웅장한 사찰을 지을 것이라고 설명하고, 건축비도 500억

원이 소모되는 불사임을 글로 작성하여 설명을 하니 의심하는 사람
은 한 사람도 없었다.

미친듯이 6개월을 두루 전국을 누벼가면서 중에게 상황을 보고
하며 송금을 해 주었다. 상상을 초월할 만큼 많은 돈이 모였다. 무
려 기업주 3천여 사장님을 만났고, 단체장·기관장 등 5천여 명을
만나서 모은 돈은 12억 원이었다. 식대·여관비만 제외하고 몽땅
송금하였다.

그리고 이젠 기진맥진하여 다닐 만한 곳이 없으니 그만 되겠다고
하였더니, 1만 명은 신도로 채워야 된다고 하므로 할 수 없이 중
소 도시를 헤매이며 시주를 부탁하였으나 여기에서 브레이크 현상
이 나타났다.

헌금이 잘 안 되고 하여서 중에게 전화를 걸었더니, 앞으로 12억
원을 수단과 방법을 가리지 말고 모으라고 명령하는 것이 아닌가.

어떻게 또 12억 원을 모금하라는 것인지 도무지 이해가 가질 않
아 중에게 따지기로 큰 마음 먹고 상경하여 찾아보니 가짜 중은 전
과자로 이미 돈을 챙겨 가지고 도망치고 난 뒤였다.

이제 큰 소리칠 만큼 일을 했다싶어 찾아갔던 것인데, 아니나 다
를까? 그 중은 없고 다른 중이 와 있었다. 하도 이상해서 다른 중에
게 어찌된 일이냐고 물었더니, 먼저 있던 중은 중이 아니라 전과자
로서 기소중지된 자이며, 사기 전과 10범의 사기 천재로 담당 수사
관들도 혀를 차며 놀라움을 금치 못하는 아주 지능적인 자라 하는
것이 아닌가.

그 이야기를 듣고 A씨는 그만 졸도하지 않을 수 없었다. 1년간
전국을 누비며 사기꾼 앞잡이 노릇을 했으니, 이 많은 죄를 어떻게
해야 되는지 앞이 캄캄하여 어쩔 줄 모르다 깨어보니 병원이었다.

병원에서 정신을 차렸으나 이 많은 사람의 돈을, 그것도 거금 15억여 원의 돈을 어떻게 갚아야 될지 몰라 우선 일간지에 사과문을 올렸다.

이 사기꾼 가짜 중은 그 후에도 A씨에게 시키던 수법을 한 여자에게 접근하여 이용하여 신세를 망쳐 놓고, 거기다가 유부녀와 함께 마시고 놀며 닥치는 대로 판을 벌리다가 동네 여고생을 꾀어 행방불명이 되었다.

여고생 아버지는 이놈의 가짜중 집에 불을 질러 버려야지 하면서 석유통을 엎고 성냥을 켜는 순간 A씨에게 들켜 화재는 무마됐다. 아무리 가짜중이 미워도 법에 따라 처리해야지 불까지 지르면 징역을 살게 된다고 설득하였다.

여고생 아버지는 그놈의 가짜중을 잡아서 도끼로 쳐죽이겠다고 노발대발하였다. 요놈의 가짜중, 돈이 어디에서 나왔는지 몰라도 우리 애를 착하고 예쁘다고 하면서 키워 유학까지 보내 박사를 만들어서 장차 훌륭한 신랑을 얻어준다고 약속하고 애 어미에게까지 말하니 믿지 않을 사람이 어디에 있겠는가 하면서 자초지종을 털어 놓았다.

어느 날 그 가짜중이 찾아와서 점잖게 말을 건넸다.

"이 집은 참 가난하군요. 그런데 딸애가 학비를 못 만들어 대학 갈 생각은 아예 꿈도 못꾸고 있습니다."

"아니, 도시님. 그런 정보는 어디에서 듣고 그러시오."

"허허, 참. 이 몸이 보는 눈이 있지요. 나는 우리 나라에서 가장 큰 사찰을 건립 중입니다. 그것도 5백억 원 가는 절을 말입니다."

"어머나, 5백억 원…!"

여고생 아버지는 그만 가짜중에게 꼬박 넘어가서 잘 보이려고 갖은 수단을 떨었다. 그러니 요놈의 가짜중이 한 수 더 떠서 하는 말이 가관이었다.

"그럼 내게 수양딸로 주시오."

"무엇, 수양딸요? 그럼 아주 달라는 것이오."

"아주 달라고 하면 주시겠습니까? 이름만 수양딸이지 법적으로는 아무 소용이 없어요."

"그런 수양딸이라면 쾌히 승낙하지요. 그럼 우리 딸아이를 어떻게 하겠다는 말이오?"

"학자금을 충분히 대주어 끝까지 공부시켜 훌륭한 학자를 만들겠다는 것입니다. 그 후 우리 사찰에 큰 기둥을 만들려고 생각 중입니다."

이렇게 말하므로 결국 부모는 여고생 딸을 설득하여 중에게 수양딸로 보냈는데, 그 이후 과연 어떻게 되었는지 알아보기로 하자.

한마디로 딸년 또한 그의 수완에 완전히 넘어가 이젠 중이 없으면 살지 못하겠다고 하면서 함께 달아나 소식조차 알지 못하고 있다는 것이다.

그럼 앞서 말한 A씨 이야기를 다시 듣기로 하자. 선주한테서 모은 돈과 각 기업체장들로부터 모은 돈을 가짜중한테 모두 송금시키고 상경해 보니 한푼도 남기지 않고 여학생을 꾀어서 도주해 버렸다. A씨는 이제 자기 인생은 완전 끝장이라고 죽기를 각오하고 강물에 뛰어들려고 한강대교 위로 올라갔다. 막상 눈을 감고 뛰어내리려고 하는 순간, 어떻게 알았는지 경찰 백차가 와서는 마이크로 중지 명령을 내리는 것이 아닌가. 대교 밑에는 사람들이 꽉 모여 왜 그렇게 처참하게 죽으려고 하느냐, 죽을 만큼 용기를 가지고 살면 더욱더 영광이 있다고 설득하였다. 대교 위로 소방 사다리가 올라오고, 소방관이 죽지 말고 용기를 내라고 야단을 치면서 극구 설득하였음에도 '나 같은 놈은 차라리 죽는 게 낫겠다.'는 결심 끝에 힘껏 뛰어내렸다.

그런데 막상 뛰어내리고 보니 소방관들이 쳐놓은 그물 위였다. 또 죽지 않고 그물에 걸려서 구사일생으로 살아남았다. 그 이후 가족에 넘겨져 정신병원에도 얼마간 있었던 A씨는 다시 정상인으로 진단 받고 퇴원하여 집에서 소일하게 되었다.

그러다가 하도 좀이 쑤시는지라, 옛 친구들에게 일자리를 알아볼 겸 밖으로 나왔으나 가는 곳마다 문전박대요, 세 번 죽기로 작정했느냐고 하면서 쳐다보지도 않는 것이다.

참다 못해 쥐약 3병을 구입하여 주머니에 항상 넣어가지고 다니면서 이제 술이나 실컷 먹고 죽든지 말든지 하고 싶은 일이나 한번 해보자 하고 막판 생활을 하였다. 결국 알코올 중독으로 불치병이라는 의사의 진단을 받고 '이제 자살을 안 해도 그냥 죽겠구만' 하고 생각을 하니 괜히 서글픈 생각이 들고 오래 살고 싶은 마음이 들어 새 출발이 아쉬워지는 것이었다.

지금 나이 65세, 마누라와는 10년 전에 사별했고, 이제 곧 죽을 것만 같아서 죽기 전에 한 여자나 만나서 호강을 받아보아야지 생각하고 여자를 찾기 시작했다.

그러다 우연히 충북 제천에 갈 일이 있어서 제천 중앙시장 지하 노점과 같은 조그마한 음식점에서 약간 뚱뚱하고 미모인 여자가 친절하고 상냥하여 한눈에 홀딱 반하고 말았다.

자세히 신상에 대해 알고보니 10년째 혼자 산다는 것이었다. 그 때부터 매일 출근을 하다시피 하여 그 아주머니와 정이 들어 마치 부부처럼 행세하기 시작하였는데, 정작 슬픈 일은 몸이 갈수록 쇠약해져 도저히 어찌해 볼 겨를도 없이 앉아서 죽음만 기다리는 입장이 되고만 것이다.

그래서 하는 일없이 한탄만 일삼고 있던 차에 그 연인이 불쑥 내뱉은 말에 귀가 솔깃해졌다.

"여보시오. 내가 아주 용한 데를 알고 있어요. 거기 가서 운명 상담이나 해 봅시다. 부적으로 안 되는 것이 없다고 소문이 났는데, 어디 한 번 갑시다."

"이 봐요. 그 따위 운명 감정하면 뭐해요. 내 운명은 내가 잘 아는데 말이오."

하면서도 사랑하는 여인이 재촉을 하자, 못 이긴 듯 저자가 운영하는 효원철학원을 찾아왔던 것이다.

저자가 A씨의 도장과 오른쪽 엄지 지문, 주민등록번호, 은행비밀번호를 가지고 일사천리로 감정하니 100퍼센트 정확했다. A씨와 여자는 이런 도사가 세상 천지 어디에 있느냐고 깜짝 놀라는 것이었다.

"선생님, 아니 도사님! 무슨 부적이 있다는데, 내 목숨을 건져주면 재산은 얼마 없지만 다 드리겠나이다. 무슨 비방을 좀 해 주세요. 살려만 주신다면 무슨 일이라도 하겠습니다."

"그렇게 터무니 없는 돈은 요구하지 않습니다."

하고는 잘 아는 한약사에게 부탁하여 우선 보약을 계속 들라고 권하고, 강원도 영월군 상동까지 가서 목욕을 한 다음 유명산에 가서 옥수를 떠다가 갑술년 임신월 기묘일 계유시생 괴질병이 들었으니 나은 후에 많은 일을 시켜서 이 나라의 일꾼을 만들어야 한다는 기도문을 만들어 7시간 기도하고 부적을 작성하기 시작했다.

부적을 쓰는 도중 이상하게도 A씨가 옆에서 경명을 갈아주면서

“수고하신다.”고 하면서 3배하고 사라졌는데 깨어보니 꿈이었다.

또 한 가지 이상한 현상은 부적을 쓰는 순간 동해안에서 해가 아침에 둥그렇게 떠오르듯이 보여서 “A씨! A씨!” 하고 나도 모르게 큰 소리로 불렀다. 부적을 쓰면서 “30년 연장하소서…….”

나도 모르게 수백 번 별자리 부적, 즉 29수를 겸하여 소각시켜 먹은 뒤 다시 부적을 작성하여 A씨에게 주면서 가장 좋은 날을 잡아서 사용하라하고 방법을 가르쳐 주었다.

옛 속담에 지성이면 감천이라 했다. A씨는 공을 들여 시키는 대로 소개해 준 한약국에서 약을 지어먹고 29일간 기도하고 부적을 사용한 뒤 소각시켜서 7매는 복용하고 옥수는 영월에서 떠 왔다. 삼방산이란 곳에서 보조로 일주일을 기도하고 반복해서 3번씩 약 100일을 했다.

그 후 A씨는 그 덕분인지 몰라도 다시 태어난 기분으로 병원에 가서 먼저 번에 소화제를 한아름 준 의사에게 진찰을 의뢰한 바, 의사는 깜짝 놀라는 것이었다.

“아니, 영감님 어쩐 일이오. 그 소화제만 잡수셨습니까?” 하면서 어안이 벙벙해 하더라는 것이다. 그래서 지금까지 있었던 일을 소상히 말하였으나 의사는 믿지 않았다. 그 후에도 저자를 찾아와 사례를 하겠다고 하였지만, 저자는 극구 사양하였다. 이제 A씨는 완전히 정산인이 되어 남부럽지 않은 생활을 하고 있다.

저자는 계유년 을묘월 임신일 병오시인 사람의 사주가 이상 망측하여 임상실험을 하기 위하여 2년간 거의 1주일에 한 번씩 만나고, 요즈음에도 10일에 한 번 꼴로 만나고 있다. 지금까지 기록한 내용은 A씨에게 직접 듣고 쓴 이야기이다.

여기서는 독자들을 위해 간단하게 줄거리만 실었으므로 참고하기 바란다. 부적을 잘못 흉내 내면 작성하는 사람이 큰 재난을 당하게 되므로 함부로 모방하지 말기 바란다. 저자는 부적에 대해 수십년 임상실험을 해 보았다. 부적은 수만 종류가 있다. 대표적이고 가장 잘 듣는 부적은 앞에 별도로 인쇄된 것을 참고하기 바라며, 부속으로 28장이 있으나 수록하지 않았다. 왜냐 하면 요즈음 전국에 역학에 관한 책들이 많지만, 확실한 것은 단 한 권도 없다고 저자는 단언한다. 독자 여러분들이 직접 저자의 연구실로 찾아와서 문의하면 풀어주겠다. 또한 핵심은 기회가 있으면 공개하겠다.

독자 여러분께 다시 한 번 강조하거니와 전국 엉터리 점술가가 너무 많은데 잘 파악하여 속지 말고 피해를 입지 않기 바란다.

4) 당신의 아기를 행복하게 살 수 있도록 하는 비법

당신을 부모로 둔 아기는 신의 축복으로 태어났음이 분명하다. 또 장래를 밝고 행복하며 건강하게 잘 살 수 있도록 다음과 같은 조건을 갖추어 주면 좋다.

첫째, 행운을 부리는 이름은 홍길동이고 둘째, 행운을 부르는 숫자는 1234로써 셋째, 행운을 부리는 도장과 함께 갓난아기 때부터 유아 통장을 만들어서 매달 얼마씩을 ○○○ 앞으로 계속해서 은행에 입금하면 대길한다. 즉 평생에 걸쳐서 몇 백만 몇 천만 이상의 사람들에게 은혜를 베풀거나 또는 그 사람들로부터 도움을 받게 된다. 넷째, 행운을 부르는 28수(宿) 비법을 엄마가 아기를 위해서 해준다면 더 더욱 대길하다. 즉 부모에게 효도하며, 형제자매와 우애를 유지하며, 지혜로운 자질에 매우 건강하고 사회와 국가에 유익한 인물이 되어서 반드시 부귀장수한다. 설령 나쁜 사주를 타고 났다고 하더라도 좋은 사주로 변하며, 태어날 때부터 좋은 사주를

가졌다면 훨씬 더 좋은 사주로 변하게 되어 매우 행복하게 살게 된
다.

이와 같이 네 가지 조건을 모두 갖춘다면 타고난 사주, 곧 연월
일시의 네 기둥이 튼튼하고 완벽해서 일생을 지혜롭고 건강하며 부
귀하게 오래도록 장수할 수 있다.

참고로 당신의 자동차번호가 당신의 사주와 맞지 않거나 나쁜 숫
자이면 100퍼센트 사고가 발생한다. 우리 나라의 자동차 사고는 세
계 제일이며, 매우 심각하고 수치스런 일이다.

따라서 이러한 자동차 사고를 세계 최하위로 떨어뜨릴 수 있는
방법이 바로 신정음양회에서 시행하고 있는 자동차 사고를 예방하
는 신비한 비법이다.

즉 행운의 이름, 행운의 숫자, 행운의 도장, 당신의 사주팔자로
조치한 자동차 사고 예방비법은 안전을 100퍼센트 보장한다.

5) 형태를 가진 모든 것은 기를 발산한다

우리는 집안에 우환이 있거나 질병이 있을 경우 부적을 벽에 붙
이거나 몸에 지니고 다니면 액운을 막을 수 있다는 얘기를 심심찮
게 듣는다.

부적은 오래 전부터 내려오는 특수한 글자나 무늬를 의미하며 주
로 붉은색을 쓴다.

입춘 때 사용하는 '입춘대길'(立春大吉)이란 글자도 일종의 부적
인데, 이런 부적은 무속신앙에서 많이 사용해 왔다.

그러면 어떻게 종이에 그려진 글자나 무늬가 그런 위력을 발휘할
수 있을까.

우리 나라 고유 무속신앙에 따르면 우주 삼라만상에는 모두 각자

216

고유의 신이 깃들여 있다고 한다. 신은 고유의 에너지 파장을 가지고 있기 때문에 각기 다르다는 것이다.

특히 부적은 이런 에너지 흐름이나 파장을 직접적으로 조정하는 것을 목적으로 하기 때문에 그 자체가 에너지의 흐름을 상징하는 특이한 모양으로 표현된다.

이런 사실을 받아들인다면 우리가 무심히 그리는 점이나 선·도형 등에도 그 나름의 에너지 파장이 있다는 것이다.

이렇게 종이 위에 그려진 평면적인 형태를 통틀어 '문양'이라 부른다. 그런데 이 문양 중에서 전통적으로 오랫동안 사용되어 온 것 중에 가장 대표적인 것으로 태극 문양과 히란야 삼지원이 있다.

삼태극은 우리 나라에서만 고유하게 사용하는 문양으로서 적색·청색·황색 세 가지 색으로 이루어지며 음·양·중(陰陽中)을 의미한다.

히란야는 음과 양, 정신과 물질, 소우주와 대우주 등 서로 대비되는 우주의 기분적인 실체를 상징한다.

삼지원이란 3개의 원을 삼각형 형태로 배치한 것으로 우리 나라 절에 가면 지붕의 옆면에 구멍을 뚫어놓은 것이 그 예이다.

실제로 이런 문양들이 어떤 작용을 하는가를 미생물학적 관점에서 실험한 결과가 있다.

1996년 김영태·유상구 박사 등 국내 과학자는 삼태극과 히란야를 사용해 대장균과 네 가지 서로 다른 진균류 배양실험을 했다.

삼태극 문양은 좌선형과 우선형의 두 가지 색깔 배합을 달리해 네 가지 문양을 만들었다.

히란야도 단순 6각형과 복합 6각형, 꽃무늬 6각형 등 세 가지 문양을 만들었다.

이들 문양을 밑에 깔고, 그 위에 배양균을 놓았다. 대장균에 대한 실험 결과는 히란야에서는 대장균의 성장이 억제되었으나 꽃무늬 히란야와 삼태극에서는 그 성장이 크게 다르게 나타났다.

어떤 것은 히란야에서 성장이 극히 억제되는 반면, 삼태극에서는 증식되고, 어떤 진균은 그 반대로 나타났다.

이 결과는 단순한 도형이 미생물 성장에 직접적인 영향을 미친다는 사실을 보여주는 예이다.

이름과 상호의 허(虛)와 실(實)

1. 이름에 써서는 안 되는 글자

흔히들 많이 쓰는 글자지만 가급적이면 쓰지 않는 것이 좋은 글자들이 있다. 일제 강점기 때는 자(子)·순(順)·복(福)·숙(淑)·화(花)·월(月)자 등을 많이 써 왔지만, 요즘 작명가들은 거의 쓰지 않는다.

여기서는 136자를 가려 뽑아 삽입시켰다. 글자의 뜻이 불길하고 그 의미 또한 좋지 않은 글자까지 수록하였다. 대법원이 규정한 이름용 한자에 들어 있기는 하나, 그 글자들 중에는 국민 교육용 한자도 들어 있는데 그 뜻이나 의미가 흉한 글자가 있어 이름자로는 쓰기가 곤란한 한자들이다.

간혹 사주에 따라 써도 되는 글자가 있기는 하나 가급적이면 쓰지 않는 것이 바람직하다.

이러한 글자들을 불용문자(不用文字)라고 부르며, 다음과 같이 열거했으니 참고하기 바라며, 한편 쓸 수 있는 글자가 매우 많이 있으므로 너무 염려할 필요는 없다.

桂	(계)	부부운이 크게 불길하며 생리사별하고, 고독하며 인덕이 없다.
根	(근)	건강을 해치며 부모형제와 자녀의 덕이 박하다.
九	(구)	고독·질병이 따르는 운수이며 횡액과 조난을 당하기 쉽다.
吉	(길)	풍파가 많으며 인덕이 없고 주색으로 망신을 당한다.
極	(극)	부모 형제의 덕이 없고 고통·허약 등으로 고통을 받는다.
光	(광)	성격이 포악해지고 주색으로 몸을 망친다. 특히 시력이 약해지며 몸에 큰 상처를 입게 된다.
貴	(귀)	만사불통이며 가정불화가 끊이지 않고 과부가 되기 쉽다.
江	(강)	풍파가 많으며 고독·불화·부부 이별이 많고 쓸쓸한 세상을 살게 된다.
國	(국)	관재구실이 많으며 횡액이 빈번하여 불행하고 단명한다.
坤	(곤)	실패와 고통이 따르며 질병·사고·고통이 따른다.
介	(개)	성격이 과격하며 부부 이별·질병·사고 등으로 고통을 받고 고생이 심하다.
卿	(경)	풍파가 많으며, 부부 이별하고 고독하며 건강이 좋지 않고 단명한다.
今	(금)	하는 일에 실패가 많으며 이사와 직장의 이동이 많고 부부와 자녀운이 박하다.

菊琴錦 (국금금) 부부운이 박하고 질병·사고 등으로 고통이 많다.

庚 (경) 부모 형제의 덕이 없고 실패가 많으며 질병·사고·고독으로 고통을 받는다.

南 (남) 질병으로 고통이 심하며, 특히 여자에겐 부모 형제의 인덕이 없고 불행하다.

男 (남) 비천한 상이며 인덕이 없고 부부이별 등으로 고통이 심하다. 여자에겐 더욱 심하다.

女 (녀) 고통이 심하고 고독과 인덕이 없으며 무당·과부·화류계 여자가 많다.

乭 (돌) 의리는 있으나 고난과 고통이 따른다. 재산이 흩어진다.

童 (동) 비천하며 실패가 많고 어리석은 사람이 많다.

東 (동) 고집이 세고 실패와 고독·질병이 많다.

龍 (룡) 허망한 꿈을 꾸며 남녀를 불문하고 주색에 빠지기 쉽고 관재구설을 잘 당하며 고독하다.

魯 (로) 우둔하고 질병 재난이 많으며 주색에 빠진다.

了 (료) 모든 것이 끝나는 형상으로 피하는 것이 좋다.

禮 (례) 사고를 잘 당하며 자만심이 많아 실패가 많다. 과부·무당·화류계 여자가 많다.

蓮連 (련) 고독하고 과부·무당·화류계 여자가 많다. 가정운이 불우하다.

蘭 (란) 부부 생리사별, 질병·고통이 많고 쇠퇴하는 현상이다.

梅 (매) 고독·부부이별·재난이 많다. 무당·과부·화류계 여자가 많다.

滿 (만)　부부 인연이 박하고 인덕이 없다. 길흉이 많다.

馬 (마)　비천하고 실패가 많으며 고통이 많이 따르는 상이다.

末 (말)　부부 인연이 박하고 인덕이 없으며 빈천하게 산다.

命 (명)　신체 허약하여 단명하며 자녀운도 나쁘다.

默 (묵)　삶의 기복이 심하고 고통이 따른다. 허약 체질이 많다.

武 (무)　부부운이 박하며 가정운이 좋지 않다.

萬 (만)　인덕이 없고 고난과 고통이 많으며, 자녀운도 박하다.

福 (복)　신체 허약하고 욕심이 많은 상이다. 무당·과부·화류계 여자가 많다.

分粉 (분)　부부 생리사별하기 쉽고 질병으로 고통을 받으며 고독하거나 과부가 많다.

炳柄丙秉 (병)　고난과 고통이 많으며, 교통사고 등 불의의 재난을 잘 당한다.

富 (부)　고집과 욕심이 많고 천박하다.

奉 (봉)　고난·고독·고통이 많고 과부·중이 많다.

鳳 (봉)　고집이 세고 고독하며 과부·화류계 여자가 많다.

寶 (보)　부부간 이별수가 있으며 애정의 번뇌가 많다.

錫 (석)　부부간 불화가 심하고, 재물의 낭비가 많으며 질병·사고 등이 많다.

洙 (수)　질병이 많고 좌절과 고통이 많다.

壽 (수)　단명하고 고통·질병이 많으며 천박하게 산다.

星 (성)　박복하고 실패·고통이 많으며, 과부·홀아비가 된다.

順 (순)　남편과의 이별·불화가 많으며, 과부·화류계 여자가 많다.

四 (사)　조난·단명·고독한 수리다.

三 (삼)　분열·구설수가 많다.

淑 (숙)　조숙하고 이성 관계가 복잡하며 고독·고통이 많다.

山 (산)　고독·질병·고통이 많고 과부·중이 많다.

實 (실)　하는 일에 실패가 많고 고독·질병·사고가 많다.

心 (심)　신체가 허약하며 질병이 잦다. 소독하고 과부·화류계 여자가 많다.

石 (석)　고집이 세고 하는 일에 실패가 많다. 부부운이 불길하다.

植 (식)　질병으로 고통이 심하며 인덕이 없고 자식운도 박하고 횡액을 잘 당한다.

時 (시)　성공과 실패와 고독·질병 등 기복이 심하다.

生 (생)　고독·질병·고통이 따르며 부부운도 좋지 않다.

外 (외)　인덕이 없고 하는 일에 실패가 많다. 재물의 낭비가 많다.

二伊 (이)　부모 형제의 덕이 없고 신체허약하며 질병이 많다.

泳 (영)　실패와 좌절이 많고 인덕이 없다.

愛 (애)　부부 이별하며, 과부·화류계 여자가 많다.

雲 (운)　매사가 어려우며 실패가 많다. 중·무당이 많다.

玉任 (옥임) 두뇌 회전이 빠르나 부부간의 갈등이 심하다.

烈 (렬)　부모 덕이 없고 허약·고통·고독하다.

岩 (암)　평생 고난과 실패가 많고 부부간의 불화도 있다.

英 (영)　고집이 세고 부부간의 불화 등으로 고통이 많으며 특히 여자에게 그러하다.

月 (월)　부부운이 특히 나쁘다. 과부·무당·화류계 여자가 많다.

銀 (은)　고통과 고난이 많으며 질병·교통사고가 일어난다.

雨 (우)　구설수가 많으며 평생 고난과 고통이 따른다.

沃 (옥)　재운이 없으며 질병으로 고통을 받거나 고독하다.

遠 (원)　평생 고난과 고통이 따르며 고독하다.

日 (일)　인덕이 없고 가정불화 이별 등으로 고통이 많다.

五 (오)　주위에 적이 많으며 고독하고 고통이 많다.

子 (자)　병약하고 부부운이 불길하며 고통이 많다.

宰 (재)　신체가 허약하여 고통이 심하고 관재수가 많다.

鎭 (진)　인덕이 없고 하는 일에 실패가 많다.

珠 (주)　신체의 질병으로 고통이 크고 애정의 번뇌가 많다.

載栽哉 (재)   신체 허약하고 고난·고통이 많으며, 직장 이전 등 변동이 많다.

在 (재)   신체 허약하고 부부간의 갈등이 심하며 관재수가 많고 실패가 잦다.

占 (점)   부부갈등이 심하고 자녀운이 나쁘며 건강을 해친다.

點 (점)   부모 자녀의 덕이 없으며 고독·고통이 많다.

仲中 (중)   중도 좌절이나 실패가 많으며 부부운도 불길하다.

天 (천)   부모덕이 없고 부부간의 인연도 박하며 단명하는 경우도 있다.

春秋 (춘추)   부부운이 불길하며 주색으로 고통이 많다.

七 (칠)   성격이 거칠고 고독하다. 구설수가 많다.

昌 (창)   부부운이 불길하며 고독·구설수가 있고 색정의 번뇌가 많다.

兌 (태)   고독·고난이 많으며 부부이별·고통이 많다.

八 (팔)   실패가 많으며 부부 갈등으로 이혼하거나 별거가 많다.

夏 (하)   주색에 빠지며 과부·무당·화류계 여자가 많다.

鎬 (호)   인덕이 없고 주색 등으로 부부간의 갈등이 있다.

花 (화)   부부·자녀운이 없으며 고독·과부·화류계 여자가 많다.

海 (해)   고통이 심하고 하는 일에 실패가 많다. 고독·고통이 많다.

好 (호)   부모 형제의 덕이 없고 고독·고통이 많다.

虎 (호)　성격이 급하고 실패가 많으며 부부운이 없다.

香紅嬉熹僖(향홍희희희)　부부운이 나쁘며 고독 고통이 많고 인덕이 없다.

勳 (훈)　실패와 고통이 많으며 부부운이 불길하다.

熙 (희)　인덕이 없고 부부이별·고통·관재수가 많다.

華 (화)　고독·고통이 많으며 부부간의 갈등이 심하다. 과부·화류계 여자가 많다.

幸 (행)　고통과 실패가 많으며 주색으로 건강을 헤친다.

一甲伯孟昆元宗先胤大長太泰弘德碩奭甫

모두 첫째·맏·으뜸·크다는 뜻으로 장남이나 장녀에게 사용할 수 있으며, 만일 차남·차녀 이하의 사람이 쓰게 되면 하극상이 일어나는 수가 있어 나쁜 수리다. 부부간의 이별·고독·고통 등이 올 수도 있다.

■다음과 같은 한자는 되도록 이름에는 쓰지 않는 것이 좋다.

假 거짓 가	嫁 시집갈 가	駕 멍에 가
脚 다리 각	肝 간 간	姦 간사할 간
渴 목마를 갈	慷 슬플 강	客 손 객
坑 묻을 갱	巾 수건 건	犬 개 견
肩 어깨 견	鵑 두견새 견	驚 놀랄 경
鷄 닭 계	故 옛 고	苦 괴로울 고
考 생각할 고	姑 시어머니 고	孤 외로울 고

哭 울 곡　　空 빌 공　　過 지날 과
瓜 외 과　　怪 괴이할 괴　　郊 들 교
鷗 갈매기 구　　拘 개 구　　鳩 비둘기 구
窮 다할 궁　　躬 몸 궁　　厥 그 궐
鬼 귀신 귀　　菌 버섯 균　　橘 귤 귤
禽 새 금　　欺 속일 기　　棄 버릴 기
飢 주릴 기　　嗜 즐길 기　　難 어려울 난
內 안 내　　怒 성낼 노　　奴 종 노
腦 머릿골 뇌　　惱 번뇌할 뇌　　泥 진흙 니
短 짧을 단　　刀 칼 도　　倒 거꾸러질 도
逃 달아날 도　　盜 도적 도　　毒 독할 독
豚 돼지 돈　　頭 머리 두　　落 떨어질 락
卵 알 란　　亂 어지러울 란　　糧 양식 량(양)
戀 사모할 련　　裂 찢을 렬　　劣 용렬할 렬
鷺 백로 로　　鹿 사슴 록　　累 더할 루
淚 눈물 루　　吏 관리 리　　離 떠날 리
淋 쓸쓸할 림　　粒 쌀알 립　　馬 말 마
麻 삼 마　　幕 장막 막　　蠻 오랑캐 만
亡 망할 망　　忘 잊을 망　　妄 망녕될 망

買 살 매
冥 어둘 명
沒 빠질 몰
墨 먹 묵
蜜 꿀 밀
飯 밥 반
房 방 방
拜 절 배
犯 범할 범
服 입을 복
否 아닐 부
負 짐질 부
佛 부처 불
悲 슬플 비
碑 비석 비
巳 뱀 사
蛇 뱀 사
産 낳을 산
傷 상할 상
裳 치마 상

眠 졸음 면
暮 저물 모
墓 무덤 묘
迷 미혹할 미
迫 핍박할 박
叛 배반할 반
防 막을 방
配 짝 배
病 병들 병
蜂 벌 봉
浮 뜰 부
墳 무덤 분
崩 산무너질 붕
鼻 코 비
肥 살찔 비
死 죽을 사
邪 간사할 사
散 흩어질 산
賞 상줄 상
象 코끼리 상

鳴 울 명
慕 사모할 모
舞 춤출 무
密 빽빽할 밀
薄 엷을 박
髮 터럭 발
妨 해로울 방
罰 벌할 벌
伏 엎드릴 복
父 아비 부
腐 썩을 부
不 아니 불
非 아닐 비
婢 계집종 비
貧 가난할 빈
絲 실 사
詐 거짓 사
殺 죽일 살
喪 슬플 상
色 빛 색

船	배 선	訴	소송할 소	笑	웃음 소
損	덜 손	訟	송사할 송	愁	근심 수
獸	짐승 수	繡	수놓을 수	殉	죽을 순
脣	입술 순	膝	무릎 슬	市	저자 시
示	보일 시	食	밥 식	身	몸 신
哀	슬플 애	餓	굶을 아	惡	악할 악
失	잃을 실	厄	재앙 액	弱	약할 약
羊	양 양	魚	고기 어	漁	고기잡을 어
餘	남을 여	疫	염병 역	戀	사모할 연(련)
炎	불꽃 염	誤	그릇될 오	烏	까마귀 오
娛	기쁠 오	獄	옥 옥	王	임금 왕
慾	욕심 욕	辱	욕될 욕	牛	소 우
憂	근심 우	怨	원망 원	危	위태할 위
胃	밥통 위	僞	거짓 위	肉	고기 육
育	기를 육	淫	음탕할 음	衣	옷 의
疑	의심할 의	耳	귀 이	人	사람 인
刺	찌를 자	雀	참새 작	鵲	까치 작
葬	장사 장	災	재앙 재	賊	도둑 적
絶	끊을 절	貨	재물 화	禍	재난 화
早	일찍 조	凶	흉할 흉	胸	가슴 흉

足 발 족
座 앉을 좌
憎 미워할 증
紙 종이 지
疾 병 질
債 빚 채
踐 밟을 천
燭 촛불 촉
醉 취할 취
雉 꿩 치
殆 위태할 태
破 깰 파
閉 닫을 폐
恨 한할 한
合 합할 합
虛 빌 허
虹 무지개 홍
皇 임금 황

蝶 들나비 접
鳥 새 조
族 겨레 족
罪 허물 죄
贈 줄 증
盡 다할 진
懲 징계할 징
悽 슬플 처
體 몸 체
醜 추할 추
測 측량할 측
濁 흐릴 탁
土 흙 토
貝 조개 패
肺 허파 폐
閒 겨를 한
害 해할 해
螢 반딧불 형

井 우물 정
弔 조상 조
卒 군사 졸
走 달릴 주
止 그칠 지
質 바탕 질
窓 창 창
賤 천할 천
礎 주춧돌 초
蟲 벌레 충
齒 이 치
歎 탄식할 탄
兎 토끼 토
敗 패할 패
豹 표범 표
陷 빠질 함
享 누릴 향
好 좋을 호

2. 이름에 쓰면 좋은 글자

[1획] 乙 새 을   一 한 일

[2획] 力 힘 력   乃 이에 내   又 또 우

[3획] 弓 활 궁   己 몸 기   上 윗 상
       夕 저녁 석   千 일천 천   川 내 천
       寸 마디 촌   凡 무릇 범   万 일만 만

[4획] 公 귀할 공   丹 붉을 단   斗 말 두
       太 클 태   友 벗 우   云 이를 운
       元 으뜸 원   允 진실로 윤   引 이끌 인
       仁 어질 인   日 날 일   壬 북방 임
       亢 목 항   兮 어조사 혜   化 될 화
       手 손 수   升 되 승   心 마음 심
       才 재주 재   之 갈 지   文 글월 문
       方 모 방   毛 터럭 모   木 나무 목
       反 돌아올 반

[5획] 可 옳을 가   加 더할 가   刊 새길 간
       甘 달 감   甲 갑옷 갑   巨 클 거
       功 공 공   旦 아침 단   代 대신 대

永 길 영
由 말미암을 유
玄 검을 현
禾 벼 화
世 세상 세
正 바를 정
民 백성 민
平 평평할 평

[6획] 各 각 각
亘 뻗칠 긍
宅 집 택
亦 또 역
羽 깃 우
任 맡길 임
守 지킬 수
汀 물가 정
旨 뜻할 지
州 고을 주

用 쓸 용
以 써 이
乎 어조사 호
司 맡을 사
召 부를 소
主 임금 주
本 근본 본
必 반드시 필
价 착할 개
企 바랄 기
安 편안 안
伍 다섯 오
旭 빛날 욱
向 향할 향
丞 도울 승
早 일찍 조
舟 배 주

右 오른 우
立 설 립
弘 클 홍
生 날 생
田 밭 전
且 또 차
付 줄 부

圭 홀 규
多 많을 다
如 같을 여
宇 집 우
有 있을 유
先 먼저 선
再 두번 재
至 이를 지
存 있을 존

[7획]	均 고를 균	豆 콩 두	良 어질 량
	利 이로울 리	我 나 아	延 맞을 연
	吾 나 오	佑 도울 우	杏 살구 행
	亨 형통할 형	序 차례 서	成 이룰 성
	宋 송나라 송	秀 빼어날 수	材 재목 재
	廷 조정 정	玎 옥소리 정	町 밭지경 정
	助 도울 조	志 뜻 지	池 연못 지
	村 마을 촌	伯 맏 백	坊 막을 방
	甫 클 보	杓 자루 표	

[8획]	佳 아름다울 가	京 서울 경	炅 빛날 경
	坰 들 경	官 벼슬 관	具 갖출 구
	其 그 기	技 재주 기	奇 기이할 기
	佶 바른 길	奈 어찌나 내	念 생각할 념
	坮 집터 대	到 이를 도	來 올 래
	林 수풀 림	卓 높을 탁	坦 평탄할 탄
	岩 바위 암	昻 밝을 앙	兩 두 량
	於 어조사 어	沇 흐를 연	旿 밝을 오
	旺 왕성할 왕	往 갈 왕	玗 옥돌 우
	沅 물이름 원	侑 짝 유	宜 마땅 의

昊 하늘 호	協 협력할 협	幸 다행 행
尙 오히려 상	事 일 사	和 화할 화
松 솔 송	所 바 소	狀 평상 상
昇 오를 승	承 이을 승	受 받을 수
定 정할 정	政 정사 정	的 밝을 적
知 알 지	周 두루 주	宗 마루 종
忠 충성 충	靑 푸를 청	采 일 채
武 굳셀 무	明 밝을 명	孟 맏 맹
岷 산이름 민	旼 화할 민	旻 하늘 민
朋 벗 붕	帛 비단 백	昉 밝을 방

[9획]

建 세울 건	皆 모두 개	看 볼 간
界 지경 계	勁 굳셀 경	俓 곧을 경
契 맺을 계	係 이을 계	計 계산 계
度 법 도	姞 성 길	奎 별 규
昤 밝을 령	侶 짝 려	亮 밝을 량
彦 클 언	泰 클 태	律 법률
映 비칠 영	姸 고울 연	衍 넓을 연
勇 날랠 용	屋 집 옥	盈 찰 영
垣 낮은담 원	昱 밝을 욱	禹 펼 우
垠 언덕 은	兪 공손할 유	宥 용서할 유

音 소리 음
咸 다 함
炯 빛날 형
姬 계집 희
庠 학교 상
昭 밝을 소
是 이 시
貞 곧을 정
柱 기둥 주
昶 밝을 창
治 다스릴 치
昞 빛날 병
品 품수 품
保 보전 보
[10획] 家 집 가
剛 굳셀 강
格 격식 격
倞 굳셀 경
高 높을 고

俚 힘입을 리
炫 밝을 현
紅 붉을 홍
思 생각 사
宣 베풀 선
炤 밝을 소
信 믿을 신
亭 정자 정
俊 준걸 준
泉 샘 천
美 아름다울 미
封 봉할 봉
赴 다다를 부
表 겉 표
珏 쌍옥 각
個 낱 개
兼 겸할 겸
耿 빛날 경
庫 곳집 고

昰 클 하
香 향기 향
泓 물깊을 홍
相 서로 상
省 살필 성
帥 장수 수
室 집 실
訂 고칠 정
祉 복 지
招 부를 초
玟 옥돌 민
栢 잣 백
便 편안할 편
恪 정성 각
虔 공경할 건
耕 밭갈 경
桂 계수 나무 계
恭 공손할 공

貢 바칠 공
宮 집 궁
氣 기운 기
娜 아리따울 나
玲 옥소리 령
宴 잔치 연
埇 길돌을 용
圓 둥글 원
玹 옥돌 현
桓 씩씩할 환
師 스승 사
書 글 서
修 닦을 수
玆 이 자
祚 복조 조
眞 참 진
値 만날 치

[11획]
強 강할 강
健 건강할 건
啓 일깨울 계
珪 서옥 규

俱 함께 구
記 기록할 기
豈 어찌 기
娘 아가씨 랑
倫 차례 륜
娟 어여쁠 연
祐 도울 우
恩 은혜 은
祜 복 호
晃 밝을 황
桑 뽕나무 상
城 재 성
純 생사 순
財 재물 재
峻 가파를 준
晉 나아갈 진
致 이를 치

康 편안할 강
竟 마침내 경
琨 옥소리 광
基 터 기

矩 법 구
起 일어날 기
桔 도라지 길
桐 오동나무 동
娥 예쁠 아
容 얼굴 용
原 근본 원
益 더할 익
洪 넓을 홍
訓 가르칠 훈
索 찾을 색
素 흴 소
昇 오를 승
庭 뜰 정
准 법 준
哲 밝을 철
珉 옥돌 민
盖 덮을 개
頃 이랑 경
救 구원할 구
琦 옥 기

那 어찌 나	帶 띠 대	得 얻을 득
郎 달밝을 랑	崍 산이름 래	略 간략할 략
若 같을 약	焉 어조사 언	域 지경 역
軟 부드러울 연	英 꽃부리 영	迎 맞을 영
悟 깨달을 오	梧 오동나무 오	晤 밝을 오
婉 예쁠 완	庸 떳떳할 용	涌 날뛸 용
偶 우연 우	偉 클 위	翊 도울 익
寅 동방 인	移 옮길 이	偕 함께할 해
絃 악기줄 현	彗 비 혜	胡 어찌 호
浩 넓고 큰 호	晧 해돋을 호	常 항상 상
商 장사 상	祥 상서로울 상	設 베풀 설
晟 밝을 성	細 가늘 세	紹 이을 소
崇 높을 숭	習 익힐 습	章 문장 장
彫 새길 조	晝 낮 주	晙 밝을 준
彩 채색 채	埰 심을 채	麥 보리 맥
茂 무성할 무	邦 나라 방	培 북돋울 배
彬 빛날 빈	浦 물가 포	被 입을 피
[12획] 街 거리 가	敢 감히 감	開 열 개
結 맺을 결	景 볕 경	邱 언덕 구

貴 귀할 귀	能 능할 능	單 홀로 단
敦 두터울 돈	童 아이 동	棟 들보 동
琅 옥이름 랑	量 헤아릴 량	雅 바를 아
涯 물가 애	然 그럴 연	淵 못 연
珸 옥빛 오	琓 서옥 완	寓 붙일 우
雄 수컷 웅	媛 예쁜계집 원	壹 한 일
現 나타날 현	惠 은혜 혜	皓 빛 호
媓 이름 황	勛 공훈 훈	欽 공경할 흠
喜 기쁨 희	稀 드물 희	翔 날을 상
晳 분석할 석	善 착할 선	盛 성할 성
珹 옥 성	須 모름지기 수	琇 옥돌 수
淳 맑을 순	視 볼 시	尋 찾을 심
貯 쌓을 저	情 뜻 정	淨 깨끗할 정
晶 맑을 정	珽 옥돌 정	朝 아침 조
措 둘 조	尊 높을 존	衆 무리 중
智 지혜 지	軫 별이름 진	集 모을 집
敞 넓을 창	採 딸 채	喆 밝을 철
淸 맑을 청	晴 갤 청	替 대신할 체
草 풀 초	超 뛰어넘을 초	最 가장 최
推 밀 추	就 이를 취	猛 날랠 맹

推 밀 추　　就 이를 취　　猛 날랠 맹
貿 무역할 무　　琝 옥돌 무　　博 넓을 박
傍 의지할 방　　普 넓을 보　　堡 막을 보
捧 받들 봉　　傅 스승 부　　復 돌아올 복
斌 빛날 빈　　評 평론할 평　　弼 도울 필
[13획] 賈 값 가　　幹 줄기 간　　感 느낄 감
健 문지방 건　　揭 높이들 게　　絹 비단 견
經 글 경　　敬 공경할 경　　誇 자랑할 과
琯 옥저 관　　揆 헤아릴 규　　勤 부지런할 근
琴 거문고 금　　琪 옥이름 기　　祺 길할 기
琦 옥 기　　暖 따뜻할 난　　廉 청렴할 렴
路 길 로　　祿 복 록　　琳 아름다울옥 림
琸 사람이름 탁　　楊 버들 양　　業 업 업
筵 대자리 연　　渶 물맑을 영　　煐 빛날 영
暎 비칠 영　　楹 기둥 영　　預 미리 예
琬 서옥 완　　煜 빛날 욱　　頊 이름 욱
嫄 여자이름 원　　暐 밝을 위　　猶 같을 유
裕 넉넉할 유　　意 뜻 의　　鉉 솥귀 현
號 부를 호　　湖 호수 호　　煥 빛날 환
煌 빛날 황　　會 모을 회　　想 생각할 상

聖 성인 성	勢 권세 권	新 새 신
資 재물 자	莊 씩씩할 장	靖 편안할 정
照 비칠 조	稙 올벼 직	盟 맹세 맹
睦 화목할 목	豐 풍년 풍	
[14획] 歌 노래 가	嘉 아름다울 가	監 볼 감
輕 가벼울 경	境 지경 경	溪 시내 계
構 지을 구	邦 나라 방	寧 편안할 녕
端 끝 단	臺 집 대	對 대답할 대
與 더블 여	榮 영화 영	瑛 옥광채 영
睿 밝을 예	溫 따뜻할 온	源 근원 원
瑋 보배 위	維 이을 유	誘 가르칠 유
銀 은 은	溢 넘칠 일	赫 빛날 혁
豪 호걸 호	瑚 산호 호	僖 즐거울 희
瑞 상서 서	碩 클 석	瑄 큰둥근옥 선
誠 정성 성	瑆 옥빛 성	韶 아름다울 소
塾 글방 숙	瑟 비파 슬	滋 맛 자
獎 권면할 장	精 세밀할 정	禎 상서 정
造 지을 조	準 법 준	誌 기록할 지
盡 다할 진	暢 화창할 창	彰 밝을 창

菜 나물 채
銘 새길 명
賓 손님 빈

[15획] 價 값 가
熲 빛날 경
廣 넓을 광
墩 돈대 돈
緣 인연 연
瑩 예쁜옥 영
瑢 옥소리 용
漢 한수 한
慧 지혜 혜
箱 상자 상
線 줄 선
數 셈 수
腸 창자 장
滿 가득할 만
範 모범 범

綴 맬 철
輔 도울 보
飽 배부를 포
稼 심을 가
慣 익숙할 관
槿 무궁화 근
廬 생각 려
葉 잎새 엽
瑥 이름 온
院 집 원
賢 어질 현
確 확실할 확
署 관청 서
嬋 고울 선
靚 단정할 정
瑱 옥이름 진
模 모범 모

瑃 옥이름 춘
溥 클 부
苾 향기날 필
慶 경사 경
寬 너그러울 관
德 큰 덕
演 펼 연
影 그림자 영
瑤 예쁜옥 요
儀 거동 의
瑩 밝을 형
興 일 흥
奭 클 석
誰 누구 수
調 고를 조
請 청할 청
盤 소반 반

[16획] 彊 굳셀 강　　暻 밝을 경　　錄 기록할 록
都 도읍 도　　導 인도할 도　　燁 빛날 엽
叡 밝을 예　　遇 만날 우　　運 운수 운
潤 윤택할 윤　　學 배울 학　　憲 법 헌
縣 고을 현　　衡 저울대 형　　爔 밝을 희
樹 나무 수　　璋 구슬 장　　靜 고요할 정
整 정돈할 정　　澈 물맑을 철　　撤 걷을 철
親 친할 친　　穆 화할 목　　陪 모실 배
壁 벽 벽　　頻 자주 빈　　播 심을 파

[17획] 講 강론할 강　　謙 겸손할 겸　　環 옥빛 경
擎 받들 경　　臨 임할 림　　澤 못 택
擇 가릴 택　　檍 참죽나무 억　　聯 이을 련
營 지을 영　　鍈 물방울소리 영　　優 넉넉할 우
應 응할 응　　韓 한나라 한　　禧 복 희
燮 불꽃 섭　　聲 소리 성　　鐘 쇠북 종
璡 옥이름 진　　總 합할 총

[18획] 擧 들 거　　簡 대쪽 간　　曜 빛날 요
翼 날개 익　　爀 빛날 혁　　蕙 난초 혜

曙 새벽 서
濬 깊을 준

[19획] 鏡 거울 경
鏞 큰쇠북 용
璿 아름다운옥 선
贊 도울 찬

[20획] 覺 깨달을 각
耀 빛날 요
馨 꽃다울 형
鍾 쇠북 종

[21획] 譽 기릴 예

[22획] 鑑 거울 감
歡 기쁠 환

[23획] 瓘 서옥 관

[24획] 瓚 옥잔 찬

[25획] 觀 볼 관

題 글 제
職 벼슬 직
鯨 고래 경
願 원할 원
識 알 식
簿 문서 부

勸 권할 권
議 의논할 의
薰 향풀 훈

顥 풍류 호

灌 물댈 관
聽 들을 청

巖 바위 암

濟 건널 제
馥 향기 복
麗 고울 려
瀅 물맑을 형
證 증거 증

羅 벌일 라
懸 달릴 현
釋 놓을 석

鐵 쇠 철

權 권세 권

顯 나타날 현

[26획] **讚** 도울 찬

[27획] **驥** 천리마 기　　　**鑽** 뚫을 찬

3. 좋은 이름이란 사주와 맞아야 한다

① 좋은 뜻이 있고 행운의 번호와 어울려야 한다.

이름 전체가 좋은 뜻을 나타내고 남에게 혐오감이나 거부감을 주지 말아야 하면서도 본인의 포부·염원·희망·신념·신조가 있어야 하며, 뜻이 없으면 인생을 그냥 무의미하게 허송 세월하는 것과 같다.

　·丁—權：많은 병정[丁]으로 지휘권[權]을 잡아서 나라와 민족
　　　　　에 충성을 다 바치겠다.
　·孫基禎：자자손손[孫] 오래도록 번창할 터전[基]을 마련하여
　　　　　영광스럽고 상서롭게[禎] 살며 건강 장수한다.

② 삼재배치가 맞을 것, 즉 사주와 진용이 되는 것

매우 중요하며 아무리 좋은 뜻이라도 삼재가 맞지 않으면 좋은 뜻의 진용이 일어나지 않는다.

③ 좋은 삼재수리와 진용이 되는 것

가능한 한 수리가 좋아야 하며 부득이하게 다른 요소는 다 좋은데, 오직 약간 나쁜 수리가 지격과 총격에만 있을 경우는 무마되고 완화되어 괜찮을 수 있지만, 지독하게 나쁜 수리는 다른 요소가 좋더라도 매우 위험하다.

④ 발음이 쉽고 부드러울 것

아무리 좋은 이름이라도 부르기가 어려우면 무조건 실격이고 또한 불러서 이상한 뜻이 되거나 나쁜 연상이 된다면 평생토록 놀림감이 되어 고생한다.

고장란·임신중·이사철·조진배·고민중·고리라·김치상·소주병·주정혜·성병균·주전자·주길년·나죽자·피칠갑·고수덕(고스톱)·오난히(오나니)·노라니·박달재(울고 넘는)·노가다·백정해·손수건·김치국·정말로·여인숙·차라리·문여라·나가라 등과 같이 조심하지 않으면 실수를 저지른다.

⑤ 음양배치가 맞을 것

대부분 홀수(양)와 짝수(음)가 서로 혼합되는 것이 좋지만, 때로는 사주 때문에 전부를 음 또는 양으로 하는 경우도 있다.

⑥ 좋은 뜻을 지닌 글자를 쓸 것

부귀와 재물에 대한 노골적인 글자는 천박하고 오히려 나쁜 반발작용을 받으므로 조심해야 하며, 글자의 구성 요소를 생각하고 불용 문자를 쓰지 말아야 하며 균형과 짜임새가 좋아야 한다.

⑦ 사주에 맞춘 진용으로 만들어야 한다

사주와 맞지 않으면 마치 대형 트럭에다 소형차 엔진을 장치한 것과 같아서 힘을 발휘하지 못하는 것과 같다.

가능한 이름이 사주에서 나아갈 진로와 적성에 맞으면 좋으나 설령 맞지 않더라도 1에서 6까지의 규칙을 지켰다면 평범힌 삶을 살아갈 수 있다.

그러나 얼토당토 않게 누가 보더라도 가당치 않으며, 어마어마하고 거창한 이름을 겁없이 쓸 때는 종종 불행한 사태가 일어나는데 이것은 바로 뱁새가 황새를 따라 가려다 다리가 찢어지는 격이다.

⑧ 측자파자상으로 좋은 뜻이 되어야 한다

金沼姬[뱀띠] 즉, 금전[金]에 물이 늘 고여 있듯이 돈 많고 부자인 여자[姬]가 되라고 했겠지만, 오히려 재물을 탐내고 노골적이며 천박한 이름이라서 다음과 같이 측자파자를 한다.

㉠ 황금[金]을 늪[沼]에 빠뜨린 계집[姬], 즉 막대한 재물을 낭비한 계집이란 뜻으로 대흉이다.

㉡ 모질고 독 하기로는 강철[金] 같은 뱀이 늪[沼]에서 살면 이 무기이며, 많은 사람에게 막심한 해독을 끼치는 계집[姬]이란 뜻으로 엉터리 무당이나 점쟁이이므로 역시 대흉이다.

㉢ 금전[金]을 벌기 위해서 술[酒] 마실 때 부르는[沼] 계집[姬] 노릇을 한다면, 즉 작부가 된다는 뜻으로 흉하다.

뱀띠와 화합이 되는 띠는 닭[酉]띠인지라 酉 + 沼 → 沼 + 껌 로 되기 때문이다.

㉣ 금전[金]을 벌기 위해서 물[氵 = 水]흐르 듯이 정처없이 떠돌면서 콜걸[껌姬]이 된다는 대흉한 뜻이다.

4. 진용(眞用)이란

진용이란 사람이 태어나서부터 죽을 때까지 한평생을 살면서 쓸[用] 수 있는 보물이요, 행복의 씨앗이다.

사주·이름·도장·숫자에는 반드시 진용이 있어야만 하고 또 건전해야 한다. 진용이 없거나 깨뜨려져서 무력하면 일평생을 고달프고 괴롭게 살게 된다. 용이 있고 또 유력하면 그 사람은 한평생을 행복하게 살 수 있다. 즉 건강·재물·배우자·자녀·학업·직업·수명 장수를 누릴 수 있으며 소원대로 잘 살게 된다. 진용의 반대는 가용이라고 하며 재앙이요, 불행의 씨앗이다.

다음으로 개운법(開運法)을 살펴보자. 개운을 시행하면 석 달 전후로 반드시 운이 열리기 시작하고 또 행운도 따른다. 아울러 투자 금액의 만배 효과가 일생 동안 천천히 찾아오는데, 1/2은 재물운으로 작용하고, 1/2는 건강·배우자·자녀·학업·직업·명예·수명 장수를 하는 운으로 작용한다.

① 행운의 이름으로 고친다.

자기의 사주에 정확하게 맞추어서 진용을 넣고 운이 발휘되게끔 작명한다. 금융실명제라도 고친 이름을 도장에 새겨서 쓸 수 있으니 반드시 좋은 효력이 발생한다.

② 행운의 도장을 새긴다.

자기의 사주와 정확하게 맞고 또 좋은 이름을 은행에서 쓰는 도장에 새길 때 반드시 진용을 넣어주면 행운이 따른다. 인감도장은 호적상의 이름으로 해야 하기 때문에 비록 나쁜 이름이라도 도장의 작용을 빌려서 운이 열릴 수가 있다. 따라서 은행용과 인감용으로 두 개 새겨서 쓰면 좋다.

③ 행운의 숫자를 쓴다.

은행의 비밀번호를 자기 마음대로 쓰면 안 된다. 국민 대다수가 주민등록번호나 전화번호 등을 쓰는데 음양법칙과 자기의 사주에 맞지 않으면 큰 재난이 따른다. 자기의 사주와 정확하게 맞고 또 운이 열리게끔 용을 넣어준 네 자리의 숫자(비밀번호)가 바로 행운이 따른다.

④ **행운의 28수 비법을 한다.**

자기의 사주가 하늘의 모든 별들, 즉 28수의 기운으로 좋게 변화되고 행운이 따르도록 하는 비법인데, 28일 동안 날마다 비법의 작품을 바꾸어 가면서 실시한다. 진용이 잘 작용되도록 하면 곧 건강·재물·배우자·자녀·학업·직업·수명 장수와 소원을 반드시 이루게 한다.

신정사주 임상과 통변

숫자를 만들어 놓고 사주와 이름, 주민등록번호, 행운의 번호, 자동차번호, 인장 등을 분석하고 감정하는 것은 쉬운 일이 아니다. 고래로 동남아시아 각국에서는 중국 역학상의 사주를 사용해 왔으나, 그 과정에서 왜곡되거나 변질된 내용들이 많은 탓에 일관성이 없고, 또는 터무니 없는 방향으로 흘러 대부분이 정통성을 잃고 말았다.

더구나 시대의 변천에 따라 이론적 발전이 전혀 이루어지지 않은 채 혹세무민하여 치부의 수단으로만 여겨온 지라 그 혼탁상이 정도를 넘어서고 말았다. 따라서 중국 역학의 이론·법칙·격국용신, 그리고 각종 살(殺)로써는 추상적인 길흉만을 점칠 수 있을 뿐이요, 오판이 많아서 도리어 화를 당하기 쉽다. 더욱이 사주팔자를 분석하는 것 자체가 지나치게 까다롭고, 또 이를 공부하는데도 수년, 혹은 그 이상의 시간이 요구된다.

그러나 문제는 그렇게 오랜 세월을 갈고 닦은 실력으로도 결과를 점칠 수 없을 뿐만 아니라 맞지 않는 것이 더 많다는 점이다. 그래서 공부하다가 도중에 의욕을 잃고 흐지부지 포기하는 경우가 대부분이다.

직업적으로 영업을 하는 사주가(四柱家)는 많지만, 명리 위주로

점을 치는 사람은 흔치 않다. 대개 기문(奇門)·자미두수(紫薇斗
數)·육효(六爻)·관상(觀相)·육임(六壬)·하락이수(河落理數)·
당사주(唐四柱) 등 이것저것 닥치는 대로 끌어다가 감정을 한다.
그러다 보니 일관성도 없고, 약간의 지식만 있으면 너나 할 것 없
이 이 분야의 최고인 양 온 세상을 향해 떠들어 댄다. 결국 얕은 지
식만 가지고 판치는 세상이 되어 판에 박은 것처럼 공식화되고, 또
학문으로서 쉽게 배울 수 있는 것처럼 여겨져서 장님도 점치기에
안성맞춤인 학문으로 전락해 버렸다.

그러나 음양오행으로 창조된 사주팔자를 술수로써 판단한 나머
지 어림잡아 두들겨 때려서는 도저히 감정할 수 없는 것이 사주팔
자다. 제대로 사주를 감정하기 위해서는 사주팔자를 뽑아놓고 종합
적으로 분석하여 숫자, 즉 행운의 숫자, 이름의 숫자, 인장의 길흉,
오행의 숫자 등을 상세히 풀어 그 사람이 하고자 하는 일의 성패를
진단하는 것이 기본이다.

다시 말해서 천기(天氣)를 통해서만 헤아릴 수 있는 것이 사주다.
따라서 음양을 고루 살펴 당사자의 운명을 형통하게 해야 한다. 그
렇지 않고 음양을 한쪽으로 치우치게 하면 절름발이 형상이 되어
만사가 뜻대로 이루어지지 않는다.

음양오행을 구체적으로 나타내는 것은 천기다. 사주는 글자 그대
로 네 기둥이요, 팔자(八字)는 글자 그대로 여덟 자다. 사람의 사주
팔자는 순수한 음양오행으로 판단하고 분석하는 것이 법칙이다. 신
정사주(新正四柱)는 사람마다 사용하고 있는 각자의 숫자를 살펴
그 길흉을 판단하고, 그에 맞는 숫자를 찾아내 사주팔자와 규합하
여 분석한다. 『주역(周易)』의 하도락서(河圖洛書)에 '음양의 묘리
는 체(體)와 용(用)의 조화'라 했다. 체와 용은 묘리로서 불가분의

관계를 가지고 있는 동시에 조화가 무궁하다. 하도락서에서 이 세상에 맨 먼저 나타난 것은 체라고 했다. 강한 것은 체요, 약한 것은 용이다. 사주팔자는 체이고, 이름은 용인 것이다.

『주역』 괘상으로는 사주를 감정하는 것이 육효다. 처음부터 사주팔자의 길흉을 진단하는 일은 점(占)이 아니라 앞날을 예시하는 괘상을 분석하고 판단하는 것이다. 그러던 것이 잘못 전해져 도중에 변질되었다. 『주역』은 마음을 가다듬고 깊이 새겨 잘못이 있으면 뉘우치고 근신하는 수신제가(修身齊家)의 도덕경(道德經)이다. 음양오행의 원리를 깨달으면 세상만사를 한눈에 관찰할 수 있다.

신정사주는 인장을 사람의 사주에 따라 분석하여 용을 주입시켜 조각한다. 특히 행운의 번호가 사주팔자와 맞아야 한다. 이러한 이치로 볼 때 음양오행의 기상을 분석하고 판단하는 신정사주야말로 역사상 최고의 진리요, 법칙이며 방식이라고 하겠다. 음양오행은 천간(天干) 10간이 있고, 12지(十二支)가 있다. 무엇이 음양인가? 목화토금수(木火土金水)이다.

도표로 보면 다음과 같다.

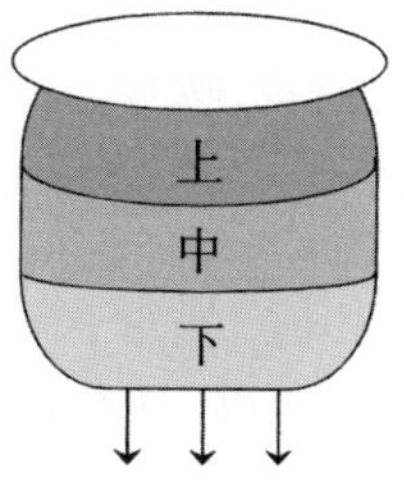

음양의 이치에 따르면 이 도표는 행운의 보물단지 그 자체이다. 사주의 중화상(中和象)은 단지가 튼튼하고, 잡화상(雜貨商)은 보물단지에 구멍이 세 군데나 뚫려있다. 상중하로 나누어 보면 국민 전체 가운데 상에 속하는 사주팔자는 10퍼센트, 중은 15퍼센트이다. 나머지 75퍼센트가 하에 속한다 하더라도 이름의 숫자, 행운의 숫자, 인장의 진용에 해당하는 숫자와 맞게 쓰면 중에서 상으로 올라가는 것도 시간 문제다.

이제 상(上)에 속하는 몇 사람의 사주팔자를 풀어보기로 하자.

① 부귀사주

사주(四柱)				대운(大運)					
庚	壬	壬	壬	癸	甲	乙	丙	丁	戊
申	午	寅	寅	未	申	酉	戌	亥	子

화(火)가 왕성하고 수(水)가 허약하니 화(火)는 가용이요, 수는 진용이다. 일간이 진용이니 유능하고 현명하며 충실한 재상이다. 좌우에 비견이 있고 연상에 인성이 있다. 비견과 인성이 진용으로서 재상을 도와주고 군왕인 주체에 충성을 다한다. 비겁은 만인을 상징한다. 모든 사람이 유정하고 상부상조하니 인인성사한다. 즉 만인이 가는 곳마다 도와준다는 뜻이다.

주인공은 사주 그대로 동업으로 사업을 시작해서 욱일승천하듯 번창하고 마침내 거부가 되었다. 만인이 진용이니 만인을 상대로 하는 상품과 사업이 적성이다. 맛을 내는 상품을 개발하니 가가호호에서 환영하고 단골이 되었다. 만인이 상품을 애써 애용하고 돈을 벌어주는 동시에 종업원 모두가 꿀벌처럼 힘써 생산하니 인인성부(因人成富)한 것이다. 종업원을 최대한 아끼고 후대하니 말썽 많은 노조가 설 땅이 없다. 수(水)는 음이요, 물질이다. 수가 진용이니 천부적으로 물 팔자요, 장사꾼이다. 물은 하나로 뭉치는 것이 천성이듯이 장사는 천하의 부를 독차지 하려는 욕망이 있다. 비록 장사를 하고 치부를 하되 만인과 더불어 동고동락하고 모든 것을 나누어서 같이 즐기니 하늘이 내린 '덕부(德富)'라 하겠다.

② 존경과 출세

<table>
<tr><td colspan="4">사주(四柱)</td><td colspan="6">대운(大運)</td></tr>
<tr><td>丁</td><td>壬</td><td>丁</td><td>丁</td><td>辛</td><td>庚</td><td>己</td><td>戊</td><td>丁</td><td>丙</td></tr>
<tr><td>巳</td><td>子</td><td>酉</td><td>未</td><td>亥</td><td>戌</td><td>酉</td><td>申</td><td>未</td><td>午</td></tr>
</table>

수(水)가 왕성하고 화(火)가 극허하다. 수는 가용이요, 화는 진용이다. 일간에 진용이 있으니 현명하고 충실한 재상이며, 좌우에 진용인 비견이 있으니 만인이 유정하고 힘써 도와준다.

엄동설한에 불을 피우고 추위를 녹이니 만인이 모여들고 따르며 한마음 한뜻이 된다. 화는 하늘로 치솟고 천하에 빛을 밝히는 천성이 있다. 이 세상에서 하늘 높이 치솟고 이름을 떨치는 것은 벼슬이요, 출세이며 귀함이다. 주인공은 천재도 영웅도 아니지만 젊어서부터 일취월장으로 벼슬하고 출세했다. 30대 초에 군 최고 장성이 되서 40대에 대사와 재상을 역임 했으며, 60대 초까지 고관대작을 두루 거쳤다. 얼굴마담이란 별명을 가진 그는 주위와 만인이 사랑하고 아끼며 신임하고 존경함으로써 벼락출세를 하고 승승장구의 영화를 누린 것이다. 자유당을 비롯해서 여러 정권이 교체되고 혁명을 거치는 동안 영고성쇠가 무상했지만, 오직 주인공만은 단 한 번의 수난도 겪지 않고 자유와 평화를 누리는 동시에 사회적 지도자로서 떳떳이 활약했다. 인인성사하고 성귀(成貴)하는 전형적인 사주라 하겠다.

③ 이재와 창업

<table>
<tr><td colspan="4">사주(四柱)</td><td colspan="5">대운(大運)</td></tr>
<tr><td>庚</td><td>戊</td><td>戊</td><td>壬</td><td>己</td><td>庚</td><td>辛</td><td>壬</td><td>癸</td><td>甲</td></tr>
<tr><td>戌</td><td>寅</td><td>申</td><td>戌</td><td>卯</td><td>辰</td><td>巳</td><td>午</td><td>未</td><td>申</td></tr>
</table>

목(木)이 가용이요, 금(金)이 진용이다. 연상에 진용이 있으니 부덕이 후하고, 월상에 용금(用金)을 생(生)해 주는 소용(所用)의 토(土)가 있으니 형제간의 인연이 두텁다. 지지에 토(土)가 많고 금 또한 있으니 사주에 간지가 진용으로 가득 차 있다. 다만 시간에 가용을 생해 주는 가용인 수(水)가 있을 뿐이다. 토는 천지 음양인 수화(水火)가 하나로 결합하는 남녀의 화합을 상징한다. 수는 지하수요, 화는 태양화다. 만물은 태양과 지하수의 결합으로 창조된다. 물이 없는 가뭄 땅에선 생명이 발생할 수 없듯이 태양이 없는 얼어붙은 땅에선 생명이 발생할 수 없다. 하늘과 땅, 음과 양, 수(水)와 화(火)를 하나로 연결시키고 열띤 사랑과 창조의 작용을 촉진시키는 매개체가 바로 토(土)다. 만물은 하나같이 땅에서 발생하듯이 땅을 먹고 산다. 땅을 떠나선 아무것도 발생할 수 없듯이 살고 자라날 수도 없다. 땅은 무조건 생물을 만들어 내는 것이 아니다. 물이 있고 태양이 있어야 한다. 인생은 여자의 자궁에서 발생한다. 만물이 발생하는 토는 곧 여자의 자궁이듯이 인생이 발생하는 여자의 자궁은 곧 토다. 토는 물을 얻으면 윤택하고 생기가 있는 데 반해서 물을 잃으면 메마른 초토로서 생기를 잃는다. 생기가 있는 생토는 생명을 창조하고 성장시킬 수 있는데 반해서 생기가 없는 사토(死土)는 생명을 창조할 수도 기를 수도 없는 무덤이다.

진용은 충성스러운 신하이자 부귀를 생산하는 꿀벌이다 본명(本命)은 진용이 가득 찬 집단으로 태어나면서부터 의식주가 풍족하다. 연주(年柱)는 북방이자 겨울이요, 월주(月柱)는 동방이자 봄이며, 일주(日柱)는 남방이자 여름이요, 시주(時柱)는 서방이자 가을이다. 겨울과 수(水)는 만물이 잉태하는 뿌리로서 조상의 혈통과 아버지를 상징하듯이 봄과 목(木)은 만물이 발생하는 싹으로서 모체와 형체를 상징하고, 여름과 화(火)는 만물이 성장하고 활짝 피는 꽃이요, 얼굴로서 자신과 부부를 상징하며, 가을과 금(金)은 만물이 성숙하는 열매로서 자식과 더불어 자신의 일생을 총 결산하는 말년을 상징한다.

진용이 연월일시에 있으면 충신이 동서남북에 있음을 의미한다. 사주는 타고난 상품을 방출하고 거래하는 장사꾼으로서 진용은 상품을 소비하는 시장이요 고객이며, 가용은 같은 상품을 판매하고 경쟁하는 장사꾼이요, 시기 질투하는 방해자다. 진용이 동서남북에 널려 있으면 어딜 가나 장사가 잘 되고 소득이 풍족한데 반해서 가용이 동서남북에 있으면 경쟁자와 방해자가 상방에 진을 치고 있어서 어디를 가나 장사가 안 되고 가난과 재난이 끊이지 않는다.

본명은 천지에 토(土)가 가득 차 있으며 인중병화(寅中丙火)와 신중임수(申中壬水)를 비롯해서 시상임수(壬水)와 술중정화(戌中丁火)가 있어서 음양과 수화(水火)가 고루 있으니 윤택하고 왕성한 생토이자 만물을 발생하는 모체요, 자궁으로서 갖출 것은 모두 완벽하게 갖추고 있다. 천간은 토생금(土生金), 금생수(金生水)하니 모든 것은 수(水)로 변하고 돌아간다. 수(水)는 물질이요, 물팔자의 주인공으로서 부(富)를 생산하고 이룩하는 것이 본능이요 능사다. 벼슬하고 출세하는 것보다는 천하의 부를 독차지 하는 것이 인생의 지표요, 일생의 이정표다. 육신(六神)상으로 연상에 식신이 있고 시상에 편재가 있다. 식신(食神)은 의식주가 풍족하고 무엇이든 소원 성취하며 연상의 식신은 부모로부터의 상속을 의미한다. 편재는 금융과 투기와 이재(理財)로서, 천하의 돈을 떡 주무르듯 하는 천재적인 장사꾼의 별이다. 식신과 편재가 나타나면 자금이 풍족한 동시에 장사 솜씨가 뛰어난 천부적인 부자임을 암시한다.

주인공은 젊어서부터 기업을 창업하고 일생을 기업으로 일관했다. 재성이 나타나는 임오(壬午)·계미(癸未) 대운에 동서남북으로 시장을 개척해서 큰 돈을 벌었으며, 진용[金]이 왕성한 신유 대운에서 천하의 거부로 뿌리를 내렸다. 병술 대운부터는 진용인 금(金)과 식신을 내리치니 명맥이 흔들린다. 을유 대운을 청산하는 병인년(77세)부터 중병이 발생했다. 목(木) 가용은 금(金)이 가장 허약하다. 폐와 대장이 선천적으로 허약하고 만병의 근원이 된다. 바로 이 해[理寅]에 금이 치명적인 손상을 입고 위기에 직면했다. 서방[金]의 장부가 만신창이다. 설상가상으로 78세는 정묘년이니 병정화(丙丁火)가 연상 경금(庚金)을 집중적으로 난타한다. 금은 묘(卯)에서 절태(絶胎)이니 가장 무기력하다. 행운에서 병정화(丙丁火)가 나타나서 극성을 부리니 사면초가다. 병인년에 서방에서 엄청난 돈으로 대수술을 한 주인공은 적어도 10년은 더 살 수 있으리라 생각했지만, 다음해인 정묘년(丙戌 : 대운 첫해)을 넘기지 못했다. 병정화(丙丁火)의 십자포(十子砲)에 만신창이가 된 것이다. 인명은 재천이라고 조물주의 각본과 어명(御命) 앞엔 만금과 백약도 쓸모가 없는 것이다.

이 땅에서 최고의 갑부로서 78년간 부귀영화를 누렸지만 사주는 어쩔 수가 없었다.

④ 권세와 야망

<table>
<tr><td colspan="4">사주(四柱)</td><td colspan="6">대운(大運)</td></tr>
<tr><td>丁</td><td>辛</td><td>庚</td><td>戊</td><td>庚</td><td>己</td><td>戊</td><td>丁</td><td>丙</td><td>乙</td></tr>
<tr><td>巳</td><td>亥</td><td>申</td><td>寅</td><td>戌</td><td>酉</td><td>申</td><td>未</td><td>午</td><td>巳</td></tr>
</table>

수(水)는 가용이요, 화(火)는 진용이다. 금수(金水)가 왕성하고 목화(木火)가 허약하다. 연주에 용이 있으니 가문은 좋으나 서방 금(金) 대운 30년 동안은 어려움이 많았다. 능력은 있으나 기회를 얻지 못하니 어찌 답답하지 않겠는가? 정미 대운부터 진용이 왕하고 득세하니 꿈과 뜻을 펼 수 있는 기회를 얻기 시작한다. 병오 대운엔 진용이 태양처럼 치솟고 얼어붙은 한곡을 완전 해동한다.

45세 되던 신축년 계사월 기유일에 5.16 군사 쿠데타를 일으키고 마침내 대권을 장악했다. 을사 대운은 천지합이다. 군신이 한자리에서 다정하게 술을 대작하고 허심탄회 회포를 푸는 형국이다. 주인공은 문자 그대로 천상천하 유아독존의 대왕으로 군림해서 천하를 호령하고 절대적인 권세를 과시했다. 천지합은 군신화합으로서 벼슬아치에게는 군왕의 신임과 총애를 받는 최고의 기회이지만, 장사꾼에겐 국왕의 대노와 더불어 치명적인 횡액과 재난을 당하는 위기이다. 장사치가 어찌 감히 궁전에 뛰어들고 군왕의 술자리에 벼슬아치인양 속이고 참여했느냐다.

자고로 군왕은 충신을 임명하는데는 사전에 신상을 철저히 조사한다. 만에 하나라도 부정이 있거나 허물이 발견되면 출세는커녕 도리어 엄청난 화를 당한다. 부정은 돈과 여인이다. 부당한 축재와 축첩은 금물인 것이다. 천지합의 을사 대운은 조물주의 감시가 철저한 동시에 심판이 준엄한 것이다. 만에 하나라도 방심을 하거나 부정을 저지를 때는 가차없이 내리친다.

을사 대운을 벗어나면 진용의 대운이 사라지므로 최고의 운기는 막을 내리는 반면에 천지합으로서의 고달픈 감시와 심판도 대단원을 내린다. 을사 대운 10년 동안은 문자 그대로 파란만장이었다.

이제 천지합의 지긋지긋한 동굴을 벗어나기만 하면 되는 것이다. 하지만 운명의 굴레는 냉혹했다. 기미년 갑술월 병인일 밤에 청천벽력이 내린 것이다. 천지합을 마감하는 갑진 대운을 불과 20여 일 앞두고 처절한 최후를 맞이한 것이다. 병인일은 바로 천지충이다. 충은 박치기하고 충돌하는 충(衝)이 아니라 남녀가 알몸으로 결합하는 화합할 충(沖)이다. 처녀총각은 시집 가고 장가 가는 즐거운 경사의 연분인데 반해서 기혼자는 바람 피우는 부정을 의미한다. 공교롭게도 사건의 현장엔 꽃다운 여인이 있었고 충의 화합이 무르익어가는 과정이었다 한다.

만일 주인공이 사주의 이치를 알았거나 사주에 능한 보좌가 있었던들 운명에 치명타의 비극을 암시하는 천지충 날에 절대 금기인 화합의 주연은 베풀지 않았을 것이며, 10년의 굴레를 벗는 해탈의 문턱에서 천지합의 멍에와 덫을 스스로 자청하는 천추의 한이자 치명적 실수는 저지르지 않았을 것이다. 물론 사주에 능하다고 해서 조물주의 율법을 벗어날 수는 없다. 단지 근신하고 회개하며 순응할 따름이다 어쨌든 그날만 피하고 넘겼던들 그의 운명과 세상은 크게 달라졌을 것이다. 하필이면 왜 천지합 대운의 마지막 천지충 날을 택했는가? 하는 아쉬움이 태산 같지만 그것이 바로 사주요, 운명이 아니겠는가?

본명은 연상에 정관이 있고 월상에 겁재가 있다. 정관은 진용이요, 겁재는 소가용에 속한다. 일지엔 비견이 있고 시지와 충이다.
비겁이 가용에 해당하면 무정하다. 형제간의 덕이 후할 수 없듯이
부부간의 금실도 뜨거울 수는 없다. 남방 화운(火運)에선 금수(金
水)가 도리어 진용인지라, 형제와 부부 사이가 달라지기 마련이다.
월상 겁재는 같은 사람과 동료를 의미한다. 가용은 금(金)이 소가용
인지라 무정하다. 서방 금운(金運)에선 만인이 무정한 것이다.

하지만 남방 화운에겐 금수가 진용으로 바뀌는지라 비겁이 다정
하듯이 만인이 상조할 수 있었다. 신축년은 비겁의 해다. 신금(辛
金)은 겁재이자 양인(陽刃)으로서 무기를 상징한다. 만인이 상조하
고 무기가 유정함으로써 인인거사(因人擧事)하고 무력으로 쿠데타
에 성공할 수 있었다. 연주는 나라와 군왕을 상징하고 월주는 정부
와 재상을 상징한다. 연은 최고의 위치요, 월은 버금가는 위치이기
때문이다. 연상에 정관이 있으면 나라의 두목인 군왕의 별이요, 월
상에 정관이 있으면 정부의 두목인 재상의 별이다. 본명은 연상에
정관이 있는 동시에 진용에 해당한다. 이는 나라의 최고 일인자가
될 수 있는 가능성을 암시한다. 남방 화운에선 정관이 득세하고 왕
성한 반면에 금이 무기력한 지라 혼자서는 관성을 감당할 수 없다.

겁재는 같은 동료요, 무기 양인인 동시에 진용인지라 같은 장병
이 호응하고 무력으로써 정권을 강제로 빼앗는데 성공한 것이다.
남방 화운에선 금수가 다정한 진용의 역할을 함으로써 18년간 군
부를 장악하고 무단정치를 계속할 수 있었다. 금수(金水)는 천성이
한랭하듯이 무단정치는 시종 냉혹했다. 을사 대운의 갑인년(1974)
은 천지충이다. 배우자의 이별을 암시한다. 8.15 경축일에 불의의
총격을 받아 비명횡사하였다. 사주는 이미 갑인년의 상배(喪配)를
처음부터 예시하기보다 명시한 것이니 인간만사는 조물주의 조화

요, 운명임을 새삼스럽게 생생히 실감할 수 있다. 어찌 그뿐인가?
일지와 시지가 충이 되면 중년에 처자와 인연이 박하고 불우함을
암시하듯이 마침내는 부부와 자녀 모두가 뜻하지 않은 생리사별의
비극을 면할 수 없었다.

⑤ 권좌와 유랑

	사주(四柱)				대운(大運)				
乙	己	丁	庚	戊	丁	丙	乙	甲	癸
亥	卯	亥	子	寅	丑	子	亥	戌	酉

가용은 목(木)이요, 진용은 금(金)이다. 시상에 금이 있으나 무기
력하고 해묘목국(亥卯木局)을 형성하고 을목(乙木)이 나타났으니
가용의 작용이 극성이다. 금은 서방에 위치한다. 고국인 동방에서
설 땅이 없자, 젊어서부터 서방으로 망명해서 조국 독립운동에 일
생을 바쳤다. 서방 금 대운에서 가장 많은 활약과 두각을 나타냈다.
임신 대운에서 8.15광복을 맞이했고, 금이 왕성한 을유년에 영광의
귀국을 했다.

71세의 노령으로 한국 정계를 영도한 주인공은 드디어 초대 대
통령으로서 정권을 장악한 다음, 장장 12년간을 절대적인 대왕으로
군림하면서 장기집권을 하다가 4.19 학생혁명운동으로 마침내 추
방되어 서방으로 다시 망명했고 끝내 돌아오지 못했다. 가용은 군
왕이요, 진용은 신하다. 가용이 득국하면 여러 군왕이 떼를 지어서
왕권을 장악코자 대립하고 싸우는 형국이니 본명은 천부적으로 정
치가로서의 기질과 소질을 타고난 것이다. 정치는 싸우고 죽이며
빼앗는 것이 능사다.

권모술수에 능하고 비범하며 적을 제거하는 데 능숙하고 잔인해야 한다. 진용이 많은 사주는 인정과 인심이 후하고 만인과 상부상조함으로써 싸우고 빼앗는 정치와 권모술수를 전혀 모르고 살지만, 가용이 많은 사주는 무정하고 냉혹하며 동시에 만인을 상대로 싸우고 빼앗는 약육강식을 능사로 한다. 육신상 눈치 빠르고 임기응변에 능하면서 무정하고 냉혹한 별을 편인이라고 한다. 본명은 편인이 식신을 난도질하고는 도식(倒食)작용을 하는 동시에 왕성하고 득국 득세까지 하고 있다. 편인이 가용이요, 군왕으로서 판을 치고 있는 것이다.

주인공의 인생과 일생은 편인이 주도하고 있으니 그의 성품과 재간은 편인 일변도다. 애국을 하고 독립운동을 하는데도 자기 중심으로 임기응변과 권모술수가 비범했다. 편인은 무정한 계모처럼 야멸차다. 사랑과 덕성이라곤 눈곱만큼도 없다. 육친의 덕이 야박한 동시에 의식주 또한 후하지 못하다. 모든 것을 스스로 장만하고 이룩해야 한다. 눈치와 재치가 타고난 재산의 전부다. 기선을 잡는데는 비호 같지만 대중을 사로잡고 장악하는데 능하지 못하다. 대중은 재치보다도 인심과 덕망을 원하고 따르기 때문이다. 주인공은 해방 후의 어지러운 정국을 수습하고 독립국을 세우는데 결정적인 역할과 영도를 했다.

하지만 집권하자마자 편인의 본성을 아낌없이 발휘했고, 12년간 독재와 권모술수로 일관했다. 편인은 포용과 관용, 그리고 아량과 타협을 모르듯이 주인공은 적을 포섭하고 용서할 줄을 몰랐다. 따르지 않는 자나 적대시하고 비판하는 자는 냉혹하게 제거했다. 그것은 망명 중에 익혀 온 인생관이나 철학이 아니라 타고난 기질이요, 체질인 것이다.

그는 진용의 세계롤 망명함으로써 어변성룡이 될 수 있었듯이 진용의 대운에 귀국함으로써 꿈과 뜻을 이룰 수 있었다. 진용의 대운은 77세에서 막을 내린다. 그것은 천운이 끝났음을 암시하는 것이다. 만일 사주에 밝았다면, 그는 여기서 하야하고 여생을 즐겼을 것이다. 그것은 조물주의 어명이요, 순천인 것이다. 하지만 그는 하야 대신 직선제 개헌을 강행하고 장기집권을 꾀하는 천부적인 권모술수를 자행했다.

순천자는 흥하고 역천자는 망하는 것이 하늘의 법도다. 그 결과는 파란만장의 연속인 동시에 처절한 파국과 파장으로 끝이 난 것이다. 모든 것은 인위적인 조작이요, 파란이며 파국이었지만, 사실은 하나같이 사주의 조화요, 운명의 소치인 것이다. 경자년(1960)은 진용 금이 바닷속 깊이 가라앉는 태세다. 경금(庚金)은 12운성상 자(子)에서 사(死)한다. 진용에 의지하여 득세하면 하늘을 날고, 진용이 사지에 이르면 모든 것은 끝장이다. 본명은 바로 진용 금이 창해에 침몰하면서 추풍낙엽처럼 비참하게 몰락했다. 이 얼마나 추상 같은 사주의 조화요 운명의 율법인가?

시지(時地)에 절이 있으면 자식과의 인연이 없고 후사가 끊어짐을 암시한다. 정화(停火)는 자(子)에서 절한다. 주인공은 아들도 딸도 얻지 못했다. 80이 넘어서 양자를 얻었으나 후사가 될 수는 없었다. 경자년에 스스로 목숨을 끊은 것이다. 자는 바로 절지였으니 이 어찌 운명의 소치가 아니겠는가?

사주는 조물주의 창조 명세서로서 타고난 하늘의 문서다. 인간은 조물주의 각본에 따라서 울고 웃는 연기를 할 뿐, 어느 한 구절도 고치거나 바꿀 수는 없다. 후사가 있고 없는 것이 사주에 뚜렷이 밝혀짐으로써 이를 어길 수는 없다. 인간이 하늘을 따를 뿐 하늘이 인간을 따르지 않는다

⑥ 잡화상 사주

<table>
<tr><td colspan="4">사주(四柱)</td><td colspan="6">대운(大運)</td></tr>
<tr><td>己</td><td>己</td><td>己</td><td>己</td><td>戊</td><td>丁</td><td>丙</td><td>乙</td><td>甲</td><td>癸</td></tr>
<tr><td>巳</td><td>巳</td><td>巳</td><td>巳</td><td>辰</td><td>卯</td><td>寅</td><td>丑</td><td>子</td><td>亥</td></tr>
</table>

화(火)는 가용이요, 수(水)가 진용이다. 한 나라에 군왕이 넷인 데 반해서 신하인 진용은 하나도 없다. 신하가 없으면 불로소득이 불가능하니 군왕 스스로 일하고 생산하며 자급자족해야 한다. 사고무친으로 의지할 가지가 없으니 평생 떠돌이로 살 수 밖에 없다. 군왕은 정치가 본업이다.

10대부터 정치에 뜻을 두고 국회의원 출마까지 했으나 형편없이 떨어졌다. 장차 대통령이 되겠다고 기고만장했으나 백사장에서 장미꽃이 피어날 수는 없었다. 중국 사주는 격국(格局)과 용신을 위주로 한다. 인수가 왕성하고 비겁이 많으면 종강격(從强格)이라고 한다. 격국이 성립되면 완전무결한 사주로서 상격(上格)에 속한다. 종격(從格)은 상격 중의 상격이다. 기사년 기사월 기사일 기사시는 순수하고 완벽한 종강격으로서 만에 하나는 고사하고 십만에 하나 있을까 말까한 고귀한 사주다. 격국 지상주의의 중국 사주로서는 당연히 최고의 사주로 손꼽는다. 주인공을 환상의 꿈으로 빠지게 한 것은 바로 중국 사주다. 서울에서 내노라는 원로격의 사주 대가는 천하의 부귀영화를 누릴 수 있는 최고의 사주라고 단정하면서 극구 찬양을 하고 칙사 대접까지 하였다. 이때부터 주인공은 야망과 환상에 사로잡힌 채 귀공자인 양 허세를 부리기 시작한 것이다. 격국 만능의 중국 사주로선 당연한 판단일지 모른다. 하지만 사주는 음양오행의 조화요, 작품일뿐 격국 따위와는 무관한 것이다.

만일 사주 격국의 작품이라면 주인공은 모름지기 천하의 부귀영화를 누릴 수 있었고 또 누렸어야 했다. 결과와 현실은 그와 전혀 반대이니 어찌하겠는가?

여름철 태생이 사방에 불길이 치솟고 물이라곤 이름도 없으니 문자 그대로 뜨거운 백사장이요 끝없는 사막이다. 사막에 태어난 인생은 운명 또한 사막일 수밖에 없다. 무엇을 해도 되는 일이 없다. 열두 가지 재주를 부려도 먹고 살기가 힘든 것이다. 사막에서 기다리는 것은 물이 흐르는 오아시스다. 북방 수운(水運)에선 진용이 나타나니 운수 대통할 것은 불문가지다. 하지만 본명은 북방 수(水) 대운에서도 신통한 변화가 없었다.

조물주가 외면한 것이 아니다. 사막에선 물이 나타날 수 없기 때문이다. 대운이나 세운 등 행운은 지나가는 나그네요, 사주에는 합창이다. 사주에 물이 없으면 물과의 인연이 전혀 없는 것이니 설사 물의 행운을 맞이한다 해도 물은 나타나지 않는다. 나그네는 물 없는 사막을 외면하듯이 물의 행운은 사막을 외면하는 것이다. 만일 사주에 천간에든 지지에든 물이 한 방울만 있었던들 사정은 달라졌을 것이다. 물이 있으면 사막이 아니다. 단지 가물거나 메마를 뿐이다. 물의 행운에서 큰 비가 내리고 강이 흐름으로써 가문 땅은 이내 윤택한 옥토가 된다. 불만 있고 물이 없거나 물만 있고 불이 없는 사주는 편고라고도 하고 잡화라고도 한다. 말라죽은 고목나무와 같다. 봄이 되어도 싹이 트지 않듯이 세월이 가도 조화가 없다. 두 다리 중에 한 다리 뿐이니 평생을 절름발이로 살 수밖에 없다. 고집이 강하고 유아독존이며 안하무인이다. 가용이 만반(滿盤)이니 만인이 적이요, 무정하다. 본명은 전형적인 잡화상 사주다. 사막엔

풀이 나지 않듯이 머리카락이 극소하다. 소수의 머리카락으로 대머리를 이리저리 가리는 것이 이발의 전부다 신수(腎水)가 극도로 허약하니 부부생활이 정상일 수도 없다. 많은 여성을 상대했지만, 그것은 생활의 수단에 지나지 않았고, 한편으로 결혼은 했지만 오래가지 못했다.

주인공이 나쁜 게 아니고 사주가 기구한 것이다. 어찌 불바다를 만들고 물 한모금 주지 않는단 말인가? 조물주는 인간이 아니듯이 인정 사정이 없다. 오직 음양의 율법에 의해서 중화자(中和者)에겐 부귀영화를 내리는 반면에 편고자에겐 천신만고의 수난과 고통과 슬픔을 강요할 따름이다.

⑦ 천재(天才)와 인재(人災)

사주(四柱)				대운(大運)					
癸	乙	庚	壬	甲	癸	壬	辛	庚	己
卯	卯	戌	午	寅	丑	子	亥	戌	酉

가용은 목(木)이요, 진용은 금(金)이다. 목이 왕성한데 목을 생해주는 수(水)가 둘이나 나타나고 있다. 일간에 진용이 있으니 재상은 지극히 현명하고 충실하다. 육신상 목은 재성이요, 수는 식신 상관이다. 재성이 왕성하면 일간은 절태이니 극도로 허약하다. 일간은 배[船舶]요, 차[車輛]이며 재성은 화물이요, 집이다. 재성이 왕하고 일간이 허약한 것은 10톤 차에 100톤을 적재했기 때문이다. 잉어낚시로 고래를 낚는 격이다. 많은 짐을 감당하려면 많은 차량이 있어야 한다. 같은 차량을 비견겁재라고 한다. 같은 낚시꾼이 동서에서 모여들면 낚은 고래를 거뜬히 잡아 끌어올릴 수 있는 것이다. 만화

(萬貨)를 다루면 만금을 벌 수 있으니 천하 거부가 될 수 있다. 이를 인인성부라고 한다. 만인이 화주(貨主) 옆에 모여들고 힘써 도와주는 것은 화주의 인심이 후하고 생기는 것이 많기 때문이다. 조물주가 부처님이라면 하나같이 그러한 사주만을 창조했을 것이다. 하지만 그러한 사주는 만에 하나 있을까 말까다. 그만큼 조물주는 비정하고 냉혹하며 소금보다도 짜디짜고 인색하다.

10톤 차에 100톤 화물을 적재하였으면 꼼짝을 할 수가 없다. 만일 움직였다 하면 그대로 박살이 나는 것이다. 이런 경우 가장 아쉬운 것은 짐을 나눠 질 수 있는 비겁과 더불어 짐꾼을 먹이고 살찌우는 동시에 차를 붙잡아 놓는 브레이크 역할을 하는 인성(人星)이다. 육신상 인성은 어머니의 손목이요, 적신호로서 무거운 짐을 지고 있는 차량에겐 최고의 안전장치다. 차는 청신호가 나타나면 움직이고 달리기 마련이다.

육신상 청신호이자 움직이고 달리는 별을 식신상관이라고 한다. 일간이 왕성하면 천하장사로서 청신호를 가장 기뻐하는 데 반해서 일간이 늙고 병들거나 무거운 짐을 지고 있으면 위기에 직면한 중환자로서 움직이고 달리는 청신호를 가장 두려워한다. 그것은 죽음과 파멸의 명령이요 강요인 것이다. 재왕(財旺)하고 신약한 본명을 구제할 수 있는 것은 인성과 비겁이다. 하지만 좌우에 있는 것은 식신상관과 재성이다.

식상은 움직이고 달리려는 청신호다. 식상은 운행이요, 재성은 손님이다. 식상만 있고 재성이 없으면 손님이 없는 빈 차로서 의욕이 없는지라 달리지 않는다. 만일 재성이 있으면 손님과 짐을 얻은 격이니 의욕이 치솟고 최고속으로 달린다. 그래서 신왕한 장사가 식상과 재성을 얻으면 평생 의욕적으로 뛰는 동시에 엄청난 치부를 할 수 있다. 만일 본명이 신왕자라면 틀림없이 거부가 되었을 것이다.

하지만 본명은 재왕신약(財旺身弱)이다. 한 치도 움직일 수 없을 뿐 아니라 움직였다 하면 끝장인 것이다. 천근 만근의 무거운 짐을 지고 다리를 후들후들 떨고 있는 기지사경(幾至死境)의 중환자에게 당장 움직이고 달리라는 청신호와 더불어 황금[재성]을 흔들어 보이면서 빨리 달리게 하는 욕심을 폭발시킨 것은 무정하기보다 냉혹한 살인적 명령인 것이다.

조물주가 달리고 뛰라면 그럴 수밖에 없는 것이 사주요, 인간이다. 인간이 어려서 발휘할 수 있는 것은 두뇌 뿐이다. 재왕신약한데, 식상이 만발하면 출생하면서부터 머리가 움직이고 신경이 발달하니 정신이 총명하고 비범한 천재가 된다.

주인공은 바로 전형적인 천재다. 정신은 육체의 꽃이요, 부산물이다. 꽃은 나무가 자란 연후에 피는 것이 정상이다. 나무가 자라기도 전에 꽃이 만발하면 나무는 시들고 병든다. 꽃은 나무의 생명인 수분의 조화다. 나무가 먹고 사는 수분을 꽃으로 모두 발산하면 나무는 기진맥진해서 시들 수밖에 없다.

정신은 두뇌에서 발생하고 두뇌는 정력과 피를 먹고 산다. 정력과 피는 육신이 먹고 사는 생명의 원천이다. 어린이는 육신이 어리고 미완성이 듯이 정력과 피 또한 연약하고 부족하다. 모든 것은 성장하는데만 투입되어야 한다. 머리를 쓰면 정력과 피를 소모함으로써 육신이 허약해지고 성장에 장애를 일으킨다.

주인공에게 천재를 유도한 것은 식상과 재성이다. 연상은 아버지요, 월은 어머니이며, 시상은 사회다. 천재가 되도록 개발하고 적극 주도한 것은 바로 부모인 동시에 텔레비전과 사회 대중이다. 주인

공은 아주 어린 나이에 글을 읽고 외국어까지 능통함으로써 세기적
인 천재로 등장했다. 부모는 텔레비전과 손을 잡고 아들이 천재임
을 온 세상에 자랑하고 극구 찬양하느라 불덩이처럼 정열을 쏟았
다. 세상은 놀라고 감탄하며 격찬해 마지 않았다.

결과는 뻔했다. 그는 인간이요, 신이 아니었다. 무리한 정력 과다
소모와 지출은 성장을 멈추게 할 뿐 아니라 생명 자체를 파괴하고
파멸시킨다. 주인공은 지극히 어린 나이에 비정상적 노화현상이 나
타나고 무기력 상태에 빠진 것이다. 아차 할 때는 이미 늦었으며
손쓸 겨를이 없었다. 세상을 들뜨게 한 천재아는 허무하리 만큼 무
너진 것이다. 세상은 온통 천재아의 멋진 연기를 계속 요구했다. 부
모는 외국에서 천재교육을 받고 있는지라 텔레비전에 나타날 수가
없다고 말했지만 주인공은 집안에 숨어 있었다. 중환자처럼 오랜
세월을 숨어 살아야 했으니 주인공은 천재가 아닌 인재(人災)에 시
달린 것이다. 그 인재를 초래한 것은 부모의 욕심이요, 극성이 아니
었던가.

⑧ 비정한 사주

<table>
<tr><td colspan="4">사주(四柱)</td><td colspan="6">대운(大運)</td></tr>
<tr><td>己</td><td>庚</td><td>丙</td><td>壬</td><td>己</td><td>戊</td><td>丁</td><td>丙</td><td>乙</td><td>甲</td></tr>
<tr><td>酉</td><td>午</td><td>寅</td><td>辰</td><td>巳</td><td>辰</td><td>卯</td><td>寅</td><td>丑</td><td>子</td></tr>
</table>

가용은 화(火)요, 진용은 수(水)다. 신왕하니 촌무인덕(寸無人德)
이요, 능히 자수성가할 수 있다. 차는 100톤인데 짐은 10톤이니 가
만히 있을 수가 없다. 어디든 뛰어야 하고 손님과 짐을 찾아야 한
다. 청신호인 상관과 짐보따리인 재성이 나타났으니 처음부터 길이

열리고 재능을 마음껏 발휘할 수 있다. 상관은 머리가 비상하고 윗사람을 공경하지 않으며 만사에 불평이 많고 비판적이지만, 재성을 만나면 뛰는 만큼 돈을 벌 수 있는지라 머리가 빠르고 신나게 돌아간다.

주인공은 언론계에서 비판적인 상관의 기질을 마음껏 발휘했다. 시상의 편관은 무관·언론·수사관 등은 천직이요 적성이니, 언론은 상관보다도 편관이 택한 천직이라 하겠다.

임수(壬水)는 육신상으로 편관이지만 음양으로는 물질에 속한다. 편관이 진용이면 벼슬과 출세에 능하지만 수(水)가 진용이면 재물과 치부에 능하다. 주인공은 두 가지에 모두 능했다. 언론으로 출세하는 동시에 야산을 개척하고 축산을 개발해서 많은 치부를 할 수 있었다. 적수공권으로 자수성가하고 소부소귀(小富小貴)를 이룩한 것이다.

신왕자는 재관을 기뻐한다. 재성은 아내요, 관성은 남편에 속한다. 성숙한 장정은 결혼할 능력이 풍부함으로써 아내[재성]와 남편[관성]을 맞이하는 것이 당연하고 기쁜 것이다. 하지만 남편과 아내는 서로가 다르듯이 재성은 부(富)를 생산하는데 반해서 관성은 귀(貴)를 생산한다. 벼슬을 하려면 돈이 있어야 하듯이 신왕하고 관성이 허하면 재성이 용이 된다. 재생관(財生官)하기 때문이다.

하지만 재성은 바다요 돈보따리인데 반해서 관성은 산이요, 벼슬로서 두 가지를 겸하기는 어렵다. 본명은 상관과 재성이 있다. 무거운 짐을 싣고 최고속으로 달리는 격이다. 많은 돈을 벌 수 있으니 의욕이 대단하다. 차는 달리는 만큼 기름이 소모된다. 무거운 짐을 싣고 뛰면 기름의 소모가 빠른 만큼 쉽게 연료가 떨어진다.

만일 식상과 재성이 있고 인성이 있다면 기름의 공급이 보장됨으로써 무제한 뛸 수 있으며 산[관성]에도 무난히 오를 수 있다. 부귀를 능히 겸할 수 있는 것이다. 하지만 인성이 없으면 짐을 싣고 뛰는데 한계가 있다. 평지를 달릴 수 있지만 산에는 오를 수가 없다. 이는 바다에서 잡은 고기를 싣고 시장이 아닌 태산으로 오르는 격이다. 산에는 호랑이 같은 산적이 노략질을 일삼고 있다. 비록 신왕하지만, 상관생재(傷官生財) 이상의 활동은 불가능하다.

조물주가 상관·재성·관성을 나란히 나타나게 한 것은 황금을 싣고 산적을 향해서 달리게 한 것이니 관성은 명백한 함정이요, 무덤이다. 만일 주인공이 사주에 밝았다면 관성과 산적을 향해서 겁 없이 달리지는 않았을 것이다. 물론 타고난 관성과 산적을 피할 수는 없다. 산적은 무조건 행인을 박해하고 빼앗는 것이 아니다. 보따리가 없으면 거들떠보지도 않는다. 재물이 없으면 관성과 산적은 무난한 것이다. 하지만 보따리가 있으면 당장 짐을 내놓으라고 호령한다. 순순히 응하면 돈만 빼앗고 사람은 건드리지 않지만 불응하거나 반항하면 여지없이 강탈하고 심한 폭행을 가한다. 돈 잃고 목숨까지 잃게 된다.

산에 오르는데는 재물이 재난의 근원인 것이다. 재성과 관성이 같이 있으면 하나를 선택해야 한다. 재성을 택하면 관성을 외면해야 하고 관성을 택하면 재성을 외면해야 한다. 재성이 관성을 보면 관성으로 동화한다. 재물을 외면하고 이름과 벼슬을 택하는 것이 순리요, 순천이다. 하지만 돈보따리를 포기한다는 것은 쉬운 일이 아니다.

본명은 갑자 대운에서 관성[壬水]이 왕성하고 자진수국(子辰水局)을 형성해서 득세를 한다. 진용인 수(水)가 가용으로 바뀐 것이다. 육신상 관성은 아버지와 아들과 남편에 해당한다. 젊어서는 아버지가 관성이요, 늙어서는 자식이 관성이다. 아들이 가용이 되고 관성이 되면 반드시 말썽을 피우고 재물상 문제를 일으키기 쉽다.

갑자 대운 임자년(64세)의 일이다. 아들이 목장에서 소를 훔쳐 팔아먹었다. 주인공은 당장 고발을 했지만 아버지가 허락해서 판 것이라고 딱 잡아떼는 아들을 증거 불충분으로 방면하자 노발대발했다. 청와대와 검찰에 잇따라 탄원서를 내고 자식을 구속해 달라고 아우성을 쳤으나 누구 하나 거들떠 보지 않았다. 자식의 재간이 훨씬 더 비범한 동시에 아버지를 정신병자로 몰아붙였기 때문이다. 아버지가 미치지 않고서야 어찌 외아들을 도둑으로 몰겠느냐는 능청스런 하소연이 먹혔던 것이다.

관성이 가용으로 변화고 흉성이 되면 부자간에 정이 없고 자식을 미워한다. 관성이 진용이면 재산을 보호하는데 반해서 관성이 가용이 되면 재물을 겁탈하는 산적 노릇을 한다. 비정한 아버지에게 증오심이 대단한 아들은 딸과 합세해서 깊은 잠에 든 아버지를 밤중에 끈으로 목을 조르다가 그만 발각이 되고 말았다.

주인공은 당장에 살인 미수범이라고 고발했으나 아들 딸이 딱 잡아떼고 아버지가 완전히 환장하고 미쳐서 자식을 죽이려 한다고 발을 동동 구르는 바람에 역시 증거 불충분으로 방면이 되자 주인공은 혈안이 되어 미친듯이 동분서주하다가 그만 교통사고로 비명횡사했다. 아버지가 자식을 도둑으로 잡아넣은 것은 동서고금에 없는 비정한 아버지이 듯이 자식이 아버지의 목을 조르고 죽이려 한 것은 더더욱 만고에 없는 패륜이다. 그 아버지에 그 아들이라 하겠다.

하지만 이는 아버지가 비정하기에 앞서 사주가 비정하고 잔인한 것이다. 인간은 만물의 영장으로서 하나같이 슬기롭고 자의로 생각하고 행동하는 양 자부하고 확신하면서 사주가 비과학이니 미신이니 비꼬고 거들떠보지도 않지만, 현실은 저마다 타고난 사주의 각본과 율법에 의해서 춤추고 있는 운명의 배우에 지나지 않는다. 그것은 궤도를 시간표대로 달리는 열차와 같다. 열차는 궤도를 뛰어넘을 수 없듯이 인생은 사주를 초월할 수 없는 것이다. 사주는 자신과 인생을 발견하는 유일한 거울이요 진리다.

⑨ 황비사주

사주(四柱)				대운(大運)					
甲	甲	甲	戊	癸	壬	辛	庚	己	戊
戌	戌	子	辰	酉	申	未	午	巳	辰

가용은 금(金)이요, 진용은 목(木)이다. 월지에 재성이 있으니 재왕신약하다.

잉어 낚시에 고래를 낚는 형국이다. 만인이 협조하면 능히 낚을 수 있으나 혼자서는 불가능하다. 비겁은 사람이다. 비겁이 많으면 만인이 나타나서 무리를 형성한다. 비겁이 가용이 되면 군왕이 난립하고 대립한 것이니, 서로 싸우고 죽이며 빼앗는 금수의 난투가 필연적이다. 인인패사하고 파산하며 실권하고 파멸하여 비명횡사할 사주다.

반대로 비겁이 진용이면 꿀벌 같은 충신이 사방에서 집결할 것이니 어디를 가나 지원자가 나타나고 무엇을 해도 만인이 호응하고 힘써 도와준다. 그 이유는 간단하다. 가용은 군왕으로서 안하무인이요, 무정하고 냉혹하니 만인이 등을 돌리고 적대시하는데 반해서 진용은 어질고 착한 꿀벌이요, 개미로서 인정이 많고 인심이 후하며, 남을 위해서 자비와 헌신을 아끼지 않기 때문이다.

272

본명은 목(木)이 진용인 동시에 비겁으로서 연월에 즐비하게 나타나 있다. 주인공은 여자다. 여자는 비겁이 같은 주부다. 비겁이 나타나면 한 가정에 주부가 여럿이니 한 남편에 여러 여성이 경쟁하는 형국이다. 비겁이 가용이 되면 같은 왕비이므로 서로 싸우고 죽이며 빼앗는 비극이 평생 동안 되풀이 된다.

진짜 왕비는 일간이요, 나머지 비겁은 남편을 가로채고 도둑질하는 가짜 왕비다. 비겁이 진용이면 꿀벌이요 충신이다. 같은 여성이지만 왕비 자리를 다투는 요마가 아니고 왕비를 하느님처럼 섬기고 공격하는 충실하고 현명한 시녀들이다. 시녀를 거느리는 여성은 귀한 몸이다. 주인공은 천황국의 황비다. 뭇 여성이 부러워하고 존경하는 천하 으뜸의 여성이 아닌가? 그것은 주인공이 잘나서가 아니고 천하의 여성이 시녀처럼 섬기고 공경하는 사주를 타고났기 때문이다.

금(金) 가용은 목(木)이 진용인 동시에 목을 생해 주는 수(水)가 명맥이다. 수를 얻은 목은 산 나무요, 수를 얻지 못한 목은 죽은 나무와 같다. 술월(戌月)은 늦가을로서 수기(水氣)가 가장 허약하고 건조한 절기다. 삼갑목(三甲木)은 하나같이 시들고 마른 고목으로서 생기가 없다.

다행히 일지에 자수(子水)가 있고 시지에 진(辰)이 있어서 자진수국(子辰水局)을 형성하니 물고기가 연못을 만난 격이다. 천지가 윤택하고 만물이 무성하니 삼갑목(三甲木)은 거대한 수목으로서 천하 명산을 이루고 있는 형국이다. 일지는 배우자요, 시주는 시녀의 집이다. 일지에 진용이 있으니 자녀 또한 착하고 현명하다.

이는 하늘이 언약하고 보장한 것이니 주인공은 태어나면서 귀하디 귀한 몸인 것이다. 갑목(甲木)은 자(子)에게 목욕이다. 이를 도화살이라고 한다. 중국 사주는 귀신[神殺]타령이 능사로서 도화살이

월지나 일지에 있으면 금기로 삼는다. 바람둥이로서 기생 아니면 첩의 신세를 면할 수가 없다는 것이다. 주인공이 태자비로 선택되었을 때 점술가들 사이엔 도화살이 있다 해서 별의별 추리와 소문이 난무했다. 천한 기생이나 첩의 운명을 타고난 여성이 어찌 지존하신 황실의 태자비가 될 수 있느냐는 것이다.

하지만 주인공은 태자비로서 만인의 사랑과 부러움과 존경을 오랫동안 받아왔고, 마침내는 황비가 되어서 최고의 여성으로 군림하고 있다. 도화살이니 삼재살이니 하는 신살론은 격국용신론과 더불어 중국 사주의 기본이요 중추다. 점술가들은 신살이 진짜요, 절대적인양 떠들어대고 있다.

그러나 만일 신살이 존재한다면 주인공은 기생 아니면 첩의 신세를 면치 못했을 것이다. 하지만 주인공은 어엿한 황태비요 황비가 아닌가? 그것은 천부적인 사주의 소치요, 결코 기적이나 이변이 아니다. 기생이나 첩이 되어야 할 신살을 가지고도 천하의 국모가 된 이유는 무엇인가? 귀신을 먹고 사는 신살론은 격국용신론처럼 음양오행으로 창조된 사주의 운명과는 전혀 무관하고 사실 무관한 잠꼬대인 동시에 생사람 잡는 허무맹랑하고 황당무계한 잡술이기 때문이다.

⑩ 잔인한 사주

사주(四柱)				대운(大運)						
壬	壬	壬	庚	癸	甲	乙	丙	丁	戊	己
申	子	申	子	丑	寅	卯	辰	巳	午	未

가용은 수(水)요, 진용은 화(火)다. 가용이 난립하고 신자수국(申

子水局)까지 형성했으니 가용의 천하로서 만발이요, 극치를 이루고 있다. 진용이 하나도 없으니 만인이 적일 뿐만 아니라 의지 가지가 하나도 없다. 저마다 군왕이요, 영웅으로서 나라와 대권을 장악하려고 눈만 뜨면 싸우고 죽이며 빼앗는 투쟁을 능사로 한다.

중국 사주에서는 수(水) 일색으로 수국을 형성하면 일행득기격(一行得氣格)인 윤하격(潤下格)으로서 최고격으로 높이 평가한다. 천하의 부귀영화를 누릴 수 있는 천하 일품의 사주라는 것이다. 만일 격국용신론이 진리라면 주인공은 출생하면서부터 호의호식하는 귀공자로서 평생 부귀영화를 누리고 즐길 수 있었을 것이다.

하지만 주인공은 태어나면서부터 사고무친의 고아였다. 부모는 가난하고 무능했으며 일찍 세상을 떴다. 의지 가지 없는 주인공은 어려서부터 발길 닿는 대로 동서남북으로 떠돌아 다녀야 했다. 가용이 있고 진용이 있으면 천하를 정복하는 정치적 야망이 대단한데 반해서 가용만이 있을 뿐 진용이 없으면 같은 싸움을 해도 지능적이고 야심적이 아닌 본능적이고 야성적이다. 힘을 위주로 두목을 다투는 체육의 왕자로 군림하는 것이 꿈이다.

주인공은 이마로 돌을 깨는 기합술에 능했다. 속세는 부귀가 기본이요 으뜸이다. 부귀와 인연이 없고 사고무친이면 속세에서 살수가 없다. 그가 의지할 수 있는 것은 대자대비한 부처님 뿐이다. 속세를 떠나서 출가하는 중 팔자란 바로 속세와 인연이 없는 팔자인 것이다. 입산수도하고 부처님에게 귀의하면 속세를 초월해서 불심과 불도로 정진하니 마침내 타고난 온갖 수난과 시련을 극복할 수 있는 것이다.

주인공은 즐겨 절을 찾았다. 수양하기 위해서가 아니다. 공밥을 먹기 위해서다. 만일 진용이 한 점이라도 있었다면 수도하고 정진해서 대승이 되었을지 모른다. 진용이 없으면 무용지물이 듯이 그는 절에서도 쓸모 없는 식객으로 일관했다. 식대를 요구하면 기합술을 과시하면서 주지를 위협했다. 병진 대운에선 편재가 나타나니 속세로 돌아왔다.

재성은 돈과 여성이다. 그에게 돈이 나타날 리 없다. 총각이라 해서 정력과 지능은 타고난 것이다. 수(水)는 정력과 슬기[知慧]의 심벌이다. 그는 기막힌 정력과 지능을 타고난 것이다. 수는 밤과 도적을 상징하는 것으로 현무(玄武)라고 한다. 무장한 밤의 도적이란 뜻이다. 그의 지능은 뛰어났지만 사냥꾼처럼 숨어서 남의 것을 가로채는 잔인하고 본능적인 모사와 술수가 기본이다. 그는 결혼을 빙자해서 일년간 푸짐한 대접을 받았다. 그리고 막상 결혼 날을 맞이하자 바람처럼 사라졌다. 예식장에서 마냥 기다리던 신부는 발을 동동 구르다 못해 기절하고 말았다. 그때부터 주인공은 여성 사냥을 일삼으면서 숱한 여성을 울리고 괴롭혔다.

처녀와의 결혼을 빙자해서 몸과 돈을 낚은 다음엔 헌신짝처럼 내동댕이치는 파렴치범이다. 어찌 그뿐인가? 같은 남성에게도 안면만 있으면 돈이고 물건이고 닥치는 대로 뜯어내고 집어삼키는 사기꾼이다. 잠시만 쓰겠다고 사정사정을 해서 빌려간 시계를 꿀꺽 삼키는 것은 다반사다. 도적치고는 지극히 치사하고 교활하며 지능적이다. 그것은 주인공의 창작이나 솜씨가 아니고 천부적인 사주의 작품이요 소치인 것이다.

사주의 오행은 상품의 기질과 같다. 따스한 것은 목(木)이요 뜨거운 것은 화이며, 선선한 것은 금이요 차가운 것은 수다. 상품은 때를 만나야 인기가 있고 제값을 받으며 거래가 활발하다. 때를 잃은 것은 인기가 없고 가치도 없으며 거래가 끊긴다. 때를 만난 상품은 바로 진용이요, 때를 잃은 상품은 가용에 속한다. 겨울은 따스한 화가 으뜸이듯이 여름엔 시원하고 차디 찬 수가 으뜸이다. 사주는 장사하는 점포에 진열된 만물상이다. 춘하추동 골고루 쓸 수 있는 금수목화가 모두 있으면 연중 무휴로 장사가 되니 평생 배불리 먹고 잘 살 수 있다. 장사는 무더기로 팔리고 무더기로 돈을 벌어야만 거부가 될 수 있다. 진용이 많고 가득한 사주가 바로 그것이다.

겨울 태생은 화가 가득 찬 경우이다. 겨울 장사집에 추위를 녹이는 따스하고 뜨거운 상품이 가득 차면 손님이 앞을 다투고 불티처럼 팔린다. 반대로 찬 바람 나는 차가운 상품을 진열하면 고객이 질겁을 하고 도망친다. 고객이 없으면 장사는 끝장이요, 장사가 안 되면 먹고 살 수가 없다.

사람은 먹지 않고는 살 수가 없다. 굶주리면 본능적인 고통과 더불어 욕망이 발생한다. 금수처럼 약육강식을 능사로 하는 것이다. 고객을 숨어서 낚고 금품을 강제로 빼앗는 것이다.

점포는 고객을 유인하고 낚는 수단과 방법에 지나지 않는다. 점포를 찾는 고객은 반드시 돈을 가지고 있다. 원하는 물건없이 돈을 벌 수 있는 것은 오직 고객을 속이거나 위협하고 빼앗는 사기와 도둑질 뿐이다.

그것은 하고 싶어서가 아니다. 타고난 사주가 그렇게 시키는 것이다. 돈 한 푼없이 태어난 인생은 남의 것을 구걸하거나 빼앗아 먹고 살 수밖에 없지 않은가?

본명은 겨울 태생으로서 겨울 장사꾼이다. 화(火)가 있어야 인기가 있고 경기가 좋으면 돈을 벌고 부자가 될 수 있는데, 불행하게도 화는 눈을 씻고 보아도 이름조차 찾아볼 수 없다. 차디찬 얼음만이 천지간에 가득 차 있으니 영하 40도가 넘는 혹한이다. 고객은 고사하고 개미새끼 한 마리 얼씬거리지 않는 얼음판에서 굶주리고 허기진 배를 채우려면 금수처럼 강인하고 잔인한 사냥을 할 수밖에 없다.

밤사냥을 즐기는 도둑을 현무라고 한다. 현무의 본체는 겨울과 밤과 추위와 북방수(北方水)다. 본명은 겨울 태생으로서 물과 추위와 어둠으로 가득 차 있으니 전형적인 현무인 것이다. 동서남북이 물바다요, 얼음덩이며 캄캄한 암흑천하다. 살기 등등한 엄동설한에 추위에 떨고 굶주림에 견딜 장사는 없다.

주인공은 타고난 사주니 어쩔 수 없지만 타인은 다르다. 우선 부모형제부터 서둘러 도망치거나 떠나 버린다. 처자라고 해서 예외는 아니다. 어려서 천애고아가 되고 사고무친의 유랑아로서 동가식 서가숙은 필연적인 숙명인 것이다. 그에게 인정이 있고 도덕과 의리를 기대할 수는 없다. 그는 사주대로 행동하고 현무로서 살아갈 뿐이다. 그가 살 수 있는 길은 사냥과 약탈 뿐이다. 누구든지 걸리기만 하면 반드시 손실과 상처를 입기 마련이다.

여름 태생으로서 가용[火]이 만발이거나 겨울 태생으로서 가용[水]이 만발인 인생은 처음부터 남의 것을 훔치고 빼앗는 것이 생업이요 능사로서, 만인을 해치는 무서운 송충이요 흉물이다. 기사년 기사월 기사일 기사시 생이 가용 덩어리로서 처음부터 만인을 속이고 낚으며 비정하고 비행을 능사로 하고 있는 것이다.

정사 대운부터 화(火)가 나타나고 왕성하니 한곡회춘(寒谷回春)격이다. 주인공은 운전기사로서 일자리를 얻었다. 머리가 비범하듯 기술도 뛰어났다. 하지만 그는 처음부터 사고를 잇달아 저질렀다. 과속과 난폭운전으로 사람을 치고 감방을 안방처럼 출입했다. 면허가 취소되고 일터를 잃었으며 알거지 신세가 되자, 다시 현무의 천부적 솜씨를 부리기 시작했다. 그 많은 여성 가운데 아내로 택한 것은 천하박색이다.

어쩌면 박색이기에 남아 있었는지도 모른다.

처자가 생기니 가난은 갈수록 심하고 절박했다. 대운에서 여름이 오고 진용이 만발했는데 인생의 엄동설한이 꼼짝하지 않는 이유가 무엇인가? 그 대답은 간단하다. 사주에 진용이 없는 편고한 인생은 대운에서 진용이 나타난다 해도 그림의 떡처럼 아무런 변화와 작용과 조화가 없기 때문이다. 씨가 있어야 싹이 틀 수 있듯이 진용의 씨가 있는 사주만이 진용의 운기를 받고 진용의 영화를 누리고 즐길 수 있는 것이다.

편고야말로 천부적인 불구자요, 기형아로서 생각하고 행동하는 것이 편협하고 유아독존이며 성급하고 난폭하며 잔인하다. 조물주의 작품으로선 가장 볼품없는 실패작으로 이 세상에 태어나서는 안 될 기구하고 불행한 인생이자, 만인을 못 살게 하는 저주받을 가공한 인생이다.

⑪ 후한 광무제

사주(四柱)				대운(大運)					
乙	乙	甲	丙	戊	丁	丙	乙	甲	癸
卯	丑	子	寅	子	亥	戌	酉	申	未

가용은 수(水)요 진용은 화(火)다. 목(木)은 생명을 가진 생물로서 중생을 상징함과 동시에 발생과 시작을 의미한다. 엄동설한에 중생이 추위에 떨고 있는데 동방에서 태양이 떠오르고 있다. 태양은 어둠을 밝히고 추위를 물리치며 동시에 암흑과 추위에 얽매인 채 떨

고 있는 만물을 따사로운 품안으로 해방시킨다.

주인공은 불안과 공포에 떨고 있는 만백성을 해방하고 구제하는 중생제도의 대임을 타고난 천부적인 위정자로서 후한을 세운 광무제다.

병술 대운 임오년(28세)엔 인오술화국(寅午戌火局)을 이루니 진용이 천지에 가득하다. 호족과 문족(門族)을 비롯해서 만인이 사방에서 호응하고 지원해서 한 나라를 가로채고 학정을 자행하는 왕망을 무찌르게 하니 마침내 대승을 거두고 후한을 창건했다. 진용이 동방의 태양처럼 시상에 떠오르니 암흑천하에 빛과 희망과 용기와 의욕을 내뿜는 형국이다.

만일 자시나 축시에 태어났다면 어찌 되었을까? 병화(丙火)가 나타날 수 없듯이 진용을 얻을 수 없었으니 주인공은 평생을 어둠과 추위에 떠는 가난하고 천한 촌부에 지나지 않았을 것이다. 갑을목(甲乙木)이 청룡이라면 병화는 여의주와 같다. 춥고 배고픈 암흑의 동토에 태양이 치솟은 것은 청룡이 여의주를 얻은 형국이 아니겠는가?

병화는 진용이자 명맥이다. 시(時)에서 이를 얻은 것은 시에서 해동하고 회춘하며 기사회생한 것이다. 시의 소중함과 사주상의 비중을 생생하게 느낄 수 있다. 비록 시상에 태양이 발생했다고 하지만 진용[丙火]의 역량은 지극히 허약하다. 병술 대운과 임오 세운에서 화국(火局)을 형성함으로써 천지를 진동하는 대사를 일으키고 일약 천하의 대권을 장악했다는 것은, 인생의 운명은 대운과 세운에서 조화가 무상한 동시에 사주가 불여대운(不如大運)이라는 진리를 만천하에 밝힌 것이다. 대운과 세운은 후천에서 맞이하는 인생의 항로요 현실이지만, 사주의 싹인 월주(月住)에서 발생하고 뻗어가

는 선천적인 덩굴로서 사주의 가지요, 분신인 것이다. 그래서 인명
은 재천이라 하였으니 어느 것 하나 사주와 분리되거나 무관한 돌
발 사태는 있을 수 없다.

⑫ 자만과 참패

사주(四柱)				대운(大運)					
丙	甲	丁	庚	乙	丙	丁	戊	己	庚
申	午	巳	子	未	申	酉	戌	亥	子

가용은 화(火)요, 진용은 수(水)다. 연지와 시지에 신자수국(申子
水局)을 형성하였으니, 창해에 잠룡이 용솟음치고 있는 형국이다.
정유(丁酉) 대운에 진용을 생해 주는 금(金)이 왕성하니 시운(時運)
을 얻어서 일찍 벼슬길에 오르고 승승장구로 출세했다.

가용이 왕성하고 무리를 지으니 처음부터 대립하고 싸우며 죽이
고 빼앗는데 능소능대하다. 무장으로서 뛰어난 동시에 재상으로서
도 유명한 송나라 문천상의 사주다.

무술 대운 무인년(43세)에 인오술화국(寅午戌火局)을 이루므로
가용이 극성이다. 천하의 땅과 대권을 빼앗기 위한 싸움이 사방에
서 발생하고 치열함과 처절이 극치에 이른다.

가용은 왕권을 다투는 불구대천의 적이다. 가용이 삼합을 형성한
것은 적이 득세하고 대세를 장악한 것이니 사면초가요 사고무친이
며, 사지에 직면한 것이다.

주인공은 용맹한 무장으로서 적과 정면에서 대치하고 용감히 싸
우고 무찔렀다. 승승장구의 기세를 몰아 파죽지세로 적을 공격하니
적은 앞을 다투어 도망쳤다. 주인공은 기고만장해서 적을 단신 추

격했다. 적의 진지에 깊숙이 쳐들어 가자 갑자기 복병이 나타나고 완전 포위되어 가용이 왕성하고 극성한 것은 호랑이 같은 적이 왕성하고 극성한 것이니 적과 싸우는 것은 염라대왕과 싸우는 형국이다. 하물며 도망치는 적의 무리를 단신으로 추격한 것은 하루강아지 범 무서운 줄 모르고 호랑이 굴에 뛰어든 격이 아닌가? 이 얼마나 기막힌 운명의 장난인요 조화인가?

그는 사주의 각본에 따라 적진에 뛰어들어 호랑이 밥이 된 것이니 운명이 천하 명배우라 하겠다. 명장이 되고 명재상이된 것이 사주의 소치이듯이 호랑이떼 같은 적군과 싸우다가 사면초가로 참패를 당하고 비명횡사한 것 또한 운명의 소치인 것이다.

중국 명리가들은 본명을 화(火)의 종왕격으로 단정하고 화를 용신으로 삼았다. 화는 대기로서 목화운(木火運)엔 대발하고 금수운(金水運)엔 대패한다는 것이다. 화를 가용으로 삼고 수(水)를 진용으로 삼는 신정사주와는 정반대인 것이다.

만일 격국용신론이 사주의 법도요 이치라면, 본명은 용신인 화(火)가 득국하고 득세하는 무술 대운 무인년이 일생 일대의 호기요 호운으로서 능히 천하의 대세를 지배하고 대권까지 장악할 수 있다. 만사형통하고 소원성취하며 명진천하(名振天下)하고 욱일승천하는 것이 용신의 조화요 권능이다.

과연 주인공은 용신이 왕성하고 극성하는 화국에서 욱일승천하고 명진천하했는가? 아니면 일락천장하고 처절한 참패·참사를 당했는가?

사주는 오직 음양오행의 조화요 작품일뿐 격국용신이나 신살 따위의 조화나 작품이 아니다. 그 진실을 생생히 실증하고 웅변하는 것이 바로 본명이다. 만일 무술 대운을 극복하고 진용이 왕성한 기

해 대운을 맞이하였다면 어찌 되었을까? 이는 대어가 창해를 얻은
것이니 해자축(亥子丑) 북방 대운 30년은 문자 그대로 도처 춘풍이
요 욱일승천하는 부귀영화를 누렸을 것이다.

하지만 조물주는 에누리가 없듯이 빈 틈과 실수도 없다. 인오술
화국(寅午戌火局)을 형성한 것이 사주의 조화이듯이 전쟁터에 이
끌어 내서 용감히 싸우고 무모하게 적진에 단신 뛰어들게 한 것은
하나같이 조물주의 뜻이요 어명인 것이다.

⑬ 관재구설

사주(四柱)				대운(大運)					
癸	乙	丙	己	甲	癸	壬	辛	庚	己
亥	丑	戌	丑	子	亥	戌	酉	申	未

가용은 수(水)요, 진용은 화(火)다. 을목(乙木)은 중생이요, 병화
(丙火)는 태양이다. 엄동설한에 떨고 있는 중생을 구제하고 보살피
는 것이 천직이요 능사다. 암흑처럼 불안하고 두려운 세상에서 춥
고 배고픈 중생에게 빛과 열기를 베푸니 만인이 환호하고 호응할
것은 당연하다.

육신상 상관은 아버지와 군왕과 윗사람을 비판하고 공박하는 것
을 능사로 한다. 그만큼 재능이 뛰어나고 언변이 비범하다. 상관이
재성을 보면 돈을 버는데 몰두함으로써 남을 비방하고 싸우는 상관
의 기질은 전혀 찾아볼 수 없는데 반해서, 상관이 정관을 보면 아
버지와 군왕과 상사를 정면으로 공격하는데 열중함으로써 평생 파
란만장하고 관재구설이 끊이질 않는다.

본명은 가용이 왕성하고 많음으로써 대립하고 싸우는 정치적인

질과 기질이 천부적으로 풍부한 동시에 정부와 여당을 비판하고 공박하는 야당성 기질과 체질이 출중하다. 연상의 정관은 군왕을 상징한다. 하지만 정관이 가용이 되면 군왕과 싸울 뿐 군왕과의 인연은 박하다.

군왕과 대결하고 정부를 무찌르는데 천재적이고 능소능대하지만 군왕이 되고 정부를 거느릴 대권은 장악하기 어려운 것이다. 중생을 구제하고 보호하는 투쟁과 권모술수는 단연 압도적이고 비범하지만 중생을 다스리는 권좌와는 인연이 박한 것이 한이다. 만일 연상정관이 진용이라면 어찌 되었을까? 주인공은 아버지와 군왕과 대권과 인연이 후함으로써 어려서는 부모덕이 지극하듯이 관운이 크게 열림으로써 무풍지대로 승승장구하고 마침내는 대권을 무난히 장악하였을 것이다. 하지만 사주는 가장 소중한 관성을 호랑이 같은 가용이요, 적으로 만듦으로써 일생을 호랑이와 싸울 뿐 호랑이가 되기는 어려운 풍운아로 부각시켰다.

병화(丙火)는 태양이요, 계수(癸水)는 비[雨]다. 태양이 뜨면 비는 그치듯이 비가 내리면 태양은 빛을 잃는다. 병화와 계수(癸水)는 공존할 수 없는 상극 상태로서 언제나 대립적이고 무정하다. 태양이 죽었느니 망했느니 억울한 소리를 해도 할 말이 없다. 그것은 누명이요, 중상모략이다.

본명은 계수가 관성이다. 대권을 장악하려고 등장만 하면 누명과 관재가 소나기처럼 빗발치고 만신창이가 된다. 뜻을 같이 한 많은 동지가 누명을 쓰고 피를 보는 격이다. 기미 대운은 진용이 왕성하니 꿈을 실현할 수 있는 용기와 희망이 치솟는다. 하지만 관성을 적대시하고 내리치는 상관이 득세하고 극성하니 호랑이 굴에 뛰어든 격이다. 관재가 절정에 이르고 목숨까지 노리니 구사일생의 수난과 파란이 겹친다.

무오 대운은 일지와 삼합하고 진용이 대국을 이루니 만인이 따르고 화합하며 상부상조하는 일생일대의 천재일우의 호기다. 하지만 해자축(亥子丑) 북방 세운에서는 여전히 동결 상태로서 풀리지 못하고 인묘진(寅卯辰) 동방 세운에선 해동을 맞이하고 진용이 용솟음친다. 정묘년에 비로소 풀리고 임자월에 대권에 도전했다. 가용이 천지에 가득 차고 득세한 것은 호랑이와 적이 천지를 누비고 주름잡는 형국이니 감당할 수가 없다. 주인공은 자신만만했고 억울하게 패배했다고 하지만 사주의 소치가 아니겠는가? 하물며 대권과 인연이 박한 사주로야 어찌 하겠는가? 무진년 병진월엔 진용이 하늘을 날고 천지간에 빛과 열이 가득 차니 천지가 진동하는 득의와 득세를 한다. 하루 아침에 제1야당으로 등장한 것이다. 기사년은 남방 화운(火運)이지만 상관이 왕성하고 극성이다. 기미 대운을 방불하는 상관 천하다. 연상정관을 상관이 떼를 지어 공격하니 군왕이 노발대발한다. 관재구설이 우박처럼 쏟아진다. 임신계유월(壬申癸酉月)은 관성이 득세하니 상관에 대한 반격이 치열하고 절정에 이른다.

관재구설이 극에 이르고 건곤일척의 대결과 싸움이 불가피하지만 천운은 무정하고 불리한 상태다. 주인공은 억울한 관재라고 노발대발하지만 하나같이 사주의 조화임을 어찌 하겠는가?

만일 인간이 운명을 창조하고 개조할 수 있다면 산전수전에 능소능대한 주인공은 능히 백전백승할 것이다. 하지만 인간을 창조한 것은 조물주이듯이 인간은 처음부터 사주의 율법에 따를 뿐 운명을 벗어나거나 뛰어넘을 수는 없다.

⑭ 순천과 대도(공자)

		사주(四柱)				대운(大運)			
庚	己	庚	甲	乙	庚	辛	壬	癸	甲
戌	丑	子	申	未	寅	卯	辰	巳	午

수(水)는 가용이요, 화(火)는 진용이다. 수는 왕성한데 신자수국(申子水局)까지 이루었으니 가용이 극성을 부린다. 설상가상으로 천간에 가용을 생해 주는 경금이 겹쳐 있고, 수를 누르는 무토(戊土)를 설기하고 무너뜨리는 동시에 화를 생해 주는 갑목(甲木)을 난도질하니 만신창이다. 술중정화(戌中丁火)가 유일한 진용이지만 사방이 금수(金水) 덩어리이니 설 땅이 없다. 엄동설한에 태어나서 의지가지 없는 고아처럼 사고무친이다.

출생하자마자 아버지를 여의고 어머니 또한 일찍 세상을 뜨니 사주 그대로 어려운 환경에서 자라나야 했다. 수(水)는 정력과 슬기의 근원이다. 12운성의 사(死)는 사색과 학문과 철학에 능하다. 정기가 왕성하니 정신력과 창조력이 비범하다. 독창적인 학문 체계를 정립하니 명성이 자자하고 젊어서부터 명문 제자들이 사방에서 모여들었다. 집안이 가난하니 공부만 할 수도 없었다. 위리(委吏)라는 창고지기를 했고 승전(乘田)이란 목장 관리도 했다. 곡식과 가축의 관리에 한치의 오차도 없이 정직하고 철저했다. 남방 화운에서 진용을 만나니 천부적인 재능을 발휘할 수 있었다.

장관으로 출세하고 천하에 이름을 떨쳤다. 천성은 한수(寒水)처럼 냉혹했다. 경금은 의(義)를 상징한다. 상관(傷官)이 왕성하고 득국까지 하였으니 성품이 대나무처럼 강직하고 사리가 거울처럼 분명하며 불의와 부정과 간섭과 지배를 단호히 배격하고 거부한다.

사주가 진용으로 가득 차니 시기 질투하고 대립하며, 적대시하는 무리가 주위에 가득하다. 가용은 왕성하고 극성한데, 자신은 허약하니 적수가 압도적이다. 범인은 같으면 모처럼 얻은 벼슬자리를 지키기 위해서도 자신을 굽히고 대세에 순응하기 마련이지만, 주인공은 한치의 양보나 굽힘도 없이 단호히 자리를 박차고 외유에 나섰다. 여섯 나라를 돌면서 의로운 경륜을 펴 보려 했지만 가는 곳마다 푸대접이다. 상가집 개라는 혹평을 받는가 하면, 목숨을 노리는 수난도 겪었다. 14년간을 허송세월하다가 68세에 고국으로 돌아왔다. 야인으로서 글방 선생을 하면서 3천 제자를 길러냈다. 이는 공자의 사주다.

그는 중국과 동양이 낳은 위대한 성인이지만 타고난 사주는 처음부터 수난과 파란 일색이다. 그는 하늘과 사주를 믿었고 순천을 했다. 만일 그가 사주를 어기고 끝까지 자기 뜻을 관철하려 했다면 외유 중에 큰 변을 당했을지도 모른다. 공자의 학문과 철학은 서당 선생 하는 동안에 만발하고 성숙했으며, 마침내 2400년 중국 역사를 창주하고 지배한 유교의 대도를 정립할 수 있었다.

천하의 대성인도 사주 앞에는 양처럼 순종할 수밖에 없었으니 하물며 범인들이야 어찌 감히 하늘을 외면하고 거역할 수 있겠는가? 사주는 비록 불문율이지만 한치의 오차도 없이 엄격하고 준엄하며 치밀하고 냉혹한 것이다.

⑮ **천재와 박명(안회)**

사주(四柱)				대운(大運)					
己	辛	丙	戊	庚	己	戊	丁	丙	乙
丑	未	午	子	午	巳	辰	卯	寅	丑

장하(長夏)의 염화(炎火)가 득세하니 가용은 화(火)요, 진용은 수(水)다. 자축(子丑)의 수가 더위를 식히고 있으나 오미(午未)의 화가 극성을 부리고 있으니 젖줄 같은 진용의 수는 기진맥진한 상태다. 병화가 충천하고 식신상관의 무기토(戊己土)가 좌우에 나타나니 두뇌가 비범하다. 천부적인 천재로서 한 가지를 들으면 열 가지를 터득할 수 있다.

식상이 재성을 보면 식상의 작용이 배로 늘어서 머리가 번개처럼 움직이고 돌아간다. 상관은 사리에 밝고 의리에 투철하며 예법에 능통하다. 흑백과 시비를 분명히 하면서 사리와 의리와 도리에 철저하다. 여름 태생의 화체(火體)는 수가 명맥이요, 수명이며 정기다. 자동차의 원동력인 기름과 똑같다. 수가 풍부하면 정기가 왕성함으로써 체력과 정신력이 튼튼하고 무엇이든 마음껏 할 수 있는데 반해서, 수가 부족하고 허약하면 생명과 활동력이 적음으로서 조금만 무리하거나 과로해도 당장 부작용이 나타난다. 대운에서 재성과 식신상관이 계속 나타나니 재능을 발휘할 수 있는 기회는 만발하고 극성이다. 달리는 속도가 날로 가속화하니 타고난 재능은 아낌없이 발휘하나 체력과 정력은 감당할 수가 없다.

31세 되던 기미년에 상관이 겹치고 가용이 득세를 한다. 가뜩이나 수가 부족한 사주에 염화가 극성을 부리니 수는 쇳물처럼 끓는다. 식신상관이 채찍을 치면서 과속으로 줄달음치니 천리마는 마침내 기진맥진하고 지쳐 쓰러지고 만다. 세기적인 천재가 60평생의 일을 30년 만에 이룩했지만 천수(天水)를 탕진하니 명맥을 잃은 것이다. 천수(天水)는 곧 천수(天壽)로서 수(水)와 수(壽)는 정비례한다. 수(水)는 겨울에 왕성하고 여름에 허약하다. 그래서 북방인과 겨울 태생은 천수가 풍부하고 왕성함으로써 수명이 길고 체력이 왕성한데 반해서 여름 태생과 남방인은 천수가 부족함으로써 조숙하고 조로하며 수명이 길지 못하다.

주인공은 공자가 아끼고 사랑하던 수제자요, 천재인 안회(顔回)다. 그가 왜 천재로서 일찍이 이름을 떨치고 예의범절이 비범하며 스승의 가르침을 빠짐없이 소화하고 군계일학처럼 출중하였는지를 사주는 입체적으로 분석하고 뚜렷이 밝혀주고 있다. 천재는 인생을 관 속으로 달림으로써 일찍 두각을 나타내지만 수명을 과다하게 소모함으로써 장수할 수가 없다. 미인은 박명하듯이 천재는 박명하고 단명한 것이다. 비록 천재가 아니더라도 머리를 싸매고 기름 짜듯 과소비하면 명을 재촉하는 것이니 머리를 혹사하고 과용하는 것은 가장 어리석고 무모한 자살 행위인 것이다.

⑯ 명장 사주

사주(四柱)				대운(大運)					
庚	戊	戊	戊	己	庚	辛	壬	癸	甲
子	子	午	午	丑	寅	卯	辰	巳	午

수(水)가 왕성하니 가용이요, 화(火)가 지극히 허하니 진용이다. 연월의 지지에 자수(子水)가 나란히 있으니 수가 극성하다. 일시의 지지에 오화(午火)가 나란히 나타나니 한곡에 회춘함을 상징한다. 수를 누르고 화를 보살피는 무토(戊土)가 재상의 자리를 차지하고 좌우에 비견이 나란히 있으니 금상첨화격이다.

만인이 유정하고 상부상조하니 인인성사하고 장부의 뜻을 이룬다. 수는 현무로서 밤에 날뛰는 도적이자 나라를 침범하는 침략자를 의미한다. 비견이 진용이면 만인이 따르고 호응하며 지도적인 유능한 인재다. 만인과 더불어 현무인 도적떼와 침략자를 사방에서 무찌르는 형국이 과연 장부다운 사주다. 오(午)는 말[馬]을 상징한다. 오가 가용이면 쓸모 없는 둔마인데 반해서 오가 진용이면 쓸모 있는 천리마다.

주인공은 젊어서 만주로 망명한 다음 이 나라를 침략하고 빼앗은 도적떼인 일본군을 만주 벌판에서 대대적으로 공격하고 대파하여 대승을 주도한 명장군이다. 그는 부하를 아끼고 동지를 사랑하며 애국으로 일관했다. 해방 후 귀국하자 청년 동지를 규합하고 단체를 영도했다. 사방에서 청년들이 몰리고 따르며 뭉치고 단결했다. 그는 위대한 지도자요, 애국자로서 젊은이들의 가슴과 정열을 불태우고 사로잡을 수 있었다. 그는 천하의 대세를 형성하고 장악할 수 있는 막강한 힘을 집약한 것이다.

그의 명맥은 인맥이요, 동지이며, 집단이었다. 그의 세력과 대세를 염려한 집권자는 재상의 자리를 주고 집단을 해체시켰다. 연상의 경금은 식신이지만 가용을 생해 주는 소가용에 속한다. 연상은 군왕과 국록을 상징한다. 그는 군왕과 국록과는 인연이 멀다. 벼슬은 독약이나 사자밥이다. 받아서는 안될 벼슬과 녹을 순순히 받는 반면에 풀거나 놓쳐서는 안될 집단과 동지를 헌신짝처럼 버린 것은 천추에 한을 남길 치명적 오판이요 실수였다.

장군은 무장을 해제하면 보잘 것 없는 패잔병에 불과하듯이 대중의 영도자는 대중을 잃고나면 꽁지 빠진 참새 꼴이다. 한 번 실수는 병가상사라 했지만, 그의 실수는 재기불능하리 만큼 결정적이고 치명적이었다. 남방 화운(火運)에선 진용이 왕성하니 운세가 욱일승천할 수 있다. 하지만 편관인 갑을목(甲乙木)이 생명처럼 소중한 비견[戊土]을 난도질하니 애지중지하던 동지가 만신창이가 되고

290

갈기갈기 찢어지고 흩어진다.

관성은 벼슬을 상징한다. 벼슬을 탐하다 보니 명맥처럼 소중한 동지를 모두 잃어버린 것이다. 만일 주인공이 동지를 끝까지 아끼고 사랑하며 나라를 위해서 대의를 고수했다면 그는 위대한 지도자요, 선구자로서 천추에 이름을 남기는 동시에 이 나라의 역사를 바로잡을 수도 있었을 것이다. 하지만 연상의 국록을 기꺼이 받은 것이 사주이듯이 벼슬을 위해서 만인의 집단과 동지를 버린 것 또한 사주의 소치일진대 어찌 사주를 떠나서 한 인간의 실수만을 탓할 수 있겠는가? 만인은 하나같이 사주의 꼭두각시처럼 운명에 순응하듯이 그 또한 사주에 묶인 채 운명에 순응하고 충실하였을 뿐이다.

⑰ 가출자 행방불명 4년

사주(四柱)				대운(大運)					
丙	乙	辛	庚	甲	癸	壬	辛	庚	己
申	未	巳	寅	午	巳	辰	卯	寅	丑

미월생화(未月生火) 가용 일지사화(日支巳火) 동오행(同五行)으로 오뉴월에 난로를 끌어안고 있는 상태이다. 수(水) 부족과 신장·방광이 허약하고, 특히 위장이 나빠서 소화가 불량하고 식욕이 부진하며 구토가 심하다. 사지가 모두 아프고 뒷목이 당기고 아프며 아랫입술이 붓거나 잘 헐며, 식체로 인해 고생이 말이 아니고, 신묘(辛卯) 대운에 허리 디스크로 인해 몸을 앞으로 굽힐 수가 없다.

본명은 관(官)이 부(夫)요, 관기신(官忌神) 식상인 자녀로서 식상이 없으니 부모·형제·자녀의 덕도 누리지 못하고, 지장간인 수(水)도 전혀 없다. 가정 생활은 알뜰하나 수시로 우울증이 발생하여 숨이 답답하고 가슴이 두근거려 살 수가 없다.

신묘 대운 신미년 신축월 비겁인 기신이 나타나 1남 2녀의 자식과 남편을 내팽개치고 줄행랑쳐 버렸다.

본명은 저자가 충남 공주에 있을 때 운명을 감정한 결과 "당신 부부는 이름 때문에 부부 생활이 원만하지 못하다."하고 사주상은 여자 배우자궁에 화화(火火)로써는 100퍼센트 이별이라고 했더니 믿지 않았다. 그러고 나서는 거금을 들여 점쟁이들에게 점을 치고 굿을 하면서 야단법석을 다 떨고나서, 이제 부부 관계에 아무런 이상이 없을 것이라고 하기에 "그래, 잘 살아보아라." 하고는 그만 두어 버렸다.

뒤에 들으니, 부부관계가 갈수록 악화되어 매일같이 욕설을 하고 싸움을 벌이는 것은 물론, 폭행까지 번번이 일어나 불화가 그치지 않으므로, 결국은 본명이 집을 나가고 말았다. 그 후에 남편의 왼팔이 퉁퉁 붓는 이상 현상이 일어나 대전에 있는 큰 병원에 가서 진찰을 받아본 결과, 병원 측에서 절단하라고 하기에 저자가 절대로 절단해서는 안 된다고 적극적으로 말려 퇴원을 시켰다.

약 1주일 후 본명이 나타나 이혼을 요구하였으나 남편이 동의하지 않았다. 1남 2녀의 자식과 두 부부 합해 다섯 가족이 과수원과 농장, 식당을 경영하며 살아오던 차에 이런 일이 발생한 것이다.

본명은 일찍이 음식점을 운영하면서 마음이 안정되기도 하였으나 주변에서 남편이 무능하다느니, 도저히 평생을 같이 살 위인이 못 된다느니 하면서 자식이 무슨 소용이냐, 젊고 팔팔할 때 결판을 내라고 계속 부채질을 하여 드디어 2차, 3차에 걸쳐 가출을 했는데, 그 뒤에도 남편은 가산을 탕진해 가면서까지 굿을 해도 97년 현재 5년이 다 되도록 돌아올 줄 모르고 있다.

본명은 신약 사주로 희무일지사(喜無日支巳)하니 패기가 없으며, 참을성과 타협심이 없어 화가 나도 겉으로는 나타내지 않고 혼자서 속으로만 삭이는 유형이다. 항상 기고만장하고 천상천하 유아독존 하니 통솔력이 부족하고 설득력이 전혀 없을 수밖에.

순종하는척 하면서도 속은 그렇지 않고, 일지사(日支巳)는 육신이 병들어 생산을 못 하더라도 정신이 대신해서 생산[믐]을 계속해야 하는 것이 당연한데도 본명은 그런 능력이 없어 인생을 관리하지 못했던 것이다.

재기신(財믐神) 음양이 편중되는 것은 남성과 남성이 만나고, 여성과 여성이 만나는 격이다. 남녀가 만나면 사랑과 정이 통하는 것이 음양의 이치이니 동성 끼리 만나는데 애정이 생길 리 없다. 이득이 있으면 관계하고, 이득이 없으면 외면하는 무정한 사이다.

재성기신(財星믐神)인 경우는 자신이 부양하는 여성과 수하, 그리고 고용인 등의 별이다. 재[믐]는 부양은 하되 이해 위주의 애정이 없는 무정한 여성과 수하, 그리고 고용인을 의미한다. 그것은 자신의 아내가 아닌 대중의 여성이요, 내 수하 내 고용인이 아닌 대중의 수하이고 고용인이므로 자기 것이 아닌 남의 것에 정이 갈 수 없다.

내가 부양하는 피부양자는 내가 보호하고 관리하는 책임과 더불어 권리가 주어져 있는 법인데, 본명은 관년간기(官年干믐), 즉 나를 부양하는 극아자(剋俄者)로서 일간과 기신병관의 몸이다. 애정이 없고 오직 이해만 따지는 무정한 관계로, 관(官)은 부양은 하되 애정이 아닌 이해타산으로써만 대하니 냉혹하며, 마치 엄격한 스파르타식 군사 훈련과 같은 것이다.

그러나 관기신(官믐神)은 호랑이처럼 사납고 강하며 위엄이 있고, 비굴하거나 맹종하는 무기력한 자세와 행동을 단호히 배격한다. 용진 무퇴의 기질과 체질을 철저히 배양하는 동시에 불의와 부정을 증오하는 의협심을 강하게 기른다.

본명이 가출할 후 6개월 만에 친정 어머니가 딸을 기다리며 애통해 하다가 마침내는 지치고 지쳐 시름시름 앓더니 그만 내 딸 딸 딸…… 하면서 사망하고 말았다.

재관기신인 본명은, 역시 조물주가 운명을 공평하게 주지 않자 조물주를 원망한 모양인지 모친이 사망했는데도 소식조차 없이 지금도 집에서는 1남 2녀의 자녀들이 어머니 오기만을 목 늘인 채 기다리고 있다. 운명이란 이런 것인가.

⑱ 풍파가 많은 기구한 팔자

<table>
<tr><td colspan="4">사주(四柱)</td><td colspan="6">대운(大運)</td></tr>
<tr><td>己</td><td>壬</td><td>甲</td><td>丙</td><td>癸</td><td>甲</td><td>乙</td><td>丙</td><td>丁</td><td>戊</td></tr>
<tr><td>丑</td><td>申</td><td>戌</td><td>寅</td><td>酉</td><td>戌</td><td>亥</td><td>子</td><td>丑</td><td>寅</td></tr>
</table>

신금월생(申金月生)으로 관무(官無) 신중(申中) 경금(庚金) 지장이며, 두 남자를 거느릴 팔자이다.

혼인신고도 결혼식도 없이, 두 번째 남자와 동거하면서 아들 삼형제를 두었다. 본명은 천간진용(天干眞用)인 갑을소진용임수(甲乙小眞用壬水)는 현명하나 지장간 진용이 없어 평생 박복한 인생을 살 팔자이다. 진열장의 견본은 잘 나열되어 있으나 공급 받을 원자재가 고갈 상태인지라, 본명은 우선 무릎 관절염을 5년 동안 앓아서 보행을 하던 다리가 붓고 혈관이 터진 것처럼 벌겋게 부어 오른다.

마치 붉은 꽃이 핀 것처럼 진한 선홍색 핏송이들이 피부 밖으로

나타나는가 하면, 머리가 부어오르듯 아프고 복통이 심하여 가슴이
체한 것처럼 답답하다.

　이유인즉, 신장이 약하기 때문에 혈액순환이 순탄치 않고, 사주
가운데 제일 중심인 월(月) 70퍼센트의 '절(絶)'이 있어 군왕의 월이
끊어진 '절'에는 일지술금토(日支戌金土) 같은 오행이요, 여자가 또
여자를 만나는 상이니 어떤 남자가 좋아할 리 있겠는가. 배우자 궁
이 같은 오행으로 인해 기신오행(忌神五行)이 상극이니 열이면 열,
백이면 백 사람을 다 해치므로 평생을 동반하며 살 수가 없다.

　주인공은 부군이 을해 대운 38세 때 심장병·고혈압·당뇨 등
합병증으로 사망하고, 삼형제의 유산으로 연명을 하기는 하나 연간
기토(年干忌土) 재기신(財忌神)인 10톤 차에 100톤을 싣고 달리는
격이니 어찌 감당하고 어찌 온전할 수 있겠는가?

　본명은 뱃속의 아기가 재능을 과시하고 100퍼센트 발휘하는 기
막힌 형국인다. 남편 사망 후 삼형제를 부양하기 위해 사람이 할
수 있는 일은 다해 가며 생활, 돈이라면 환장을 하여 10톤 차로
100톤의 물량을 싣고 산으로 가는 형국인지라 1,000톤이라도 마다
하지 않고 무조건 덤벼드는 인물이다. 100톤의 차로 1,000톤을 싣
고 사정없이 달리게 하니 어찌 차가 만신창이가 되지 않을 수 있겠
는가?

　기축생이면 1996년 현재 47세인데, 창녀 생활을 하면서 60,70대
노인들을 상대로 갖은 아양을 떨면서 때로는 돈을 빌려 달라 하고,
일단 빌려 주면 깨진 독에 물붓기식으로 그만 꿀꺽꿀꺽 잘도 삼켜
버리는 통에 심지어는 수백만 원을 빌려주고도 받지를 못한 노인들
이 한둘이 아니요, 하다 못해 같이 살자고 하면 이것이 웬 말인가
싶게 "가게를 차려 달라. 집을 사 달라."는 등 온갖 욕설로 꾀고 속

여서 톡톡 발라먹는 꼴을 저자는 여러 차례 보아왔다.

이렇듯이 돈을 벌기 위해서는 수단과 방법을 가리지 않는 것이 재기신(財忌神)의 특징이자 천성이다. 돈은 좋아하되 아끼지도 사랑하지도 않고 이용만 하니 소모와 낭비가 많으며, 무리한 욕심을 부리다 보니 요령과 수완만 늘어 거짓과 속임수로 일관하니 신용이 있을 리 없다. 변동과 풍파가 불가피하고 저축과 치부는 생각조차 할 수 없다. 비겁(比劫)이 왕성은 하나 너무 가벼운 비겁인지라 쓸 수 없는 비겁이다.

본명은 뿌리가 없다. 진용으로 잠시 활용은 하나 정처없이 떠나버리고 배신한다. 본명은 욕심만 부리지 않고 현명하게 마음을 다지고 살아간다면 아직도 희망은 있어 저자는 많은 조언을 하고 있다.

⑲ 홀아비

	사주(四柱)				대운(大運)				
癸	辛	丙	戊	庚	己	戊	丁	丙	乙
巳	酉	子	子	申	未	午	巳	辰	卯

유월생(酉月生) 금(金)가용 용목소진용수(用木小眞用水) 간목무(干木無) 진용씨는 한푼도 없다. 처(妻)자리인 재기신이 금(金)이고, 소진용수년시간(小眞用水年時干)에 제대로 있으니 대단하다. 일간 재상이 기신(忌神)이 되어 군왕 월유금(月酉金)을 난타하니 만신창이가 되어 있다.

먼저 건강을 보자. 신수가 부족한지라 먹여 살릴 나무가 없어 간병으로 3년을 고생하고, 10년간 두통을 앓아 정수리까지 통증이 뻗치며 등과 허리에 신경통이 심하다. 인성(印星)이 기신인지라 학업이 없고, 일찍부터 객지 생활을 하면서 돌팔이 약장수, 사이비 교주 등 갖은 수단을 다해 가면서 세월을 보낸다.

정사 대운에 조금 정신을 차려 산야를 개간 농업에 힘쓰지만 마누라가 바람이 나서 도주하고 '홀아비' 신세가 되는 월지재기신(月支財忌神)인지라 다방·주점의 창녀, 심지어는 10대의 어린 소녀들까지 닥치는 대로 감금·강간을 자행하는가 하면, 연(年)·시(時)·관(官)이 소진용(小眞用)인지라 관재를 당하지 않고 돈으로 해결하는 형상이다.

본명은 재기신 일간(日干) 월지(月支) 기신재(忌神財)가 정당하지 못하고, 자기 아내나 재산도 비합법적이며, 자기 것인데도 사랑하지 않으니 재기신 또한 부정한 여인이요, 부정한 재산이다. 이용을 잘 당하거나 쓸데없이 낭비를 한다. 성실하지도 검소하지도 못하니 알뜰할 것은 더 말할 나위도 없다. 그저 남을 이용하거나 낭비만 일삼으면서 뜬 구름 잡듯이 공돈을 생각한다. 일확천금을 노리느라 진실성이 없고, 남이 납득할 수도 없는 헛소리를 일삼는다.

재기신이 둘 있으며 정실·소실을 거느리나 다정다감한 여인은 결코 없다. 정재(正財)가 편재(偏財)로 변하고 무리한 욕심을 부리다 보니 수완 위주로 거짓과 속임수도 늘어나 신용이 나빠질 수밖에 없다. 가사와 사업에 풍파가 많고 인인패사(人人敗事)하는 격으로 편재나 정재나 마찬가지인데, 가용일 경우에 그러하다.

일간에게 재(財)를 난타당하며 평생 돈과 여인으로 인해 수난이 잦다. 투기에 능하기는 하지만 치부하기는 어려우니, 재는 기(忌)재간과 수완에서 형성되는 노다지가 아니고 오직 성실과 인심, 그리고 사주에서 생기는 까닭이다.

정치 권력이나 부정 불의로써 이룬 억만금은 역천이요, 사상누각으로서 조물주가 허용하지도 용납하지도 않는다. 팔레비 왕이나 마르코스처럼 반드시 돈 때문에 망하고 돈벼락을 맞아서 처참한 불행과 비극을 맞이한다. 사주에 없는 부귀를 탐하는 것은 하늘에 도전하는 역천이요, 머리로 바위를 내리치는 어리석은 자살극으로서 불가능한 불장난에 지나지 않는다.

주인공은 재기신 10톤 차로 100톤의 짐을 싣고 산으로 가는 절벽강산 격이다. 돈을 버는 수완과 인연은 있으나 지나친 욕심으로 인해 함정에 빠지기 쉽다. 기신이 많은 사주는 아무리 여자를 데려다 잘 해 준다 하더라도 결국에는 살다가 도망을 가고, 돈을 아무리 잘 번다고 해도 하루 아침에 거지가 될 팔자이니 잉어 낚시로 고래를 낚으려다가 힘이 모자라 물 속에 빠지는 것과 같은 형국이다. 주인공은 현재 부정한 사업만 꿈꾸면서 항상 뜬 구름 잡는 소리만 하면서 살아가고 있다.

⑳ 결혼 세 번, 사업 다섯 번 실패, 불길한 도장 때문에 사업도 망하고

	사주(四柱)				대운(大運)				
己	辛	乙	丁	庚	己	戊	丁	丙	乙
丑	未	未	丑	午	巳	辰	卯	寅	丑

본명은 미월(未月) 화(火) 가용 수(水) 희신(喜神) 축중계수(丑中癸水) 축중계진용(丑中癸眞用) 대운 59세 재기신(財忌神)으로 처운·금전운·자식운이 전혀 없다.

본명은 계유년에 저자를 찾아와서 사업운을 감정 의뢰하였다. 이르기를, "당신은 지금 사장으로 행세는 하고 있으되, 아직 대운이

298

들어오지 않아서 사장님 자격이 없습니다. 지금 당장은 사업이 잘
되는 것 같지만 알뜰히 하시오. 사업 확장은 절대로 안 되며, 만일
하려거든 경년이나 임년에 하시오." 하였다. 그러나 "도장 때문에
번번이 실패니 하루 속히 바꾸어 사업을 하시오." 하고 일러주었다.

저자가 본명의 사주와 평생운을 감정해 본 결과 본처에게 아들이
없어 다방 여자와 계약하고 씨받이 자식을 들였는데, 기토(己土)
축토(丑土) 진토(辰土) 재기신인지라 출산 때 머리가 침대에 부딪
혀 기형아가 되었고, 다방 여자와 5천만 원에 계약하였으나 억대를
내라고 졸라대는 형국이다. 연시월일충(年時月日沖)으로 생산한
자식은 결국은 비정상 사주 팔자에 없는 자식을 억지로 두려고 하
였으니 제대로 된 자식이 나올 리 없다. 재기신 무재무정(無財無
情)한 처에 동서남북 기신재가 우글거려 사업도 엉망진창이 되고,
갑년 부도로 인해 형제 비겁기신 삼형제 또한 보증으로 깡그리 망
하고 말았다. 저자는 분명히 경년이나 임년에 사업을 확장하라고
일러주었는데, 듣지 않았으니 알고도 남을 일이다. 이제 와서 후회
한들 무슨 소용인가.

본명은 재성기신(財星忌神)으로 여러 일이 뜻대로 되지 않아 손
실과 침체와 재난이 잦고, 부양 가족과 권속, 그리고 종업원에게 골
칫거리가 자주 발생하여 머리가 터질 지경이다. 직장과 사업이 잘
안 되니 의욕을 잃을 수밖에 없고 걸핏하면 적자와 손재수가 발생
할 운세다.

경영이 부진하고 비능률적이며, 적자와 부채로 중대한 기로에 봉
착한다. 실직을 자주 하거나 구직이 어려우며 구혼도 여의치 않다.
여성 문제로 수난이 잦고 이성간에도 갈등이 많다. 욕망이 좌절되
고 허욕으로 인해 실패가 많으니 욕심과 기신재, 이성 때문에 재난

이 발생하고 물건을 도난당하는 일이 많다. 병이 자주 발생하거나 악화되며 정신적 고통이 많다. 투기나 투자를 하면 적자와 손실을 면치 못한다. 돈과 여성의 유혹에 빠지기 쉽고 사기를 잘 당한다. 만인이 가득한 채귀(債鬼)라 부채에 쫓겨 시달리는 형국이다. 인성(印星)이 없어 문서상에 문제가 있고, 계약과 수표 거래를 세심히 하지 않으면 패망한다. 병자년은 목생화(木生火)하니 식상이 나타나 만사가 뜻대로 되지 않아 쫓기는 신세가 된다. 식상은 움직이고 생산하는 노동인데, 기신이기에 병든 자가 달리기를 하는 격이며, 어린이가 한강에 뛰어드는 격이다.

본명은 신약한 사주이기에 기회가 있지만, 몸이 약한 자에게는 위험천만한 유혹이요, 망동이다. 본명의 식상이 기신인지라 사지(死枝)의 고목에 꽃이 만발하는 형국이다. 꽃은 열매를 맺기 위해 핀다. 그러나 물기가 전혀 없는 사목(死木)은 열매를 맺을 수 없다. 식상은 재를 얻기 위한 욕구요, 행동이다. 꽃은 피지만 열매를 맺을 수 없으니 헛꽃이 만발한 것이다. 그러니 자연 기진맥진할 수밖에 없다. 그저 지금 상태에서 새 출발을 해야 겨우 명맥이라도 유지할 것이다.

㉑ 간부와 놀아나다 패가 망신하다(女·김종숙)

사주(四柱)				대운(大運)					
癸	丙	丁	戊	丁	戊	己	庚	辛	壬
巳	辰	亥	申	巳	午	未	申	酉	戌

본명은 노목(老木) 진토(辰土) 목(木)씨 수(水)씨로 변하는 이중 인격자로 노목 진월생(辰月生)이다. 월간(月干) 병화(丙火) 월재상

이 역신으로 기(忌) 덩어리요, 겁재(劫財)·관(官) 모두 응큼하고 기신(忌神) 무토(戊土) 상관소진용(傷官小眞用)이긴 하지만 기로 둔갑하여 천간(天干) 금이 있어야 하는데, 금이 없으니 토만 외로이 홀로 있어 적군에 항복하고 관인 계수(癸水)는 울 수밖에 없다.

간부로서 본남편이 있지만 음란 행위가 심하다. 식상 본남편의 자식이 있는데, 30세 기미 운(運)에 간부와 음란행위를 하다가 그만 쫓겨나고 자식도 빼앗긴 채 거리로 나돌아 다니는 신세이다. 제천에서 홀아비를 만나 재혼 겸 동거생활을 하며 여관 청소원, 삯바느질로 생계를 유지해 왔다. 그러면서 여관 종업원들에게 10만 원을 높은 이자로 쓰고 수십 차례에 걸쳐 교묘한 수법으로 10년 동안 25억 원을 갈취하고 도주한 자다.

심지어는 우유 배달부, 청소원의 돈은 물론, 식모살이하면서 10년 간 모아둔 돈, 친인척·사돈 등 안면이 조금이라도 있으면 접근하여 교묘한 수법으로 꾀고 얼러 돈을 가로채고, 10년 동거한 남자의 전 재산을 깡그리 처분하여 행방을 감추니, 이런 사주가 바로 편고자요, 잡탕이며, 비겁인 기신이다.

만인이 부정하고 대립하며 시기·질투·모략 등 인인패사하니 만사가 이루어지지 않는다. 재(財)가 기신이니 인인손재하고 관이 기신이니 인인손명한다. 만인의 생명과 재산을 위협·침해하니 인서[人鼠] 좀도둑 같은 사기꾼 행각자이다.

본명의 사주는 인간마다 표리부동하고 이해가 상반하며 배신을 능사로 하니 남을 믿거나 따르는 것은 금물이다. 재판이나 시비를 하면 열 가운데 아홉은 패하거나 불리하니 계사 병진 정해 무신의 사주는 상대도 하지 않는 것이 상책이다. 나를 지켜주는 것은 법과 이성뿐이니 법이 아니면 행하지도 말고 응하지도 말라. 만사를 거부하고 나를 노리는 자임이 틀림없다. 내 뒤를 밟아 노리는 거점자가 많으니 호신 호재와 대인 관계에 세심하라. 진짜와 가짜가 다투는 형국이니 누명을 쓰기 쉽다. 만인이 노리는 금고이니 금전 거래는 절대 하지 말라. 동성 동업자를 경계하고 눈 깜짝할 사이에 인해를 당하니 싸움을 하지도 남의 싸움에 끼여들지도 말라. 믿는 도끼에 조심하고 심복을 조심하라.

본명은 관이 기신이니 부군 때문에 정신적 부담과 근심 걱정이 있으면서 만인의 생명과 재산을 송두리째 위협 강탈하고 박해하는 가해자로 둔갑한다. 법과 관의 보호를 전혀 받을 수 없으니, 도적과 강도가 발생해도 무방비 상태다. 산에서 산적을 만난 격이니 생명을 다 바쳐도 한을 풀지 못하는 사람들이 수십 명이나 있다.

㉒ 남편 복이 없는 사주팔자(옥주)

	사주(四柱)				대운(大運)				
辛	辛	丙	壬	壬	癸	甲	乙	丙	丁
巳	卯	寅	辰	辰	巳	午	未	申	酉

본명은 묘월(卯月) 인일(寅日) 관(官) 임수(壬水) 기신 동오행(同五行)으로 여자에 여자 일색이니 남자는 하나도 찾아 볼 수 없다. 재(財)인 신금(辛金)하나 일간병화(日干丙火)에 모두 타서 부서지고 만신창이가 된다. 재진용(財眞用)은 진용신금기(眞用辛金忌)로 둔갑하여 자식의 성(星)에 토무(土無)하므로 자식덕이 없다.

임수부군(壬水夫君)이나 기신인지라, 을미 대운에 인성 강도가 나타나 부군을 잡아갔다. 동가식 서가숙 하면서 2남을 두고 근근이 살아가던 중에 15세 연상의 유부남과 동거생활을 하게 되니, 자식

302

들이 문제아가 되어 어머니를 괴롭히며 유치장 드나들기를 제집 안 방 드나들 듯이 하고 있다.

또한 동거자 유부남에게 본명의 아들들이 친구 대하듯 공손하지 않게 마구잡이로 대하여 남들이 아비 없는 자식, 버릇 없는 자식 하면 대항하지도 않고 속상해 하면서 양보한다.

본명의 사주는 완전히 편고하니 세상살이가 힘들고, 두 남편을 두어도 사주상 힘들어 두 번째 동거자도 갑술년에 교통사고로 불구가 돼 사람 구실을 못 하게 되었다. 신사년 신묘월 병인일 인진시 하니 남편이 온전할 리 없다.

본명은 월목욕(月沐浴)하는지라 몸이 약하고 허욕이 많다. 가지고 싶은 것도 너무 많아 보기에 조금이라도 번지르르 하면 모두 가지고 싶어하는 형국이다. 시장에 가서 물건을 사도 닥치는 대로 사다 보니 이것도 저것도 엉망진창이다. 어느 한 가지도 시작만 있을 뿐 완성이라곤 없다. 문자 그대로 유시무종(有始無終)이다.

이와 같이 목욕의 별이 월지(月支)나 일지(日支)에 나타나는 사람은 닥치는 대로 덤비고 뛰어드는 천방지축의 버릇을 가졌다. 눈에 띄고 귀에 들리는 것은 무엇이든 부딪치고 잡으려 한다. 조금이라도 맘에 들면 이 사람 저 사람 가리지 않고 유혹을 한다. 처음 시작할 때는 거창하고 정열적이다. 하지만 새로운 것이 나타나면 금새 집어 던지고 새 것만 생각한다.

사랑을 해도 한 사람과 평생을 같이 할 수 없다. 좀더 아름답고 좋은 사람이 나타나면 미련없이 훌쩍 박차고 나가니, 직장 또한 마찬가지로 그러하다. 어느 한 가지 꾸준히 지켜 나가지를 못하고 이것저것 모두 하고 싶은지라 기회만 있으면 미련없이 훌훌 털어버리거나 바꿔 버린다.

본명은 혼자 살면서 공사판 밥장사를 하는데, 현장 감독이 조금만 잘해 주면 그만 홀딱 반해 자기가 가진 것 모두 줘버리는 인간이다. 관성이 기신(忌神)이므로 재성은 쓸 수 없다. 있다 해도 만신창이가 되며 부귀를 이룰 수도 없음은 물론, 인덕은 도저히 찾아볼 수가 없다.

남자만 만나면 겁탈하거나 재물을 빼앗고, 그도 아니면 죽거나 하니 한마디로 엉망진창이다. 어깨가 몹시 아프고 양 다리와 무릎의 통증이 심하며, 빈혈성 현기증이 나타나고 손발이 저리다. 추위를 심하게 타서 겨울이면 문밖 출입도 못하는 신세가 되니 차마 사람 노릇이 아닌지라, 주인공은 생각 끝에 몇 차례에 걸쳐 자살을 시도하였지만 염라대왕이 아직 때가 되지 않았다고 잡아가지를 않아 이러지도 저러지도 못하는 상태로 그저 하늘만 쳐다보고 하루하루를 살아가고 있다.

㉓ 욕심이 일생을 망친다.

사주(四柱)				대운(大運)					
戊	戊	甲	丙	丁	丙	乙	甲	癸	壬
寅	午	申	寅	巳	辰	卯	寅	丑	子

하월생(夏月生) 수(水) 금무(金無)하니 15세 때 신장수술을 한 번 했고, 10년간 두통과 위병으로 고생해서 온 몸이 아프고 복부에 경련이 생겨 복통이 심하고, 자주 뒷목이 굳어져서 두통이 심해졌다.

본명은 식상이 기신신약하여 차는 100톤인데, 짐이 10톤이니 가만히 있을 수 없다. 어디든지 뛰어다니며 욕심을 부리니 몸이 만신창이가 되고, 특히 진용인 수금(水金)이 없어 갑인 대운 때 남편이

304

시름시름 앓다가 5월에 사망하였다.

식상이 가용은 아들이 없고, 딸만 셋을 두고 20여 년간 독신생활을 하다가 임자 운에 10년 연하 남자와 만나 동거하던 중에 갑술년 비겁인 기신이 나타나 사랑을 꿈꾸며 살던 연하의 남자가 교통사고로 사망하였다.

본명은 신용이 땅에 떨어지고 거짓말을 물 먹듯이 하며 돈을 빌리는 재주가 있어 공돈을 버는 솜씨는 비범하였으되 번번이 망하기만 하였다. 그러므로 식당·주점·일수 외에 보험·출판 외판원, 화장품 코너·미장원 등 아무 것이던 가리지 않고 보조로 생활해왔는데, 현재도 영어학원을 운영하는 딸의 보조 역할을 하면서 근근히 생활하고 있다.

그 어미에 그 딸인지, 딸은 병오생으로 35세 연상인 유부남과 동거를 하고 있는데, 유부남이 돈이 많은 것을 알고는 어미와 협작해서 울거먹다가 발각 당해 헤어지니, 어미는 한 술 더 떠 사위에게 "상감마마 한 번만 살려주십시오."하는 식으로 손발이 다 닳도록 빌면서 갖은 수단을 동원해 구워 삶아, 심지어는 사위와도 정을 나누었다고 한다.

화월(火月) 갑일생(甲日生) 재(財) 식상기신으로 재능을 발휘하는 꽃이지만, 꽃만 화려할 뿐 열매가 없는 허무한 육신이며, 재능은 풍부하고 멋지게 발휘하였지만 소득이 없는 헛수고처럼 꽃은 화려한데 열매를 맺지 못하니 안타깝기 그지없다.

무엇을 해도 뜻대로 되는 것 없이 헛수고만 하게 되니 신경이 예민하고 성급할 수밖에 없다. 무엇을 하든 되는 것이 없고, 또는 종교를 핑계 삼아 "나는 기독교 신자이니 세상에 제일 정직하고 착한 사람"이라며 사람들을 우롱하기는 식은 죽 먹듯 한다.

화월(火月) 갑(甲) 일간(日干) 갑을(甲乙) 목년(木年)에 딸과 함께 운영하던 학원 임대료를 내지 못해 쫓겨나서는 사위에게 통사정하며 근근히 살아가고 있으니 알만한 일이다.

본명은 저자의 연구실에 찾아와서 "나는 기독교인이라서 점은 잘 보지 않는데, 선생님이 하도 잘 보시는 용한 분이라고 해서 찾아왔으니 상세히 보아 달라."고 간청하였다. 위의 내용들을 그대로 일러주었더니 존경스럽다고 칭찬을 늘어놓으며 딸 셋의 사주도 보아 달라고 하기에 보아주었다. 약 두 시간 이상 감정을 하고나서 감정료를 묻기에 사례표에 있는 그대로 1인당 3만 원이라고 하니, 눈이 어두워 보이지 않는다며, 1만 원만 내고 사람을 많이 보내 줄 터이니 깎아 달라고 하여 1만 원도 받지 않고 그대로 돌려보내고 말았다. 세상이란 이처럼 속이고 이용하면서 서로 우롱하며 살아야 하는 것인가?

식상 재기신인 본명은 무엇을 해도 시비가 따르기 쉬운지라 남을 비판하는 의식이 대단하고 자존심이 강하다. 지배 받는 것을 지극히 싫어하며 자유로운 자율적 주체의식이 몸에 가득 차 있다. 윗사람에 대해서도 고분고분하지 않고 만사에 비판적이며 반항적이다. 직장에서도 비판적인 관기신(官忌神)인지라 잘 어울리지 않으며, 생사를 가리지 않고 직선적이다. 부당한 간섭이나 지배를 하면 정면으로 대항하고 불복한다. 사장이 좋아할 리가 없어 해고시킨다고 하면 회사 비리를 수첩에 기재해 놓고 사장에게 공갈 협박을 하는 수법이 대단하다.

식상 재기신은 회사의 탈세 사실을 하나하나 들추어서 법의 심판을 받게 하여 몇 십 배의 고통을 받게 한다. 가장 골치 아픈 사주가 바로 이 식상 재기신인 무인 무오 갑신 병인 사주로 까닭없이 남을

해치고 경거망동하는 사주이다. 자신의 인격이 존귀하다며 자화자
찬을 잘 하고 정의와 의리에 강하다고 자랑을 늘어놓으니 알아줄
이가 한 사람이라도 있을까 의심하지 않을 수 없다.

㉔ 허욕에 들떠 패가 망신한 홀아비

<table>
<tr><td colspan="4">사주(四柱)</td><td colspan="5">대운(大運)</td></tr>
<tr><td>己</td><td>己</td><td>甲</td><td>戊</td><td>戊</td><td>丁</td><td>丙</td><td>乙</td><td>甲</td><td>癸</td></tr>
<tr><td>巳</td><td>巳</td><td>戌</td><td>辰</td><td>辰</td><td>卯</td><td>寅</td><td>丑</td><td>子</td><td>亥</td></tr>
</table>

본명은 1992년 12월 임자월에 위의 사주인이 저자의 연구실을
찾아왔다. 부산에서 왔는데, 저자가 중국 사주와 완전히 거꾸로 본
다는 소문을 듣고 왔다며 복채를 많이 드릴 터이니 평생 사주를 보
아 달라는 것이다.

저자는, "당신은 복채를 많이 줄 사람이 아니다. 돈도 없는 사람
이 무엇으로 복채를 많이 주겠느냐." 하였더니, "사람을 어떻게 보
고 하는 소리요?" 하며 화를 벌컥내고는 3만 원을 주면서 하는 말
이 "나는 지금까지 1만 원 이상 복채를 줘본 일이 없으니 많이 드
리는 것이오." 하면서 잘 보아 달라 하였다.

저자가 하도 기가 차서 한마디 하면서, "여보시오, 평생 사주는
50만 원을 주셔야 봐 드립니다. 그러나 당신이 박복한 사람이라 중
생 제도하는 셈 치고 3만 원도 받지 않고 감정에 들어가니 가만히
듣고만 있으시오." 하고는 감정을 하였다.

먼저 건강을 보니, 여름 태생으로 물 한 방울도 없고, 백사장에
나무 한 그루 있으니 항상 가뭄으로 시름시름하며, 평생 두통과 관
절염 때문에 약으로 사니 소변이 불리하고 오른팔을 머리 위로 올

릴 수가 없다.

다음은 운세로 평생운은 화기신(火忌神) 진용수(眞用水)가 한 점
도 없다. 우선 기사년 기사월 갑술일 무진(戊辰)시 생으로, 당장 시
급한 물[水]이 전혀 없고, 토(土)는 무토(戊土), 기토(己土)는 농토
이지만 가뭄이 극심한 무토요. 비가 오면 토가 서로 빼앗고 다투는
기신이다. 비겁이 기신이기 때문에 만인이 무정하여 싸우며, 다투
고 빼앗고 시기하고 질투하는데도 중국 사주에선 본명을 종왕격(從
旺格)이라고 하여 최고의 사주로 여겨서 대부대귀(大富大貴)하다
고 판단한다.

기신이 많고 희신(喜神)이 없으면 유왕무신(有王無臣)하고, 수족
이 없는 반신불수이며 완전히 잡화상이다. 신하와 수족과 의식주가
없는 사고무친의 군왕이 부귀할 수는 없다. 토는 음수양화(陰水陽
火)가 공존해야 생토(生土)요, 왕토(旺土)로서 조화가 가능하나 화
왕무수(火旺無水)한 토는 사토(死土)이므로 백사장에서 경작을 하
는 것과 같다.

수(水)를 보면 군비사토(群比四土)가 앞을 다투어 싸우고 빼앗는
다. 수는 토의 재(財)요, 처(妻)이기도 하다. 군비가 쟁재(爭財)하며,
상처하는 사주의 표본이다. 무재 즉 무쟁(無財則無爭)하고 생재(生
災)한다. 가난하면서 부정과 불법을 많이 저지르며, 일생을 속임수
와 사기 협잡을 능사로 하는 동시에 찢어지게 가난하여 천할 수밖
에 없다. 본명은 천하 사기꾼의 대명사이다. 처자가 만신창이 형국
이니 온전할 수 가 없다. 북방수운에 약간 숨을 돌리고 득배(得配)
를 하였지만, 일장춘몽이요 사상누각이다.

본명은 서울 장안에서 사주를 가장 잘 본다는 모모를 찾아가서
감정한 결과, 사주 보는 자가 우선 큰 절을 하며 "상감마마 납시셨

군요.” 하면서 큰소리로 외치고 나서는 칙사 대접을 하면서 용돈까지 많이 주고, 앞으로 이 나라를 다스릴 인물이니 잘 부탁한다며 또다시 큰 절을 하더라는 것이다.

그 후 본명은 병은 대운 때 들뜬 기분으로 큰소리를 치며 일가친지 및 친구 등 아는 사람을 만날 때 마다 “이 세상에서 사주를 가장 잘 보는 귀신 도사님에게 사주를 보았더니, 내가 임금님 사주라고 하면서 큰 절을 두 번씩이나 하고 용돈까지 주더라.”고 자랑을 늘어놓았다. 그리고 나서 우선 국회의원에 입후보해야겠다며 집안 및 친구들로부터 있는 대로 돈을 빌려 출마했다가 개표를 해보니 꼴찌였다.

그 후 도사라는 작자를 찾아가 항의했더니, 이번에는 운이 없어서 그러니 다음에는 틀림없이 당선된다고 하기에 다시 출마를 거듭, 세 차례나 그런 식으로 낙방하고, 마지막 출마 때에는 한 표밖에 나오지 않자, 내 마누라 표는 도대체 누가 훔쳐갔느냐고 투덜거렸다고 한다.

결국 가짜 도사 때문에 친인척 깡그리 망가뜨리고, 마누라와 이별까지 하고 나서는 교도소 신세가 되더니, 출소한 뒤에는 부산에서 인신매매를 주업으로 하는 여자 킬러가 되어 불쌍하고 가난한 여성을 닥치는 대로 어르고 달래 몸 빼앗고 돈 강탈하는 일을 다반사로 하니 교도소가 자기 안방이 될 수밖에 없었다.

임술 대운까지 사기꾼·야바위꾼 생활을 하다가 저자를 만났던 것인데, 저자가 내용이 맞느냐고 하니 100퍼센트 맞는다 하고는 어떻게 살아야 할 것인지 묻기에 목탁이나 두들기라고 하였다.

지금까지 살아오던 방식 다 씻어버리고 남에게 베풀면서 목탁이나 두들기며 노후를 마감하라고 했더니, “네, 진짜 도사님!”하고 큰

절을 하기에, "나는 나이도 젊고 도사도 아닙니다. 나는 학자로서 연구를 일삼는 사람입니다."하며 사양하였다.

㉕ 평생 독신으로 살 팔자

<table>
<tr><td colspan="4">사주(四柱)</td><td colspan="6">대운(大運)</td></tr>
<tr><td>乙</td><td>癸</td><td>甲</td><td>辛</td><td>甲</td><td>乙</td><td>丙</td><td>丁</td><td>戊</td><td>己</td></tr>
<tr><td>未</td><td>未</td><td>午</td><td>未</td><td>申</td><td>酉</td><td>戌</td><td>亥</td><td>子</td><td>丑</td></tr>
</table>

미월생(未月生) 수금(水金) 희신(喜神)인데, 전시품격인 천간에 나타나니 받쳐주는 상대가 없다. 그러나 희신이 없으니 박복하기 짝이 없으며, 지장간 원자재가 고갈 상태이니 어찌 세상이 힘들지 않겠는가. 갑일간(甲日干) 비겁 기신이니 갑을년에 도둑이 나타나는데, 두목이 여럿이고 부하는 없어서 서로 자리 다툼과 시기 질투를 하고 만사에 대립과 갈등과 시비가 엇갈린다. 재상인 일간은 가짜 재상인 비견을 미워하고 적대시하는 동시에, 만사에 똑같은 재상격으로서 간섭하고 말썽을 일으키는 비견을 따돌리고 독단적이고 독선적이며 독자적 독립적으로 결정하고 행동한다. 같은 비견이 가만히 있거나 묵인 내지 방관할 턱이 없다. 사사건건 시비하고 싸우며 물고 늘어진다. 재상은 비견의 얼굴만 보아도 화가 치밀고 비위가 상하여 증오한다. 견디다 못해 자리를 박차고 딴 곳으로 떠나기를 식은 죽 먹듯이 하지만, 팔자에 타고난 비견은 어디를 가나 따라다니며 나타난다.

여자는 주부에 속한다. 주부는 오직 하나여야 한다. 비겁이 있으면 한 가정에 주부가 여럿인 것이니, 한 남편을 여러 여성이 나누어 갖는 격이다. 비겁은 하나같이 남편에 희생하는 시앗들이다. 시앗을 보고 가만 있을 주부가 어디 있겠는가? 남편을 독점하고자 온 갖 수단과 방법을 다해서 싸우고 몸부림치지만 타고난 비겁은 물리칠 수가 없다.

남편을 설득해서 멀리 떠나면 기다렸다는 듯이 같은 여성이 시앗으로 등장한다. 외국으로 도망쳐도 비겁은 떨어지지 않는다. 흔히 비겁은 형제 동기간이자 친구라고도 한다. 비겁은 글자가 똑같으니 나와 똑같은 것을 의미한다.

본명은 이혼하자마자 자그마한 학원을 운영하다가 잘 살아보자는 생각으로 여러 결혼상담소를 기웃거리며 선을 보던 중 돈 많은 사람, 잘 생긴 사람 등 골고루 만나다 보니 자신의 처지도 망각하고 착각에 빠져 여러 명을 만났지만, 모두 실패하고 저자의 연구실로 찾아와서는 중매를 부탁하는가 하면, 심지어는 저자까지도 유혹한 사람이다.

하도 귀찮게 하기에, "당신은 당신 자신도 모르면서 어떻게 세상을 살아갈 것인가?" 하고 크게 나무라면서 사주 감정을 해 주었다.

"당신은 방광이 약하고 신수 부족이라 요통으로 8년, 두통으로 3년, 변비로 1년 동안 고생을 하고 위장이 늘 아프다."고 말해 주면서, "당신은 과숙 팔자입니다" 하니, 그럼 언제쯤이냐고 하기에 "병술 대운 36세입니다. 당신은 여자인데, 부부궁에 또 같은 여자가 앉아 있어 성관계가 원만하지 못하고, 너무 의혹이 많고 책임감이 없으며, 인간 관계도 순탄치 못하며, 자식운도 돈복도 없습니다. 그러니 되는 일이 없을 수밖에요." 하고는 "당신은 평생 혼자 살 팔자이니 재혼할 생각은 꿈에도 하지 마시오."라고 대꾸를 해 주었다.

㉖ 처세가 원만하지 못한 사주

사주(四柱)				대운(大運)					
庚	庚	丙	壬	辛	壬	癸	甲	乙	丙
戌	辰	午	辰	巳	午	未	申	酉	戌

1992년 3월 5일 오전 10시 제천 연구실 43-6848번으로 전화가 와서 받아보니 40대 여자가 하는 말이, "선생님 저의 친정 아버지 사주 좀 감정해 주세요." 하기에 어디냐고 물으니 제주도란다. 그럼 온라인 계좌로 3만 원 송금하시고 생년월일을 정확하게 알려 달라고 했더니 고맙다고 하면서 송금을 해주었다.

경술 경진 병오 임신이라며 친정 아버지의 사주를 알려주었다. 즉 친정 부친은 40년간 고혈압에다 두통이 따라 다니며 전신이 퉁퉁 부어 여러 번 죽을 뻔했다. 진목월(辰木月)로선 이경(二庚)이 진용이지만, 목(木) 가용으로선 이경은 진용 병임(丙壬)이 기신(忌神)이 된다. 화력이 분산되어 소모가 극심하고 명문화(明文化)가 기진맥진한 상태다. 육신토(六神土) 일간가 겨우 성년기인데, 이재일살(二財一殺)이 내리치니 혈기가 탕진되고 만신창이가 된다. 혈이 허한즉 열이 심해서 혈압이 치솟기 마련이다. 노목은 기허가 극심해서 혈허로 변질한 것이니 기병(氣病)이 분명하다. 기가 희생하고 정상화되면 피의 생산과 신진대사 또한 회복돼서 정상화된다. 기가 허하면 수혈의 생산과 대사가 멈추고 침체함으로써 전신이 퉁퉁 붓는 부종이 발생한다. 습이 극도로 많기 때문에 기를 보하면 모든 습이 자연히 없어지니 거습제가 따로 없다. 따라서 부친은 죽을 지경이라고 하였다.

본명도 월관대(月冠帶) 어른 행세를 하고, 어른 대접을 받으려고 한다. 그러나 머리 속은 텅 빈 쭉정이다. 배운 것이 적고 아는 것이 부실해서 세상 물정과 사리에 아주 어둡고 우쭐대면서 시건방 떨기를 좋아한다. 천하를 가진 양 기고만장하고 안하무인이며 유아독존으로 버릇없이 날뛰려고만 하니 처세와 세상살이가 원만하고 평온할 수가 없다.

무엇이든지 자기 본위로 멋대로 처신하고 처리하는지라 모가 나 적이 많으며, 좌충우돌하며 우격다짐으로 밀고 나가는지라 한 가지도 순탄하게 이루어지는 것이 없다. 긁어 부스럼을 만든다는 속담대로 평지에 풍파를 일으키는지라 한시도 조용할 수가 없다.

육체적 기능만은 성숙한지라 용기와 박력이 왕성하다. 천하를 송두리째 집어 삼킬 것만 같은 패기 덩어리지만 워낙 아는 것이 없는 빈 쭉정이로서 요령과 수완, 방법 등 사기수법이 능하다. 시행착오가 많고 실패가 번번이 생긴다. 마치 덩치는 천하장사니까 무엇이든 이길 것만 같다. 씨름은 꾀로 하는 경기요, 덩치 싸움이 아니다. 덩치는 천하장사니까 무엇이든 이길 것만 같지만, 막상 해보면 그렇지가 않다. 능숙한 씨름꾼 앞에서 허수아비처럼 맥을 출 수가 없다.

본명은 뜻은 있지만 번번이 실패를 거듭했고, 교도소도 세 차례나 들락거리는 등 가는 곳마다 여자를 두고 사기행각을 물먹듯이 하였다. 일단 내 주머니에 돈이 들어오면 쓸 줄을 모르는 수전노로 남을 이용하는 재주 하나는 가히 천재라 이를 만하다.

삼중 인격자 토(土)씨 목(木)씨 수(水)씨로 변하고 막힘이 많으며, 모든 일에 성사가 어렵다. 남의 허물은 침소봉대로 크게 떠들어 대고 비판을 즐기는 반면, 자신의 허물을 비판하는 것은 단호히 철퇴를 내린다. 누구도 자기보다 앞서거나 잘난 것은 용납하지 않는다.
본명은 결국 무자(戊子) 대운 5월에 사망하였다.

㉗ 자기의 능력을 과신하다 실패한 사주(김일현)

사주(四柱)				대운(大運)					
丙	辛	甲	丁	庚	己	戊	丁	丙	乙
戌	丑	寅	卯	子	亥	戌	酉	申	未

정유 대운 갑오년 경진월 남편이 교통사고로 사망하고, 월 축수(丑水)로 희진 재상을 난타하자, 재상은 군왕 축수를 반격하니 견딜 재간이 없다.

관대 건록이기에 남편과 자녀를 부양할 사주다. 호랑이 열 마리가 토끼 한 마리를 잡아먹으려고 싸우다가 저희 끼리 피투성이가 되는 꼴이니 어찌 남아날 리가 있겠는가.

부부가 싸움 끝에 자동차를 몰고 박달재를 무려 100킬로미터 속도로 달리다가 100미터 낭떠러지로 굴러 즉사하였다.

과숙은 본 연구실을 찾아와서 굿도 하고, 기독교·불교·천리교 두루 다니다가 깡그리 망하였으니 좋은 방법이 없느냐고 묻기에 "부질 없는 짓 그만두고 자그마한 분식집이나 해서 열심히 사시오."라고 설명해 주었다.

즉 본명은 관대 건록이 있으니 너무 성숙해서 과거급제까지 할 완전무결한 상이다. 벼슬길에 올라 자급자족할 수 있으므로 부모로부터 완전 독립할 수 있는 운이며, 벼슬하고 독립하는 별이자 관대 건록인 큰별[여자] 사주이니 남편을 만나는 날부터 남편은 잘 나가는 직장에서도 자연히 그만두게 되고 하던 사업도 실패하여 건강이 쇠약해지며, 결국에는 죽음에까지 이르게 된다. 그러므로 사주상 병자년부터 운이 들어오니 안심하고 조금만 기다리라고 하였다.

여(女) 관건(冠建) 월일 유하면 독립할 수 있는 자격과 실력은 완전하나 한번도 실력 발휘를 해본 적이 없기 때문에 기회가 왔다고 하면 금상첨화처럼 승천할 것이다. 그러나 아직 세상 물정이나 처신에 미숙한 점이 많은지라 하나에서 열까지 분석하고 해부하며 재보지 않을 수가 없다. 그러다 보니 기회를 놓치는 경우가 많다.

자신의 능력을 과신할 만큼 자신한 나머지 여간한 것은 거들떠보지도 않는다. 경험자의 눈으로 볼때는 천금의 기회지만, 그에겐 천금의 가치가 쉽게 눈에 띄지 않는지라 우유부단하는 사이에 그만 놓치고 만다. 무엇보다도 그는 처세가 미흡하다. 자격만 있으면 무엇이든 저절로 이루어지는 줄로 믿는다.

그러나 세상은 장사꾼처럼 요령과 수완에 능해야 한다. 아무리 좋은 상표도 흥정이 능해야 팔린다. 금덩어리라 해도 비싸게 놀면 아무도 거들떠 보지 않는다.

세상에는 금덩이가 얼마든지 있다. 건록은 천금과 같지만 장사는 장사다. 상술에 능해야 한다. 처세가 능해야만 팔리고 값을 받을 수 있다. 기막힌 가치는 있어도 아직 솜씨가 없어서 많은 기회를 남에게 빼앗기고 뒤처지게 된다.

을해년 경진월에 도둑이 집에 들어와 애지중지하던 귀금속과 전세금 천만 원을 몽땅 털리고 나서 이웃집 건달이 잡아준다고 하면서 살금살금 살쾡이처럼 여비 명목으로 10여 차례 500만 원을 뜯어가고, 심지어 몸까지 강탈당하는 지경에까지 이르고 나서야 저자에게 하소연하면서 언제 운이 펼 것인지 물어보나 이미 늦은 뒤니 어쩌랴!

㉘ 남편이 자살한 기구한 운명의 사주

사주(四柱)				대운(大運)					
癸	庚	癸	癸	辛	壬	癸	甲	乙	丙
巳	申	丑	亥	酉	戌	亥	子	丑	寅

본명은 신약사주로 고철 천 톤 물량을 백 톤의 화물선에 싣고 태평양을 질주하다 침몰되는 사주, 기구한 운명으로 10만 명 가운데 한 명 있을까 말까한 사주다.

충남 태생으로 4남 3녀 가운데 셋째 딸로 태어나 배우지도 못하였다. 저자의 연구실에 찾아와 감정을 부탁하기에 사주를 써 주었는데 내용은 이렇다.

본명은 10만 명 가운데 한 명 있을까 말까한 사주다. 무학으로 임술 대운 15세 때 무작정 상경하여 식모살이를 하던 중에 주인 남자에게 정조를 잃고 이리저리 떠돌아 다니며 만인의 처인 듯이 성을 개방하다가 20세 때 결혼하였다.

그 뒤 1남 2녀를 두고 살아가면서 제 버릇 남주지 못하고 유부남 또는 조금 괜찮다고 생각되는 남자가 유혹만 하면 마구잡이로 덤벼드니, 남편이 눈치를 채고 자중을 요청하였으나 그것도 막무가내, 결국은 집안이 엉망이 될 수밖에 없었다. 남편이 아무리 살아 보려고 발버둥치나 뜻대로 될 리 있겠는가. 결국은 알코올 중독자가 되어 몸이 쇠약해지고 일할 의욕도 생기지 않아 삭월세로 전전하다가 결국 세상을 포기하고 갑자 대운 34세에 농약을 마시고 음독 자살을 했다.

본명은 제 버릇 고치지 못하고 술집·다방을 전전하며 유부남을 유혹하여 동거생활을 하다가 간통죄로 옥살이를 하고 마약·술·

담배는 물론, 노름에도 중독되어 세상을 제마음대로 휘젓고 다녔다. 남자만 보면 마구잡이로 환장을 하고 갖은 애교와 아양을 다 떠니 세상의 바보들이 그 꾐에 넘어가 가정파탄까지 일어나는 사례가 10여 차례나 되었다.

그 동안 본명은 담석증으로 인해 수술을 두 번이나 받았고, 그 외에도 각종 병으로 죽을 지경에 이른 것이 한두 번이 아니었는데도, 일단 조금만 회복되면 또 하던 짓을 되풀이 하니 결국에는 하늘도 용서하지 못하고 벌을 내리기로 했는지, 그만 임술년 겁재에 강탈자가 나타나 몽둥이로 두들겨 패고 도망가 버렸다. 그 후 임자월에 신음하다가 중풍으로 돌변해서 반신불수가 되었다.

수혈을 먹고 사는 신수가 건조하여 마침내는 사지까지도 굳어버린 것이다. 수금(水金)이 극성이니 진용인 목(木)씨가 없어 꼼짝을 할 수가 없는 상이다. 가용이 많고 진용은 적으니 병은 많고 의약이 없는 격이다. 비겁이 가용이 되니 인인성병(因人成病)한다. 만인이 무정하고 겁탈하며, 인인패재(因人敗財)하고 패사하며, 골병이 들고 신경이 곤두선 나머지 지치고 마비된 상태가 되었으니 그 누가 도와주겠는가.

1남 2녀도 그 환경 속에서 제대로 될 리가 있겠는가. 장녀는 16때부터 인신매매단에 걸려 미성년이면서도 가짜 주민등록증을 만들어 성인 행세를 하여 만신창이가 되는 신세가 되고 말았다. 심지어 모친이 반신불수인데도 돌보아 주기는커녕 외면하고 있으니, 이 어찌 죽을 때까지 고생하지 않을 운수이겠는가. 실로 보기 드물게 기구한 사주가 아닐 수 없다.

㉙ 풍파가 심하고 고통을 받는 사주(박성련)

<table>
<tr><td colspan="4">사주(四柱)</td><td colspan="5">대운(大運)</td></tr>
<tr><td>丁</td><td>丁</td><td>戊</td><td>壬</td><td>戊</td><td>己</td><td>庚</td><td>辛</td><td>壬</td><td>癸</td></tr>
<tr><td>亥</td><td>未</td><td>午</td><td>戌</td><td>申</td><td>酉</td><td>戌</td><td>亥</td><td>子</td><td>丑</td></tr>
</table>

본명은 무학 무자 무재 무부 무형제 운이다.

화월(火月) 기신이 득세하니 진용인 임수(壬水)는 무토(戊土)에 강타하여 만신창이가 되어 쓰지 못하고, 배우자 일지(日支)가 같은 오행과 제왕(帝王)인지라 부덕이 없다. 형제궁이 기신이 되어 언제 배신할 지 시간 문제다. 식상인 금(金)이 없으니 자식덕도 없다.

인성이 기신이니 학업이 없고 재(財)를 토가 강타하니 재산이 없다. 기유 대운 19세 때 결혼하여 1남 5녀를 두고 살면서 자식 욕심을 너무 부렸다. 제왕 일지는 천간에 희신이 있어야 힘을 발휘할 수 있는데 그렇지를 못하였다.

남편이 큰 사업을 하는데, 본명은 남편을 의지하면서 백만장자 노릇만 일삼는 한편, 유아독존격으로 세상 사람 알기를 우습게 알고 친인척 알기를 개똥처럼 하면서도 자기 친정집 형제 알기는 자신의 피처럼 여겨서, 남편 몰래 전 재산을 빼돌려 기초의원까지 되어서 재벌 행세를 하였다.

그러나 결국은 배신당하고 거지 신세가 되어 31 대운에서 승승장구하던 남편이 갑자 대운에 바람이 나서 사업을 소홀히 하니 직원들이 사장을 배신하기 시작 수금한 돈을 횡령함으로써 그만 남편이 횡령죄로 옥살이를 하게 되었다.

남편은 을유 임오 임자 무신 비겁진용(比劫眞用) 무토(無土)는 재옥토가 되어 조금 옥살이를 하다 출소하고, 인인성사·성부하는 사주로 병인년까지 약 3년간 매출 200억을 올리는 큰 사업가로 변신, 세계 각국에서 신용을 얻어 승승장구하다가 본명 임자 대운 병인년 정유월 인성이 기신년 기신월에 붉은 문서를 잡게 되어 결국 행불자 신세가 되었다.

본명은 그 후 임인생 16세나 연하인 남자를 만나 자식들 학교 출퇴근시키는 명목으로 그랜저 승용차를 구입해 주고, 전국을 누비며 호화로운 생활을 하면서도 자식들은 잘 돌보지 않아 고등학교 다니는 딸 등록금도 제대로 대주지 못해 졸업장도 뒤늦게 받게 하는 등 파렴치한 행위를 자행하였다.

그 뒤에도 연하 남자와 짜고 남편의 남은 재산을 모두 가로챘으나 그 또한 학교 동창생이니 고향 친구니 하는 놈들이 찾아와 인천 연립주택 사업이다 대지 구입 조건이다 하면서 이리 속고 저리 뜯겨 전 재산 한푼도 없이 빼앗기고 불쌍한 자식들 어미 말만 믿다가 쫄쫄 굶어가며 겨우겨우 학업을 마치는 신세가 되었다.

본명은 지금 삭월세 방에서 생활하는데, 신용이 뚝 떨어져 콩으로 메주를 쑨다고 해도 믿을 사람이 없다. 아무리 부자가 망해도 3년 먹을 것은 있다는 속담이 있는데, 그도 본명에게는 해당되지 않는지 그 시절은 어디로 가고 식당·주점에서 한심한 생활을 하는데도 누구 한 사람 돌아보는 이가 없다.

이 남자 저 남자에게 술이나 한 잔 사라고 하면서 부질없는 짓만 하고, 삭월세 사는 주제에 가짜 계약서를 작성하여 돈을 빌리고 갚지 않으니 가만히 있을 사람이 있겠는가. 수십 차례 독촉해도 반환하지 않아 사기죄로 고소당하고나니 할 수 없이 집주인에게 속사정을 하였으나 그도 별 볼 일없어 결국은 이중 삼중으로 압류가 들어왔으되, 그 놈의 고집은 죽을 때까지 안고 가려는지 겁없이 압류

딱지를 떼버리는 등 고분고분한 모습을 찾아볼 수가 없다.

남편은 그래도 훌륭한 인물이라, 현재 홀로 살면서 학문에 몰두하고 있으며, 처는 생각만 해도 치가 떨린다고 하면서 6남매 생각에 재혼을 하지 않고 열심히 살아가고 있다. 본명은 초토로서 씨앗이 있어도 뿌릴 데가 없으니 평생 박복한 생활을 면하지 못할 것이다.

㉚ 비통한 궁합(허무맹랑한 사주 감정사·男·자살자)

사주(四柱)				대운(大運)					
戊	辛	己	己	壬	癸	甲	乙	丙	丁
申	酉	酉	巳	戌	亥	子	丑	寅	卯

본명은 금월지(金月支) 일지유(日支酉) 연간토(年干土) 월간금(月干金) 재상인 일간기신(日干忌神) 사주로 수목(水木)이 없으니 목(木)과 관(官)이 투출할 때 아(我)를 강타, 기진맥진하여 자살, 갑년 병월 인성기신(印星忌神) 식상기신 겁재기신에 관(官)도 기신(忌神) 진용(眞用)이 한 점도 없는 희귀한 사주이다. 씨앗이 있어야 빵을 생산하여 백성을 먹이고 입히고 잘 살 수 있는데, 진용씨가 말라서 모든 동식물은 죽고 만다.

식상은 움직이고 생산하는 노동인데, 월장생(月長生) 신강하지만 못 쓰는 사(死)와 같다. 부양을 받는 허약자로서 생산적인 행동은 금물과 허욕이다. 이는 병든 자가 달리기를 하고 어린 아이가 한강에 뛰어드는 격이다. 왕성한 자에겐 식상이 절호의 기회지만 신약자에겐 위험천만한 유혹이며 망동이다. 본명은 월금(月金)가용으로서 4관(官)이 가용을 이루니 사면초가다. 그 재기신(財忌神)이니 절벽강산 10톤 차에 100톤을 싣고 험악한 산으로 가는 파란만장한 형국이니 의지할 데가 없다.

두뇌는 비범하나 무엇을 하면 싫증을 잘 느껴 되는 일이 별로 없다. 욕심 많기가 태산 같아서 닥치는 대로 덤비고 뛰어들지만 되는 것이 없고, 결국 만신창이가 된다. 재승박덕하고 무정하며 혹독하여 사지의 기신이 설치니 생부(生扶)하는 것이 전혀 없는 터에 겁재[공돈]까지 탐하니 어찌 되겠는가. 인묘진(寅卯辰) 동방운에 병자가 악처를 만나서 싸움을 이길 수가 없다. 이처생재(以處生災)하니 갈수록 태산이다. 갑을년에 진용이 전무하니 받아들일 수가 없다. 계축 경신 기축 신미생인 같은 직장 여직원과 교제를 하던 중 주인공 모친이 저자에게 궁합을 보아 달라고 하여 보았는데, 아가씨가 너무 신강한 사주인지라 불길한 일이 생길 것이라고 하였다.

모친이 전해 주었더니 터무니 없는 소리하지 말라고 하며, 부산의 유명한 철학관에서는 좋다고 하면서 비방을 200만 원이나 주었다고 하였다. 저자는 그 모친을 잘 아는 입장이라 너무 안타까워서 부산에 있다는 철학관 전화번호를 알려 달라고 하여 전화를 해 보았더니 받지 않았다. 결국 그 철학관을 알려고 부산까지 갔더니 이사하고 없어서 만나지 못했다. 지금도 찾고 있는 중인데 아직도 소식조차 모른 채 애간장만 태우고 있다.

같은 학문을 하는 사람이 이렇게 허무맹랑하게 남이야 죽든지 말든지 돈만 받으면 된다는 식으로 혹세무민하는 소리만 한다면, 전국의 철학하는 사람이 모두 큰 피해를 보지 않겠는가.

뒤에 이 글의 주인공이 저자에게 와서 무엇이 나쁘냐고 묻기에 위의 내용을 설명해 주었더니 믿지 못하겠다고 하였다. 신부감에게서 또 전화가 와서 비방을 해 달라기에 부질없는 짓이니 그만두라고 하였더니 불쾌하게 전화를 끊어버렸다.

약 2개월쯤 지났을까. 난데없이 비통한 소식이 왔는데, 위 주인 공은 동거생활을 시작한지 3일 만에 자살로 일생을 마감하고 말았다고 하니, 사주의 무상함이 이런 것일까?

㉛ 사업 실패

<table>
<tr><td colspan="4">사주(四柱)</td><td colspan="6">대운(大運)</td></tr>
<tr><td>戊</td><td>庚</td><td>甲</td><td>庚</td><td>己</td><td>戊</td><td>丁</td><td>丙</td><td>乙</td><td>甲</td></tr>
<tr><td>子</td><td>申</td><td>戌</td><td>午</td><td>未</td><td>午</td><td>巳</td><td>辰</td><td>卯</td><td>寅</td></tr>
</table>

본명은 가용인 금국(金局)을 이루니 진용인 목(木)이 절지에서 사고무친한 암상의 나무 격이요, 현상 유지가 극히 어렵다. 7년간 허리와 다리가 저리고 아프더니 급기야 허리가 굽어지고 구배(龜背)가 되었다. 삼김일목(三金一木)하니 득왕독기(得旺毒氣)가 극성한다. 비겁이 진용이지만 맹호 앞의 양처럼 맥을 추지 못한다. 성금하기가 바람 같고, 항상 성난 상이니 목(木) 비겁의 소모가 가중 가속된다. 마침내 탕진되어 전신이 무너지고 굽어질 수밖에 없다. 주인공은 저자와 동창의 처로 10년 만에 동창회에서 만나 저자가 철학을 한다고 하니 감정을 해 달라기에 서로 잘 아는 사람을 어떻게 보느냐고 거절하였다.

그랬더니 10년이면 강산도 변한다는데 어떻게 나와도 좋으니 막무가내로 보아 달라고 하는 것이다. 그럼 공부한 대로 봐 준다고 하고 다음과 같이 말하였다.

"아주머니 사주는 금년 1994년 갑술년 해입니다. 철학 용어로 천지동이란 용어가 있습니다. 아주머니는 바로 이 천지동에 걸렸습니다. 천지동은 60년 만에 단 한번 들어오는 운세입니다. 아주머니가 지금까지 서울 장안의 유명한 도사라는 도사는 다 찾아다닐 적에 '아주머니 같은 사람은 답답할 것이 없다'고 말했다 하는데, 내가 보기에 허깨비 도사만 찾아다닌 것 같습니다. 내가 자세히 천지동에 대한 풀이를 해 드리겠습니다. 아주머니는 현재 남편과 자식 때문에 죽지 못해 어쩔 수 없이 이곳에 오셨군요. 이혼·파산·부도·질병 등 천지가 진동하여 엄청난 사태에 직면해 있는데, 장안의 유명한 도사라는 작자들이 아무 일없다고 하였다니 정말 한심한 일입니다.

하늘은 양·남성·임금·상전이요, 땅은 음·여성·신하·수하이며, 천지가 합하는 것은 임금과 신하가 한자리에서 만나는 것이요, 남자와 여자가 자리를 같이 하는 것이며, 임금이 신하를 부르고 술대접을 하는 것은 무척이나 아끼고 사랑하며 신임하고 기뻐하기 때문입니다.

임금은 천하의 벼슬을 내릴 수 있으나, 그렇다고 마음대로 내릴 수 있는 것은 아니요, 반드시 신상조사를 철저히 해서 내리는 것입니다. 청탁의 유무와 깨끗한 인품과 진실됨을 평가하여 적재적소에 배치하는 것이지, 만에 하나라도 부정과 과오를 잘못 판단해서 발탁해서는 안 되는 것입니다. 이것은 신하도 마찬가지여서 임금의 은혜에 반해 부정과 불의를 저질러 임금을 욕되게 하면 중대한 벌을 받게 되는 것과 마찬가지로 천지동에서 중대한 심판을 받게 됩니다. 청렴결백하고 유능한 자는 군왕의 은공을 누리고 크게 출세하는 최고의 기회인데, 부정과 부패가 있는 자는 가차없이 심판과 규탄을 받는 중대한 위기에 처하게 됩니다.

모든 것은 낱낱이 밝혀지고 폭로됨으로써 추상 같은 단죄가 내리고 알몸으로 홀딱 벗겨지는 꼴이 됩니다. 벼슬만 잃는 게 아니고 돈과 명예와 심지어는 생명까지도 잃게 되는 것입니다.

아주머니는 장사꾼이니 치명적인 위기에 처해 있습니다. 장사꾼은 궁 안에 들어갈 수가 없으며, 만약 임금이 부른다면 중대한 죄가 있어서일 것입니다. 한마디로 장사꾼이 관가에 끌려가면 결코 심상치 않은 일이 벌어진 것이니 형벌을 받거나 재물상 막대한 손실이 불가피합니다.

천지동은 임금 앞에서 알몸으로 홀딱 벗는 형국이니 부정(不正)이나 부정(不貞)이 있는 사람은 추상 같은 불호령을 면할 수 없습니다. 부정한 공직자와 부패한 장사꾼, 그리고 부정한 여인에게 뜻하지 않은 봉변과 재난을 암시합니다.

천지동은 뒤를 따르는 귀신의 그림자와 같아서 정직한 공직자의 뒤를 따르는 것은 경호를 위해서이므로 신변을 보호하는 영광스러움이지만, 부정한 공직자의 뒤를 따르는 것은 경호가 아니라 연행자요, 호송자입니다.

따라서 장사꾼의 뒤를 밟는 것은 도둑이나 강도임이 분명하여 돈과 몸을 노리는 무서운 그림자인 것입니다. 그러니 언제 무슨 변을 당할지 알지 못합니다. 그 그림자는 사업에 치명적인 손실을 가져올 요인이요, 근원인지라 부도나 파산 등 함정과 실수를 암시합니다. 만사에 주도면밀하지 않으면 결국 돌이킬 수 없는 실수와 함정에 빠져 그림자의 기습을 피할 수 없습니다. 그러므로 아주머니는 지금 10억 원이란 천문학적인 돈을 떼이고 장차 앞날이 까마득한 처지임이 분명합니다."
하고 감정해 주니 100퍼센트 맞다고 하였다.

㉜ 남자관계가 문란하고 불행한 사주(이자애)

<table>
<tr><td colspan="4">사주(四柱)</td><td colspan="6">대운(大運)</td></tr>
<tr><td>癸</td><td>乙</td><td>丁</td><td>戊</td><td>丙</td><td>丁</td><td>戊</td><td>己</td><td>庚</td><td>辛</td></tr>
<tr><td>巳</td><td>丑</td><td>丑</td><td>申</td><td>寅</td><td>卯</td><td>辰</td><td>巳</td><td>午</td><td>未</td></tr>
</table>

본명은 축월생 일간정화(日干丁火)는 재상진용 을목희신(乙目喜神) 재기신(財忌神) 쌍축으로 북방 한동에 눈보라가 휘날리니 만물이 냉동하고, 을축(乙丑) 1계하니 현무가 집단으로 사냥을 하고 있으며, 연상 허재(虛財)로 변하고 다투니 육친이 불우하다.

고집이 불출하여 인화를 도모하기 어렵고 독선과 독단으로 시비가 분분하다.

한토(寒土)에서 경작하니 노력은 많이 드리나 결과가 적고, 현무가 흉신이요 재기신이므로 호사다마하여 호재를 얻기가 어렵다. 일지에 축월지축(丑月支丑) 식상하여 혹한으로 인해 온전하기가 어려우며, 기사 후반기부터 약간 개신(開身)하였으나 임신 계유 부부 싸움으로 1차 가출하여 행방을 감추었다가 남편에게 흠씬 두들겨 터진 뒤 빈사지경으로 감금되어 몽둥이 찜질 신세가 된다.

본명은 욕심이 너무 많아 세상 돈을 자기가 다 챙긴다는 헛 생각뿐인 여인이다. 애당초 조물주가 식상을 가용으로 만들어 놓았으니 미완성된 자동차가 겁없이 달리는 형상으로 위험천만하다. 이는 잉어 낚시로 고래를 낚는 게 아니고 도리어 고래에 낚이는 격이다. 일간이 왕성하면 성숙한 장성으로 능력을 발휘하는 식상은 죽음의 함정이요, 유혹이다. 만에 하나라도 움직였다 하면 유혹과 함정에 빠진 것처럼 돌이킬 수 없는 실수와 재난을 겪는다. 월지는 가용이 되고 일간 쇠약은 진용이 된다.

일간이 진용이 되면 왕성한 재능을 발휘하는 만큼의 호기로서 만사가 순리대로 형통하고 성취되어 소원대로 이루어질 수 있다. 식상이 진용이면 천성이 원만하고 인심이 후하며, 베풀기를 즐기고 호의호식해서 살이 찌는데 반해, 식상이 가용이 되면 천성이 성급하고 욕심이 과대하며, 투기와 모험을 즐기고 평생 수난과 실패와 풍파가 허다하다.

자칫하면 일락천장하는 위기와 함정에 빠지기 쉬우니 만사에 서둘지 말고 차분하게 실력을 기르고 때를 기다리는 마음이 아쉽고 간절하다.

신약자가 신왕으로 가면 식상이 도리어 진용이 되고 호기를 맞음으로써 평생의 소원을 성취할 수 있다. 본명은 시(時) 무토(戊土) 계수(癸水) 관이 가용으로 있으니 산 넘어 산이요, 남자가 돈이 있는 줄만 알면 갖은 수단을 동원해 물불을 가리지 않고 설쳐댄다. 정조의 중요함을 개의치 않고 개만도 못한 짓을 거듭하면서 잘난 체하며 일이 잘 안되는 듯하면 전국 방방곡곡 무당과 철학관을 찾아다니며 점을 치고 굿을 한다.

주인공은 임신년에 저자를 찾아와서 감정을 하였는데, 부부간에 같이 사는 것이 기적과 같으며, 같이 산다 해도 정이 전혀 없이 사는 꼴이다.

유부녀가 왜 이리도 많은 남자를 만나는지 5, 6명이나 되고, 누가 돈이 좀 있으면 끈을 달아서라도 홀딱 몸을 던지고 만다. 무당이나 철학관 부적을 핑계 삼아 남을 유혹하다가 되지 않으면 공갈 협박에 땡강 부리기 일쑤이니 이런 사주를 만나면 저자가 오히려 무안할 정도이다.

㉝ 남편과 자식덕이 없는 사주(고희병)

<table>
<tr><td colspan="4">사주(四柱)</td><td colspan="6">대운(大運)</td></tr>
<tr><td>辛</td><td>乙</td><td>乙</td><td>丁</td><td>丙</td><td>丁</td><td>戊</td><td>己</td><td>庚</td><td>辛</td></tr>
<tr><td>卯</td><td>未</td><td>未</td><td>卯</td><td>申</td><td>酉</td><td>戌</td><td>亥</td><td>子</td><td>丑</td></tr>
</table>

본명은 미월생(未月生) 부(夫) 자리인 일지미토(日支未土)인 화(火) 대 화 사주다. 관대 37 대운, 기해 대운 중반 부(夫)가 법무공직자로서 중병을 앓다가 사망한다. 월간(月干) 을목(乙木)가용 시간(時干) 정화(丁火) 인성(印星)이 기토(己土)를 괴롭히고, 연지(年支) 시지(時地) 목(木) 군왕을 포위 난타를 하니, 왕이 부하의 군중 데모에 못 견뎌 끝내 자살 형국으로 몰고간다. 관성(官星)은 생명과 재산을 보호하는 호명 호재자다. 소시는 부아(扶我)하는 부(父)요, 노시(老時)는 봉양하는 자(子)며, 여 부군(夫君)이다. 국법과 질서와 관직과 생업을 비롯하여 과거급제하고 임관하여 명성과 권위, 치민과 집권, 야망 등이 관성에 속한다.

높은 산과 대호, 대권을 향한 의지와 분발과 부(父), 부(夫)와 왕을 섬기는 효와 충성 또한 관성을 상징한다. 월운의 관성인 진용이거나 희신이면 관성에 속한 이모저모가 하나같이 내 뜻대로 이루어지는 유익 유용함을 암시한다. 청운과 대지와 야망을 성취할 수 있다. 생업을 얻고 독립하여 만인이 나를 인재로 등용하고 출세의 길을 열어준다. 성남(成男)은 아들을 얻고, 성녀(成女)는 남편을 얻어 만사가 득의하니 의기가 충천하고 힘써 분발한다. 법과 관과 만인이 생명과 재산을 보호하여 도적과 침해자가 얼씬도 하지 못한다. 도적은 잡히고 재판은 승리하며 선거에선 이름을 떨친다.

관성이 진용이면 신왕한 장정이요, 성숙한 재능과 실력을 당당하

게 발휘하고 숙지와 대망을 성취하며 독립하는 동시에, 만인을 보
호하는 지도자로서 봉사하고 분발하는 것이다. 주인공은 관성이 가
용이기에 신약하고 관왕해서 관운을 감당할 수 없음과 동시에 관성
에 억눌리고 쫓기는 사주여서 월운의 간(干)에서 관살을 만나면 호
랑이를 만난 격이다.

본명은 월간(月干) 목(木)이기에 관성에 속한 모든 것이 여의치
않음은 물론 불리하고 불행하다. 남편 또는 여자가 식상인 경우에
는 자식의 별이 없어서 자식 때문에 정신적 부담과 근심 걱정이 있
으며, 만인이 생명과 재산을 위협하고 추박하는 가해자로 둔갑한
다. 법과 관의 보호를 전혀 받을 수 없으니 도적과 강도가 발생해
서 무방비 상태다. 산중에서 산적을 만난 격이니 재가 없으면 그냥
통과시켜 주지만, 재가 있으면 빼앗기고 생명까지 위험하다. 산재
손재나 하면 생명을 건질 수 있다. 생명을 위협하는 것은 호랑이와
질병이다. 생명을 보호하고 구제하는 것은 호위와 의약이다. 관이
진용이면 명의약을 구해서 치병할 수 있는데 반해서 관이 가용이면
생명을 위협할 만한 중병을 불러들여 불치병에 걸리기 쉽다.

주인공 역시 관가용인지라 길에서 범을 만나니 부군이 온전할 리
가 없다. 노상 봉변, 교통사고와 같은 불의의 사고를 당하기 쉽다.
강도 살인도 마찬가지다.

사주에 관이 가용인데 대운과 세운과 월운에서 가용인 관살이 나
타나면 병사와 호난 등 변사를 상징하며, 일단 중병에 걸리면 회생
하기 어렵다. 산이나 절벽강산 같은 험산에서 호랑이를 만나는 형
국이다. 관이 진용이면 대호를 사냥하고, 상관이 가용이면 호난과
무덤을 상징한다. 본명은 관이 가용이기에 남편은 일찍이 호랑이에
물려가고 혼자 청상과부로 생활하며, 만일 관 남자를 만난다면 재

328

물 피해만 입고 허둥거리며 평생을 험난한 산길을 헤메이게 된다.

㉞ 여자로 인하여 재난과 실패가 많은 사주(김기한)

사주(四柱)				대운(大運)					
丙	丙	癸	甲	丁	戊	己	庚	辛	壬
申	申	酉	寅	酉	戌	亥	子	丑	寅

본명은 금월(金月) 월간(月干) 연간(年干) 재기신으로 재물이 많으니, 몸이 허약한데도 10톤 차로 100톤의 짐을 싣고 산으로 가는 형국이다.

주인공은 일찍이 모친을 여읜 후 계모를 셋씩이나 섬기면서 빈곤한 살림을 하는 가정에서 사는 사람으로 본인 역시 재물과 여자 인연이 희박하여 여자 욕심을 내면 풍파가 많고, 돈 욕심을 내면 산적에게 몽땅 빼앗김은 물론, 설상가상으로 목숨까지 잃어버릴 팔자라고 저자에게 말하기에, "당신 같은 사주는 내가 사실대로 말하면 싸움질하려고 달려들기 때문에 사주 감정을 못 하겠으니 3만 원 내고 돌아가라."고 했더니 무슨 말이냐는 듯이 각서라도 써 줄 테니 사주를 봐 달라며, 어떤 일이 있어도 화를 내지 않겠다고 하면서 사주 박사라고 소문 나 있는 전국 방방곡곡에 있는 사주 도사들을 두루 찾아 다녔는데, 정재(正財)가 하나도 아니고 둘이나 있어 처덕이 좋음은 물론, 재복도 대단하다고 하며 장차 큰 사업가가 될 것이라고 깍듯이 인사를 하더라는 것이다.

그래서 이번에는 저자의 사주를 보려고 찾아온 것이라기에 다음과 같이 감정해 주었다.

"당신의 정재가 둘인 것은 확실합니다. 그러나 요즈음 중국사주를 공부하시는 분들은 각성해야 합니다. 허무맹랑한 소리를 많이 합니다. 삼재니, 살이 있다느니, 삼살이니, 띠 하고 맞지 않는다느니 혹세무민하는 헛소리를 많이 합니다. 재(財)는 있는데 쓰는 재냐 못쓰는 재냐 정확하게 판단하지도 못한 채, 편재(偏財)는 재물을 상실하고 정재(正財)는 재물을 불러들이는 것이라고 하는 변질된 중국 학설이 있기는 하나 잘못된 것입니다. 당신은 병신·병신·계유·갑인의 사주를 타고 이 세상에 출생했습니다. 조물주는 모든 사람을 세상에 탄생시킬 때 통장에다 평생 먹고 살 만큼의 분량을 정해 주면서 탄생시키는데, 사람들이 그것을 모르고 욕심만 부려서 도를 넘으니 제 명대로 살지를 못하는 것입니다. 당신은 돈과 여자는 뜻대로 되지 않고, 오직 제 사무실 직원을 마음대로 움직이다가 본처한테 들켜 야단 법석을 떨고, 남의 부채 때문에 큰 고통을 받으니 손실과 침체와 재난이 자주 발생하며, 권속과 종업원에 많은 문제가 발생하는 등 골치를 썩이고 있습니다. 당신 같은 사람은 현재 기업을 해도 불리하고, 의혹과 적자로 손재수가 있으며, 경영이 부진하고 비능률적이어서 적자와 부채로 중대한 기로에 봉착해 있군요. 부도가 날 우려도 있고 처와 이혼할 위기에도 처해 있습니다. 당신은 여러모로 여자로 인한 수난이 많고 이성간의 갈등이 대단합니다.

야망은 좌절되고 허욕으로 인해 실패가 잦습니다. 욕심과 재물과 여성 때문에 재난이 자주 발생하고 도적들이 들끓음은 물론, 재다신약(財多身弱)하여 신장과 간질환이 발생 악화되는 등 육체적 정신적 고통이 끊이질 않습니다. 그러므로 투기와 투자를 해서는 절대로 안 되며 돈과 여자의 유혹도 조심해야 합니다.

만인이 채귀이니 항상 쫓기고 시달리는 형국입니다. 인성을 극하면 문서상 문제가 있으니 계약과 수표 거래에 세심하시오. 과로 또한 조심하시오. 병 때문에 과다하거나 무리한 욕심은 금물이며 과로하면 질병이 발생하고 재물 관계로 관재가 발생하여 감옥에 갈 형국입니다. 그리고 현재 부도 직전이며 이혼도 불사 여직원과 동거하고 있습니다."

이렇게 말하자, 한 치도 틀림이 없노라고 하였다.

㉟ 존속 살해자

사주(四柱)				대운(大運)					
甲	甲	癸	甲	乙	丙	丁	戊	己	庚
午	戌	丑	寅	亥	子	丑	寅	卯	辰

본명은 술월생(戌月生) 연월시(年月時) 상관 노금(老金)으로 천방지축, 항시 어른 행세를 하다가 존속을 살해하고 10년형을 선고받은 자이다.

본처를 버리고 다방이나 주점의 접대부들과 닥치는 대로 관계하면서 다방 아가씨와 사이에 1남을 출생했다. 그러나 개버릇 남주지 못하고 항상 험한 말을 하면서 난동 떨기를 좋아했는데, 심지어 본처와 말다툼 할 때조차도 끔찍한 소리를 서슴없이 하는데야 어떤 여자가 감히 붙어있겠는가?

계유년에 저자를 찾아와 사주와 궁합을 봐 달라고 하기에, "당신은 토끼의 힘으로 호랑이 굴에 들어가서 큰 호랑이를 잡으려고 하는 운명을 타고 났습니다." 하였더니, 다시 그게 무슨 말이냐고 물었다.

"당신은 관이 부(父)인데 관이 기신이고, 재(財) 여자인데 역시 재가 기신이요, 인성이 모(母)와 학문인데 역시 기신이다." 하고 사주를 풀어 설명하기 시작하였다.

우선, 정축 대운 27세 때 관인 부(父)와 금전 때문에 다투다가 주먹으로 강타하여 부친을 사망케한 적이 있느냐고 물었더니 있다고 대답하고 결혼을 했는데도 처가 그만 도망 가 버렸다고 솔직히 대답했다.

"당신은 아직 뱃속에서 출생하지 않은 태아라도 당신 마음대로 떡고물 주무르듯이 할 것처럼 생각하는데, 세상 일이라는 것이 그렇게 호락호락한 것이 아니오. 당신은 이 세상에서 너무나 많은 죄를 지은 사람이지만 이제라도 늦지 않았으니 항상 모든 사람들을 인도한다는 태도로 겸손히 살아가시오. 눈앞에 좋은 일이 생겼다고 해서 좋아할 것도 없고, 지금 어렵다고 해서 괴로워하지 마시오.

즉 모든 일에는 방편이 있으니 스스로 길흉화복을 만들고 피해 가는 길을 안다면, 화가 변하여 복이 됩니다. 복을 만드는 습관이 몸에 붙은 사람은 후에 큰 복을 받을 것이요, 복이 어디서 왔는지도 모르고 방자한 태도로 살아간다면 당신은 틀림없이 큰 재난을 만나게 됩니다. 운은 신이 인간에게 잠시 맡겨둔 것이기 때문에 언제나 몸과 마음을 닦으며 참고 견디는 사람에게 따르는 법입니다.

사실 당신 사주는 진용이 한 점도 없기 때문에 세상살이를 어찌해야 할지 나도 의심이 갑니다. 당신은 머리 깎고 중이 되는 것이 제일 좋겠습니다. 땅은 있는데 씨가 없으니 생각만 해도 고통이 심하고, 남대문에서 두들겨 맞고 동대문에 가서 분풀이하는 형국인지라, 밖에서 선배한테 터지고 집에 들어가 부모님께 분풀이하니 조물주가 어찌 그리도 무심하다고 하겠습니까?

당신과 같은 사람은 나라 사랑, 이웃 사랑, 가정 사랑을 행동으로 옮기는 사람이 되어야만 큰 복을 누리고 살게 되며, 나라 원망, 이웃 원망, 가정 원망을 계속해서는 도저히 살아갈 방도가 없습니다. 당신의 뼈속과 오장육부와 마음 속까지 큰 불행을 면치 못할 것이니 조심하시오."

그 뒤 한 달에 한 번씩 저자를 찾아와 의논하면서 현재는 잘해 나가고 있다.

㊱ 자수성가할 사주(김선자)

사주(四柱)				대운(大運)					
壬	丙	丁	庚	乙	甲	癸	壬	辛	庚
午	午	巳	戌	巳	辰	卯	寅	丑	子

주인공은 월 70퍼센트 화월생(火月生)으로 일지사화(日支巳火) 연간임수(年干壬水) 월간병(月干丙) 일간정(日干丁) 시간경(時干庚) 쌍충으로 연간진용(年干眞用)인 임수(壬水)가 적에게 항복하고, 부(夫)인 임수는 겁재에 흡수된다.

주인공은 그러고 보니 진용인 임수, 희신인 경금이 비겁에게 난도질 당하고, 지장간 및 지에도 진용(眞用) 씨앗이 전무하니 만인이 무정하고 대립하며, 시기하고 질투하며, 중상하고 모략하니 인인패사(因人敗事)하고 만사불성(萬事不成)이다. 만인의 생명과 재산을 위협하고 침해하는 인서(人鼠)요, 복병이며 적수이니 한시라도 방심하면 패망한다.

본명은 신축 대운 임신년에 남편이 화장실에서 관수 관계로 꼼짝못하고 사망하자 남편의 개인 택시를 처분, 그 돈을 계사생 시동생에게 전부 사기당하고, 지금은 식당 종업원 · 파출부 등으로 생활하고 있다. 식상인 자식덕도 없고 고생을 하여 몸은 쇠약한데, 전 재산은 다 털려 약 사먹을 돈도 없이 하고한 날 허송세월만 하고 있는 실정이다.

12년 동안 요통으로 고생한데다 위도 대단히 나쁘다. 임신년에 저자를 찾아와 앞으로 잘 살 수 있는지 사주감정을 해 달라고 하여 위의 내용을 말해준 뒤 곁에 도적만 버글대니 금전거래는 절대 하지 말고 조금 있는 재물이라고 잘 지키려면 은행에다 넣어두고 남에게 있는 척 떠벌리지도 말라고 하였다.

이런 사주는 항상 현무가 뒤에서 따라다니고 인간마다 표리가 부동하고 이해가 상반하여 배신을 능사로 하니 남을 믿거나 따르는 것은 절대 금물이요, 재판을 해도 열 가운데 아홉은 불리하니 멀리하라. 내 뒤를 밟고 노리는 거점자가 많으니 호신호재와 대인 관계를 세심히 하라. 사주에 적이 너무 많이 진짜와 가짜가 다투는 형국이니 누명을 쓰기 쉽다. 만인이 누리는 것은 금고이니 금전 거래를 특히 주의하고 사기에 철저히 대비하라.

산길이나 밤길은 가지 말고, 비밀을 누설하지 말라. 동성과 동업자를 조심하라. 눈 깜짝할 사이에 해를 당하니 데모나 싸움에 끼여들지 말라. 투기와 노름은 백해무익이다. 정당이나 단체는 호구(虎口)다. 보증을 절대 서지 말고 믿는 도끼를 조심하라. 집단행동에 가담하지도 말고 만인만사에 주도 면밀하라.

본명은 여명(女命)으로 신왕 중에 신왕 생월 생일 건록제왕으로 체력과 지구력이 너무 강하고 왕성하면 자주 독립할 운명을 타고난지라, 태어나면서 부모를 비롯한 모든 후견인 곁을 떠나 혼자 힘으로 자수성가해야만 안전하다.

그러므로 남자에겐 당연하고 믿음직한 별이지만, 여자로선 힘겨운 별이다. 남편 덕에 사는 게 아니고 자신의 힘으로 자수성가하고 자립해야 하니, 사람은 유능하나 팔자가 좋다고 할 수는 없다. 인생은 여기서부터 부모궁을 떠나 스스로 운명을 개척하고 자기 세계를 건설해야 한다.

주인공은 산 넘어 산 절벽강산인지라 첩첩산으로 먹구름이 덮여 있다.

㊲ 주어진 운명을 피할 수 없는 사주(서화연)

사주(四柱)				대운(大運)					
乙	丙	丙	壬	丁	戊	己	庚	辛	壬
巳	戌	申	辰	亥	子	丑	寅	卯	辰

주인공은 공주 출신으로 간충 칠살이다. 월술(月戌) 금로(金老) 무자 대운 신미년에 남편과 말다툼 끝에 2남을 두고 가출하여 방방곡곡을 다니며 다방·주점 등 험난한 생활을 한다.

술로금(戌老金)으로 군왕 부(夫) 자리인 신금(申金)에 의지할 데가 전혀 없고 강철끼리 맞부딪쳐 소리만 나니 쓸모가 없다. 한치도 양보없이 당기고 밀고 하며 싸움질만 하는 형국이다. 월(月) 식상 기신이니 어찌 자식이 온전하겠는가. 소도 제새끼와 떨어지면 먹이를 주어도 며칠을 먹지 않고 우두커니 서 있거늘, 하물며 사람이 어찌 소만도 못한 짓을 할 수 있겠는가.

본명이 바로 이러한 인간으로, 양 대 양, 남자 대 남자, 여자 대 여자가 만난 것처럼 애정이라곤 찾아볼 수 없다. 서로의 이해관계만 있을 뿐이다. 네가 더 먹느냐 내가 더 먹느냐 오직 싸움뿐이다. 힘으로 시작해서 힘으로 끝을 맺고, 마침내는 승자만이 살아남아

점유하고 군림하며 지배한다. 반대로 패한 자는 죽거나 산송장에 불과해 모든 것을 빼앗기고 이긴 자의 다스림을 감수해야 한다. 살인과도 같아서 이를 상극 칠살이라고도 한다.

다시 말해 화극금(火剋金)·금극목(金剋木)·목극토(木剋土)·토극수(土剋水)·수극화(水剋火)가 바로 그것이다. 같은 상극이라 해도 사랑을 맺어주는 간합은 음과 양으로 부딪치는데 반해서 주권과 물권을 누가 차지하느냐의 힘겨루기는 음과 음, 양과 양이 다 부딪친다.

주인공은 2병(丙) 1임(壬) 충(沖)으로 임관(壬官) 호랑이를 만나는 격이다. 호랑이는 살기가 등등한 사나운 짐승으로서 살생을 즐긴다. 그 호랑이를 만나니 온전할 수는 없다. 그것은 염라대왕과 맞닥뜨린 격이다. 이들 10간 사이에 상극은 모두가 자기 자리에서 일곱번째 별과 이루어지고 부딪쳤다 하면 살생이 발생하는지라 이를 칠살이라고 한다.

주인공은 그렇기 때문에 성격이 거칠고 여성으로서 담배·술·마약에 중독되었으며, 그러다 보니 죽음만도 못한 삶, 즉 생이불여사하는 것이다. 죽은 것도 산 것도 아니니 어중간하여 일평생 괴로운 일이 끊이지 않으며, 악운을 피할 수 없는 패망운이라고 할 수 있다.

주인공은 다방 생활을 하면서 1남 2녀의 자식을 거느린 13세 연상의 유부남을 만나서 2년 동거하였는데, 이로 인해 유부남은 본처와 갈등이 생겨 뛰쳐나간 뒤 행방불명되었다.

도대체 조물주는 어찌 이렇게도 무정한지, 차라리 세상에 나오지 않아야 될 박복한 운명들을 태어나게 하지 말든지, 그렇지 않으면 평범하게 운명을 만들어 주던지 할 것이 온당한 처사가 아닌가.

혹 말하기를 사주를 무시하고 열심히 노력하면 된다고 하는데, 저자가 지금까지 약 2만여 명을 실제 임상실험 해본 결과 아무리 노력해도 운이 없으면 되는 일이 없다고 확신한다. 운을 잘 타고 나온 사람은 생활을 아무렇게나 해도 운에 맞게 움직이는데, 가령 이사나 결혼, 집 방향만 대충 보더라도 거의 적중하는 것을 수없이 보아오고 확인했다.

주인공은 현재 생과부로 험한 세상을 살아가고 있다.

㊳ 남편과 자식덕이 없어 말년이 불행한 사주

사주(四柱)				대운(大運)					
己	丁	癸	乙	戊	己	庚	辛	壬	癸
酉	卯	亥	卯	辰	巳	午	未	申	酉

주인공은 병자년 88세로, 현재 인월(寅月) 막 피려는 싹이지만, 북방한동에 눈보라가 휘날리고, 눈처럼 뒤덮여 만물이 냉동하고, 부(夫)자리인 해수(亥水)가 냉동하니 초혼은 깨지고 재혼해서 신미대운에 재혼한 남편이 지붕에서 떨어져 허리가 부러지고 나서 몇 년 시름시름 하다가 재산까지 탕진하고 세상을 떴다.

수목 식상하나 기신이기에 둘째 남편한테서 낳은 3남 2녀 가운데 하나도 모친을 거들떠 보지 않고, 88세의 고령에도 혼자서 생활을 하고 있으며, 자식들에게 생활비 한푼 받지 못하고 있다. 자식들은 자식들대로 다투며 나몰라라 하고 있는데, 주인공도 비겁이 가용이요, 가족들도 기신인지라 학대를 받으면서 죽지 못해 살고 있다.

식상인 목(木) 아들이 갑술 대운 72세 때 며느리와 합세하여 방구석에 처박고 목을 누르며 죽이려고 하던 차에 동네 사람들이 구출하였다. 식상 자(子)의 별이 가용이기에 어쩔 수 없는 신세이다. 누구를 원망하겠는가.

본명의 운명상 타고난 친기인지라 조물주가 원망스럽다. 식상 비겁 관재 기신이다. 이름조차 삼출(三出)이니 팔불출처럼 듣기가 험하다. 신약한 탓에 무리한 발전을 꾀하다가 중도에서 실패만 하고, 만물이 심히 부족하여 마음 먹은대로 풀리지 않는다. 가족 인연이 희박하여 고독과 적막을 평생 피할 수 없다.

본명은 재기이니 길흉 화복의 굴곡이 너무 심하여 정착하기 어렵고 파란만장하는 사주이다. 만사 시종이 뜻대로 안 되며, 게다가 식상인 자식이 어미를 멸시하고 헌신짝 취급을 하니 참으로 흉측한 일이 아니겠는가. 하는 일마다 파산하게 되고 흉수가 계속 이어지는 사주이며 인생에 기복이 많다.

주인공은 육친궁인 진용이 전무하니 만인이 무정하고, 시기 질투하는 형국이다. 인간마다 부동하고 배신을 능사로 하니 어찌 기구한 운명이 아니겠는가. 만사가 뜻대로 되지 않고 곳곳에서 난관을 만나 두 명의 남편과도 사별하니 조물주는 어찌하여 이렇듯 기구한 사주를 주었는가. 그저 원망스럽기만 하다.

이 세상에서 가장 불행한 것은 가난하고 천한 인생이다. 비록 부귀는 누리지 못한다 해도 자식들이 죽을 때까지 부양을 해야 하는 것은 당연한 일이거늘 슬프다, 빈곤으로 얼룩진 주인공의 운명이여! 사주에 사주 기신이 꽉 에워싸고 있음을 한할 밖에.

독자들께서는 혹 궁합을 볼 때 본명의 사주와 비슷한 사람과는 짝을 맺지 않기를 바라마지 않는다. 띠의 합이 되면 좋고, 원진이나 상충살·고신살·해살 등이 있으면 좋지 않다고 하는데, 그것은 중국 역사 3천 년에서 흘러내려온 허구한 변질된 말이니 귀에 담아 두지 말지어다.

사주를 볼 때는 첫째, 남자는 재가 진용, 여자는 관이 진용이어야 되고, 배후궁에 음양이 어떻게 배치되어 있는가 정밀하게 분석한 다음 결정되어야 한다. 여자나 남자나 월지(月支)에 12운성을 잘 분석할 것이며, 왕쇠 강약도 대단히 중요하다.

㊴ 칠전팔기의 오뚝이와 같은 사주

사주(四柱)				대운(大運)					
甲	辛	戊	癸	壬	癸	甲	乙	丙	丁
申	未	子	亥	申	酉	戌	亥	子	丑

주인공은 미월생(未月生) 오미공망(午未空亡) 연관(年官)가용 식상진용 재(財)진용 사주상 가장 핵심인 월주(月柱) 월간(月干) 상관이 부(父) 자리인 연간을 즉타 공격하는 사주다.

다시 자(子) 월간 상관을 역시 총으로 난타, 형제인 월간(月干) 모(母)인 월공망(月空亡)으로 형제와 모를 강타하니 임신 대운 신묘년 상관이 총기를 발사 가족이 사망한다. 신묘(辛卯) 관(官) 경인월(庚寅月) 무인일(戊寅日) 비겁인 기신 아군이 나타나 총기로 난사하여 마을 주민 500명이 사망하였는데, 주인공은 3발의 총탄을 맞았으나 구사일생으로 살아남아 신체상에 전혀 이상이 없다.

역시 식상인 진용으로 재가 진용 식생재로 활동이 대단하고, 재물인 자(子) 지장간 임계재진용 공장 원자재 · 창고 역시 황금이 우글거린다. 본명은 천애고아로 부모 형제를 하루 아침에 잃어버리고, 고모댁 · 이모댁 · 외가 등 친인척 집을 전전하던 중 백부가 잘 키우겠다면서 초등학교에 입학시켰다. 그러나 서모인 백모가 잘 키울 리 있겠는가. 천애 고아로서 천덕꾸러기처럼 살아가니 얼마나 한 맺힌 일이 많겠는가. 하늘을 보고 "엄마 엄마! 나는 왜 엄마가 없나." 하며 눈물을 닭똥같이 흘리며 한많은 인생살이에 돌입한다.

백모에게 갖은 매를 맞고 수없이 쫓겨나기를 거듭하며 설움을 맛본 본명은, 결국 초등학교도 졸업하지 못하고 가출하고 만다. 마산에 숙부댁이 있다는 말만 듣고 신마산 역에서 내려 헤맸으나 찾을 수가 없었다. 할 수 없이 역 직원의 보호를 받다가 진양군 이반성면 용암리 정 모씨 집에 꼴머슴으로 들어가 용봉산의 험한 골짜기를 오르내리며 땔나무·소꼴을 베는 일로 설움을 참으며 생활하였다. 동네 아이들 또한 주워온 자식이라고 놀려대니 슬픔은 이루 말할 수 없다.

주인공은 그 집에서 1년간 있으면서 갖은 학대를 견디다 못해 같은 마을의 면장 안병두(작고) 씨 댁으로 옮겨 일 잘한다는 칭찬을 들으며 한학 공부는 물론, 중등 과정까지 독학으로 열심히 익혀 인근에 칭찬이 자자하였다.

주인공은 다시 고향으로 가서 약 1년을 있다가 상경, 개 한 마리를 팔아서 1차 강원도 화천군 상서면 봉우리, 당시 15사단 매점에 들어가 일하였다. 일간무토(日干戊土)가 옥토(玉土)이고, 비겁이 진용이 되고 하여 군인들에게 칭찬을 받으며 모든 일을 열심히 하니 돈도 조금씩 모아지기 시작했다.

다시 무술년에 양자로 갔다가 식당 일을 하게 되는데, 함경도 출신인 양부(일명 왕대포)의 한일식당에서는 양아들이라고 하면서 죽도록 일만 시키고 영하 27도의 강추위 속에서도 옷·양말도 제대로 주지 않으면서 하루 넉 드럼의 물을 물지게로 길어오라고 하니

340

넘어져서 깨지고 고생이 이루 말할 수 없을 지경이었다. 그런데도 양모는 머리에 상처가 날 정도로 장작으로 두들겨 패니 사람이 어찌 살아가겠는가.

할 수 없이 탈출을 생각하고 화천읍으로 가던 중에 양부모 왕대포에게 붙잡혀 다시 끌려오니, 그 참상은 가히 짐작하고도 남을 일이라. 흠씬 두들겨 맞은 것은 물론이요, 공갈 협박에 차마 인간으로서는 입에 담을 수조차 없는 고문을 당하면서 생활하였음은 말할 것도 없다.

그러면 주인공이 무슨 잘못을 했기에 그런 고통을 받아야만 했을까? 아무런 이유도 없다. 다만 세운 술화(戌火) 양부이지만 관이기에 기신 관을 못 쓰니 어쩔 수 없다. 조물주가 주인공을 천애고아로 만들어 놓고, 제대로 된 양부모도 갖지 못하게끔 한 모양이다.

결국 양부모와도 1년간 살다가 헤어지고, 화천읍 중국인 집에서 배달 일을 하다가 영월 마차 광업소 및 요정·기생집 등에서 주방장을 하다가 상경, 정해 정미 무오 임술 사주인 여자와 결혼, 1남 5녀의 자녀를 두었다.

현재 주인공은 최고 학부까지 마치고 수산업에 진출, 을해 대운, 신해 세운 상관이 진용 식생재로 경술 신해 임자 계축까지 4년간 전국의 고급 어종을 냉동 보관업으로 매점매석하고, 서대문 냉동창고를 전세, 용산·노량진·부산·여수·군산, 동해안·서해안 일대 등 전국 각 어장을 두루 관리, 천문학적인 거금을 모아 압구정동 4만 3천 평, 방배동 2,300평, 상계동 1천 평, 순화동 200평, 연희동 100평, 반포동 아파트 50평짜리 두 동을 구입하였음은 물론, 처가댁 임야 요지 3만 평, 논 1만 평 등 신진 재벌에 가까운 재산을 축적하였다.

지금 계산하면 수천억대의 재산을 모았는 바, 갑인년 천간지지 관이체로서, 서서히 1개씩 정리가 불가피하였다. 을묘 병진 정사 무오 기미가 대운의 사주 식상진용인데, 인성이 나타나 방해를 부리니 의지할 데가 없고, 기미 비겁으로 관재까지 당했다. 가장 가깝게 믿었던 친구 정 모가 1979년 당시 50만 원을 횡령하였다고 고소한다기에 농담인 줄만 알고 있다가 과연 고소를 당했다. 언제 돈을 횡령했느냐고 하니, 직원이 횡령하여 사장에게 입금시킨 것이므로 사장 책임이라고 우겨 몇 개월 동안 관재를 당하는 등 어처구니없는 일로 화를 당하는데, 야! 정말 기가 막힐 노릇이었다.

그러나 사주이니 어쩌랴. 사주야말로 참으로 정확하여 인성과 관, 관인상생(官印相生)이 합세하여 식상을 해치고, 역시 관이 재를 흡수하니 재로 관을 달래고, 관 역시 인을 설득하니 잘 풀리지 않을 수 밖에 없다. 1980년 경신에 천간지지 식상이 나타나 주식회사를 설립하여 재도전, 식품가공 수출 및 수입 등 무역업을 활발하게 전개하여 날로 급성장하기에 이르렀다. 매출액 또한 하루 3~5천만 원에 연 매출액 150~200억까지 올리고, 직원 450명을 거느리는 등 큰 기대에 부풀어 회사를 계속 확장시켰다.

그러나 인생사 새옹지마라고 하지 않았던가. 10년 만에 한 번씩 찾아드는 기신 관과 인성이 협작하여 또 재나 식상을 괴롭히고 협박하니 재는 관기신에게 식상은 인성에게 항복하니 식상재가 온전할 리 없다. 본명은 병인년 정유월 정축일에 인성에게 그만 다 빼앗기고 허탈한 신세가 되었다.

조물주는 거짓이 없다. 정확하다. 한치의 양보도 없다. 싹둑싹둑 난도질한다. 본명은 인성에게 다 빼앗기고 허탈하게 지내다 재인 부인 오일지(午日支) 처공망에게 이혼하자는 제의를 받고 허락하지 않으니, 처는 주인공의 숙부에게 가서 핑계를 대며 재산 관리 때문에 보증을 서 달라고 하니 선량한 숙부는 거부할 수 없어 이혼 보증을 섰다.

그 후 공망인 무오일주 처가 호랑이 날개를 단 듯이 하늘을 날며 설쳐대는 통에 전국 각지에서 똥파리 날파리들이 덤벼드는 줄도 모르고 계속해서 천방지축 날뛰니, 결국은 있는 재산 다 날리고 1남 5녀의 자식들도 제대로 건사하지 못하는 빈털터리 신세가 되고 말았다.

주인공의 처인 박 모는 정해 정미 무오 임술로 진용이라곤 전혀 없다. 1남 5녀 가운데 아들은 계유년 식상이 사주에 없어 그만 가출해 버리고 말았다. 애지중지하면서 키우던 식상의 아들이 어머니와 형제를 버리고 행방불명 되었으니 찾으려고 할 필요가 없다. 조물주가 운명을 만든 것이니 찾으려고 해야 찾을 수 없는 일이다. 아들은 정미 을사 무인 계축으로 부(父)인 관가용, 모인 인성이가용, 형제인 비겁이 가용인지라 어쩔 수 없는 운명이다.

모(母)는 그 후 술타령·담배·도박 등으로 집이 압류되는 등 고소를 자주 당하여 처량한 신세가 되니 빚쟁이들의 등쌀이 하루도 그칠날이 없는데, 그래도 눈 하나 껌벅이지 않고 하려면 하라는 식으로 밀고나간다니 어처구니 없는 일이다.

하다못해 수천억대의 재산을 어쩌다가 남에게 다 빼앗겼느냐고 남편이 물으면 죽이라는 말만 하면서 대꾸조차 않는다니, 조물주는 어쩌다가 이런 사람을 세상에 냈는지 원망스러울 정도다. 그래도 1남 5녀의 자식들을 위해서 어쩔 수 없이 추궁도 하지 않고 재혼도 않은 채 학문 연구에 심혈을 기울이고 있는 주인공의 모습을 보면서 저자는 인생무상을 느끼지 않을 수 없었다.

주인공은 신의 계시로 음양을 연구하여 현재 모처에서 대단히 활발하게 연구 중에 있고, 10년 만에 찾아오는 진용인 식상이 다시 나타나서 또 기회를 주는지 경신(庚申) 임계년에 기회가 와서 코 묻은 재물이라도 만질까 하여 연구소를 차려놓았는데, 의외로 사람이 줄을 이으니 문전성시가 따로 없는지라 많은 재산을 모았다. 주인공은 하늘이 돕는 자여서 칠전팔기라는 말이 결코 무색하지 않을 정도로 한 많은 인생 동안 극복에 극복의 역사를 거듭해 온 것이다.

그러나 처는 공망을 만나서 재산풍파, 가정풍파가 끊이질 않으니 어찌 운명을 거짓이라고 할 수 있겠는가. 주인공은 지금도 큰 포부를 버리지 않고 재기에 심혈을 기울이고 있으니 한 발 한 발 다가가며 기회만 보고 있다. 즉 상관 식상만 기다리고 있으며 많은 중생을 구제하는 데도 열중하여 의학연구를 통한 건강 상담에도 기여하고 있다.

또한 자신이 살아온 경험을 토대로 많은 기업인과 정치인을 상대로 연구 상담을 하고 있는 본명은, 재진용으로 돈만 벌면 관이 혜성처럼 나타나서 이자까지 붙여 달라고 요구하면서 식상을 구제하고, 다시 인수가 나타나 관에 협력하여 식상을 난타하니 중립적인 비겁은 구경만 하다가 재를 난타한다.

아무리 비겁이 난타해도 지장간재가 계속 재를 공급하니 끊어질 리가 없고, 항상 샘물처럼 솟아올라 떨어질 만하면 장간인 재에서 공급하니, 혹 한강물이 마를지언정 본명의 샘물은 마를 일이 없다.

㊉ 욕심 · 허욕 · 요행을 탐하는 사주

<table>
<tr><td colspan="4" align="center">사주(四柱)</td><td colspan="5" align="center">대운(大運)</td></tr>
<tr><td>甲</td><td>丙</td><td>乙</td><td>丙</td><td>乙</td><td>甲</td><td>癸</td><td>壬</td><td>辛</td><td>庚</td></tr>
<tr><td>甲</td><td>寅</td><td>丑</td><td>戌</td><td>丑</td><td>子</td><td>亥</td><td>戌</td><td>酉</td><td>申</td></tr>
</table>

주인공은 인월생진용(寅月生眞用)인 금토(金土) 무(無)하니 의지할 데가 전혀 없다. 목생화(木生火) 식상인 병화 자식궁 기신이요, 부(夫)는 금무(金無), 재(財)는 토무(土無), 사주 진용무(眞用無)하니 빈천하고 육친이 없는 사주이다.

본명은 계유년에 저자를 찾아와서 사주 감정을 의뢰하였는데, 아주머니는 볼 필요조차 없다고 거절하여 돌려보냈는 바, 다시 찾아와서 애통하게 부탁하기에 보아주었다.

자신은 제천 동원장 여관에서 영업을 하고 있는데, 잘 될 것인지 확실하게 보아 달라고 요청하기에 집세가 얼마냐고 물으니 보증금 없이 500만 원이라고 대답했다. 다시 관리비는 누가 내느냐고 하니 당연히 자기가 낸다고 하면서 영업은 그런대로 잘 운영된다고 갖은 아양을 떨었다.

"아주머니는 100톤 차로 1만톤의 짐을 싣고가는 절벽강산의 사주입니다. 욕심 부리지 말고 깨끗하게 손 떼시오. 아주머니는 운명상 이 여관이 맞지도 않을 뿐더러 끌고나갈 힘조차 없습니다. 만일 3개월만 계속하면 다른 사람들에게까지 피해가 미치니 빨리 손 떼시오."

하고 저자는 돌려보냈다.

그러나 웬일, 여기저기 사방으로 돌아다니며 차마 입에 담을 수조차 없는 중상모략으로 저자를 괴롭히고자 별별 짓을 다하더니,

급기야는 계유년 무술월에 여러 사람의 금전을 사기치고 도망 가서는 행방불명이 되어버렸다.

주민등록증 번호도 가짜로 알려주고 빈털터리가 돈이 있는 척하면서 손님들에게 자기가 건물 주인인 것처럼 행세함은 물론, 손님들에게 갖은 아양을 떨면서 창녀짓까지도 서슴지 않아 많은 피해자가 속출하였던 것이다.

본명은 식상과 겁재가 가용인지라, 노인이고 어린아이고 할 것 없이 경쟁에 뛰어들어 이기겠다고 설치는 격이요, 강물에 뛰어드는 격이다. 팔자가 호색하고 방탕하며 날개 없는 새가 절벽에서 허공을 나는 격이다. 한푼도 없는 거지가 투기와 노름에 뛰어들고 브레이크 없는 차가 굽은 길을 질주하며 기진맥진한 상태에서 허욕과 아집과 불장난을 부리니 위기와 파멸이 따르지 않을 수 없다.

화약을 지고 불로 뛰어드는 천방지축의 형국이니 실패와 불이익으로 인해 파국을 모면할 수 없다. 능력과 자본이 없는 무능한 자가 단지 눈앞의 이득과 유혹에 사로잡혀 덮어놓고 뛰어드는 격이요, 욕심꾸러기의 허무맹랑한 환상에 불과하다. 사냥꾼이 던진 미끼와 파놓은 함정에 걸려드는 격이요, 만인이 나를 낚으려는 낚시꾼이니 낚싯밥은 독약이다. 겉으로는 꿀단지 같지만 속에는 비상이 들어있다.

천성이 욕심쟁이요, 허욕과 요행을 탐하며, 앞뒤 가리지 않고 덤벼들면서 경거망동을 서슴지 않는다. 식상이 왕(旺)하는 가용인지라 신약자는 병사한다. 늙고 병든 몸으로 욕심을 부리며 날뛰는 노망한 형국이다. 귀가 가벼워서 남의 말에 잘 현혹된다. 주인공은 10만 명 가운데 단 한 사람도 보기 힘든 사주를 타고 나왔으니, 어찌 기고만장하는 운명이 아니겠는가?

㊶ 세 번 결혼한 여자(정숙)

<table>
<tr><td colspan="4">사주(四柱)</td><td colspan="6">대운(大運)</td></tr>
<tr><td>己</td><td>丙</td><td>庚</td><td>丙</td><td>丁</td><td>戊</td><td>己</td><td>庚</td><td>辛</td><td>壬</td></tr>
<tr><td>亥</td><td>寅</td><td>申</td><td>子</td><td>卯</td><td>辰</td><td>巳</td><td>午</td><td>未</td><td>申</td></tr>
</table>

주인공은 인월(寅月) 목(木)가용 재상인 일간(日干) 경금진용(庚金眞用) 시(時) 화극금(火剋金) 월지(月支) 월간병화(月干丙火)가 강타, 재상이 묵사발이 된다. 일지건록(日支健祿) 월절(月絶)로 의지가지가 없다. 관이 진용이면 일부종사하는데, 가용이기에 세 번 내지 일곱 번 시집 가는 형국이다.

31세 경오 대운 정묘년에 결혼하여 1남 1녀를 두었는데, 관인 부(夫)가 호랑이처럼 보여서 가출을 하였다. 주인공은 관이 가용이고 재도 가용이다. 부가 관 호랑이로 둔갑하니 어찌 온전할 리 있겠는가. 기신이기 때문엔 생명과 재산을 보호하지 않았을 뿐더러, 위협하고 침해하는 무법자로 둔갑 호랑이로 변한다. 관 가용은 윤리 도덕과 법을 무시하고 본능적이고 야성적인 탐욕과 향락을 즐긴다. 직선적이고 유아적이며 성급하고 저돌적이다. 안하무인이며 살기가 등등하고 참을성이 부족하다. 재는 관을 보면 모두가 관으로 동화한다. 금일주(金日柱)는 목(木)이 재(財)요, 화가 관(官)이다. 천간은 천기로서 하나같이 기화하고 동화한다.

주인공의 사주는 관이 기신이요, 재도 기신으로 명을 해치고 있다. 가출 후 제천의 모 여관 교환수로 있었는데, 손님에게서 전화가 오면 농담을 진담처럼 받아들여 손님이 하자는 대로 돈만 주면 꿀꺽꿀꺽 잘도 받아 먹었다. 월지재(月支財)로 연간기토(年干忌土) 인을 괴롭혀서 기신월(忌神月) 시간 기신을 도우니 사주가 온전할

리 없다. 유부남과 수없이 놀아나다가 8세 연상의 남자를 만나서
처음에는 잘 나가는 듯 싶었으나 자식 문제 때문에 다투기 시작하
여 드디어는 갈라설 생각을 하고 저자를 찾아왔다.

"당신은 도대체가 못할 짓만 하고 돌아다니는 사람이다. 옛 속담
에 뭐 묻은 개가 겨 묻은 개 나무란다는 식으로, 당신은 본서방 놓
아두고 다른 서방만 만나는 팔자이다. 돈을 주거나 호감을 보이기
만 하면 어느 때라도 사귀던 남자를 헌신짝 버리듯 내버리는 사람
이다."

그대로 맞는다고 했다.

그러더니 어떻게 하면 잘 살아갈 수 있는지 묻기에,

"우선 아주머니는 낭비가 너무 심하니 올라가지 못할 나무는 아
예 쳐다보지도 마시오. 운명상 재산·관부는 물론, 자식 또한 식상
기신으로 변해 있기 때문에 평지풍파를 잘 당하는 운명을 타고났습
니다. 한마디로 자기 자신도 제대로 모르고 행동하는 형국입니다.
그러니 욕심을 부리지 마시오. 딱 하나만 가지고, 두 개는 생각도
마시오. 조물주가 큰 벌을 내립니다. 내 말을 잘 듣고 행동하면 좋
은 결과가 나옵니다. 무리하면 단명하게 되니 내 말대로 하시오."
하였다.

㊷ 돈 욕심이 많아 고통을 받는 사주

사주(四柱)				대운(大運)					
戊	庚	丙	戊	己	戊	丁	丙	乙	甲
子	申	戌	戌	未	午	巳	辰	卯	寅

신월생(申月生)으로 일간(日干) 병화(丙火) 연시(年時) 무토(戊

土) 식상 모두 기신이라 극부(剋夫;官)한다. 득자(得自), 즉 극부가
극심하여 몸이 지극히 허약한데, 제왕하니 식상이 왕성하고 식상이
성하니 임신할 능력이 없다. 일관에서는 아극자(我剋者)로서 음과
음, 양과 양을 편재라 한다. 병일생(丙日生) 월지신금(月支申金)으
로 재가 된다.

음양이 편중되는 것은 남성과 남성이 만나고 여성과 여성이 만나
는 격이다. 남녀가 만나면 사랑과 정이 발생하는데 반해서 같은 동
성 끼리 만나면 애정이 발생할 수 없다. 주인공은 을묘 대운 임술
년에 부가 실종되어 지금까지 행불자로 소식이 없다.

본명은 게다가 식상인 기신으로 자식이 없으며, 아직까지 남자도
없이 혼자 살면서 이 남자와 며칠, 저 남자와 몇 달 하면서 될 대로
되라는 식으로 험한 세상살이를 하고 있다. 그러면서도 재가 기신
인데, 세상 물정은 알지도 못하면서 어찌 그리 나돌아 다니는지 안
타깝기 짝이 없다. 공사판 잡부, 식당 종업원, 도배공사 청부 등 온
갖 일을 닥치는 대로 하던 중에 천장을 도배하다 사다리에서 떨어
져 허리가 뚝 부러져 병신이 되고 말았으니 미숙한 기술에 당연한
결과다.

그러니 조물주가 무정하지 않을 수 없다. 사주에 진용이라곤 단
한 점도 없는데, 왜 그리 욕심이 많은지 재가 기신인 자들은 사기
꾼도 많고 남을 잘 이용하는 사람을 저자는 누누이 보아왔다.

재기신인 사람과 오랫동안 돈 거래를 하면 끝내는 십중팔구 당하
게 된다. 식신인 사람은 처음에는 이자도 듬뿍 주고, 이자 외의 선
물도 후하게 주면서 뚱딴지 같은 소리를 잘 한다. 의형제를 맺자느
니 하면서, 요즘 돈 구하기가 하늘에서 별 따기보다 어려운데 이렇
게 협조해 주셔서 대단히 감사하다는 등 깍듯이 인사를 하고 간다.

그 후 다시 혜성처럼 나타나서 먼저보다 더 큰 돈을 요구한다. 수차례 그런 식으로 거래하면서도 형제도 아닌 것이 큰 형님·누님·언니·고모·숙모 등 갖은 아양을 다 떨어가며 거래량을 차츰 늘린 뒤, 마지막에 가서는 그만 도주해 버리는 사례가 허다하다.

주로 진(辰) 술월생(戌月生) 시간에 재기신인 자들이 십중팔구 그러하다. 주인공은 병자년 현재 월세방에서 사는 처지로 자기 집이라고 속여 돈을 빌려서는 일수놀이로 생활을 하는데, 모인의 소개로 저자를 찾아와서 사주 감정을 요구하기에 참으로 답답한 사람이라고 힐책하면서 다음과 같이 말해 주었다.

"지금까지 아주머니가 괴롭힌 비겁의 사람만도 수없이 많은데, 또 누구를 골탕먹여서 유치장 갈 생각을 하고 있습니까? 지금 하는 일 당장 때려치우고 식당일이나 하시오."

하고는 돌려보냈다.

㊸ 일취월장하는 부귀사주

사주(四柱)				대운(大運)					
庚	己	甲	戊	庚	辛	壬	癸	甲	乙
寅	卯	寅	辰	辰	巳	午	未	申	酉

주인공은 묘월생으로 일간 갑목 재상인 비겁이 가용 기신이다. 그러나 시간 월간재(月干財)에 설득 당해 힘이 부족하며, 연지 월지 일지 지장간 네 군데 비겁이 진을 치고 있어 부모·형제·자식·본처의 덕이 없다.

주인공은 재관이 진용 지장간 재, 세 군데 진용으로 또는 천하장사인 월일지 제왕의 건록이 있으니 내가 소유하고 지배하며 부양하는 종속물이다. 사유하는 재산과 지배하고 관리하는 기업과 종업원, 부양하는 처와 가족은 모두 재에 속한다. 돈을 벌고 인력을 관리하며 많은 사람을 부양하려면 재능이 있고 성실하며 신용이 있고 수완과 요령이 있다.

재가 진용 희신이며 사유 재산이 많고 관리하는 인력이 있으며, 검소하고 진실하다. 재를 생산하고 인력을 지배하며 남을 부양하려면 능력이 왕성한 장정이요, 대인이다. 힘이 약하거나 부족하고 무능하면 재를 감당할 수 없으며, 도리어 재에 시달리고 쫓기며 고생한다. 재는 부를 만들고 귀를 만든다. 천하의 재관을 가진 자는 천하의 주인이요, 일인자로서 만인 위에 군림하여 다스리며 최고의 부귀영화를 누리고 즐길 수 있다.

이를 재생관이라고 한다. 바로 주인공의 사주를 타고난 사주이다. 단순히 돈만 가지고 있으면 부자에 지나지 않지만, 인력을 고용하고 지배하면 만인을 다스리고 권위와 벼슬과 귀를 겸전할 수 있다. 본명은 목체로서 토(土)가 진용재요, 금도 진용관으로 인문계로 진출했으면 큰 인물 큰 재벌감인데, 수산대 출신으로서 일찍이 수기신(水忌神) 사주와 맞지 않는 직업을 택하여 초년에는 외항선을 타고 항해사로 몇 년 지내다가 임오 대운에 목화수(木火水) 운에 기신이 나타나 누명을 쓰고 입건되었다.

재관에 기신이 있다면 100퍼센트 구속인데, 주인공은 천하 장사인 제왕 건록 재관용으로 위력이 당당하여 보호를 받았다. 주인공은 초혼에 신묘 병진 갑신 갑자 여성을 만났더라면 만인을 다스리는 권위와 벼슬, 그리고 귀를 겸전할 수 있었음은 물론, 천부적인 재능과 수완을 발휘해서 일약 대권을 장악하고 만백성을 다스리는 일인자로 군림할 수 있었을 것이다.

그러나 임진 경술 계묘 계해생의 사주상 기신이 우글거리는 본처 때문에 진용을 몽땅 소모했으므로 결혼 후 운명상의 갈등으로 인해 수십 차례 이혼설과 마찰이 있었다. 주인공의 사주에 기신은 월지 화목(火木) 사주상 수목화(水木火)가 많은 여성은 십중팔구 나의 기신으로 인해 기운이 소진되어 꽃뱀으로 변하여 괴롭히고 제압을 한다. 주인공은 경인 기묘 갑인 무진생으로 경신년에는 재관이 협력하여 천하 통일을 할 수 있다.

주인공의 관진용은 백성을 보호하는 것이 임무이며, 백성을 법으로써 보호하는 것이 의무이다. 재진용이기에 생명과 재산을 보살피고 지키는 것이다. 주인공은 건설업이나 철강업에 뛰어들었다면 현재 수천억대의 재산을 축적했을 것이라고 저자는 자신 있게 장담할 수 있다.

주인공은 재관진용인지라 건관 제왕 군왕이요, 과거에 급제해서 벼슬할 수 있는 자격을 충분히 가지고 있고, 벼슬길에 올라서 오랫동안 경험을 쌓아 세상 물정에 통달, 능소능대할 수 있는 사주인데, 안타깝게도 수산대 출신으로 잠시 수산업종에 머물다가 마음에 맞지 않는 것 같아 음양연구에 심혈을 기울이고 있으며, 『격암유록』 1 · 2 · 3권 등 10여 권의 성명학이론을 다룬 각종 저서를 출간하여 전국 방방곡곡은 물론, 전세계 교포들마저도 탐독하고 있다.

저자는 주인공이 시적인 두뇌를 가지고 출간한 성명학 저서의 측자 · 파자 · 해독을 보고 감탄을 금할 수가 없었다. 주인공은 예술문화인으로는 최초로 『중앙일보』에서 선정하여 지면에 성명학 이론을 연재하기도 하였다. 주인공은 사주가 재관 진용 제왕인지라 통이 크고 배짱이 두둑하면서도 미련을 떨지 않는다. 번개처럼 민첩하며 돈이나 벼슬보다는 나라를 세우는 왕업을 이룩하려는 대업의 명이다. 주인공은 대업을 이룩하려면 만인을 받아들일 수 있는 아량과 더불어 만인을 울리고 웃길 수 있는 비범한 재간이 있어야 한다.

무르익은 벼가 고개를 숙이듯이 한 치를 얻기 위해서 두 치를 숙이고 들어야 한다. 고개를 숙이면 숙일수록 상대방은 더욱 더 수그러든다. 주인공은 때로 낮은 듯이 생각할 필요가 있다. 조금만 침착하면 대성하고, 큰 재물과 명예를 얻을 수 있는 기회가 앞으로 두 번 있다. 관이 진용인지라 병자년 신묘월 진관용 화재 사건으로 구사일생하였다. 당시 소방관이 말한 즉, 100퍼센트 사망해야 할 사람이 흠집 하나 없이 구조되었으니 하늘이 도운 것이 분명하다고 하는 말을 저자도 들었다.

이렇듯이 재관이 진용인 사람은 죽을 일이 닥쳐도 빠져나갈 구멍이 많다. 18년 결혼 생활을 하고 이혼한 주인공은 통이 큰 사람 중 하나로 재산 한 푼 남기지 않고 다 넘겨주고, 그것도 부족하자 자기 사무실은 물론, 10년간 생활비까지 해마다 물가지수로 계산하여 소급해서 지급한다는 공증서까지 발급하였으니 천만 명 가운데 한 사람 있을까말까 한 사주다.

저자는 너무 의심이 가서 주인공의 사주를 감정해 본 결과, 역시 재관이 진용인지라 자신이 넘치고 의기가 대단해서 그 정도는 하고도 남을 만한 샘물이 저장되어 있다. 갑을년에는 비겁이 가용인지라 집안 육친이 합세해서 비겁재 모두 강탈당했지만, 저자가 그 충분한 자질과 용이 많은 것을 보건대, 수십 배 수백 배의 재물이 넘쳐서 홍수사태가 날 날이 멀지 않았다고 확신한다. 주인공은 특히 경신년이 100년마다 한 번씩 오는 운세를 놓치지 말아야 할 것이다. 기회를 놓치면 또 10년을 기다려야 한다.

저자는 주인공을 국내외의 재산가로 추천할 것이며, 또 관진용이기에 백성을 지배하는 자로 자질이 있다고 믿는다. 지금부터 열심히 노력하면 충분히 세계만방에 이름을 떨칠 것이다.

㊹ 사업으로 대성공하는 사주

<table>
<tr><td colspan="4">사주(四柱)</td><td colspan="5">대운(大運)</td></tr>
<tr><td>庚</td><td>壬</td><td>壬</td><td>壬</td><td>癸</td><td>甲</td><td>乙</td><td>丙</td><td>丁</td><td>戊</td></tr>
<tr><td>申</td><td>午</td><td>寅</td><td>寅</td><td>未</td><td>申</td><td>酉</td><td>戌</td><td>亥</td><td>子</td></tr>
</table>

비겁은 동성·동업·동인(인간)으로서 진용이면 만인이 유정하고 인인성사하며, 누구에게나 기쁨과 즐거움과 도움을 주며, 누구에게나 필요하고 유익하며 아쉬운 존재다. 가용은 상인이요 상품이며, 진용은 시장이요 고객이다. 비겁이 진용이면 만인이 나에게 부와 귀를 만들어 주는 고객이요, 업이며 지원자이자 동업자이다.

만인이 나에게 다정하고 인심이 후하여 아낌없이 베풀듯이 나도 누구에게나 다정하고 인심이 후하며 베풀기를 아끼지 않는다. 인덕이 후하고 만인의 사랑을 받으며 인인성사·성부하니 최고의 행운아이다.

주인공은 화(火)가용로서 수(水)가 진용이다. 가용을 생해 주는 목(木)은 소(小)가용이요, 진용을 부양하는 금(金)은 진용이다. 토(土)는 진용 수를 해치므로 불리하지만, 금이 있으면 토생금(土生金) 금생수(金生水)해서 진용 수를 도와주는 동시에 가용인 목(木)을 설기함으로써 일석이조이지만, 금이 없으면 토는 화와 작당해서 수를 해침으로써 그 피해가 크다.

본명은 천간에 이비일인(二比一印)이며, 금생수(金生水)해서 경임이 모두 진용이다. 지(支)에 신중경임(申中庚壬)이 간상(干上)의 경임(庚壬)을 생부(生扶)하고 지탱한다. 화(火)는 열성 상품이요, 인오반합화국(寅午半合火局)하니 상품 생산공장과 창고가 동서에 가득 찬다. 진용수는 시장이요, 고객으로서 유정하고 상조하니 상품이 불티가 나게 팔리고 억만금의 샘물이 솟듯이 발생한다. 인인성사하고 치부한다. 수(水)는 음이요, 물질이며 재화다. 수가 진용이면 동서의 물이 강을 이루고 바다로 모이듯이 사방에서 돈을 벌어 거부가 된다.

주인공은 3임(三壬)이 나란히 있다. 비겁이 진용이면 동업으로 대성하고 만인이 꿀벌이다. 주인공은 처음 3인이 동업해서 식료품을 생산, 일취월장 대성하여 거부가 되었다. 한국 갑부격인 동업체와 치열한 시장 각축전을 장기간 벌여 끝내 승리하였다. 만인이 진용으로써 지원하고 도와준 때문이다. 인심이 후하고 성실하며 직원들에 대한 우대가 극진해서 전 사원이 꿀벌처럼 부를 생산한다. 사원 또한 비겁[같은 인간]으로서 용의 작용을 하기 때문이다.

그러나 북방 수운(水運)에서는 화(火)가용이 수(水)로 변하니 비겁(比劫)이 진용 아닌 가용으로 변하고 동지의 동기가 반목하고 대적한다. 형제간[二腹說]에 금전 관계로 수백억대의 법정 싸움이 발생했다. 상대가 억지를 부리고 겁재[탈재]를 시도했다. 사주가 불여대운(不如大運)임을 실감한다.

주인공의 금생수 인성은 나를 살려주고 먹이고 입히며 길러주는 어머니이자, 가르치고 인도하며 덕성과 인성을 함양시켜 주는 스승의 별이다. 생기와 윤기·화기·덕망을 골고루 갖춘 주인공은 인성이 진용이니 의식주가 부유하여 체력이 강하고, 지성과 덕성이 풍부하여 정신작용이 활달하다. 부모의 양육과 스승의 교육을 제대로 받아 심신이 원숙하고 부족함이 없다. 주인공은 100만 명 가운데 하나 있을까 말까 한 사주로 만인의 부러움을 사고 있다. 저자가 주인공 사주를 정리할 수 있다는 것이 영광이다.

㊺ 만인의 부러움을 사는 여자로 태어난 사주

<table>
<tr><td colspan="4">사주(四柱)</td><td colspan="6">대운(大運)</td></tr>
<tr><td>甲</td><td>甲</td><td>甲</td><td>戊</td><td>癸</td><td>壬</td><td>辛</td><td>庚</td><td>己</td><td>戊</td></tr>
<tr><td>戌</td><td>戌</td><td>子</td><td>辰</td><td>酉</td><td>申</td><td>未</td><td>午</td><td>巳</td><td>辰</td></tr>
</table>

주인공은 술월생(戌月生)으로 화금토(火金土) 일지자(日支子) 수(水)진용 재무토(財戊土)가 비겁에 항복하여 진용으로 변한다. 무금(戊金) 가용으로서 목(木)이 진용이다. 목은 수를 얻어야 살고 성장하며 왕성하다. 일지에 수를 얻어야 살고 성장하며 왕성하다. 일지에 수가 있고 시지진(時支辰)과 반합수국(半合水局)을 형성하니 금상첨화다.

무토(戊土)는 종토이며, 득수득화(得水得火) 즉 생토(生土)요, 왕토(旺土)다. 술중정화(戌中丁火)가 있으니 수화(水火)를 겸비한 왕토다. 갑목(甲木)은 무(戊)에게 양(養)이니 약하다. 재왕 신약할 운명으로 10톤 차에 100톤을 적재한 형국이다. 비(比)는 같은 차요, 선박이니 동서에서 많은 차량과 배가 자진해서 무거운 재화를 나누어 싣고 가니 멋지게 감당하고 관리해서 대부대귀를 이룩할 수 있다. 일지에 진용인 수를 얻으니 부군의 힘이 크다.

주인공은 일국의 왕세자비로서 지금은 왕비다. 100만 여성의 사랑과 부러움을 받는 동시에 만인이 유정하고 상조하며 득배하는 비룡재천의 상이다. 주인공은 천금 같은 일지자수(日支子水) 인성진용으로 모(母)는 나를 기르고 교육하며, 사부는 학문과 지성, 덕성과 교화를 담당하는 등 위로부터 사랑과 은혜, 신임, 생기와 득의, 의식주와 생산, 범을 잡는 활과 화살을 얻어 과거에 급제하는 사주이다.

주인공은 비겁 인성진용이다. 진용은 지덕을 겸비한 인도자가 나타나고 기쁜 소식이 발생한다. 육신상 부를 생산하는 것은 재성이요, 귀를 형성하는 것은 관성이다. 주인공은 술중(戌中) 신금관성(辛金官星) 희신으로 둔갑한다. 재성을 부양해야 할 아내의 별, 관성을 부양해 주는 남편의 별이다. 재관은 능히 장가 가고 시집 가는 성남 성녀만이 쓸 수 있다. 주인공은 삼갑(三甲)비겁으로 진용은 일간(日干) 군왕의 명을 받아서 나라를 다스리는 정복의 최고 일인자인 재상이요, 수상으로서 사주의 얼굴이요, 대표격이다.

갑일생(甲日生)의 경우 월일년(月日年)에 나란히 나타난 것이다. 재상은 두목으로서 오직 하나여야 하고 수하가 있어야 한다. 비겁이 나타나면 두목이 여럿이고 수하는 없으므로 서로 자리 다툼과 시기 질투가 심하고 만사에 대립과 갈등으로 시비가 발생한다.

진짜 재상인 일간은 가짜 재상인 비견을 미워하고 적대시하는 동시에 만사 똑같은 재상격으로서 간섭하거나 말썽을 일으키는 비견을 따돌린다. 독단적이고 독선적이며 독립적으로 결정하니 같은 비견이 가만히 있거나 방관할 턱이 없다. 사사건건 시비하고 싸우며 물고 늘어진다. 재상은 비견가용 얼굴만 보아도 화가 치밀고 비위가 상해 증오한다.

주인공은 만인의 부러움을 사는 동시에 시기 질투하는 사주를 가지고 태어났다. 만인이 나에게 다정하고 인심이 후하며 아낌없이 베풀듯이 누구에게나 다정하고 인심이 후하며 베풀기를 아끼지 않는다. 인덕이 후하고 만인의 사랑과 존경을 받으며 인인성사 성귀하니 최고의 행운을 타고났다. 역시 왕비의 자격이 두루 갖추어져 있는 사주를 타고 났으며 100만 여성으로부터 부러움을 받는다.

저자는 주인공의 사주를 정리하면서, 여러모로 생각이 천차만차하는 사주 감정을 하니 참으로 행복하다는 생각이 들었다(변만리 선생 저서 인용).

㊻ 덕망과 존경을 받는 사주(정치인 정일권)

사주(四柱)				대운(大運)					
丁	壬	丁	丁	辛	庚	己	戊	丁	丙
巳	子	酉	未	亥	戌	酉	申	未	午

주인공은 수(水)가용으로서 화(火)가 진용, 금(金)은 소(小)가용, 목(木)은 소(小)진용, 토(土)는 가용을 누르니 희신이나 금(金)과 함께 있으면 토생금(土生金) 금생수(金生水)해서 가용을 살찌우니 도리어 불리한 기신이 된다. 천간에 용화(用火)가 셋이요, 지(支)에 사중병화(巳中丙火)가 왕(旺)하고 압도하지만 사주를 구성하는 오행의 기는 월지절기(月支絶氣)요, 왕기로서 전체의 70퍼센트를 점유한다.

그래서 여름엔 온 천하가 불덩이처럼 무덥고 열기가 압도한다. 한기인 수와 얼음과 선풍기·에어컨을 동원해도 더위를 이기거나 감당할 수 없듯이, 겨울엔 한랭한 수가 극성해서 열기인 난로 등을 동원해도 극심한 추위를 감당할 수 없다. 자월(子月) 대설 엄동설한에 화광과 화기가 충천하니 한곡 회춘의 상이다.

겨울엔 화(火)가 생기요, 어머니이며, 최고의 덕으로서 만인이 따르고 모여들며 한마음이 된다. 화는 밝고 뜨거우며 하늘로 치솟고 천하를 조명하며 인도한다. 세상에 두각을 나타내고 만인을 가르치고 보호하며 다스리는 교육과 방위와 정치가 적성이며 명성과 벼슬과 권세를 상징한다.

본명은 젊어서 군장성(將星)으로 최고의 명성을 떨치고, 외국 대사·국무총리·국회의장 등을 역임했다. 만인의 사랑과 존경으로 욱일승천함으로써 별명이 얼굴 마담이라고까지 불렸다. 정권이 크게 세 번 바뀌면서 거개가 추풍낙엽처럼 도태되거나 거세되었지만, 단 한 번도 수난을 받지 않고 부귀영화를 누리고 있다. 천성이 온화하고 원만하며 만인이 유정하고 상조하기 때문이다. 용화가 상하니 인인성명하고 성귀하는 전형적 표본이라 하겠다(변만리 선생 저서 인용).

㊼ 인덕이 없어 불행한 사주

사주(四柱)				대운(大運)					
壬	壬	癸	癸	癸	甲	乙	丙	丁	戊
申	子	卯	丑	丑	寅	卯	辰	巳	午

비겁이 가용이면 만인인 무정한 겁탈자요, 탐욕자이며 돈을 벌기 위해선 인정사정이 없고 수단과 방법을 가리지 않는다. 약자에겐 무자비하고 탈취를 능사로 하는 반면, 강자에겐 아첨하고 비굴하며 강탈당한다. 불법으로 일확천금하지만 축재는 어렵고, 낭비·향락·방탕 등 투기로 인해 마침내 탕진한다. 도적이 난무해서 돈을 벌거나 가지고 있으면 횡액과 재난이 돌발한다. 비겁이 기신인 경우도 마찬가지다.

주인공은 비겁이 가용이며 왕(旺)한 겁재가 쌍출해서 시화재성 (時火財星)을 쟁탈하기에 혈안이다. 주인공은 본능적인 물욕이 극 심한 탐욕자요, 호색자다. 공돈을 벌 수 있는 특권적인 직업이라야 적성이다. 관에 진출해서 탈재와 갈취를 능사로 해서 거금을 챙겼 다. 관에 있으면 겁재할뿐 탈취를 당하지 않지만 관을 떠나면 탈재 가 불가능한 동시에 나의 재를 노리고 빼앗는 겁재자를 막을 수 없 으니 산재와 파재가 불가피하다.

관성은 재성을 보호하는 호재자로서 관에 있으면 가능하지만, 관 이 없거나 관직을 떠나면 호재가 불가능한 동시에, 나의 재를 탐하 고 빼앗으려는 겁재자를 막을 수도 감당할 수도 없다. 투기나 기업 등 돈을 거래하면 도적 같은 겁재가 벌떼처럼 나타나서 무자비하게 가로채고 집어삼킨다. 육신토겁재(六神土劫財)는 정재(正財)의 칠 살이다. 겁재가 왕하고 많으면 정재가 파괴되고 난도질을 당해서 설 땅이 없다.

본명의 전처도 호랑이 굴 속에서 자나깨나 시달리고 곤혹을 당한 다. 호랑이와 싸우면 호랑이처럼 사납고 거칠며 무정하고 무례해진 다. 명이 길면 생이별하고 단명하면서 사별하거나 불구나 병자로 고생하기 쉽다. 본명은 평생 이재이녀생재(以財以女生財)하여 파 재한 불행한 자다(변만리 선생 저서 인용).

㊽ 남자 관계가 난잡하여 불행한 사주

사주(四柱)				대운(大運)					
丁	癸	丙	戊	甲	乙	丙	丁	戊	己
亥	卯	辰	戌	辰	巳	午	未	申	酉

주인공은 목월생(木月生)으로 금(金)이 진용 토희신(土喜神) 일간(日干)인 재상은 기신(忌神) 월간(月干) 계수(癸水) 기신(忌神) 진중을목(辰中乙木) 가용인지라 의지가지가 없다. 정해충(丁亥沖) 기신으로 군왕인 월(月) 묘목(卯木)은 뿌리를 박을 데가 없어 정처없이 헤매이는 형국이다. 부 자리인 일지(日支) 역시 진토(辰土)는 하나 목(木)으로 변하여 변신한다. 관 월간(月干)은 기신이기에 나의 몸을 보호하고 사랑을 멀리 한다.

본 남편을 두고 간부를 항상 가까이 하면서 즐기는 사주이다. 재상인 병화는 계수(癸水)에 난타당하고 토(土)에서도 당해 기진맥진한 상태다. 실은 주인공은 부·형제 덕이라곤 전혀 없으니 어디에도 자리잡고 살 길이 없다. 월(月) 목욕이라 아직까지 어머니 젖꼭지를 물고 살던 장생이 밥을 먹으면 젖꼭지를 떠난다. 제 손으로 밥을 먹고 제멋대로 자라난다. 후견인의 손을 떠나서 인생이라는 넓고 큰 광야와 바다로 첫걸음을 내딛는 것이 모두 새롭듯이 어느 것이 옳고 그른지 분간하지도 못하면서 덮어놓고 사실 그대로 받아들이며 모방하려 든다.

진용 씨앗이 없는 사주는 무엇이든 하려고 해도 되는 일이 없다. 아무리 열심히 쉬지 않고 노력을 해도 불가능한 일만 손에 잡히고, 가령 금덩이를 주웠다 하더라도 장물로 취급 받고, 오히려 관재 구설수에 올라 옥살이를 하는 수가 많다.

조물주도 무심하시지, 사주에 진용(眞用)이 많은 사람은 쓰레기인 줄 알고 거름이나 하고자 하여 주워다 비료 대신 땅에다 뿌리니 황금이 툭 튀어나오더라는 식의 운명이니, 어찌 애통하고 통탄할 일이 아니겠는가?

주인공은 월지(月支)에 목욕인지라 닥치는 대로 덤비고 뛰어드는 천방지축의 형국이다. 눈에 띄거나 귀에 들리는 것은 무엇이든 부딪치고 잡으려 한다. 남이 하는 것은 덮어놓고 하려든다. 처음 시작은 거창하고 정열적이다. 하지만 새로운 것이 나타나면 금새 집어치우고 새 것을 본다. 아름답고 좋은 사람이 나타나면 미련없이 바꾸어 훌쩍 떠나버린다.

주인공은 간충(干沖)으로 계수(癸水)는 정화(丁火)를 집어 삼키니 호랑이를 만나는 격이다. 호랑이는 살기가 등등하니 사나운 짐승으로서 살생을 즐긴다. 호랑이를 만나면 온전할 수 없다. 그것은 염라대왕과 부딪친 격이다. 주인공의 사주는 정계병충(丁癸丙沖)으로 냉혹하고 냉정하다. 본 남편을 두고 항상 딴 생각을 하고 한 번도 본 남편을 따듯한 정으로 대해 본 일이 없다. 결국에는 갑을년에 이혼당하고 정처없이 떠돌아 다니다가 저자를 찾아왔기에 사주를 감정해 주었다.

"아주머니는 욕심이 태산과 같고 생활이 불안정한 사람으로, 남편을 잘 섬기지 않고 마음이 항상 콩밭에 가 있는 사주를 타고 이 세상에 태어났습니다. 아주머니가 자진해서 이혼하고 지금 어떻게 생활하고 있는지 훤히 들여다보입니다. 생활은 엉망진창이고 바꾸는 것을 너무 좋아하니 남편도 바꾸고, 결국엔 자식도 바꾸시겠습니다?"

하고 물으니 어처구니 없는 지 아무 말 하지 않고, 다만 앞으로의 진로를 묻기에,

"본 남편에게 돌아가 용서를 빌고 큰 절하면 받아줄 터이니, 지금바로 실천하시오."

하고 감정을 끝냈다.

㊾ 관재수가 빈번한 사주

사주(四柱)				대운(大運)				
甲	乙	己	己	甲	癸	壬	辛	庚
午	亥	丑	巳	戌	酉	申	未	午

해월(亥月) 수(水)가용 화(火)가 진용이다. 목(木)은 희신(喜神)이다. 토(土)는 가용이고 금(金)은 기신이다. 일지 축수(丑水)로 부(夫)자리를 난타, 혹한 엄동설한에 눈보라가 치는 형상이다. 북방 나라에서 태어나 얼음 덩어리를 품안에 안고 진용인 화(火)를 기다리나 화는 점점 멀어지고 냉대만 하는 형국이다.

주인공은 월지(月支) 태(胎)가 아직 어머니 배 속에 있는지라 세상 물정을 알지 못한다. 무엇이든 시작만 하면 현무가 나타나서 방해를 하고 시비를 한다. 주인공은 저자를 임신년에 찾아와서 식당을 계약했는데, 개업 날짜를 잡아 달라고 하여 병화 날을 잡아주었다.

그러나 주인공은 저자가 잡아준 날짜를 다른 철학관에서 다시 잡아야 한다고 하기에 절대로 안 된다고 하였다. 그랬더니 다른 철학관에서 물어보니 생기복덕에 어긋나는 날짜라고 안 된다고 하며 복덕을 잡아서 개업을 했다.

그 뒤 주인공이 잘 되어 사업이 번창했더라면 얼마나 환영할 일이겠는가마는 안타깝게도 시작한 지 1개월만에 영업시간 20분 추가로 위반죄에 걸려 영업정지 명령을 받았다. 다시 저자를 찾아와서는 한다는 소리가 관에 있는 사람들 욕만 하면서, 바로 옆집은 한 시간을 더 넘겨도 정지는커녕 자기네들이 팔아주기도 하는데, 우리집 하고 무슨 원수가 졌기에 하필이면 1개월도 채 안된 영업집

문을 닫게 한단 말이냐고 투덜대는 것이다.

그리고 나서는 시장에게 진정서를 올리고 관청과 싸움을 하면서 영업을 계속하던 중, 이제 마음잡고 업종을 바꾸어서 제대로 장사를 하려고 하니 날짜를 잡아달라고 저자에게 다시 요청을 하기에 거절하고, 먼저 30년 이상 거래한 사람에게 부탁 하라고 돌려보냈다.

역시 복덕날이다. 그런데 이게 웬일인가! 업종 변경 후 1주일도 채 못 되어 미성년자 고용으로 또 영업정지를 당했다고 한다. 주인공은 비겁이 가용이기에 혹한 눈보라가 치는 엄동설한에 태어난 사주이므로 사람 두고 하는 영업에는 어쩔 수 없이 기신을 당하는 운명이니 처신을 잘 하라고 충고했더니 죽는 한이 있더라도 영업을 해 성공한답시고, 두 번의 실패는 약과라는 듯이 세 번째로 색시집을 거창하게 차려 영업을 시작했다.

결과야 물론 실패이지만, 실패도 대실패를 보았다. 병자년 일간지 신문 보도와 각 매스컴에서 남녀 매춘 행위를 일삼는 퇴폐업소를 일소한다는 보도도 모르고 포주 행세, 그것도 미성년자 5명을 상대로 매춘 행위를 벌여 꼼짝 못 하고 쇠고랑을 차는 신세가 되었음은 물론, 사업도 요절이 나고 말았다.

2개월 뒤에 감옥에서 나와 다시 저자를 찾아와 진로 문제를 의논해 보자 하기에 독단적인 장사는 되지 않는 팔자라, 나이 아직 젊으니 투자하는 업종은 하지 말고 월급쟁이로 살라고 하고 끝을 맺었다.

사주(四柱)				대운(大運)					
乙	戊	辛	戊	己	庚	辛	壬	癸	甲
酉	子	酉	戌	丑	寅	卯	辰	巳	午

본명은 자수월생(子水月生)으로 병화진용(丙火眞用) 을미소진용 (乙未小眞用) 토기신 금소(金小)가용 무관(無官) 부(夫) 자리인 일 지(日支) 금(金) 혹한 추위에 꽁꽁 얼어 동파가 심하여 임진 대운 임자년 수월(水月)에 부(夫)가 얼음 깨고 고기를 낚다가 얼음 구멍 에 빠져 실종되었다.

본명은 3년간 실신 상태로 허둥지둥 세월을 보내며 살다가 저자 를 찾아와 운세 감정을 보아 달라고 요청했다. 감정을 해보니 그 아주머니는 친어머니가 계모로 돌변하여 괴롭히고, 나를 생부(生 扶)하고 양육·교육하는 모(母)가 도리어 장애가 되는 불리한 사주 를 타고났다.

일지(日支)에 건록(建祿)이라 신왕(身旺)하고 원숙해서 행동하고 생사하며 독립할 수 있는 성녀(成女)로 태어났다. 무관 즉 유관(無 官則有官)이면 브레이크 적신호로서 꼼짝을 할 수 없다. 결혼할 아 들딸을 어머니가 손을 잡고 앞을 가로막은 채 놓지 않는 격이다. 호기호사에 장애가 나타나니 호사다마한 형국이다. 의식주가 박하 고 부족하며 외면하니 생활상 어려움이 많다. 다행스럽게 연간(年 干) 을목(乙木)이 재희(財喜)인지라, 기신인 월간무(月干戊)를 제압 하니 명맥은 유지한다.

술중정화(戌中丁火)로 재상인 신금(辛金)을 다스리고 자월수(子 月水)를 보호한다. 목욕 월지(月支)로 애인 한 사람으로는 되지 않고, 적어도 2, 3인이어야 하는 사주이다. 색정 관계로 갑술년(甲戌年) 술중간정화(戌中干丁火) 제비족에게 납치되어 탈재 당하고 몸은 만신창이가 되었다.

주인공은 자기의 위치도 모르고 최고인 줄 착각하여 세상을 떡주무르듯이 마음대로 설치면서 행동한다. 인성(印星)이 기신인지라 만인과의 정이 박하다. 남녀간의 애정도 만족하지 못해서 항상 정이 아쉽고 그리운 상태다. 무정한 어미와 형제 사이에서 태어나고 자란 무정한 인생인지라 따스한 애정 앞에선 금새 뜨거워지고 동화한다. 그만큼 애정에 굶주리고 허기진 애정의 고아가 바로 주인공이다.

세상의 만인이 무정한 계모인지라, 어딜 가나 정 줄 곳이 없는 나그네요, 고독한 인생이지만 눈치와 재치로써 만인의 인기와 관심을 끌고 사로잡는지라 쉽게 어울리고 다정해진다. 하지만 편인 기신인 계모는 이해타산만 따지며 만인을 이해 위주로 상대하고, 거래하는지라 참사랑을 얻을 수 없다.

쉽게 끓는 냄비가 쉽게 식듯이 쉽게 얻은 인기와 촉망은 쉽게 잃거나 사라진다. 그래서 편인 기신은 무엇을 하든지 어디를 가든지 오래 지탱할 수가 없다. 항상 새로운 그 무엇을 찾아서 영원한 보금자리를 마련하지만 눈칫밥 먹기는 매한가지다.

주인공은 대중을 상대로 하는 직업을 가지고 있기는 하나 중도에 마찰이 자주 생기고 힘이 드는 기신인 인성의 소유자다. 계모는 자식이 결혼하기까지는 멋대로 간섭하고 제약할 수 있지만 일단 결혼을 하고나면 부부로서 독립하므로 간섭할 수가 없다. 가령 아내가 재성일 경우, 편인은 재성이 나타나면 고양이를 본 늙은 쥐처럼 꼬리를 감추고 사라진다.

366

편인인 재성과 같이 있거나 재성을 만나게 되면, 편인은 꼼짝을 못한다. 재성은 수완과 요령과 장사에 능하다. 계모는 무정하고 간사하지만, 돈과 수완과 요령 앞에서는 어쩔 수가 없다. 저자는 앞으로 세상살이에서 인심을 후하게 부리는 척하지 말라고 당부하고는 감정을 끝냈다.

(51) 관직에 올라 능력을 발휘하는 사주

사주(四柱)				대운(大運)					
辛	庚	丁	甲	己	戊	丁	丙	乙	甲
巳	子	未	辰	亥	戌	酉	申	未	午

주인공은 자월생수 겨울 태생인데, 화용(火用) 목(木)희신으로 화정화(火丁火)가 설기 당해서 본시 허약한 몸에 설상가상으로 재성까지 중중하니, 어린 몸이 두 지게를 한꺼번에 지고 곧 쓰러질 형국이다.

시(時)에서 기름 단지격인 목희신을 얻으니 생기가 발랄하고 화광이 만 리를 비춘다. 총명하고 비범하며 성실과 덕망으로 이름을 사방에 떨치며, 언제 어디서나 항상 필요한 인재로서 우대를 받는다. 인성은 친모와 같은 다정한 귀인이며 의식주를 마련해 주고 지식과 덕망을 길러주며 관직과 직장과 명성을 주선하니 평생 의식주가 풍부하고 귀인이 보살펴주니 직장과 벼슬을 통해서 사해에 이름을 떨친다.

주인공은 시상(時上)에 인성희신(喜神)이 있으니 해외에 나가서 공부하여 박사 학위를 얻으며 재성을 상대로 재능을 발휘하니, 경제 부문에서 중추적 역할을 발휘한다. 연지(年支)에 제왕이 있으니,

부덕이 두터워 소년 시절은 총애를 받았으나 월지에 절(絶)이 있으니, 처덕은 태산과 같고 백절불굴하는 투지와 고집이 있으며, 시(時)에 쇠가 있고 희신인 갑을목(甲乙木)이 있으니, 자녀가 유능하고 효성이 지극하나 신약하고 재다기신(財多忌神)하여 인성에 의지하여 목화운(木火運)에 발신복하고 토금운(土金運)엔 과로로 몸이 고달프고 만사가 침체되어 손재신곤(損財身困)하다.

토수(土水)인 기해(己亥) 무토운(戊土運)은 침체하고 술운(戌運)부터 특기(得氣)하니 운이 트인다. 술중정화(戌中丁火) 술화(戌火)하니 정유(丁酉)라 병운(丙運)은 진용이기에 늙은 용이 구름을 만난 격인지라, 재능을 최고로 발휘하고 신운(申運)엔 신자진(申子辰)하고 반합국(半合局)하여 인성을 통하여 상생하니 귀인이 사방에서 돕는다. 대임을 받으니 을미(乙未) 대운엔 기름이 풍부하여 화광이 충천하듯 욱일승천하고 명진사해(名振四海)한다. 갑오운(甲午運)엔 희신이 미(未)와 합하여 발목을 쓰지 못할 것 같으니, 진용인 사오미화국(巳午未火局)을 이루어서 천하의 재물을 다루니 부귀가 영화로우나 갑운(甲運)엔 귀인이 양립하니 호사다마하고, 어느 귀인을 택할 것인지 잘 판단하지 못하며 송구영신하여 새 임금을 따르는 신상변화가 있을 것이며, 결과는 한층 호전될 것이다.

계사운(癸巳運)엔 상생하니 정계에서 명성을 날리고 임진운엔 부귀하고 창성한다. 신묘운엔 기재가 모여들어 유출되니 건강이 약해지고, 명근(命根)인 인성을 극하니 탈진하여 병원 신세가 되어 1년간 입원했다가 갑년에 다시 인성이 나타나 따뜻한 밥을 먹여 회생하고, 명의가 인성을 도우니 어찌 회생할 수 없겠는가.

병자년 총선에서 당선, 일취월장하고 신심이 후하고 만인으로부터 총애를 받아 인인성사하고 성귀(成貴)하니 가는 곳마다 폭발적인 인기로 한몸에 신임을 받는다. 서민을 보면 자기가 입고 있던 옷도 벗어주는 예도 있었다. 주인공 같은 이가 정치인의 과반수만 되더라도 이 나라는 선진국 대열에 어김없이 들어섰을 것이다.

(52) 인덕이 많아 사업으로 대성하는 사주

사주(四柱)				대운(大運)					
庚	戊	戊	壬	己	庚	辛	壬	癸	甲
戌	寅	申	戌	卯	辰	巳	午	未	申

주인공은 인월생 목(木)가용으로 경금무토진용임수토(庚金戊土眞用壬水土)에 난타 당해 재진용으로 변한다. 지지 술중신금 신중경금(申中庚金)이 천하에 가득하다. 천만 명 가운데 하나 있을까 말까 하는 사주를 타고 세상에 태어났다. 경진용무술임진용(庚眞用戊戌壬眞用)으로 태산이 중중하니 황금이 노다지로 쏟아지며 광대한 시장을 장악하여 평생 만금을 희롱한다. 연토(年土)에 식신 조상이 부영하고 유산을 상속 받아 일찍부터 기업을 일구어 부를 추구한다. 그러나 월토에 비겁이 있으니 형과 반분 상속하므로 위로 받는 재산은 온전할 수가 없다. 그러나 다시 두 비견이 식으로 화하여 만금을 생산하니 형과 더불어 거재를 조성하는데, 형의 덕이 적지 않아 심적 부담이 많다. 연토(年土) 식신은 공동 생산으로 인해 그 덕이 큰 데 반하여 시편재(時偏財)를 양비(兩比) 쟁재하니, 형 때문에 나가는 재물 또한 적을 수가 없다. 더구나 식신(食神) 생재하니 설기가 심하다. 일주(日主)가 고단한 터에 비견이 도와주니 형의 도움이 아쉽다. 초춘목왕(初春木旺) 절(絶)의 태산이니 실령하여 허약함이 분명하지만, 연월일시의 사지에 술이(戌二)의 뿌리

일지 생기가 가득 차니 동서남북 도처에 지원하는 힘과 터전이 튼튼히 마련되어 있다. 네 기둥이 꽉 차 있으니 태풍이 불어와도 태연하다. 지(地)에서 생기나니 평생 대지와 인연이 있고, 땅에서 횡재하여 만금을 얻는다. 만년엔 전지(田地) 만연이요, 천하 갑부로 군신하니 부귀가 쌍전한다.

그러나 토다금몰(土多金沒)인즉, 너무 전지 광장하는 것은 위험스러운 투기다. 행운이 마침 갑신 대운인지라 매금(埋金)을 막고 있으며, 절지(絶地)에 있는 신목(申木)인지라 사세가 불안하며 변동을 암시한다. 갑목(甲木)이 절단되면 깊은 탄갱 속의 흙더미를 받치고 있는 갱목이 부러지는 것과 같다. 일월지(日月支)가 상충하니 외화내곤이며 처궁이 불안전하고 시천하에 기신이니 신금상관이 지장하며 자녀들이 유력하나 근심이 적지 않다.

경진 신사운은 이것저것 투자하고 광대하나 역부족으로 부진하고, 임오 계미운엔 시장이 동서로 크게 개척되니 만금을 치부하며, 갑신운엔 도재를 막는 권성(權星)이 군림하니 사해에 이름을 떨치고 부귀가 절정에 이른다. 그러나 갑목이 절지에 있고, 몸이 병지(病地)에 임하니 후반기는 권귀(權貴)와 일신의 불안과 변동을 내포하고 있으며, 특히 을묘 병진년은 관살이 혼잡하고 도식이 강렬하니 불의에 변고를 암시한다. 일생의 기년(忌年)은 식신(食神)을 합길하는 을목과 도식하는 병화이며, 신금(辛金)은 식신에 가지를 치니 불리하다.

주인공은 평생 만금을 축적하여 사회사업 등을 하며 전 국민을 대상으로 기업을 확장하여 세계 시장을 석권할 정도로 타고난 재주를 부리며, 은행돈·국가돈을 떡 주무르듯이 주무른다.

비겁이 진용인 인간이 동서에서 구름처럼 떼지어 주인공을 도와 생산하며, 식신이 진용인지라 가는 곳마다 일거리가 많아 황금 지장간 진용이 많고 방방곡곡에서 인인성사하여 죽을 때까지 존경을 한몸에 받고 세상을 뜨는 사주이다.

(53) 파란만장한 생활을 하는 사주

사주(四柱)				대운(大運)					
戊	丁	丁	乙	戊	己	庚	辛	壬	癸
辰	巳	巳	巳	午	未	申	酉	戌	亥

주인공은 사화월지(巳火月支) 화(火)가용 진용수(眞用水) 소진용금(小眞用金) 기신은 토(土)와 화(火), 월정(月丁)은 재상인 소 가용화(火)다. 비겁이 가용인즉 기신, 또는 인성(印星)격은 역시 가용기신이 동서남북에 득령(得令)하고 준비하니 종강격으로서 중국 사주는 사중병화(巳中丙火)를 용신으로 삼는다. 화토가 희신이요, 수목이 대기신이니 36세 전의 신임계(辛壬癸) 대운엔 욱일승천의 세(勢)로 대발하였고, 36세 후의 을축운부터 40년간 천신만고를 겪을 뿐더러 백재천화(百災千禍)가 속출하여 만신창이가 되니 기지사경임이 분명하다.

외격 중의 종강격은 귀격에 속하고 격이 완전하면 대귀 대부를 이루며 설사 행운이 불리하다 해도 무적함대가 풍파를 헤치듯 극선(克船)하여 갈 수 있는 것이니, 당사자는 인물이 출중하고 대귀를 얻어 명진사해할 것이 틀림없다.

그러나 현실적 인물을 신임계운(辛壬癸運)으로 대발은 커녕 의식조차 여의치 못하고 을축운부터 생기를 얻어서 분발하고 있으나 노고는 많고 공은 적어 빛을 올바로 보지 못하고 있으니 어찌된 까닭인가?

사주는 본시 음양오해의 건물로서 음양의 조화요, 격국의 꽃이 아니다. 음은 물질이요, 양은 정신이니 음이 허하면 물력이 약하고 양이 허하면 정신이 불안하다.

이 사주는 여름 태생의 옥토로서 전야(田野)는 만경이다. 불덩어리 속에 한 점 씨를 뿌린들 싹이 틀 리 없으니 목 타는 주인공은 편안할 리 없다. 양태양(陽太陽)하니 정신은 총명하나 재물이 거지처럼 전혀 없고 농사를 지으려고 발버둥치나 매사 불성이다.

몇 번이고 실패를 거듭하다 보니 기진맥진하여 비상한 수단을 강구하나 신통치가 않다. 거짓말을 밥먹듯이 하여 겨우 돈을 조금 벌지만, 군비(群比)가 쟁재(爭財)하여 성취할 수가 없다.

처재(妻材)가 극심한 타격을 받으니 온전할 수가 없고, 처궁이 산란하다. 병인년엔 조토(燥土)에 태양이 쬐니 몸둘 바를 모를 만큼 좌불안석이고, 을축운부터는 기름진 축토(丑土)가 조갈을 누르고 조토하는 한편, 을목(乙木)이 기신인 군비를 누르고 일군(日君)을 보살피니 생기가 나서 재능을 발휘할 수 있다.

그러나 본래 오랜 가뭄에 타버린 황무지인지라 하루 아침에 경작할 수는 없다. 마치 개척민처럼 친신만고 끝에 점차적으로 경작해야 한다. 갑자운엔 왕수(旺水)를 만나서 조갈은 완전히 가시고 기름진 땅이 되어 호기를 만났으나, 화(火)가용 삼사(三巳)와 염화(炎火)하니 올바른 작용을 할 수 없다.

단지 군비를 유혹하여 방심케 하고 일군을 개방시키나 투합의 여파로 매사가 호사다마격이다. 계해 임술운은 마른 땅에 단비가 내리는 절호이나 군비 쟁재(爭財)로서 재물과 여자로 인하여 파란만장한 생활을 하면서 구사일생으로 역경을 거듭 파산 파가하여 이욕

하지만 재와 이성을 삼가면 도리어 전화위복할 수 있다.

천성이 유아독존이라 아집이 강하며 실속과 타협심이 없으니 더욱 조심해야 한다. 주인공은 일생을 거짓말과 사기, 인신매매단의 두목으로서 철창 신세를 식은 죽 먹듯이 하고 있다.

지금 주인공은 병자년 현재 68세로 부산에 살고 있으며, 처와 자식을 내동댕이치고 혼자 외로이 역술을 하고 있으며, 역술을 한다 치더라도 제대로 할 리가 없다. 사주가 물 한 점도 없는 초토 사막에서 경작을 하는 운명이니 무용지물의 토가 분명하기 때문이다.

(54) **여색과 과욕으로 불구가 된 사주**(白昌奎)

사주(四柱)				대운(大運)					
甲	丙	庚	丙	丁	戊	己	庚	辛	壬
申	寅	申	戌	卯	辰	巳	午	未	申

인월생(寅月生) 목(木)가용 금진용토소진용(金眞用土小眞用) 목(木)가용 수화소(水火小) 가용 일간(日干) 경금(庚金)은 양 병화에 휩싸여 꼼짝을 못하니 진용이 기신에 항복하여 가용으로 돌변한다. 관(官) 자식궁에 시간 월간 기신이기에 자식이 두 명이 있고, 임계 기신운에 형제와 근친관계로 혼비백산하여 처가 자살을 기도하던 끝에 저자를 찾아왔다.

저자는 여러모로 평생 사주를 풀어주면서 운세에 부딪히면 어쩔 수 없는 현상이 돌출하니 피할 길이 있다고 하며 조목조목 적어 주었는데, 병자년 현재까지는 아무 변고 없이 잘 살고 있다. 주인공은 연간(年干) 갑재(甲財)인지라 처와의 인연이 희박하고, 신미 대운 화년(火年)에 갑자기 쓰러져 반신불수 중풍으로 7년간 고생하고,

병자년 현재 걸음걸이가 불편할 정도로 심한 고통을 당하고 있다.

양간(兩干) 병화아신(丙火我身)을 강타하니 온전할 리가 있겠는가. 관이 가용이나 기신 또는 목재(木財) 기신이니 생명과 재산을 보호하지 못할 뿐더러 도리어 위협하고 침해하는 무법자요, 호랑이로 둔갑한다. 윤리 도덕과 법을 무시하고 본능적이고 안하무인이며 살기가 등등하고 참을성과 이해력이 부족하다.

아래 윗층 합해 총 2백평 규모의 대중음식점을 경영하면서 여자 종업원을 보면 탐욕을 즐긴다. 중풍으로 반신이요, 또한 처가 있는데도 불구하고 닥치는 대로 희롱을 일삼는다. 직선적이고 유아독존적이며 성급하고 저돌적이다.

하나같이 기화하고 동화한다. 수(水)를 보면 모두 수기로 동화하고 기화한다. 관이 진용이면 재 또한 가용이요, 기신으로서 명을 해치고 괴롭히는 골칫거리가 된다. 재물을 닥치는 대로 챙기고 낭비함으로써 재가 남아날 수 없는 동시에 정신과 육신까지도 쉴 새 없이 움직이고 소모함으로써 몸이 괴롭고 허약하다.

관은 높은 뜻이요, 지(地)다. 관살이 가용이면 오르지 못할 절벽 같은 험산으로서 산이 많으면 오르고 또 올라 기진맥진하고 숨이 차다. 고혈압으로 고생하다 죽는 수도 많다. 호흡기가 허약하고 성급하여 좌불안석이다.

주인공은 인신충(寅申沖)이라 부부 관계도 좋지 않고, 금목재라 극하니 난도질 당해 의지가지가 없다. 10톤 차에 100톤을 싣고 사정없이 달리게 하면 차가 만신창이가 되는 것과 같은 파산의 상이다.

주인공은 목가용으로서 일간 금진용인지라 병화 양쪽에서 난타당하니 위험을 일삼고 일지 사(死)로서 경금이 감당할 수가 없다.

374

갑목재는 무거운 짐이요, 칠살과 같은 험산이다.

주인공은 험산 준령을 넘는 형국이다. 황금을 싣고 산에 오르면 산적의 밥이 된다. 재산이 없는 경우에는 거들떠 보지도 않지만, 재산이 있는 자는 송두리째 빼앗긴다. 순순히 응하면 살려보내지만, 거부하거나 반항하면 죽이고 빼앗는다.

재는 욕심이다. 재왕자는 욕왕한다. 재가 가용이면 감당 못할 재이니 허욕이다. 산을 넘으려면 몸이 가볍고 튼튼해야 하니 짐[財]과 욕심은 금물이다. 재를 버리면 능히 산에 오를 수 있고 동시에 산적의 화를 면할 수 있다.

하지만 타고난 만금과 만욕을 어찌 버릴 수 있겠는가. 주인공은 금욕과 탐색으로 낭비와 방탕을 일삼았다. 너무 성급하고 유아독존이니 적이 많고, 이재생재하여 여색으로 망신만 당했다. 젊어서 색정 관계로 구설수가 있더니, 이재생재하여 여색으로 망신만 당했다. 젊어서 색정관계로 구설수가 있더니 호색이 지나쳐 감당 못하고 여자만 보면 불구인데도 참지 못하고 덤벼들었으니 패망사주다.

㉟ 남편 인연이 없는 사주(박인자)

사주(四柱)				대운(大運)					
甲	癸	丙	戊	壬	辛	庚	己	戊	丁
午	酉	申	戌	申	未	午	巳	辰	卯

주인공은 월지(月支) 유월생(酉月生) 금(金)가용이다. 진용은 목(木)이다. 소진용은 수(水)이다. 가용은 금(金)이고 기신은 화다. 토(土)는 어디에 속하는가. 진용도 아니요, 가용도 아니다. 그러나 주인공 사주는 금가용 토생금(土生金)으로 가용을 도우니 가용으로

볼 수 있다.

경년 대운 토운(土運)에 이혼했다. 주인공은 임신년에 저자를 찾아와서 기구한 사주팔자를 보아 달라고 하였다.

"아주머니는 독신 팔자입니다. 유월생(酉月生) 부(夫) 자리인 일지에 부가 또 있는지라, 한 여자 놓고 두 부가 싸우니 집토끼 놓치고 산토끼 놓치는 격입니다. 그러니 어디 마음이나 위로하는 친구 겸 애인을 두고 사는 것이 차라리 좋으니 재혼은 하지 않는 게 좋습니다. 아주머니는 물장사를 하여 욕심을 부리지 마시고 한다면 먹고 사는 데는 별 지장이 없습니다."
하고 감정해 주었다.

주인공은 일간 병화(丙火) 재(財) 금가용이기에 태어날 때부터 빈천한 사주를 타고 세상에 출생했다. 세상에서 가장 불행한 것이 가난하고 천한 인생이다. 비록 부귀는 누리지 못한다 해도 살 수 있는 재력과 지위는 있어야 한다. 부귀는 재성과 관성을 감당할 수 있고, 재성과 관성이 왕성하거나 진용이 됨으로써 가능한데 반해서 빈천함은 그 반대의 사주이다.

우선 재관을 감당할 능력이 없는데다 지원해 줄 비겁이 전혀 없는 사고무친의 고독한 인생이라면, 아무리 발버둥친다 해도 소용이 없는 것이다. 이는 월지에 재관이 있고, 비겁이 하나도 없는 경우다.

월지는 군왕의 자리로서 재성이나 관성이 있으면 저마다 군왕과 같은 최고의 왕자다. 천하의 대호 대어가 있는데도 이를 잡아낼 수 있는 힘이 없는데다 같이 잡아 줄 수 있는 인간이 한 사람도 없는 것이다. 이는 깊은 산중에서 홀로 대호를 만난 격이요, 깊은 바다에서 고래를 낚는 격이다.

산중에서 대호를 혼자서 만났다면 어찌되는가? 힘이 장사라도 대호 앞에선 꼼짝할 수 없는 터에 어린이와 노인의 경우라면 말해 무엇하랴. 우선 살기 위해서 도망 쳐야 하고 뒤를 쫓는 호랑이를 피하기 위해선 일생을 뛰고 달려야 한다.

이 세상의 호랑이는 권력을 장악하는 관이다. 관성을 감당하거나 진용으로 쓰는 사주는 관을 장악하고 관의 보호를 받음으로써 귀를 누리는데 반해 호랑이에게 쫓기는 몸은 관의 지배와 박해를 받는 천한 백성 신세이다.

주인공은 평생 관부(官夫)와 인연이 없고, 또한 재산도 빼앗김으로써 하루도 마음 놓고 살 수가 없다. 가령 고래를 낚는 어부는 어찌 되겠는가? 욕심 많은 어부가 고래를 낚았다면 신바람이 날 것이다. 하지만 태산 같은 고래를 혼자서 잡을 수는 없다. 현명한 어부는 당장 포기할 것이다.

하지만 미련하고 어리석은 욕심쟁이는 그럴 수가 없다. 고래가 설치면 물에 빠져서 허우적거리면서도 악착같이 따라다닌다.

주인공은 돈만 벌려고 하면 반드시 실패할 뿐더러 뜻밖의 재난이 발생해서 온갖 수모와 수난을 겪어야 한다. 월지의 오행과 가용이 됨으로써 월지에 있는 재관은 바로 가용에 해당한다. 주인공은 파란만장한 삶과 동시에 부귀를 이룩할 수가 없다.

재관 가용에 해당되기 때문에 만신창이가 되었으며, 부귀를 이룩할 수 없음과 동시에 돈과 관부(官夫)와도 인연이 없다. 재물이 생기면 도적떼가 무리를 지어 번개처럼 나타나고, 서로 빼앗고 죽임으로써 결단이 나는 빈천한 사주이다.

	사주(四柱)				대운(大運)				
丙	乙	丙	庚	丙	丁	戊	己	庚	辛
寅	未	午	寅	申	酉	戌	亥	子	丑

본명은 미월생(未月生) 화가용이다. 진용수(眞用水) 금소진용(金小眞用) 화가용 목소(木小)가용으로 사주상 기신이 난무하고, 진용인 수가 없으니 의지가지가 없다. 인성도 가용, 비견도 가용이니 나를 생부(生扶)하고 양육하는 인성이 도리어 장애가 되고 불리한 사주는 신왕(身旺)하고 원숙해서 행동하고 생산하며 독립할 수 있는 성남성녀다.

인성이 기신으로 나타나면 브레이크 적신호로서 꼼짝을 할 수 없다. 결혼할 아들 딸을 어머니가 손을 잡고 앞을 가로막은 채 놓지를 않는 격이다.

호기 호사에 장애가 나타나니 호사다마요, 의식주가 박하고 부족하며 외면 생활에 어려움이 많다. 주인공은 일지제왕(日支帝旺)인지라 아니꼽고 치사한 짓은 질색이다. 정유 대운에 군입대하여 상관으로부터 벌을 받고 난 후 직속 상관을 두들겨 패고 탈영하여 기독교 생활로 평생을 은둔생활 하다시피 했다.

화극금(火剋金) 시간(時干)이 금이요, 재희신(財喜神) 처덕으로 근근히 입에 풀칠하며 목숨은 연명하나 식상이 기신이기에 만사 불성으로 되는 일이 전혀 없다. 주인공은 비겁이 가용인지라 정묘운에 같은 신자가 기신으로 변하여 관공서에 고발한 사건이 있었다.

주인공은 분재 채취, 자연석 수집, 고목 채취, 공예 취미를 가지고 있는데, 정화(丁火) 비겁가용 같은 교회 집사가 기신으로 변하여 진주 검찰청에 고발 6개월간 감방생활을 한 사건이다.

그런데 같은 기독교 신자 모씨가 무슨 원한 관계인지 주인공처럼 재 희신 심덕이 착한 사람에게 그런 고발을 했을까? 정묘년은 인비(印比)가 기신하여 협작으로 공경에 처한 것이다. 그 후 주인공은 평생을 몸으로 바쳐온 하나님 품에서 떠날 생각까지 하였다.

주인공은 저자를 경년 1990년에 만나 운명 감정을 의뢰하였는바, 먼저 위의 내용을 다 말하고 난 후에 앞으로가 문제이니 말을 잘 듣고 주인공 마음대로 하라고 하면서, 현재 정묘년 충격으로 신경성과 소화불량까지 겹쳐 건강이 악화되었으니, 먼저 종합진단을 해보라고 하였다.

그랬더니 터무니없는 말이라고 하면서 지금 운동을 많이 하고, 매일 등산을하는 등 지리산을 걸어서 다닐 정도로 건강에 자신 있다고 큰소리 쳤다.

그래도 저자는 내 말대로 해야 75세 이상 살 수 있지만, 듣지 않으면 명이 상당히 단축된다고 하였다. 지금 이대로는 1993년 12월 27일 오후 9시에 죽을 운명이라고 했다.

그 후 1993년 병진월에 주인공은 갑자기 구역질이 나고 소화가 안 되고 속이 이상하다고 하면서 병원을 찾았다. 드디어 발병한 것이다. 말기암으로 판정, 구제불능이라는 의사 진단이 나와 진주와 부산·서울의 큰 종합병원에서도 똑같은 진단을 받았다.

저자가 주인공을 찾아 경상남도 함양까지 가서 이야기를 나누어 보았는데, 좀더 살 수 있는 길이 없느냐고 매달려서 안타깝기 그지 없었다. 정확하게 12월 27일 오후 8시 58분에 사망하였다.

주위 사람들이 저자를 보고 죽을 날짜를 감정하여 달라고 진을 치고 몰려들어서 저자는 혼비백산으로 거절, 같은 목사 신분을 가진 사람 몇 명만 감정하고 상경하였다. 그 후 각처에서 소문이 자자하여 사람 죽는 날 시간까지 정확히 맞춘다는 소문 때문에 문전성시하고 있다.

㉗ 일국의 대통령으로 말년이 불우한 사주

사주(四柱)				대운(大運)					
乙	己	丁	庚	戊	丁	丙	乙	甲	癸
亥	卯	亥	子	寅	丑	子	亥	戌	酉

주인공은 목(木)체다. 진용금(眞用金) 토소진용(土小眞用)이고 목은 가용에 속한다. 소가용은 수다. 주인공은 용재(用財)는 내가 소유하고 지배하여 부양하는 종속물이다.

사유하는 재산과 지배하고 관리하는 기업과 종업원, 부양하는 처와 가족은 재에 속한다. 돈을 벌고 인력을 관리하며 많은 사람을 부양하려면 재능이 있고 성실하며 신용이 있고 수완과 수단과 요령이 있어야 한다.

재가 진용이거나 희신이면 사유 재산이 있고, 관리하는 인력이 있으며, 부양하는 권솔이 있다. 재능이 뛰어나고 착하게 발휘하며, 부지런하고 신용이 있으며 검소하고 진실하다.

재를 생산하고 인력을 지배하며 남을 부양하려면 능력이 왕성한 장정이요, 대인이어야 한다. 힘이 약하거나 부족하고 무능하면 재를 감당할 수 없으며, 도리어 재에 시달리고 쫓기며 고생을 한다.

재는 부와 더불어 귀를 만든다. 천하의 재를 가진 자는 천하의 주인이요, 일인자로서 만인 위에 군림하고 다스리며, 최고의 부귀영화를 누리고 즐길 수 있다. 이를 재생관(財生官)이라고 한다. 단

순히 돈만 가지고 있으면 부자에 지나지 않지만 인력을 고용하고
지배하면 만인을 다스리는 권리와 벼슬과 귀를 겸전할 수 있다.

주인공은 목가용으로 금진용(金眞用) 정일간(丁日干) 경(庚)이
정재가 된다. 재가 진용이니 어려서부터 유능하고 성실하며, 만인
을 관리하고 부양할 수 있는 대기다. 경금은 월지묘(月支卯)에서
절태이니 보잘것이 없다. 만년 서방 금운에 재가 왕하니 천부적인
재능과 수완을 발휘해서 일약 대권을 장악하고 만백성을 다스리는
일인자로 군림할 수 있었다.

금운에선 금이 가용이 되고 재왕하니 역부족으로 감당하기 어렵
다. 경자년(1960)에 재금(財金)이 쌍출하고 정화(丁火)는 절지에 임
하니 이재생재한다.

재는 지배하는 백성이다. 그러나 주인공은 백성을 다스릴 능력이
부족하고 독재를 자행했으므로 백성이 봉기하여 마침내 추방되고
망명했다. 이재[民]생재한 것이다. 또한 시지절(時支絶)이니 후사가
없다. 양자를 얻지만 경자년에 자살한 것이다. 재는 물질로서 욕심
이 생한다. 재가 용이고 희신이면 욕심을 부리지 않지만, 가용이 되
고 기신이 되면 욕심이 대단하다. 마침내 욕심으로 인해 대패하고
생재한다.

주인공은 소유하는 재물보다 다스리는 재[財;民]를 진용으로 삼
음으로써 만민 위에 군림할 수 있는 반면에 이미 노쇠하고 무력한
데도 끝까지 탐욕탐재[民]함으로서 도리어 참패하고 천추의 한을
남기게 된다.

주인공은 비겁이 가용인지라 미(未) 대운 화(火)로 백성이 벌떼로
변하여 전국 각처에서 데모와 시위, 하야 하라는 군중데모, 부정선
거 관계로 결국에는 망명길에 올라 처량한 신세가 되고 만다.

주인공은 월지병(月支病)으로 임계년(壬癸年)은 노쇠하고 허약해짐으로써 기름의 생산 능률이 떨어지고 공급이 부족해 모든 기능이 무기력해진다. 허기가 심하면 그대로 쓰러져 움직일 수 없듯이 늙음이 심하면 병이 들고 움직일 수가 없다. 늙기도 서러운데 병까지 들면 인생은 막차를 탄 셈이다. 머지 않아 종착역에 이르면 만사는 끝장인 것이다.

그러나 문제는 내일에 있지 않고 오늘에 있다. 죽으면 그만이지만 앓는다는 것은 쉬운 일이 아니다. 우선 환자라 해서 성한 사람들과는 격리를 시킨다. 병실에 누우면 꼼짝을 할 수가 없으니 외롭고 답답함이 미칠 것만 같은 형상이다. 주인공은 임계년(壬癸年) 관(官)이 가용인 호(虎)가 나타나 꼼짝 못하게 해놓고 집어삼켜 버렸다.

㉘ 탐욕으로 망신을 당하는 사주

사주(四柱)				대운(大運)					
庚	壬	壬	庚	辛	庚	己	戊	丁	丙
子	午	辰	戌	巳	辰	卯	寅	丑	子

주인공은 화가용 진용수소진용금(眞用水小眞用金)이다. 가용은 화이고, 소(小)가용은 토와 목이다. 기묘 대운 기관묘(己官卯)는 인성(印星) 가용이 득실거리는 해운(亥運)이다.

주인공은 저자를 신미년에 소문 듣고 찾아왔다고 하며 운명을 감정 의뢰했다.

"아주머니는 현재 죽고자 하는 심정입니다. 왜냐고 묻는다면, 학술적으로 말씀드리지요. 29대운 기묘운 토(土)가 기신이요, 목(木)

은 인묘(卯)인데, 용으로 설기 당한 토(土)는 관이기에 자기를 강타하니 죽을 지경입니다. 관은 나를 호신하고 보호하는 명맥인데 반해서 관이 가용이나 기신이면 생명과 재산을 보호하지 않을 뿐더러 도리어 위협하고 침해하는 무법자요, 호랑이로 둔갑합니다. 아주머니는 먼저 법을 무시하고 탐욕을 너무 많이 부리며 유아적이고 성급하며 저돌적입니다. 안하무인이며 살기가 등등하고 참을성과 이해성이 부족합니다. 때로는 남의 말을 너무 잘 들어 함정에 빠져 헤어나오지 못하고 재산과 육신까지도 다 빼앗길 운명에 놓여 있지요.”

“네? 어쩌면 제 뒤를 따라 다니면서 하나하나 기록한 것처럼 소상히 알고 있으니, 어찌 된 영문인지 알 수가 없군요. 제 뒤를 따라 다녔던가, 아니면 누구에게 듣고 하시는 말씀입니까? 귀신이 곡할 노릇입니다.”

저자가 사주를 풀이해 주었는데, 주인공은 하도 일이 안 풀리기에 무속집을 찾아갔더니 조상을 들먹이면서 굿을 하라고 하기에 굿값이 얼마냐고 물으니 점술가가 하는 말이 300~400만 원이 들어야 하는데, 150만 원만 내고 조상굿을 하라고 해서 굿을 하면 좋은 일이 있겠느냐고 물었더니, 고함을 치며 호통을 치기에 달려 돈을 대출 받아 무당에게 주고 굿을 했다는 것이다.

그 후 계속해서 무려 7차례나 3천만 월을 주고 신을 받아서 돈을 벌어보라고까지 하여 시키는 대로 했는데, 주인공은 잘 되던 일도 도리어 풍비박산하는지라 무당이 시키는 대로 신당을 차려놓고 손님을 맞이하기에 이르렀다.

손님이 오면 무슨 말을 해야 될지 몰라서 선생 무당에게 전화를 걸어 물어보았더니 눈치대로 하면 되지 무슨 잔말이 많으냐고 북을

둥둥 두들겨 대면서 앞으로 일이 잘 될거라고 말하면서 일러주더라는 것이다.

그러나 도대체가 아무리 해도 되지 않고 빚쟁이는 몰려와서 돈 갚으라고 독촉을 하니 무당 선생에게 가서 나를 속였으니 돈을 일부라도 돌려달라고 했더니 돈은커녕 아에 만나주지도 않더라는 것이었다.

아기 우유값이라도 하게 2,3만 원만 달라고 해도 주지 않아서 '내 운명이 기구하다.'고 생각하고 포기하고 나서 쥐약을 먹고 자살하려고 하는 차에 이웃집 김모씨가 죽기 전에 제천 43-6848번 효원철학원이라고 하는 데가 있으니 전화 확인하고 찾아가서 확실한 운명 감정을 한 다음에 결정하라고 하기에 찾아보았더니 역시 들리는 소문하고 조금도 틀린 바가 없다고 하였다.

그 후 콩팥을 팔아서라도 빚을 갚고 말겠다는 마음씨에 감동해서 "해결을 해 줄테니 제 말을 믿겠습니다?" 하니, 시키는 대로 하겠다고 약속하여 저자가 채권자를 다 불러 모아놓고 설득하여 전원 찬성하에 원금과 이자는 그만두고 열심히 살아가면서 갚으라고 하였더니 저자를 향해 큰절을 하면서 통곡의 눈물을 흘리는 것이었다. 현재 열심히 살고 있다.

㉙ 능력을 발휘할 기회가 많은 사주

사주(四柱)				대운(大運)					
己	辛	辛	壬	庚	己	戊	丁	丙	乙
未	未	巳	辰	午	巳	辰	卯	寅	丑

만하(晩夏) 신금(辛金)이 토왕(土旺) 금강(金强)하니 시상(時上)

임수(壬水)에 의지하여 재능을 발휘하고 재물도 이룬다.

상관(傷官) 무재(無財)라서 유명무실하나 연월지(年月支)에 재고(財庫)가 있고 진중을목(辰中乙木)이 숨어 있으니 남 모르게 이루는 재간이 비범하다. 일지에 사(死)가 있고 관인이 있으니 호학호명(好學好名)하며, 시상 상관이 특출하였으니 청명다재(廳明多才)하고 사리가 분명하다. 만사에 시시비비 비판적이고 타인의 지배와 간섭을 배격하며 자율 자치를 추구한다. 금다(金多)하면 도리어 수한(水寒)하니 금(金)을 다시 만남을 두려워하고 토(土)는 금(金)을 생하고 수(水)를 막으니 가장 두려워한다.

연월(年月)에 기신이 토금과 함께 나타나니 부모덕은 두텁지 못하고 일지에 기관(忌官) 지장 인(印)이 도사리고 있으니 비범은 하나 내조는 기대하기 어렵다. 도리어 산재하기 쉽다. 시지에 희신인 수목(水木)이 숨어 있으니 자녀들은 유력하고 출세한다. 일지는 허하니 처덕은 없다.

금수(金水) 상관으로 토수하고 생재하니 문장이 탁월하고 이부성재하며 상관이 기뻐하는 것은 오직 재물이니 경제 분야로 나가면 크게 이름을 떨칠 수 있다.

경년운은 금다수공(金多水空)하니 가운이 침체되고 부운(父運)이 허하며, 기사운은 기토임(己土壬)하니 진용을 흙탕물로 만들고 분산시켜 정신적 물질적 시련이 적지 않다. 무진운은 임수(壬水)가 태산을 만나 득제하고 산자수명하니 재능을 발휘하고 이름을 얻는다.

인성은 교육과 봉직을 상징하니 교육계로 진출하여 기초를 닦고 정묘운에는 상관 제살하여 이름을 떨칠 수 있을 것 같으나 정화(丁火)가 호임(好壬)을 합법(合法)하고 기(忌) 기토(己土)를 생해 주니 호사다마로 많은 기회를 잃게 된다.

병인운에는 호수에 태양빛이 찬란하게 비치니 자기 역량을 최대한 발휘하고 확고한 기반을 조성하며, 임자 계축년엔 문장을 통해서 이름과 재물을 얻고 갑인년엔 상관이 득재하니 소원성취한다.

을축운엔 가장 기다렸던 편재가 나타나고 잠자는 재고를 충(沖)하여 타고난 금고의 문이 열리니 만금을 횡재하고 치부한다.

을묘년은 을축운의 시발이자 편재가 득령하니 수시로 뜻하지 않은 천금이 생기고, 바야흐로 대발의 호기를 맞이한다.

갑은운까지 계속 부를 이루고 이재생관하여 사해에 이름을 떨칠 것이요, 계축 임자운도 계속 발복하니 향후 40년 대통한다. 갑을년은 득재하고, 병술운은 득명하며 임계(壬癸)운은 형통 확전(擴田)하고, 정사운은 막히고 경신운은 중상모략과 경합대결 장애가 발생하고, 그 때문에 손재 손명하고 실직 실의하기 쉽다. 일설엔 인시(寅時)가 묘시(卯時)라고도 하는데, 만약 묘시인즉, 절지이니 자식이 있어도 부자가 이별하며 평생 재능을 발휘치 못할 뿐더러 갑을운엔 군비쟁재(群比爭財)하여 파산 망신함이 필연적이다.

독자 여러분도 연구해 볼만한 내용이니 역학 자료로 참고하시고 연구 바란다.

⑥⓪ 양기가 부족하여 질병으로 고통을 받는 사주

사주(四柱)				대운(大運)					
乙	甲	甲	戊	癸	壬	辛	庚	己	戊
亥	申	子	辰	未	午	巳	辰	卯	寅

주인공은 금월(金月) 금(金)가용이다. 군비쟁재(群比爭財)하니

386

항상 재물을 향하여 앞을 다투듯 부지런히 뛰지만 실속은 적고 그나마 삼분타작이다.

지지(地支)에 신자진수국(申子辰水局)과 해수(亥水)로 물바다를 이루니, 삼목(三木)이 부목이 되어 물 위에 떠내려가는 형국이다. 동가식 서가숙으로 동서남북의 시장[戊土偏財]을 찾아서 행상을 한다. 하나의 시장을 셋이 다투고 있으니 자전거로 뛸 수밖에 없다. 그러나 아무리 벌어도 삼분타작으로 나가는 것이 7푼이니 어찌 돈을 벌 수 있겠는가?

돈이 벌리면 무슨 명목으로든 쓰기 마련이다. 수목(水木)이 성군(成群)하고 화(火)가 없으니 토수(土秀)를 못 하고 숨통이 막힌 것처럼 양기가 막히고 기가 울적하여 머리를 괴롭힌다. 수왕(水旺)하니 정력은 몹시 강하나 양기가 약하니 의욕을 잃고, 모든 기능이 침체 상태다.

오래 전부터 양기가 허하여 성생활을 못할 뿐더러 수(水)가 태왕하니 체질이 한랭하고 목(木) 태강(太强)하니 풍기[木生風]가 충만하여 목(木)이 꽃을 피울 수 없고, 기혈이 불순하니 신체 기능이 마비 상태다. 임자 계축년부터 혈압이 높고 풍기가 발생하더니 경이년엔 더욱 악화되어 온갖 치료를 하고 있으나 백약이 무효다.

을묘년은 더욱 목왕(木旺)하니 설상가상 격이나 병진년부터는 목화(木火) 토수(吐秀)하고 통기하여 호전된다. 화(火)는 기요, 수(水)는 혈이며, 목(木)은 혈기를 조화하는 간(肝)이니 수다화무(水多火無)하면 혈은 왕하나 기가 없어서 혈맥이 막히고 순환이 어렵다. 혈은 수(水)로서 음이요, 기는 화(火)로서 양이다. 음은 대지와 호흡하고, 양은 태양과 호흡하니 혈은 물질이요, 혈은 반드시 폐를 통해서 흡수한 산소를 얻음으로써 비로소 움직이고 순환한다.

그러나 이를 총 관리하는 것은 화인 심상이다. 불행히도 주인공은 금화(金火)가 없으니 폐와 심장의 기능이 허약하고 그 때문에 혈액순환이 불순하고 기가 침체하여 머리가 아프고, 사지오체(四支五體)의 기능이 둔하다.

혈에선 탄산이 발생하고, 이를 소화시켜 맑은 산소를 공급하는 것은 심장과 폐인데, 그 신진대사가 막혀 있으니 주인공은 구공탄 속에서 발생하는 탄산에 중독되어 머리가 몽롱하고 사지가 마비된 것과 똑같은 증상이 나타나고 있는 것이다.

이러한 증상은 현대 의학이나 한의의 진맥으로서는 발견하기가 극히 어렵지만, 음양오행으로는 쉽게 진단할 수 있다. 명리는 곧 증리(症理)이니 음양오행의 불균형은 곧 증(症)의 근원인 것이다.

이러한 모든 병증은 타고난 사주의 기허에서 발생한 음양불순의 소치이니 어찌 사주를 외면할 수 있겠는가?

기는 곧 운기이니 양기가 허약하면 운세는 스스로 통하기 마련이다.

기가 떨어진 사람에겐 돈을 빌려주지 말라는 속담은 진정 운명적인 명언이 아닐 수 없다.

주인공은 금(金)가용으로서 신자진(申子辰) 대수국(大水局)으로 대해를 구성하니 목삼(木三)은 정처없이 떠돌아 다니다가 화운(火運)을 만나면 길복을 맞아 금상첨화로 대업을 이루어 세상에 잘 알려져 훌륭한 결과를 맺는다.

큰 뜻과 큰 업적은 이루지만 목운을 만나면 가을 서리처럼 폭삭 내려앉는다.

㉛ 입이 얼어붙고 결혼운이 늦은 사주(宣泰奎)

<table>
<tr><td colspan="4">사주(四柱)</td><td colspan="5">대운(大運)</td></tr>
<tr><td>癸</td><td>甲</td><td>庚</td><td>乙</td><td>癸</td><td>壬</td><td>辛</td><td>庚</td><td>己</td><td>戊</td></tr>
<tr><td>卯</td><td>子</td><td>子</td><td>酉</td><td>亥</td><td>戌</td><td>酉</td><td>申</td><td>未</td><td>午</td></tr>
</table>

본명은 겨울 태생으로 진용(眞用)은 화다. 소용(小用)은 목이나 강한 경금에 강타 당해 가용으로 돌변하니 월간형제(月干兄弟)인 동생이 신유대운에 군대 생활 중에 과실로 인하여 폭탄을 만지다가 폭발하여 산산조각이 나서 형체도 없이 사망할 팔자다.

주인공의 모(母)가 신미년에 저자를 찾아와서 사주 감정을 의뢰하였다.

"나는 신앙인이라 사주를 믿지 않는데, 선생님이 하도 용하다고 하기에 부탁합니다."

"아주머니, 아들은 계묘년 11월 8일 유시 혹독한 추위 속에 눈보라가 휘날리는 엄동설한에 태어났으나 따뜻하게 비춰주는 화(火)는 없고, 먼저 자월생(子月生)은 수돗물이 꽁꽁 얼어서 수도꼭지를 틀어도 잘 나오지 않는 상태와 같아서 입이 얼어붙은 형상입니다.

그러하니 사람을 보아도 눈만 껌벅거리고 말문을 닫은 것 같아서 하루종일 같이 생활해도 꿀먹은 벙어리처럼 보입니다. 그러나 벙어리는 아닙니다. 자월(子月) 자일생(子日生)으로 결혼 관계에서 무척이나 힘들고 여자만 보면 말문이 닫혀 있습니다. 왜냐 하면 아주머니 아드님은 수(水)가용으로서 화(火)가 용인데, 화(火)가 없으니 일간(日干) 경금(庚金)은 월일(月日) 사(死)하고, 재(財) 갑을목(甲乙木)은 왕한 가용이고, 월(月) 시간(時干) 목동목수(木冬木水)가 가득하니 물의 천하요, 엄동설한입니다.

갑을목(甲乙木)은 꽁꽁 얼어붙은 동목(凍木)으로서 생기가 없고, 전혀 무기력한 상태요, 목(木)은 토(土)를 부양하고 쟁기 노릇을 하지만 갑을목(甲乙木)은 꽁꽁 얼어 있으니 사목과 같습니다. 목재(木財)는 사(死)하니 태산 같은 재물을 탐욕한 격이며, 잉어 낚시로 고래를 낚으려 하니 어리석기 짝이 없소.

처의 별인 일지도 꽁꽁 얼어붙어서 허약한 병자가 뭇 여성을 탐하고 거느리는 격이니 어찌 감당할 수 있는가? 이재생재하고 이처치화(以妻致禍)할 것은 불문가지 평생을 웃는 얼굴 보기 힘듭니다. 일지월지(日支月支) 사사(死死)하니 죽음을 앞둔 마지막 인생이요, 죽어가는 것은 육신일뿐 정신은 아니며 아직도 멀쩡합니다. 육신이 병들고 생산을 못하면 정신이 대신해서 빵을 생산하고 인생을 관리해 갈 수밖에 없어서 모든 것을 정신에게만 의지합니다. 걷지 못하는 육신을 가지고 살아가면 정상적이거나 육체적인 생산작용은 불가능하고 지능이 부족한지라, 지금부터라도 지능교육과 언어교육을 시켜서라도 인생을 살며 생활 방식을 고쳐 주어야 될 것입니다.

주인공의 사주팔자는 아주머니 생각과는 전혀 다릅니다. 형제궁인 월간을 경금(庚金)이 즉타하여서 세상 밖으로 떠밀어 버리고 혼자서 독식하는 운명이니, 그 운명을 신이 막아주겠습니까?

신에게 아무리 빌고 빌어도 운명은 바로 잡아주기 힘들 것입니다. 결혼을 시키려고 하지 마세요. 지금은 때가 아니고 40이 넘어야 여성을 만나게 될 것입니다. 고르지 마시고 연상 여자라도 온다고만 하면 무조건 받아주세요. 원래 주인공은 병정화(丙丁火)가 자식인데 반해 화용(火用)이 무하니 손자는 생각조차 하지 마시고, 우선 총각 딱지만 떼는 것이 급선무입니다."

하니 주인공의 모가 기가 막히다는 말을 하였다.

"용하다고 소문이 들리더니 역시 감탄을 금하지 못하겠습니다. 어찌 한치도 틀리지 않고 정확하게 맞추십니까?"
하며 머리를 흔들고 갔다.

㉒ 재물이 축적되지 않고 흩어지는 빈천한 사주

사주(四柱)				대운(大運)					
癸	甲	己	乙	癸	壬	辛	庚	己	戊
酉	寅	巳	丑	丑	子	亥	戌	酉	申

수(水)가용 금진용(金眞用) 토간수(土干水) 실령(失令)한 춘토(春土)에 수목(水木)이 왕상하고 성림하니 노약한 병마에 무거운 짐을 가득 싣고 채찍질을 하고 있는 형국이다.

관살이 혼잡하니 모든 재물이 헛되이 소비되고, 하는 일마다 좌절하거나 실패하니 시종 일관할 수가 없다.

재가 살로 변하니 돈과 자녀로 인해서 화가 생기고 백사가 괴로울 뿐이다. 갑목(甲木)이 극토하니 형제가 있을 수 없고, 연상에 인성이 있으니 부대(父代)는 유재하나 상속을 유지할 수가 없다.

부동산에 투자하면 안전하나 동산이나 사업은 파산하고 상신(傷身)하니 행운이 북방 수국으로 향하여 산 넘어 산이다.

경술운 역시 상관이 기재를 생재하니 애쓰고 손재하며, 후반 운은 길신인 화토가 약신을 생부(生扶)하니 병진년부터 고목이 봄을 만나듯 회생하나, 갑인 을묘년은 손재하고 신곤하여 몸이 사면초가로 궁지에 빠져 있다.

그러나 을묘년을 넘기면 향후 40년간 춘풍 순우하고 대발하니 모든 시련이 마지막 고비에 이르렀다고 하겠다. 그 고비가 어려운

기로이니 건강 제일로 돈을 아끼지 말고 치신(治身)에 힘써야 한다. 월지에 인중병화(寅中丙火)가 있으니 모덕이 후하고, 일지에 사중병화(巳中丙火)가 있으니 처덕이 산과 같다. 사유축(巳酉丑)하여 화토가 화금(化金)이니 도리어 무력하고, 행운이 북방 수국으로 향하니 골육이 한랭하여 육친이 무정하고 사별한다. 몸이 약하고 처가 한랭하니 자식인들 기대할 수 있는가?

갑을운은 손재 상신하고, 병정운은 회춘하니 발신하며, 무기운은 득력하니 회복하고, 경신운은 호사다마로 도리어 실패하고, 임계운은 손재 손처한다.

관살이 혼잡하면 호색하여 여자로 인해 몸을 망치니 임계갑을(壬癸甲乙)운에선 여색을 조심하고 백사를 근심함이 보신보재의 상책이다.

㉓ 과욕으로 화를 자초하는 사주

		사주(四柱)				대운(大運)			
戊	乙	丁	甲	甲	癸	壬	辛	庚	己
辰	丑	寅	辰	子	亥	戌	酉	申	未

주인공은 수(水)가용으로 화진용(火眞用) 가용은 수요, 기미 대운에 부(夫)가 불치병으로 사망했다. 주인공은 수가용으로서 일간정화진용(日干丁火眞用)이긴 하나 가용인 수가 나타나서 강타하니 기미 대운 임계년에 관살을 만나 칠살인 임수가 작당해서 일주를 치고 받으면서 공격과 위협을 일삼으니 십톤 차에 천 톤을 싣고 험산준령을 넘는 형국이다.

황금을 싣고 산에 오르면 산적의 밥이 된다. 산적은 무재자(無財

者)는 거들떠 보지도 않지만 유재자(有財者)는 송두리째 빼앗는다. 순순히 응하면 살려보내지만 거부하거나 반항하면 죽이고 빼앗는다.

주인공은 욕심꾸러기인지라 움켜쥐면 내어놓을 줄을 모르고, 능구렁이 두꺼비 잡아삼키듯이 꿀꺽꿀꺽 눈만 껌벅이면서 죽이든 살리든 마음대로 하라고 하면서 채무자가 채권자에게 도리어 큰소리를 친다. 재(財)는 욕심이요, 재왕자(財旺子)는 욕왕한다. 재가 가용이면 감당 못할 재이니 허욕이다.

산을 넘으려면 몸이 가볍고 튼튼해야 하니 짐[財]과 욕심은 금물이다. 재를 버리면 능히 산에 오를 수 있는 동시에 산적의 화를 면할 수 있다. 하지만 타고난 만금과 만욕을 어찌 버릴 수 있겠는가?

주인공은 성급하고 유아독존이니 적이 많았고 이재생재하고 이색망신(以色亡身)했다. 50대에 바람이 나서 연하의 애인과 동거하고, 식상인 연간에 큰아들과 싸움질하고 피투성이가 되어 법정다툼으로까지 번져 유혈이 낭자하니 결국 반신불수가 됐다.

큰아들은 주인공 모(母)의 애인을 살해까지 할 목적으로 평생을 싸움질하니, 말려도 듣지 않고 계속 싸워 결국에는 유치장 신세가 되고 말았다.

사유축금(巳酉丑金) 재로 재왕하고 신재(身財)하여 중화를 이루지만, 현실을 탐욕과 탐색으로 극기해서 평지풍파하고 파란만장하며 재화(災禍)가 꼬리를 물고 있다. 백톤 차에다 천 톤을 싣는 허욕이 체질화함으로써 신왕운에 천 톤의 배가 되자 만 톤의 재화를 탐하고 욕심을 부리는 것이다. 어찌 그 배가 침몰과 파선을 면할 수 있겠는가.

주인공은 월지(月支) 묘(墓)인지라 죽으면 무덤에 묻히는 것이 당연하다. 무덤은 인생의 종착역이다. 더 이상 살 수 없는 영원한 종말이 무덤이다.

옛날에는 죽기는커녕 병들지도 않았는데 환갑이 넘으면 산채로 묻는 고려장을 했다. 무덤에 들어간 노인은 마지막으로 받은 밥상을 놓고 죽음의 길을 기다려야 하며 음식이 남아 있는 동안만 살 수가 있다. 음식이 떨어지면 모든 것이 끝나는 것이다. 하니 밥알 하나인들 함부로 먹어 치울 수 있겠는가? 그는 최후의 밥을 아끼고 또 아끼면서 한 알을 천 알 만 알 만큼으로 아껴먹는다.

먹는다기보다는 차라리 밥그릇을 움켜쥔체 지키고 있는 것이다. 만일 그것이 돈이라면 어찌 될 것인가? 주인공은 그만큼 욕심꾸러기인지라, 자기가 먹는 밥도 아까운 지 잘 먹지 않고 있다가 축적하면서, 결국에는 연하 애인과 큰아들 싸움 사건으로 합의 등 법정 다툼 비용으로 수십 년 모은 재산을 일시에 다 써 버려 거지 신세가 되는 처량한 인간이 되고 말았다.

⑥④ 마음을 다스려야 할 사주

사주(四柱)				대운(大運)					
癸	庚	癸	壬	己	戊	丁	丙	乙	甲
亥	申	酉	戌	未	午	巳	辰	卯	寅

본명은 금가용이다. 목진용(木眞用) 수는 소진용(小眞用) 금가용 화소(火小)가용이다. 주인공은 인성이 가용인지라 인성이 진용이면 의지하고, 양육과 교육을 받을 것이나 가용이기 때문에 배부른 데 밥을 먹는 격이다. 소화 불량은 물론, 염증이 발생한다.

주인공은 목진용(木眞用)이나 한 점도 없는 씨앗, 대지 옥토는 수십만 평이 있는데 황폐하게 변하니 어디 쓸모가 있겠는가. 식상인 목(木)이 유하여 득배하고 벼슬하며 돈을 버는 운명인데, 식상이 가용이기 때문에 빈 자동차만 끌고 다니는 형국이다.

한때는 철도 기관사 생활을 하다가 실이 없어서 그만두고 보따리 장사를 하며 전국적으로 돌고 돌며 발바닥이 닳도록 헤매여 보았자 될 리가 없다. 한데도 택시(서울)회사 기사로 운전을 하니 잘 되겠는가. 고객이 있으면 술주정뱅이만 만나는 운수이다. 그러다 병진 을월(乙月)에 신사 한 분이 서울역에서 중절모를 쓰고 흰 구두와 지팡이를 짚고 007가방을 왼손에 들고 오른팔을 척 들고 택시를 세웠다.

"여보 택시 기사, 내가 대전에 가려고 하는데 이놈의 내 자가용 기사놈이 30분이 지나도 나오질 않으니 대전까지 데려다주오. 요금은 달라고 한다면 듬뿍 줄 터이니 갑시다."
하니 누가 의심할 것인가? 택시를 타고 고속 진입로를 지나는데,

"여보 기사님, 나는 모회사 사장인데, 운전 잘 하네요. 어디 전화번호 있으면 가르쳐 주시오. 내 운전기사는 목을 잘라 버리고 당신 같은 기사와 손잡고 일하면 안심하고 일에 열중할 수 있겠소. 월급이 지금 얼마입니까?"

"택시기사 월급은 기본급 40만 원에(95년) 열심히 일하면 월 150만원쯤 됩니다."

"그까짓 150만 원, 우리 회사 기사는 평균 200만 원이 넘어요. 특히 내 기사는 평균 300만 원쯤 됩니다."

기사는 마음이 신사에게 쏠려서, "그럼 손님, 제가 그 회사에 입사하려면 어떠한 절차가 필요합니까?" 하고는 자택과 회사 전화번호를 일러주고 휴게소에서 음료수와 간식까지 대접했다. 대전에 거

의 도착해서 "어디로 모실까요." 하니, "시청으로 갑시다. 대전 시장 만나려 왔소이다." 한다.

주인공은 손님이 대단한 사람인 줄 알고 깍듯이 시청 입구까지 와서 오른쪽 문을 열고 상전인 것처럼 대하느라 택시 요금 달라고 할 정신마저 잊어버리고 말았다. 큰절을 하면서 "잘 다녀오세요." 하고 기다리니 올 리가 만무하다. 10분 20분 1시간 기다려도 오지 않아 시장실을 찾아갔더니 줄행랑 쳐버리고 난 뒤였다. 주인공은 해도 해도 당하기만 하는 팔자이다.

[illegible] 지나친 고집으로 망하다.

<table>
<tr><td colspan="4">사주(四柱)</td><td colspan="6">대운(大運)</td></tr>
<tr><td>丁</td><td>癸</td><td>癸</td><td>丁</td><td>壬</td><td>辛</td><td>庚</td><td>己</td><td>戊</td><td>丁</td></tr>
<tr><td>亥</td><td>卯</td><td>巳</td><td>巳</td><td>寅</td><td>丑</td><td>子</td><td>亥</td><td>戌</td><td>酉</td></tr>
</table>

주인공은 목(木)가용 금토진용(金土眞用)이다. 목수(木水)는 가용이다. 영관급으로 제대하고 임계년에 저자를 찾아왔다.

"나는 군 영관급으로 제대를 하였는데, 무슨 직업이 좋은지 알고 싶소. 주변 사람들이 제천 전신전화국 앞 효원철학원에 가서 운명감정을 하면 정확하게 알려준다는 말을 듣고 왔으니 어디 내 운명과 앞으로의 문제에 대해 말해 주시오. 나는 기독교인이기 때문에 믿지 않는 사람인데, 선생이 하도 용하다는 말을 들었소. 먼저 내가 어떠한 사람 같소."

하며 약간 시비조로 나오며 부정적인 생각을 계속 늘어놓았다.

"여보시오. 당신 전직이 대통령이라 해도 할 수 없어요. 운명 감정을 하고 싶어 왔으면 이름과 생년월일시만 대고 숨도 크게 쉬지 말고 가만히 있으면 될 터인데, 무슨 그렇게 사설이 많소. 나는 당신과 같은 사람은 감정을 할 수 없소."
하며 거절을 했다.

그 후 3개월이 지나 다시 찾아와 공손하게 말하고 커피 한 잔을 시켜 주면서 다시 부탁하는 말이, 부산에 여행을 갔는데 우연히 동창생을 만나서 부산 자갈치 시장 생선 횟집에서 식사를 하면서 세상 돌아가는 이런 저런 이야기, 앞으로의 진로 문제 등을 놓고 고심을 하던 중에 동창생 친구가 전화번호를 적어주며 제천 효원철학원에 가서 운명 감정을 해보라고 하면서 하는 말이, 그 선생님은 영적이 아니고 학술적으로 풀이하면서 논리적으로 조목조목 자세하게 과거는 물론, 현재·미래까지 기가 막히게 말해 주니 한 번 가서 진로 문제를 의논하면 참고가 될 것이라고 하기에 다시 왔다고 하였다.

"지난번 내가 조금 언짢은 것 같이 보셨지요. 죄송합니다. 선생님이 어떻게 부산까지 소문이 나 있더군요."

"그럼 좋고 나쁘다는 말을 할 터인데, 그래도 괜찮겠습니까. 약속을 하세요."
하니 약속한다 했다.

"먼저 용어를 K씨라고 하겠습니다. K씨는 역학 용어를 아시는지요. 먼저 신정역학(新丁易學)이란 용어가 있지요. K씨는 월묘목(月卯木)으로 월간인 재상이 기신이요, 월간 계수(癸水) 역시 기신 연시간(年時干) 정화(丁火)도 기(忌), 특히 임계년, 즉 금년입니다.

비겁이 기신으로 운명학적으로는 금년이 1992년, 내년은 1993년 임계년이라고 합니다. 가을 초목이 서리를 맞은 격입니다. K씨, 당신은 내 말을 잘 들으시고 판단대로 하시오. 초목이 서리를 맞으면 어떻게 되는지 물어볼 필요조차 없지요. 지금 K씨는 20여 년간 국토방위에 힘써 그 노고를 인정 받은 분입니다. 그 노고 대가로 퇴직금을 일부 받은 것입니다. 일부는 연금으로 두고요. 지금 그 퇴직금을 어디에 쓸까 하고 망설이는 모양입니다.

K씨, 지금 당신 뒤에는 현무[도둑]가 북적대고 있습니다. 20여 년 군복무자라 사회 물정도 모를 것이며, 현재는 운이 완전 하락 상태이니 아무 것도 하지 말고 투자신탁이나 금융 관계에 신탁하시오. 그리고 친구들 회사에 나아가 월급쟁이라도 좋으니 그리 하시고 공무원연금관리공단 같은 데 취직이 될 것입니다.

내가 시키는 대로 하시오. 만약 시키는 대로 하지 않을 경우에는 도적떼에게 몽땅 빼앗기고 큰 후회를 할 것입니다. K씨 당신 가는 밥 먹고 가는 똥 싸는 게 좋을 것입니다. 국가 공무원 생활 20수 년 동안 하였는데, 퇴직시에는 나라에서 먹고 살 만큼 지불하지요."하였다.

그러자 K씨는 저자에게 도전조로 빈정대기만 하는 것이다.

"뭐, 가는 밥 먹고 가는 똥 싸는 게 좋다고? 허 참, 기가 막혀 못 살겠네. 요놈의 철학관을 박살을 내고야 말겠다."
하고 감정료도 지불치 않고 가버렸다. 저자는 "당신 어디 두고보자. 내 말이 틀리면 내 학문 그만두고 당신 똥이나 치우며 살 것이다. 장담한다."고 마음 속으로 다짐했다. 어영부영 잊어버리고 약 3년 후 갑술년 12월 또다시 찾아왔다.

"K씨, 오랜만입니다."

저자는 반갑게 대해 주고 옆 다방 미모의 아가씨에게 차를 두 잔 시켜서 친절하게 대접했다.

"K씨 운명 감정은 하지 맙시다. 옛날 임계년, 벌써 3년이 지났네요. 그 동안 돈 많이 버셨습니까. 그때 감정료도 주지 않고 효원철학원을 박살낸다고 하시면서 훌쩍 가셨습니다.”

“네. 그때 참 죄송했습니다. 군대 생활하던 습성이 있어서 부하들 다루는 습성 때문에 항상 밑지지요. 선생님!”
하며 정중하게 이야기하겠으니 잘 들으셔서 답을 달라고 한다.

“그때 선생님이, ‘내 뒤에는 현무가 따라다닌다’고 하셨는데, 100 센트 맞았습니다. 선생님이 확고하고 강력하게 저에게 하셨으면 이렇게 깡그리 망하지는 않았을 터인데, 지금 망하기 일보 직전에 있습니다.”

“효원 선생 3년 전에 만나고 운명이 설마 그렇겠는가 하고 믿기지 않아서 내 마음대로 사업을 시작했습니다. 선배가 소개해 주어서 부동산 소개소와 건축업에 손을 대니 돈이 한두 푼 가지고 되겠습니까? 20년 공직 퇴직금을 물론 집까지 저당잡혀 대출까지 받아 동업하였는데, 지금 3년이 다 되었으나 동업자는 돈을 한 푼도 주지 않고 은행 이자도 제대로 못내 경매 처분 통고장이 왔습니다. 요놈의 동업자는 오늘 내일하고 시간만 지체하고 있으니 참을 수가 없어서 사기죄로 고소하고 청와대에 탄원서를 냈어요. 요놈의 세상이 도대체 어떻게 되었기에 평생 동안 국가의 녹봉으로 살면서 한 푼 두 푼 모아서 집을 마련하였는데 몽땅 빼앗아 먹는 지, 놈을 쳐 죽이고도 분이 안 풀릴 지경입니다. 동업자는 경찰 조서에서는 민사관계로 상관하지 말라고 하며 벌어서 줄 터이니 기다리라고만 합니다. 기다리는 것도 한계가 있지요. 지금 경매 때문에 시간이 없습니다. 선생님, 저 좀 살려주세요. 어떻게 무슨 좋은 비방이 있다는데 어디 해줄 수 있습니까?”

“지금 와서 무슨 뚱딴지 같은 소리를 하십니까? 기독교인이라 부정적으로 생각한다고 하신 분이 이제는 못하는 소리가 없네요.”

“물에 빠진 사람 좀 건져 주세요. 은혜는 꼭 갚아드리겠습니다.”

“네, 말씀드리지요. 비방은 없습니다. 지금 당장 동업자를 찾아가서 고소 취하하고 지금까지 도도하게 행동한 것에 용서를 빌면 잘 될 것으로 생각합니다. 그 길뿐입니다. K씨는 항상 말과 행동 때문에 타인의 비방을 받습니다. 고개 숙여 사과하세요. 그러면 잘 될 것입니다.”

하니 K씨는 죽은 듯이 문을 열고 나갔다.

⑥⑥ 참을성과 이해력이 부족한 사주

사주(四柱)				대운(大運)					
壬	壬	庚	丙	辛	庚	己	戊	丁	丙
寅	寅	子	子	丑	子	亥	戌	酉	申

본명은 인월(寅月) 목으로 금진용토(金眞用土) 희신(喜神) 목(木) 가용 수화(水火) 기신으로, 가용은 병(病)이요, 진용은 약이다. 목가용은 선천적으로 목은 왕하고 금은 허한지라 병은 중증하고 약은 부실하다.

가용을 생해 주는 것은 병을 더해 주는 독이요, 진용을 생해 주는 것은 약을 더해 주는 익기(益氣)다. 가용은 대호요, 진용은 청룡이다. 가용과 병을 생해 주는 독은 소호요, 진용과 약을 생해 주는 것은 소룡이다. 목을 생해 주는 것은 수요, 금을 생해 주는 것은 토이다. 수(水)는 가용과 병을 생해 주는 독으로서 소호요, 토(土)는 진용과 약을 생해 주는 기로서 소룡이다.

타고난 사주에 수목이 많으면 가용과 병, 독과 호가 득세하고 극

400

성을 부리는 양상으로 판단하듯이 토금(土金)과 독과 호랑이가 우글거리는 천하에서 병을 다스리고 생명을 유지하기 어렵듯이 호랑이에 쫓기는 인생이 부하고 잘 살 수는 없다.

주인공은 어릴 때부터 20여 년간 두통을 앓고 있다. 5년 전부터 양 무릎이 아프고 오르막길을 오를 수가 없다. 관토무(官土無)하니 부유하기 어렵고, 이 남자 저 남자 저울질하는 것처럼 하다가 결국에는 다 놓치고마는 형국이다.

주인공은 탐욕과 향락을 즐기며 직선적이고 유아독존이며 성급하고 저돌적이다. 안하무인이며 살기가 등등하고 참을성과 이해성이 부족하다. 주인공은 무관이며 평생 독신으로 살 팔자로 사이비 점쟁이 노릇이나 하고 있다. 토운(土運)이 오기만 하면 벌떼처럼 모이는 남성들은 흑심파다.

㊻ 다섯 번 부부궁을 바꾼 여자

사주(四柱)				대운(大運)					
乙	戊	甲	甲	己	庚	辛	壬	癸	甲
未	寅	辰	戌	卯	辰	巳	午	未	申

남편 몰래 인감 찍어주고 이혼당했다가 새로운 인장, 이름, 행운의 번호로 새 삶을 찾은 여자다.

주민등록번호 앞자리 숫자가 22, 뒷자리가 14, 합이 36이요, 은행 비밀번호도 19에 인장은 본인 것이 없어서 남편 인장만 사용하였다. 1997년 5월 16일 12시쯤이었다. 장충동 사무실로 40대 초반으로 보이는 미모의 여성이 소문을 듣고 찾아와서는 이런 말을 했다.

"선생님, 관상이나 좀 봐 주세요. 저는 지금까지 이름께나 있다는 우리 나라 역학인이라는 대부분의 역학인들을 찾아보았습니다. 그러나 저를 보고 사주나 운세 감정은 해 주지 않고 희롱만 하고 잘 봐주질 않아요. 그런데 선생님은 소문에 특별한 비법으로 운세 감정을 한다는 소문을 듣고 신림동에서 왔으니 잘 봐주세요."
하며 미모의 여인이 저자를 보고 눈웃음을 치면서 고개를 숙여 인사를 하였다.

사내 치고 반하지 않을 사람이 없을 정도로 애교를 부렸다. 저자는 사주를 풀어놓고,

"아주머니는 한 마디로 남자를 홀리는 데는 명사입니다. 사주에 건록이라 웬만한 남자는 눈에도 차지 않는 사주이며, 눈코가 너무 높고 계산도 없이 생활하는 사람이니 인덕이라고는 반 푼어치도 없습니다. 내가 아주머니 사주를 풀어놓고 나오는 대로 말씀을 드릴 터이니 좋든 나쁘든 듣겠습니까?"
하니, 나오는 대로 말해 달란다.

"먼저 아주머니 주민등록번호의 앞자리가 22입니다. 초년에 조실부모하고 정처없이 떠돌아 다니는 천애고아입니다. 말하자면 가을철에 초목이 된 서리를 맞는 격이라 만사가 도중에 꺾이는 불행한 운세를 타고 났습니다. 그래서 남의 집 생활이나 고아 신세로 살아왔습니다. 그리고 뒷자리 수가 14입니다. 어디 한 곳에 정착하기가 어렵고 파란이 많으며, 시종 뜻대로 되는 일이 없음은 물론 가족 인연도 희박하여 고독한 신세입니다. 이제 말년 운세를 말씀 드릴 차례인데, 차마 입으로 말씀을 드리지 못 하겠네요."
하니 아주머니는 속이 시원하다고 하며 제발 나오는 대로 자세히 말씀을 해달라고 간청하였다.

"선생님! 다른 유명하다는 점술가 철학관 등을 수도 없이 찾아다니면서도 선생님처럼 속 시원하게 말해 주는 사람은 보지 못했어요. 아까도 말씀드렸지만 가는 곳마다 희롱만 하고 볼 필요도 없다는 말만 해주더군요. 심지어 서울 장안에서도 유명하다고 책을 펴낸 이가 있어서 찾아갔더니 자기와 궁합이 딱 맞아 떨어진다고 하면서 무릎을 탁 치면서 아주머니 같은 사람과 한번 살아봤으면 원도 없겠다고 뚱딴지 같은 소리만 하는 사람도 있었어요. 선생님 말씀하신 것이 초년과 한 치도 틀리지 않고 맞았습니다. 어떻게 주민등록번호로 귀신이 곡할 만큼 정확하게 맞춘단 말입니까. 그럼 말년을 한 번 봐주세요."

저자는 희망을 주어야 한다는 생각으로 말년이 엄청 나쁜데도 좋게 말해야겠다는 생각도 해 보았지만 직업상 거짓말이 될 것 같아서 사실대로 말해 주었다.

"아주머니, 아주머니는 지금 만신창이요, 죽지 못해 살고 있습니다. 남편과 이혼하고 자식도 빼앗겨 올 데 갈 데 없는 천덕꾸러기이니 장래 문제 또한 처참하다고 하면 자살이라도 할까 봐 말씀드리기가 곤란합니다."

"선생님 무슨 말씀을 하셔도 이제 속이 후련하니 다 털어놓고 말해서 나쁘면 무슨 대책이 없겠습니까. 아마 제가 선생님을 뵈니 무슨 대책이 있는 것 같습니다. 저는 선생님 말씀대로 가족 인연도 없고 떠돌이 인생입니다. 그러나 신용은 있어서 한다면 하는 사람입니다. 만약 선생님이 시키는 대로 안 하면 청소라도 해 드리고 심부름도 할 터이니 꼭 말씀해 주시고 인도해 주세요."

"그러면 말씀드릴 터이니 실망하지 마세요. 아주머니 이름 박옥성(朴玉成)은 참으로 한심하기 짝이 없습니다. 개운(改運)으로 좋

은 길이 있습니다. 그러나 주민등록번호가 말년 운세 36이라 천하
에 이런 불우한 숫자도 보기 힘든 번호입니다. 말하자면 속수무책
으로 고통과 파란이 중첩되고 평생 안정치 못하며 조난을 당하는
운수라고나 할까요. 그러므로 사람들로부터 희롱・비난・비방만
받고, 때로는 형벌을 받을 수도 있습니다."하였다. 그녀는 "아니,
선생님!"하면서 자꾸만 말을 가로막았다.

"선생님 말씀에 수술이니 형벌이니 하는데 20대에 수술한 적이
있고, 간통으로 인해 8개월이란 형벌을 받은 적도 있는데 또 무슨
수술이나 형벌을 받는단 말입니까? 차라리 죽는 것이 낫겠어요."

"그래서 내가 말씀드리지 않겠다고 했는데 자꾸만 해달라고 하
지 않았습니까?"

"선생님, 죄송해요."

저자는 이왕에 말한 것 속시원하게 알려주는 게 낫겠다고 결심하
고 종합적으로 하나하나 자세히 설명해 주고 운세 처방까지 해 주
어야겠다고 생각하였다.

"아주머니, 하여간에 박옥성(朴玉成)이란 박(朴)은 조상의 뿌리
여서 흠잡을 필요는 없습니다. 그러나 옥(玉)은 제왕격이 아니면 쓰
지 못하는 사주라 만백성을 두들기고 죄 없는 사람들을 모조리 닥
치는 대로 죽이고 살생하는 사주로서 이름까지 사주를 나쁘게 부추
겨 못된 길로 유도하는 자(字)입니다. 더구나 떨어지고 있는 것은
용[임금의 상징]이 물고 있던 여의주처럼 막중한 명예와 지위이니
어떻게 되겠습니까? 또 남자의 보물처럼 소중한 구슬[玉]은 바로
고환이며 불알[자손을 낳아서 번창하고 불어나는 씨알집]인데, 남
자란 동서고금을 막론하고 생식 능력이 있어야 하고, 또 자녀가 있
어야만 왕(王)같이 큰소리 탕탕 칠 수 있는 것입니다. 불알은 당연

404

히 두 개가 있어야 하는데 하나밖에 없으니 짝불알이고, 애석하게 힘 못쓰는 꼴이 옥(玉)입니다. 그 근본 원인은 쓸데없이 찰거머리처럼 들러붙어 있는 검은 점인데, 점을 파자하면 흑(黑)과 점(占), 곧 검은[點] 것 뿐이고, 흰[白] 것이 차지하고 점[占]칠 수 있는 점 때문이며, 차라리 점이 없었다면 옥이 되어서 당당하게 천하를 호령할 수 있는 진짜 임금처럼 주인공 노릇을 할 수 있습니다. 그러나 골머리 아프고 창피스러우며 응큼하고 시커먼 흑뿐이니 바로 암적 존재인 흑인 것입니다. 흑은 신체의 일부라도 백해무익하고, 특히 암과 같은 것도 도려낼 때는 아프고 매우 괴롭겠지만 몸을 위해서는 대단히 좋은 일입니다. 즉 수술로 몸 전체를 구하려면 어차피 빨리 할수록 좋지 않겠습니까?

우물쭈물하며 시간만 자꾸 보낼수록 암은 깊어만 가고 나중에는 손을 쓸 수조차 없는 지경이 될 것입니다. 그야말로 아주 어리석은 일이지요. 더구나 혹이 붙어서 왕처럼 행세할 수도 없고 힘도 쓸 수 없는 짝불알 같은 왕이라면 화급을 다투는 일인데 일시적인 아픔을 참고 대수술을 단행하는 결단이 빠르면 빠를수록 좋을 것은 불보듯 뻔한 일입니다. 이처럼 백해무익하게 들러붙은 지긋지긋한 혹 때문에 망신살이 줄줄이 뻗치게 되는 것은 차지하더라도 그 점(鮎)이라고 하는 요상망측한 모양이 흑과 차지할 점(占)으로 파자되고, 불[火]을 뜻하는 연화 발이 마을[里] 밑에서 시커먼[黑] 연기를 내면서 모락모락 타오르고 있는 모습이 바로 흑(黑)입니다. 집안에 조만간 불난리가 크게 일어날 징조인 데다 맵고 눈물나는 검은 연기만 사방팔방에 자욱하니 앞길을 점치는 것은 누구도 모를 판입니다. 이렇게 되면 지독히 어지러워서 옥석구분(玉石俱焚)이 됩니다.

바쁠수록 돌아가라는 말이 있듯이 호랑이에게 물려가도 정신을 차리면 된다고 했으니 차분하고 깊이 생각하는 집안 식구가 있어 옥쇄[玉碎;옥이 부서지듯이 공명을 세우거나 의절을 지키기 위하여 목숨을 버림] 군졸[卒]처럼 적을 쓸어버리듯이 싹쓸이 하겠다는 집안 식구도 있다는 것입니다. 치사하게 와전[瓦全 ; 기와로 온전하게 남는다는 뜻으로, 아무 보람도 없이 목숨을 보전하거나 겨우 목숨을 구하여 구차한 삶을 꾀하는 것]하려는 구질구질하고 치사한 식구도 있는 등 그야말로 뒤죽박죽 옥석혼효[玉石混淆; 옥과 돌이 서로 분간이 안 되게 함부로 뒤섞여 있음]한 인생입니다. 그래서 머리는 좋을지라도 신체 이상과 부상이 많게 되고, 부부운이 불길하여 고독하고, 중이나 무당·박수·화류계의 남녀가 대단히 많습니다. 게다가 36수리가 사주상 맞지 않기 때문에 온갖 고통과 괴로움만 겪는 불운한 영웅 운수이며, 비록 의협적인 기질과 기백이 있고 의리와 인정이 돈독할 뿐만 아니라, 자기를 버려서라도 정의를 이루려는 인격을 가졌더라도 이상하게 평안과 행복을 얻을 수 없는 운수입니다.

또한 일시적으로 요행과 명리를 얻는다 하더라도 금방 그것을 잃어버리고 늙으막에는 괴로움과 곤란이 더욱 심합니다. 사람들을 위해서 실컷 노력하고도 비난과 욕을 먹고, 상황은 오히려 악화되어서 꼼짝도 할 수 없을 지경에 빠지기도 합니다. 언제나 곤란과 고통에 빠져서 타개할 방법도 없고 몸부림 치면 칠수록 더욱더 곤경에 빠져서 헤매이게 되지요, 또 급변과 위기가 잘 닥치며 크게 쇠퇴해서 실패와 몰락을 거듭하는 등 깜깜한 오밤중에 불빛없이 위험한 길을 가는 형국입니다.

아주머니는 이름의 조건도 안 맞고 은행비밀번호도 조건에 맞지 않기 때문에 우쭐대기만 하고 아무데나 나서길 좋아합니다. 가산을

여러 번 탕진하여 화류계 신세처럼 몸과 이름을 더럽히기도 했음은
물론, 친구나 가족들에게까지도 누와 폐를 끼치거나 병신·병약·
단명한 배우자를 만나 생리사별을 자주 하며 재난과 액운 등을 잘
당합니다.

　게다가 아주머니는 은행비밀번호가 하필이면 1＋9＋1＋8＝19로
공망수입니다. 댓가가 전혀 없어 밑빠진 독에 물 붓기 형국입니다.
금고에도 구멍이 3개나 났기 때문에 축적이 전혀 없고 계획된 살림
을 할 수 없는 번호입니다. 사주가 을미년 무인월 갑진일 갑술시라
월지(月支) 목(木)이 주(柱)입니다. 금이 진용인데 진용[필요한 존
재]은 씨도 없습니다. 더욱이 19는 수(水)에 속하니 부목(浮木)인지
라, 한 그루 나무일지언정 꽂을 곳이 없습니다. 또한 인장도 맞지
않는 신랑 것을 사용해서 그야말로 잡탕으로 생활하는 사람입니다.
아주머니는 대운이 57세에 들어옵니다. 출생하면서 부모가 망해 버
렸습니다. 말하자면 사생아와 같다는 말이지요. 인묘진(寅卯辰) 대
운부터 불행한 떠돌이 인생이 시작되었습니다."

　"선생님, 한맺힌 내 운세를 정확히도 감정하셨습니다. 말씀이 너
무 정확하고 그림자처럼 따라 다니면서 말씀하시는 것처럼 정확합
니다. 저는 부모님 얼굴도 못 보고 외할머니 밑에서 다섯 살까지
살다가 의정부에 있는 김석철씨 집에 양녀로 갔습니다. 그 집에서
호강스럽게 키워준다고 해서 외할머니가 보냈던 것 같습니다. 친부
모가 아니라, 어머니 아버지 말이 잘 안 나와 3년이 지나도록 꿀먹
은 벙어리처럼 말도 안 하고 있으니 양부모가 외할머니한테로 다시
가라고 해서 외할머니 댁으로 다시 돌아왔습니다.

　그러나 여덟 살이 되어 학교에 가야 한다고 외할머니가 다시 고
아원으로 보내 주셔서 고아원에 가서 중학 과정을 마치고 모범생이

라고 칭찬을 받으며 잘 있는데, 어느 날 누군가가 귀엽다고 칭찬을 하며 나한테 아주 친절한 호의를 베풀어서 나는 그만 그 사람에게 순정을 바쳤어요. 그때가 15세 정도 되었을 겁니다. 그러던 중 어느 날 원장님이 시집 가라고 하기에 열다섯 어린 나이에 무슨 시집이냐고 하니 괜찮다고 하여 그 길로 그 사람을 따라 부산으로 가 살림을 차려 동거생활을 했어요.

그때 내 키가 158센티, 몸무게 50킬로그램이었으니 누가 봐도 20세 이상으로 봤지요. 2년간 동거하다가 임신이 되고 배는 불러오니 힘이 들어서 신랑에게 어리광을 부리면서 맛있는 것 좀 먹고 싶다고 하니 신랑은 좋아서 자갈치 시장에 가서 생선을 사 오다가 교통사고를 당해 시름시름 앓다가 3개월만에 사망했습니다. 신랑도 고아 출신이어서 주변에 아무도 없어 찾아오는 사람이 없을 수밖에요. 하늘을 보고 통곡을 한들 누가 와서 도와 줄 사람도 없었어요. 보상금도 얼마 나오지 않고 장례비와 생활비 합해 고작 몇 백만 원 받고 몇 개월 후 출산을 하였습니다. 3개월 키우다가 갑자기 열이 나서 어린 어미 마음에 들은 얘기가 있어 손가락을 바늘로 피를 뽑아 주고 영사를 조금 먹였는데, 그만 3시간 후 숨이 멈춰버리고 말았습니다.

청천 날벼락이 따로 없었지요. 누구한테 호소할 데도 없고 혼자서 통곡을 하고 있으니 이웃집 어른이 왜 젊은 아낙네가 그리 슬피 우노 하며 방문을 열고 들어와서 위로를 해 주었습니다. 나는 그 길로 부산 사창가에서 2년을 보내고 또 남자를 알게 되어 동거하던 중에 어떤 여자가 갑자기 나타나 머리를 움켜쥐고 경찰서로 끌려가 간통으로 입건되어 8개월 동안 감옥에서 옥살이를 했어요. 그리고 임신이 되어 낙태 수술을 한 적이 있습니다.

그 후 떠돌이로 직업 소개소에 갔더니 좋은 직업을 구해 준다고 해서 소개비조로 OO원을 달라고 하여 지불을 하고 서울에 사는 모모를 만나게 해주어 만났더니 자기가 하는 대로 하면 좋은 일이 있다고 하면서 여관방을 하나 구해 놓고 같이 잠을 한 번 자자고 강요를 당했습니다. 그래서 저는 그까짓거 잠 한 번 자는 것이 무슨 대소로운 일인가 하고 승낙을 하였습니다. 왜냐 하면 그때 내 나이 20세였지만, 이미 몇 남자를 경험하였고, 사창가 경험도 2년이나 되니 좋다고 했던 것인데, 능청스런 제비족인 그 남자가 나를 아주 예쁘다고 하면서 결혼하자고 권유하여 안 된다고 하니 평생 호강시켜 주겠다고 거듭거듭 다짐하기에 믿고 내 사정을 조금 이야기해 주었더니 모 요정에 접대부로 보내주었습니다.

그 요정에서 2년쯤 있다가 다시 전국을 전전하며 다방 생활을 하던 중에 청주에서 마음씨 고운 유부남을 만나 다시 동거생활을 시작하였습니다. 그 남자가 본처와 마음이 맞지 않아 이혼할 터이니 결혼하자고 간청하여 승낙을 하였습니다. 그 후 아이 둘을 낳았습니다. 그러나 옛버릇이 남아있어 살림이 제대로 손에 잡히지 않던 차에 우연한 일로 동네 사람들과 모임을 갖게 되어 속칭 고스톱을 자주 하였습니다. 처음에는 장난인줄 알고 몇 천 원 정도씩 심심풀이로 하던 것이 아예 직업으로 굳어버렸습니다. 당시 남편은 30여 명의 직원을 거느린 중소기업 사장으로 알뜰하게 잘 대해 주는 처지였습니다. 남편은 나를 믿고 모든 재산을 다 맡기고 있던 중이니 재산을 탕진하여도 모를 수밖에 없습니다. 속칭 하우스 노름방에 출퇴근을 하지 않으면 온몸에 좀이 쑤실 정도로 견디기가 힘들어 매일매일 하루도 빠짐없이 다녔어요. 처음에는 재미로 했지만 이제 아주 눈에 쌍불을 켜고 하기 시작했습니다.

남편 몰래 집을 잡혀 8천만 원에 근저당을 설정하고 노름판에 끼여들었습니다. 얼마가지 않아 2억 8천만 원을 탕진하고 집에 있던 패물도 모두 팔아버리고, 남편의 600만 원짜리 손목시계마저 없애버리고도 모자라 당좌수표까지 훔쳐다 3천만 원을 더 날렸습니다. 이 때까지도 남편은 아무 것도 모르고 있었습니다. 이제 그만 두어야겠다는 다짐을 몇 번이고 했지만, 본전 생각해 그만 눈이 멀어버렸는지 다시 남편 주머니에서 약속어음 3천만 원 짜리를 찾아내 할인을 했습니다. 그러나 약속어음을 발행할 때 노름방 건달이 뒷조사를 하는 한편, 남편 사업 실패까지 파악해 놓았던 것입니다. 남편의 사업은 대단히 신용이 좋은 것으로 평판이 나 있었기 때문에 건달들은 계속 깡(할인)을 해주면서 나를 유인했죠. 그러던 중에 남편의 어음이 은행에 돌아왔으니 빨리 3천만 원을 입금시키지 않으면 부도 처리를 하겠다고 하여 겨우겨우 돈을 마련해 결재를 했는데, 3개월 후 또 만기어음이 돌아왔던 것입니다. 엎친 데 덮친 격으로 그때는 벌써 근저당 잡힌 집에도 경매신청이 청구되어 남편이 알게 되었고 온 집안이 발칵 뒤집히고 말았습니다. 남편은 그래도 저를 용서한다고, 다시는 이런 짓 하지 말고 열심히 아이나 키우라고 하면서 해결을 해 주더군요.

그런데도 이 년은 정신을 차리기는 커녕 무슨 귀신살이 씌었는지 건달들이 자꾸만 불러내는 통에 좀이 쑤셔 미칠 것만 같고, 눈이 뒤집혔는지 남편이나 자식 생각은 전혀 하지 않고 하루 온종일 화투장만 천장에서 빙빙 돌아다니는 것이었습니다. 그러니 어찌하겠습니까? 결국에는 몰래 남편 인감을 훔쳐 차용증에 찍고 3천만 원을 빌려 또 미치광이처럼 노름방에 틀어박혀 3일 만에 탕진하고 말았습니다. 건달들이 지급일에 맞추어 남편에게 찾아가 돈을 내놓으라고 하니, 남편은 기가 차는 지 돈을 내놓기는 고사하고 그만 경찰에 신고를 하고는 저에게 돈을 청구하고 말았습니다. 저는 입이 백개라도 할 말이 없어 남편이 하자는 대로 이혼을 하고, 아이들도 남편이 키우기로 하고는 이혼서에 서명하였습니다. 착한 남편은 그래도 나에게 다시는 그런 짓 하지 말고 잘 살아서 마음 잡고 새로운 인간이 되어 다시 만나자고 하면서 3천만 원을 주었습니다.

그 돈으로 신림동에 방을 얻어 공장에 다니면서 하루하루 세월을 보내고 있습니다. 이제 저는 남에게 도저히 해서는 안 될 일을 너무 많이 했고, 남편에게도 못할 짓을 수없이 했으니 천벌을 받아도 쌉니다. 선생님, 앞으로 희망이 없다면 차라리 쥐약을 먹고 자살을 하고 싶은 심정입니다. 그것이 조금이라도 남편에게 용서를 비는 것 아닐까요. 그래서 옆집 아는 분이 선생님을 찾아가서 이름을 바꾸고, 행운의 번호와 인장 3개, 그리고 28수 부적을 했더니 마음이 후련해지고 새 삶을 얻은 것처럼 모든 일이 술술 풀어지더라고 하면서 전화번호와 약도를 자세히 가르쳐 주고는 꼭 한번 가보라고 해서 이렇게 찾아온 것입니다. 정말 선생님을 직접 뵙고 말씀을 들어보니 소문과 한 치도 다름이 없고, 실상을 보듯 정확히 알아 맞추시니 조금은 희망이 있을 것 같습니다. 어떻게 방법이 없겠습니까?"

"아주머니, 사주에는 호신과 주기라는 용어가 있습니다. 호신은 곧 진용으로서 호의호식하는 것이고, 주기는 나쁘게 유도하는 흉신입니다. 그런데 아주머니 사주에는 주기만 있고 진용은 하나도 없어요. 더욱이 이름, 주민등록 번호, 은행비밀번호(행운의 번호) 역시 모두 주기에 속합니다. 우선 이름 박옥성(朴玉成)을 박민희(朴旼希)로 개명하시고, 행운의 번호는 8+3+5+2=18로 쓰십시오. 은행인·인감인·실무인과 28수 부적을 해드릴 터이니 아주머니 경제 사정이 좋아지면 그때 가서 성의 표시만 하세요. 지금까지 아주머니 이야기를 듣고 보니 내가 이 학문을 연구한 지 벌써 십수 년이 되었지만, 단 두 번째로 만나는 안타까운 사주입니다. 내가 시키는 대로만 하면 100퍼센트 효과가 있을 것이니 그대로 시행하세요." 하고 상담을 마쳤다.

2개월 후 전화벨이 울려 수화기를 드니, "선생님, 일전에 찾아가 선생님을 괴롭혔던 박민희(朴旼希)예요. 지금 전 남편을 다시 만나 새 삶을 약속하기로 하고 합쳤어요. 남편이 선생님을 한번 찾아뵙자고 하는데 시간이 있습니까?"

"3일 후 오후 1시에 오세요."
하고 전화를 끊었다.

3일 후에 건장하고 복이 흠뻑 담긴 남자와 같이 왔다. 남자가 인사를 하고 난 뒤 지난 과거를 다 이야기 해주니 눈물만 흘리며, 집사람을 새 사람으로 만들어 주셔서 감사하다고 하며 죽어도 이 은혜는 잊지 않겠다고 감사 표시를 하였다. 긴 이야기를 하면서 정답게 저녁 식사를 마치고 헤어졌다.

저자는 이런 것이 보람이고 희망인 것 같아서 오시는 고객 모든 분들에게 최선을 다하고 있다.

☯ 82령부로 소원이 성취된다.

82령부는 저자가 십수년 동안 부적을 수집하고 임상 실험을 거쳐 제작한 비법이다. 동남아시아를 비롯하여 여러 경로를 통해 임상 실험을 하였다.

82령부를 작성하려면 82일간 기도와 명상을 거쳐야 하고, 사용

412

자의 가족 성명, 생년월일시를 반드시 함께 기입해야 그 효과가 신효하다. 사업장에는 상호를 함께 기입해야 좋다. 반드시 행운의 번호와 인장을 가져야 복합적으로 효험을 본다.

현재 저자는 5호까지만 82령부를 작성하였다. 1호는 모 전직 대통령, 2호는 우리 나라 경제계를 휩쓸고 있는 모기업 회장님 사무실, 3호는 보안을 담당하는 회사의 민은식 회장님 사무실, 4호는 부산에서 대표적인 광고 회사를 이끌고 있는 성진(成晋) GS 정수철 회장님 사무실, 5호는 부산에서 가장 유망한 관광업체를 꿈꾸고 있는 송도 만리호텔 문정선 사장님 사무실에 비치되어 있다. 다음 6호는 원대한 희망과 포부를 지닌 분으로 나라의 큰 일을 담당할 사람의 82령부를 계약·제작 중이다.

그러나 돈이 있다고 아무나 해주지는 않는다. 사주를 풀어놓고 82령부를 가질 수 있는지 검토한 후에 작성을 한다. 아무나 흉내를 내면 오히려 작성하는 사람이 재앙을 당한다. 설명서를 참조할. 회사가 가장 위급할 때, 큰 일을 시작할 때, 아무리 노력을 해도 일이 잘 풀리지 않을 때, 유난히도 관재구설수가 자주 발생할 때, 아들을 희망하는 데도 아들이 없을 때 등 꼭 필요할 때 사용하면 82가지 소망이 성취된다.

☯ 행운의 번호와 인장으로 나쁜 수리를 보완하다.

주민등록번호가 440723-1006642이고, 음력 7월생이다. 앞쪽의 수를 모두 합하면 20이 되고, 뒷자리의 수를 모두 합하면 19가 된다. 다시 이 둘을 합산하면 20+19=39가 된다. 나쁜 수인 20의 영향으로 온갖 죽을 고생을 다 겪었다. 또 나쁜 수인 19의 영향으로 고달픈 삶을 계속 살아가고 있다. 실제로 태어난 달이 겨울이라면 좋은 수도 있다. 20이나 19 둘 다 나쁜 수로 일생을 불우하고 비참하게 살 형편이다. 그러나 절처봉생(絶處逢生)이라고 죽으라는 법은 없듯이 어느 날 갑자기 행운의 숫자와 인장으로 난관을 뚫고 나아가기 시작했다. 1997년 봄, 보통 사람 같았으면 한 번만 당해도 극복할 수 없었을 재난을 무려 네 차례나 당하고도 무사했음은 물론이요, 오히려 용약승천하기 시작하였다.

이렇듯이 주민등록번호가 나빠도 행운의 번호와 인장을 사주에 맞게 고쳐 쓰면 그 위력은 실로 대단하다. 물론 사주와 이름의 작용도 절대로 무시해서는 안 된다. 행운의 숫자는 사주를 잘 판단해서 진용의 숫자를 만들어 사용해야만 한다. 사주팔자는 만세력(萬歲曆)을 보아 절기를 기준으로 하되 반드시 진용 가용을 살펴보아야 한다. 절기는 다음과 같다(음력 기준).

1월 : 입춘(立春) 이후	2월 : 경칩(驚蟄) 이후
3월 : 청명(淸明) 이후	4월 : 입하(立夏) 이후
5월 : 망종(芒種) 이후	6월 : 소서(小暑) 이후
7월 : 입추(立秋) 이후	8월 : 백로(白露) 이후
9월 : 한로(寒露) 이후	10월 : 입동(立冬) 이후
11월 : 대설(大雪) 이후	12월 : 소한(小寒) 이후

예를 들어보기로 하자.

• 박민숙(朴旼淑)

실제로 태어난 생년월일시는 음력으로 1958년 3월 18일 09시 50분이니 1분이 모자라 4월인 입하가 될 수 없고, 앞 달인 3월의 월령인 청명이 된다. 그러므로 반드시 컴퓨터 만세력을 참조해야 한다.

	사주(四柱)				대운(大運)					
戊	丙	癸	丙	丁	戊	己	庚	壬	癸	甲
戌	辰	未	辰	巳	午	未	申	戌	亥	子

무술년 병진월 계미일 병진시가 된다. 소강절(邵康癤) 선생의 시에 '주위체이명위용'(柱爲體而名爲用)이라 했다. 사람의 사주는 체가 되고 이름은 용이 되나니, 이름은 숫자 풀이로 용(用)을 만들어 사용해야 한다는 말이다.

용이란 사주를 보호한다. 그렇기 때문에 사주에 용이 있기는 하지만, 많은 사람이 별로 없다.

그러므로 마땅히 행운의 숫자에 반드시 용을 넣어 사용해야 하며, 인장도 인감·은행실인 한 세트를 용으로 만들어 사용해야만 만사가 뜻과 같이 잘 되며 세상에 큰 업적을 남기고 부귀영화를 누리며 천지 사방에 권위를 떨칠 수 있다.

중요한 시험을 앞두고 행운의 숫자를 용으로 만들어 한 세트의 인장과 함께 사용하면 불굴의 의지와 기상을 떨치며 몸에 지니고만 있어도 집중력이 배양되며 정신이 맑아지고 평소 닦았던 실력이 배증된다.

그밖에 합격에 성공한 부작도 있다. 일설에 의하면 옛날의 성현들도 큰 일을 할 때는 용에 해당하는 부적을 지니고 임했다는 설이 있다.

중국의 시황제(始皇帝)도 항상 부적을 지녔다는 일화는 이미 널리 알려진 바다. 작성자와 사용자가 맞게만 작성한다면 그 효과는 신효할 것이다.

☯ 행운의 번호와 인장 한 세트로 고시에 합격한 사주

사주(四柱)				대운(大運)							
丙	甲	壬	癸	乙	丙	丁	戊	己	庚	辛	壬
午	午	寅	卯	未	申	酉	戌	亥	子	丑	寅

위의 사주는 사법고시에 일곱 번이나 떨어진 끝에 여덟 번째 합격한 사주다. 5월생으로 화(火)가용 수금(水金)이 용신이다 비견이 용신이니 한마디로 인인성사·성귀하는 사주다. 비견은 동반자이자 동포 형제다. 진용은 나를 도와주고 가용은 나를 해치는 용어이다. 위의 사주는 금(金)이 있어야 하는데, 금은 한 점도 없고 오히려 금이 인성(印星)이다. 인성은 학문으로서 진용의 작용으로 나를 도와주는 것인데, 인성이 없기 때문에 시험만 치면 번번이 떨어졌다. 그것도 차점으로. 그러니 본인으로서는 포기할 수도 없어 계속 도전할 수밖에 없었다.

부모로서는 안타깝기 짝이 없어 무슨 비방이 없나 하고 전국 각지의 30여군 데 역술가들을 찾아보았다고 한다. 가는 곳마다 합격한다고 장담하여, 이번에는 되겠지 하는 심정으로 기다려 보았지만 보는 족족 떨어지기만 하였다.

저자는 금이 인성이니 인성을 만들어 사용하라고 하였다. 그러나 평범한 사람이 인성이 무엇인지 알 리 없다. 그래서 저자는 합격되면 성의껏 댓가를 달라고 하였더니 부모는 그럴 수 없다고 하면서 인성을 만들어 달라고 하였다. 얼마를 드리면 인성을 만들어 주겠느냐 묻기에 진용이란 숫자가 있으니 진용 숫자를 만들어 주겠다고 하였다.

행운의 번호를 진용으로 만들고 8+3+2+5=18이 진용이니 은행에 사용토록 하고, 인장·인감·은행실인을 진용으로 한 세트하고, 20주 부작을 역시 진용으로 만들어 주고 정성들여 기도하라고 하면서 돌려보냈다. 그 후 5개월이 지났다. 키 178센티 정도에 늘씬한 체구의 사나이가 상담실 문을 열고 들어와 저자에게 인사를 하였다. "선생님 고맙습니다." 하고 인사를 하기에 "무엇이 고맙습니까?" 하고 의아한 눈길로 쳐다보았다. "지난번 저의 부모님께 28수 부적을 해 주신 적이 있지요." 하기에, 많은 사람을 대하니 잘 모르겠다고 대답하였다.

그간의 사정을 들으니 5개월 전에 찾아왔던 바로 그 김모씨였다. 그때까지도 저자는 그의 아들이 사법고시에 합격했는지 모르고 있었는데 아들이 찾아와 여덟 번째 시험에 합격했다는 것이다. 그래서 이번에는 검사 지원이 좋은 지 판사 지원이 좋은 지 그것을 여쭈러 왔단다.

저자는 두쪽 다 맞지 않으니 차라리 1~3년간 연수 겸 월급쟁이를 하다가 실경험을 쌓아서 변호사 사무실을 개업하라고 하고는 감정을 마쳤다.

☯ 일류 고교에서 1, 2등 하고도 서울대 낙방한 뒤 비법부작으로 합격

사주(四柱)				대운(大運)						
甲	戊	庚	戊	己	庚	辛	壬	癸	甲	乙	丙
寅	辰	寅	寅	巳	午	未	申	酉	戌	亥	子

1995년 2월 어느 날, 제천 상담실 효원철학원에서 있었던 일이

다. 덩치가 장대한 남자와 아리따운 여인 한 쌍이 감정실로 찾아와서 하는 말이, 선생님이 하도 용하다는 소문이 자자하여 찾아왔으니 운세 좀 봐달라고 한다. 사주를 보고나서 주민등록증번호와 이름, 행운의 번호와 자주 사용하고 있는 인장을 가져왔으면 좀 보자고 하며 감정하기 시작하였다.

1946년 4월 18일 술시생(戌時生)이니 주민등록번호 앞자리 숫자의 합이 18, 뒷자리 숫자의 합이 29, 총합이 47이었다. 흠잡을 것이 없었으나 다만 이름이 나빠 개명만 하면 집안에 큰 경사가 생길 운수였다. 두말 하지 않고 이름, 행운의 번호 인장을 만들어 달라고 하기에 저자는 아들에게도 28수 부적을 해 주라고 했다. 그러자 A씨는,

"우리 아들이 두 번이나 서울대에 불합격했으니 이번에는 낮추어서 보내기로 했습니다. 다른 철학관에 갔더니 지방대에 보내야 된다고 하면서 까딱 잘못하면 또 떨어진다고 하기에 갈등이 생깁니다. 그래서 2류 대학에라도 보낼 생각을 하고 있는데, 어떻게 하면 좋겠습니까. 자세히 말씀해 주세요."

라고 하소연했다. 저자는, "서울대 화학과에 지원하시오. 만일 또 떨어지면 내 명예를 걸고 책임지겠습니다." 하고 말하였더니 믿지를 않았다. 그러면서 부인은 만약 우리 아들이 서울대 화학과에 합격되면 선생님을 위대한 분이라고 소문을 내고 크게 사례하겠다고 하면서 감정을 마쳤다.

그 후 몇 개월이 지난 다음 전화벨이 울려 받았더니 흥분된 목소리로, "선생님 우리 아들이 합격했어요." 하면서 고맙다고 가장 먼저 알려드린다기에 저자는 보람을 느꼈다.

A씨는 제천에서 미곡상 도매업을 하는 상당한 재산가이다. 사주

도 진용이요, 주민등록번호도 진용이다. 역시 진용 집안에서 진용
이 나오는구나 하고 생각했다.

☯ 상호 풀이(韓寶 鄭泰守)

韓 17획 +寶 20획 = 37 금(金)으로 철강업을 과대하게 확장하
여 정축년(丁丑年)에 파산하고 대표자는 형벌을 받았다. 37 금(金)
은 이름 34와 가용이 된다. 가용은 파괴자요, 진용은 온화자다. 정
축(丁丑) 화(火)는 호랑이가 배가 고파서 닥치는 대로 잡아먹는 형
상이다.

호랑이는 가용으로 변해서 모든 사물을 파괴하는 파괴자다. 말하
자면 기신(忌神)이니 생명과 재산을 보호하지 않을 뿐더러, 도리어
위협하고 침해하는 무법자요, 사나운 호랑이로 둔갑한다.

이름 자인 鄭 19, 泰 9, 守 6을 합한 수 모두 34로 정축 호랑이
로 둔갑한다. 34화(火)란 수리는 이름의 가용으로서 상호 37금(金)
의 호랑이로 다시 둔갑하여 윤리도덕과 법을 무시하고 본능적이고
야성적인 탐욕과 향락을 즐기는 격이다. 직선적이고 유아적이며,
성급하고 저돌적이다. 안하무인이요, 살기가 등등하여 참을성과 이
해력이 부족하다.

재는 관을 보면 모두가 관으로 동화한다. 화(火)가 가용이 되면
금(金) 또한 가용이 된다. 34화(火) 가용은 산산조각으로 파괴되는
지극히 나쁜 조짐이며, 잠시 행복하다가 급변하여 흉악한 기운이
겹겹이 에워싸고 환난과 재앙이 꼬리를 물고 일어난다. 비참하기
그지없다.

아무리 노력해도 결국에는 몰락하는 상호이다. '한보'라는 철강업
의 상호는 부적합한 상호이다. 차라리 섬유산업에 진출했더라면 파

산을 피할 수 있었을 것이다. 안타깝기 그지없다.

☯ 전두환(全斗煥)

<table>
<tr><td colspan="4">사주(四柱)</td><td colspan="7">대운(大運)</td></tr>
<tr><td>壬</td><td>癸</td><td>甲</td><td>甲</td><td>甲</td><td>乙</td><td>丙</td><td>丁</td><td>戊</td><td>己</td><td>庚</td></tr>
<tr><td>申</td><td>丑</td><td>申</td><td>戌</td><td>寅</td><td>卯</td><td>辰</td><td>巳</td><td>午</td><td>未</td><td>申</td></tr>
</table>

全 6은 금(金)이요, 斗 4는 수(水), 煥 13은 금으로 숫자의 총합은 23이다. 대운이 비견이요, 진용인지라 6세 때부터 누구에게나 기쁨과 즐거움과 도움을 주고 필요하고 유익하며 아쉬운 존재다. 참으로 대운이 좋았다. 만인이 나에게 다정하고 인심이 후하며 아낌없이 베풀고 나누어 주듯이 누구에게나 다정하고 인심이 좋았으며 잘 베풀었다. 인덕이 후하고 만인의 사랑을 받으며 인인성사·성귀하는 최고의 행운 사주이다.

주인공은 월축(月丑)으로 수흉(水凶)이다. 화(火)가 진용이고 목(木)이 희신이다. 신강사주로 사오미(巳午未) 대운에 육군 장군으로 예편, 대통령까지 하고 경신 대운에 흉으로 변하는 병자정축(丙子丁丑) 세운(歲運)에 관 기신(忌神)이 벌떼처럼 달려들어 호랑이로 변해 버렸다.

수(水) 흉갑이 관인데 금(金)을 만나면 칠살이 된다. 본명은 경신(庚申) 대운 관살이 만발하고 가용이니 감당하기가 어려웠다. 병자(丙子) 정축년은 산 넘어 산이요, 백호가 난무하고 산적이 들끓는 형국이다. 호랑이는 육신을 탐하고 산적은 돈을 탐한다. 호랑이가 내 몸을 탐하니 강제로 재를 빼앗기고 구속까지 되어 옥고를 치르기까지 했다.

축월생(丑月生) 사오미(巳午未) 대운에서 욱일승천해서 만인지
상(萬人之上)인 재상에 오른다. 그러나 신유술(申酉戌) 대운에 칠
살 백호가 만발하니 폭염천하다. 관이 기신이니 이관재관(以官災
官)하니 부가 오히려 화근이다. 만인을 다스리는 관은 성난 호랑이
로 둔갑하여 인인성패하니 만인이 무정하고 진용인 갑목(甲木)이
칠살인 신유술(申酉戌) 금에 난타당하니 불 속에 뛰어드는 나비가
되고 만다.

저자가 사주와 이름을 풀어놓고 명상을 해 보니 이런 사람들이
82령부와 28수 부적, 백호살 부적, 행운의 번호, 인장을 진용으로
만들어 사용했더라면 오늘과 같은 불행은 없었을 것이라고 생각한
다.

☯ 노태우(盧泰愚)

<table>
<tr><td colspan="4">사주(四柱)</td><td colspan="6">대운(大運)</td></tr>
<tr><td>壬</td><td>戊</td><td>庚</td><td>乙</td><td>己</td><td>庚</td><td>辛</td><td>壬</td><td>癸</td><td>甲</td></tr>
<tr><td>申</td><td>申</td><td>戌</td><td>酉</td><td>酉</td><td>戌</td><td>亥</td><td>子</td><td>丑</td><td>寅</td></tr>
</table>

盧는 16 금(金)이요, 泰는 9 토(土), 愚는 13 목(木)으로 숫자의
합은 38이다. 1932년 7월 16일생임, 대권자로서 월 신금(申金)이다.
호신(好神)이 목(木)이며, 희신(喜神)은 수(水)이다. 호는 을목(乙木)
이고 희신은 임수(壬水)인데, 을목은 경금(庚金)에 먹혀 버렸다. 임
수가 희신이지만 토(土)에 압사하고 만다.

해자축(亥子丑) 운에는 희신 식상 호신을 만나 자기 능력을 제대
로 발휘하고 기회를 잡는다. 월 건록(建祿)이라 다행히 신강사주로
제왕에 오르다. 신강사주는 희신이 좋은 작용을 하고, 생산적인 사

주로서 활동과 능력을 발휘하여 소득이 생기며, 수단과 기회를 포착하여 돈을 무더기로 끌어들이는 자금력과 고기를 대량으로 잡아 황금알을 낳는 것이 식상의 작용이다.

본명은 금(金)이 흉신으로서 수목(水木)을 다 쓰는 사주이지만 갑자기 패망하는 사주이다. 목(木)인 재는 관이 지켜보고, 수(水)인 재 역시 토(土)가 지키고 있다. 기회만 포착하고 있다가 무자비하게 짓밟는 형국이다. 경술일(庚戌日)생인 본명은 연간 임수가 식상이다. 연상(年上)에 호(好)인 임수(壬水)가 있고, 시상(時上)에 을목인 정재가 있으니 식상이 쉴 새 없이 생재하는 형국이다.

연상(年上)은 부(父)의 자리요 조상이며 국왕이다. 연상에 식상이 있고 용이니 부덕·조상덕이 있어 상속을 상징한다. 군왕과 군신관계이니 나라의 덕을 크게 볼 수 있다. 본명은 공돈을 버는 수단과 능력이 천재적이다. 그러나 노태우(盧泰愚) 38수 금(金)으로 흉신이 되면 10톤의 힘으로 100톤을 끌고 가려는 격이니 절벽강산이요, 첩첩산중이다. 일간(日干) 경금(庚金)이 월(月) 신금(申金)이요, 이름 38 금(金)으로 비견 흉신이다. 만인이 무정한 겁탈자며 탈재자이다.

불법으로 일확천금하지만 관을 거머쥐고 있을 때 가능하다. 그래서 관에 있으면 재산의 보호가 가능하지만 관직을 떠나면 호재(護財)가 불가능한 동시에 나의 재를 탐하고 빼앗으려는 겁재자(劫財者)를 막을 수도 감당할 수도 없다. 투기나 기업 등을 통해 돈을 거래하면서 도적같은 겁재가 벌떼처럼 나타나서 무자비하게 가로채고 집어삼킨다.

육신상(六神上) 금(金)은 화(火)가 관이다. 38 금(金)은 병자(丙子) 정축에 호랑이로 둔갑하여 절벽 같은 험산을 만나 10톤 차에

100톤을 싣고 험산 준령을 넘는 형국이다. 황금을 싣고 산에 오르면 산적의 밥이 된다. 산적은 무재자는 거들떠 보지도 않지만 유재자는 송두리째 빼앗는다. 노 16, 태 9, 우 13, 즉 16+9+13=38이다. 천인(天人) 지격(地格)에 22수가 흉신인 데다 허욕이 많았고, 이재생재하였다. 말하자면 백 톤 차에 만 톤을 싣고 달리는 격이다. 뱃속의 아기가 재능을 과시하고 100퍼센트 발휘하는 기막힌 형국이다.

인명은 재천이라고, 인간은 천명이 명시한 운명의 각본에 따라서 행동 하는 배우요, 꼭두각시에 지나지 않는다. 본명은 탐관 탐재에 눈이 어두워 초고속으로 가속화하니 온전하겠는가? 저자가 사주를 풀어놓고 임상실험을 하니 너무 과욕이라 감당 못하는 사주요, 이름이라는 결론을 내렸다.

☯ **한남**(韓南; 1980년대 수산업의 거목이었으나 부도 처리된 상호)

사주(四柱)				대운(大運)						
庚	辛	己	戊	壬	癸	甲	乙	丙	丁	戊
辰	巳	巳	辰	午	未	申	酉	戌	亥	子

韓은 17, 南은 9획으로 총 26획이다. 주인공은 1940년 4월 20일 진시(辰時)생으로, 1970년 초에 한국 수산업의 거목으로 성장하는 회사의 대표였다. 저자가 한참 무역업을 할 때 도움을 받았고, 도움을 주기도 하였다. 대우(大宇)의 협력업체로 수억 달러의 수출 실적을 올리는 등 전국 시장을 석권하였던 회사다.

본명의 사주는 월지(月支) 화(火)로 상호는 26 토(土)이다. 일간 기토(己土)는 비견으로 흉신이 되고, 연상 월상(年上月上) 금(金)은 식상이 된다. 식상은 움직이고 생산하는 노동이다. 주인공은 당시 30대의 나이로 엄청나게 성장하였다. 식상이 있는 사주는 활동이 강하다.

그러나 주인공의 사주는 호신(好神)이 수(水)인데, 수무(水無)하니 꽃은 피어 있는데 열매를 맺지 못하는 꽃이요, 겉만 그럴싸한 상호이다. 주인공은 식상 기신(忌神)이라 병자가 달리기를 하고 어린이가 깊은 강물에 뛰어드는 형국이다. 비겁이 기신인 주인공은 재주는 비범하나 성사되는 것이 없다. 욕심은 태산 같아서 닥치는 대로 덤비고 뛰어들어 번번이 패하고 만신창이가 된다. 재승박덕으로 무정하고 냉혹했다. 이재생재(以才生災)하니 갈수록 태산이다. 신유술(申酉戌) 식상운에 사업을 했지만 번번이 실패를 한다. 한남은 26 토(土)라 부도 처리되고 수년 뒤인 1982년 강원냉장(江原冷藏)을 설립했다.

江은 7금(金)이요, 原도 10금(金), 합도 17금(金)이다. 주인공의 강원냉장은 80년대 역시 수산업에서 오뚝이처럼 일어나 갑자기 시장을 석권하였다. 저자가 태안물산 주식회사(泰安物産株式會社) 대표이사로 있을 때 크게 거래하면서 당시 싯가 10억 원의 신당동 5층 빌딩, 연희동 저택(3억), 순화동 중앙일보사 앞 저택 100평(5억), 부여 임야(2억) 등 합계 20억 원 상당의 부동산을 근저당해 주고 물량을 전액 공급받아 시중에 유통시켰으나 약 2년도 거래하지 못하고 도산하였다.

상호는 가장 중요한 것이다. 의미없이 아무렇게나 지어서 사용하면 백전백패한다. 주인공은 제왕격이라 고집불통이다. 자기가 한다고 하면 무자비하게 하는 성격의 소유자이다. 저자는 그 후 단 한 푼도 받지 못했다. 그 많은 돈을 다 날려버렸지만 후회는 하지 않는다. 江 7+原 10=17로 식상 흉신이 된다. 그런데 주인공이 미련한지 유아독존으로 기고만장하고 안하무인 격으로 세상을 주름잡으려 했으나 만사불성으로 실의하고 탈기(脫氣)해서 평생 비운 속에서 파산만 하는 상호이며 사주이다. 더욱이 금융기관을 자기 마음대로 주물럭거려 자기만 망하는 것이 아니고 타인까지 망가뜨렸기 때문에 식상은 주인공의 육신상 기신이다. 기신은 꽃은 피지만 열매를 얻을 수 없으니 헛꽃이 만발한 것이다.

☯ 대통령은 이러한 사주를 가진 사람이 되어야 한다.

사주(四柱)				대운(大運)								
壬	乙	丙	甲	甲	乙	壬	辛	寅	己	戊	丁	丙
亥	丑	戌	辰	子	亥	戌	酉	申	未	午	巳	辰

대통령이 될 수 있는 사주이다. 축월생(丑月生)으로 수생목생화(水生木生火)하니 인수가 호신이고 비견도 호신이다. 호신이란 덕이요, 생명줄이다. 나라의 제왕이 되려면 덕망이 있어야 한다. 덕이 있어야 백성이 따르고 협조를 한다.

주인공은 인성이 진용이라 나를 생해 주고, 항상 따뜻한 밥으로 먹이고 입혀 주며 길러주는 어머니이자, 가르치고 인도하며 덕성과 인성(仁星)을 함양하는 스승의 별이다. 비견이 진용이라 가는 곳마다 형제요 동포다. 시장에 가면 모든 사람들이 사돈이고 형제이다. 만인을 부양하는 생업이요, 보호하는 벼슬이다.

무슨 일을 하던 혼자는 못 하는 일이다. 형제가 있어야 되고 도와주는 사람이 있어야 한다. 지붕에 올라가려면 우선 사다리가 있어야 되지 않는가? 주인공은 만인이 유정하고 인인성사하고 누구에게나 기쁨과 즐거움과 도움을 주며 필요하고 유익한 존재자다. 역대 고관 대작들의 사주를 보면 겨울 태생의 사주 천간에 진용이 대단히 많았다. 따라서 주인공의 사주와 비슷한 사람이 대통령이 된다.

인성이 진용이니 천하대권의 사주이다. 일간 병화(丙火) 월간 을목(乙木) 시간 갑목(甲木)이 호신이니 목생화(木生火) 통명(通明)으로서 현명하고 유능한 인재다. 병화 호신인 비견은 같은 차요, 같은 선박이다. 많은 배가 동서에서 자진해서 보물을 나누어 싣고 오니 멋지게 감당하고 관리해서 대부 대관 대귀(大富大官大貴)를 이룩할 수 있다.

지지 술중(戌中) 정화(丁火)가 호신이니 역시 친구와 형제가 사방에 붐빈다. 주인공은 가도 가도 친구요 형제다. 대통령의 사주로서 전 세계인이 친구가 되어 무엇을 도와줄까 하는 생각으로 인심을 베푸는 사주이다. 주인공은 비견이 호신, 인성도 호신인지라 역시 상생이다. 대통령에 출마하면 무조건 당선되는 사주이다. 만백성들의 형제가 출마하였으니 그 표가 어디로 가겠는가?

◑ 청와대 이름은 바꾸어야 좋다.

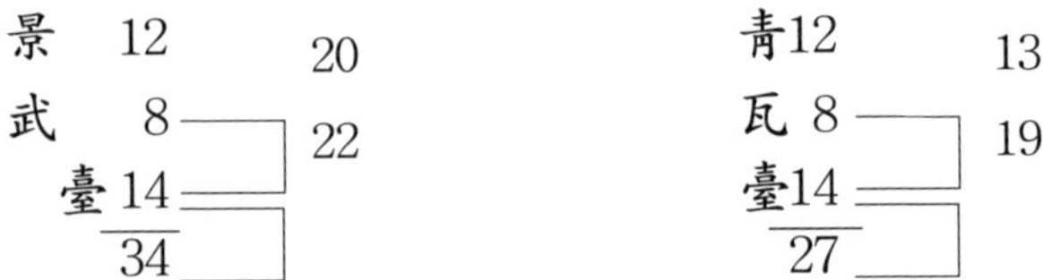

경무대는 오행상 34획으로 불에 속한다. 34획은 불길한 숫자로서 청와대 27획 금(金)을 난도질한다. 청와대 27획 금은 흉한 오행인 금에 속한다. 그렇기 때문에 역대 대통령들이 수난을 당하지 않았던가? 오행상 역대 대통령들은 모두 금에 속한다.

청와대(靑瓦臺)는 27획 흉금에 속한다. 역대 대통령 가운데 윤·최를 제외하고 모두 금이니 청와대(靑瓦臺) 27획 금과 동격이다. 역학 용어로 비견은 흉신이며 한 울타리 안에, 즉 한 집안에 두 얼굴의 주인이 자리다툼을 하는 형국이다.

한국은 동방목(東方木)에 속한다. 27획 흉금은 목(木)을 집어 삼킨다. 그래서 횡액과 재난·돌발 사태가 사주 일어난다. 청와대 주인들은 어떠하였는가. 청와대(靑瓦臺)는 푸른 기와집일 뿐이다. 아무 의미 없는 이름이다. 국민이 뜻을 모아 토론을 해서 음양오행에 맞추어 지어야 한다고 저자는 주장한다.

병든 자가 달리기를 하고 어린이가 강물에 뛰어드는 형국이다. 불행을 초래한 역대 대통령의 성씨를 오행으로 따져 보자. 이(李) 7획, 전(全)·박(朴) 6획이지만, 성은 1획을 가산하여 김(金)으로 해석한다. 전(全)씨 6획이지만 1회을 가산하여 7획, 노(盧) 16획 1획을 가산하여 17 금(金)에 해당한다. 청와대라는 이름을 빨리 바꾸어야 나라가 발전한다고 주장하는 바이다.

☯ 아들 딸 마음대로 조종할 수 있다.

옛날에는 산아제한 제도가 없었기 때문에 아기를 잉태하는 대로 출산을 하지 않으면 안 되었다. 그러나 요즘은 인구 폭등으로 가족계획을 장려하고 있다.

뒤 도표는 중국의 고대 황실에서 발간된 것이다. 왕실의 사무관들이 통계적 출산 기록을 기초로 작성하였는데, 성별을 가리고자 하는 사람들에게 아주 유용한 자료로 이용되었다. 많은 사람들이 이 도표를 이용했고 정확도가 뛰어나 거의 99퍼센트가 적중했다만 하게 된다. 그러나 그녀가 남자 아이를 바란다면 같은 해 11월

임신한 달		기대하는 산모의 나이 (만 나이)																											
음력	양력	18	19	20	21	22	23	24	25	26	27	28	29	30	31	32	33	34	35	36	37	38	39	40	41	42	43	44	45
1	2월		M		M		M	M		M		M		M	M	M		M	M		M		M		M		M	M	
2	3월	M		M		M	M		M		M		M				M		M	M		M		M		M		M	M
3	4월		M				M		M	M	M				M	M		M		M	M		M		M		M		M
4	5월	M		M		M	M			M						M		M			M	M	M	M		M		M	
5	6월	M		M		M	M						M							M		M	M		M		M	M	
6	7월	M	M	M				M	M	M			M							M	M		M			M	M	
7	8월	M	M	M			M	M				M	M							M	M			M		M		M
8	9월	M	M	M		M			M	M	M	M	M			M		M		M		M		M	M		M		
9	10월	M	M	M			M		M			M	M	M						M		M		M	M		M
10	11월	M	M				M		M			M	M								M		M		M	M		M
11	12월	M		M			M		M				M							M		M			M		M		M
12	1월	M		M				M		M					M	M	M	M	M	M	M				M		M		M

12일 또는 다음해 1월에 임신을 해야 된다.

이 도표는 남승우(손방) 제자가 제공한 자료로 저자가 임상실험한 결과 정확도가 대단히 높았다. 99퍼센트라고 도표에 기록되었지만 음양으로 보충을 하면 100퍼센트의 높은 확률을 자랑한다. 아들딸의 태세월을 반드시 지키되 여자가 한 달에 한 번씩 경험하는 음양육신(陰陽六神)을 분명히 맞추면 훌륭한 아들을 낳을 수 있다.

그러나 아무렇게나 아들만 낳으면 된다는 관념은 버려야 한다. 인간이란 사주팔자가 건실해야 한다. 즉 음양이 중화(中和)되어야 한다는 말이다. 세상의 50~60억 인구 가운데 사주팔자가 중화되어 있는 사람이 과연 몇 명이나 될까. 우리 나라만 해도 인구 7,200만 중에 중화되어 있는 사람은 불과 10명 미만이라고 저자는 본다.

이왕지사 중화된 사주팔자를 타고났다면 더 바랄 것도 없겠지만, 그렇지 않을 경우에는 그만큼 노력을 해야 한다. 올림픽에서 금메

428

달을 딴다고 생각해 보자. 피나는 노력을 하지 않고 어찌 금메달을 따겠는가.

중화된 아들을 만드는 방법은 다음과 같다.

첫째, 만으로 나이를 따져 만세력의 절기표에 맞게 월을 택할 것.

둘째, 반드시 여자의 생리가 끝나는 날부터 1·3일을 택할 것.

셋째, 남편이 일주일 전후로 외박을 금하고 과음·담배 과욕을 금할 것.

넷째, 남녀가 관계하는 날을 택할 때 아들은 양(陽), 딸은 음(蔭)인 날로 할 것.

참고로 양날은 갑(甲)·병(丙)·무(戊)·경(庚)·임(壬)이며, 음날은 을(乙)·정(丁)·기(己)·신(辛)·계(癸)이다. 양날 양시·자시를 제일로 친다. 자시도 갑자시 병자시 무자시 경자시 임자시이다.

중요한 것은 아들 부적을 몇 장 작성하여 산모가 가지면 더 훌륭한 아들을 탄생시킬 수 있다. 부적의 수는 산모의 길용 숫자를 지니되 작성하는 일시를 길용일 길용시에 맞추어야 한다.

1~3월 생은 8매를 작성하여 절반은 침대 밑에 두고 나머지는 몸에 지녀야 한다. 4~6월 생은 29장, 7~9월 생은 21장, 10~12월 생은 13장을 지녀야 하며, 특히 중요한 것은 남녀를 불문하고 사주팔자에 음양을 표출하여 양이 부족한 사람은 양의 한약을 복용하고, 음이 부족한 사람은 음에 대한 한약을 복용하면 더욱 효과적이다.

☯ 제왕절개 수술에 따른 출생의 비밀(출생 날짜를 잡는 법)

사주(四柱)				대운(大運)							
戊	甲	丁	甲	乙	丙	丁	戊	己	庚	辛	壬
寅	子	未	辰	丑	寅	卯	辰	巳	午	未	申

1998년 11월 8일 진시생이라고 하자. 자월생(子月生)으로 일간 정화(丁火), 월간 갑목(甲木), 시간 갑목(甲木)이라 인성이 진용이다. 목생화(木生火) 통명(通明)으로 유능한 인재가 된다. 인성은 배우는 학업이니 일찍부터 수재자로서 학업에 전념하고 박사 학위를 얻는다. 정화(丁火)는 용광로요, 갑목(甲木)은 연료이며, 무토(戊土)는 광석이다. 천하일색의 사주이다.

사주(四柱)				대운(大運)							
己	戊	庚	庚	丁	丙	乙	甲	癸	壬	辛	庚
卯	辰	子	辰	卯	寅	丑	子	亥	戌	酉	申

1999년 3월 3일 진시생이다. 위의 사주는 비견이 진용이다. 진월생(辰月生)으로 비겁이 진용이요, 비견이 진용이니 동포·동반자로서 만인이 형제이며, 동서를 막론하고 가는 곳마다 나에게 즐거움을 준다. 만인이 나에게 다정하고 인심이 후하며 아낌없이 베풀고 인덕이 후한 사주다. 신생아를 제왕절개하려면 반드시 심사숙고하여 택일을 잘 잡아야만 한다. 항간에 제왕절개를 자기 사주가 아니라고 하는데, 그렇치가 않다. 세상 밖에 나오는 것 또한 제 팔자다. 잘만 잡아서 출생하면 확실히 좋은 운수를 가질 수 있다.

요즘 젊은이들은 아기에 대한 관심이 아주 많다. 출생은 하나의 작품이다. 작품이 완성되려면 10개월이 걸린다. 10개월 후에 평가가 나온다. 작가가 작품을 만들어 놓고 이름을 지어주지 않던가. 특히 행운의 번호와 인장 3개, 사주의 진용이 되는 이름 등 모든 것이 진용이 되어야 한다. 28수도 대단히 중요하다. 그러면 100년 이상 살 수 있다는 것이다.

<table>
<tr><th>사주(四柱)</th><th>대운(大運)</th></tr>
<tr><td>庚 壬 丙 壬
辰 午 申 辰</td><td>癸 甲 乙 丙 丁 戊 己 庚 辛
未 申 酉 戌 亥 子 丑 寅 卯</td></tr>
</table>

2000년 5월 6일 진시생이다. 위의 사주는 화월생(火月生)으로 진용이 수(水)다. 월간 시간 진용으로 연간 금재(金財) 진용이다. 재생관(財生官)은 백성을 보호하는 것이 임무다. 관은 재를 보호한다. 재를 보살피고 지키며 생명을 보살피는 것은 의식주를 마련해서 부양하는 것이다. 관진용(官眞用)은 벼슬을 상징하는 동시에 나를 부양하고 보살피며 지켜주는 별이다. 위의 사주로 신생아를 출산한다면 천하일색이다.

<table>
<tr><th>사주(四柱)</th><th>대운(大運)</th></tr>
<tr><td>己 戊 己 庚
卯 辰 酉 午</td><td>丁 丙 乙 甲 癸 壬 辛 庚
卯 寅 丑 子 亥 戌 酉 申</td></tr>
</table>

위의 사주는 비견이 진용, 식상이 진용이다. 진월생(辰月生)으로 일간 기토(己土), 월간 무토(戊土), 시간 경금(庚金)으로 천하의 좋은 사주다. 식생은 자기 능력을 제대로 발휘하고 기회를 잘 포착한다. 식상이 진용, 비견이 진용이면 최고의 진용으로 호기다. 생산적인 투자이며 능력을 잘 발휘하고 소득이 많이 생긴다. 식상에 발생하는 이득을 재라고 한다. 위의 사주는 일생을 통해서 여기저기 나타나며 평생 호의호식하며, 100세 이상 수명 장수한다.

사주(四柱)				대운(大運)						
己	戊	乙	戊	丁	丙	乙	甲	癸	壬	辛
卯	辰	巳	寅	卯	寅	丑	子	亥	戌	酉

　　1999년 3월 8일 인시생(寅時生)이다. 위의 사주는 진월생(辰月生)으로 재(財)가 진용이다. 연간 재(財) 월간 시간 일재에 속한다. 재는 내가 소유하고 지배하며 부양하는 종속물이다. 재는 돈을 벌고 인력을 관리하며 많은 사람들을 부양하려면 재능이 있고 성실하며, 신용이 있고 수완과 수단과 요령이 있어야 한다. 위의 사주는 재가 진용이다. 사유 재산이 많고 재능이 뛰어나며 능력을 실하게 발휘한다. 부지런하고 신용이 있으며 검소하고 진실하다. 재를 생산하고 인력을 지배하며 남을 부양하려면 능력이 왕성한 장정이어야 한다.

　　위의 사주는 충분한 실력자로서 천하의 재를 가진 자로 만인의 위에 군림하고 다스리며 최고의 부귀영화를 누리고 즐길 수 있다. 출생하고 나서 행운의 번호와 이름을 맞게만 해준다면 100세 이상 장수하고 천하의 재벌이 된다.

사주(四柱)의 기초

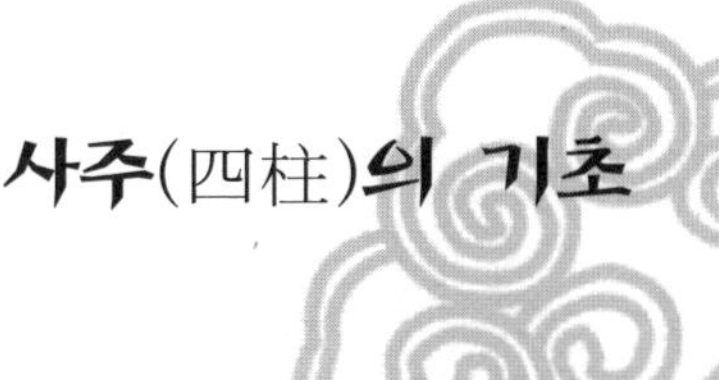

 사주는 인간이 출생한 생년월일시를 음양오행인 천간(天干)과 지지(地支)로 표시한다. 천간은 십간(十干), 지지(地支)는 십이지(十二支)로 표현한다.

1) 십간(十干)과 음양오행

五行	木	火	土	金	水
陽	甲	丙	戊	庚	壬
陰	乙	丁	己	辛	癸

2) 계절과 방향

십간	甲乙	丙丁	戊己	庚辛	壬癸
방향	東	南	中央	西	北
계절	春	夏	上用	秋	冬

3) 십이지(十二支)와 음양

양	子(水)	寅(木)	辰(土)	午(火)	申(金)	戌(土)
음	丑(土)	卯(木)	巳(火)	未(土)	酉(金)	亥(水)

4) 십이지와 월

	子	丑	寅	卯	辰	巳
月	11	12	1	2	3	4
	午	未	申	酉	戌	亥
月	5	6	7	8	9	10

5) 십이지와 계절

月	寅卯辰	巳午未	申酉戌	亥子丑
방향	東	南	西	北
계절	春木	夏火	秋金	冬水

6) 십이지와 시(時)

十二支	子	丑	寅	卯	辰	巳
時	23~1	1~3	3~5	5~7	7~9	9~11
十二支	午	未	申	酉	戌	亥
時	11~13	13~15	15~17	17~19	19~21	21~23

7) 상생상극(相生相剋)

$$木 \xrightarrow{生} 火 \quad 火 \xrightarrow{生} 土 \quad 土 \xrightarrow{生} 金 \quad 金 \xrightarrow{生} 水 \quad 水 \xrightarrow{生} 木$$

$$木 \xrightarrow{剋} 土 \quad 土 \xrightarrow{剋} 水 \quad 水 \xrightarrow{剋} 火 \quad 火 \xrightarrow{剋} 金 \quad 金 \xrightarrow{剋} 木$$

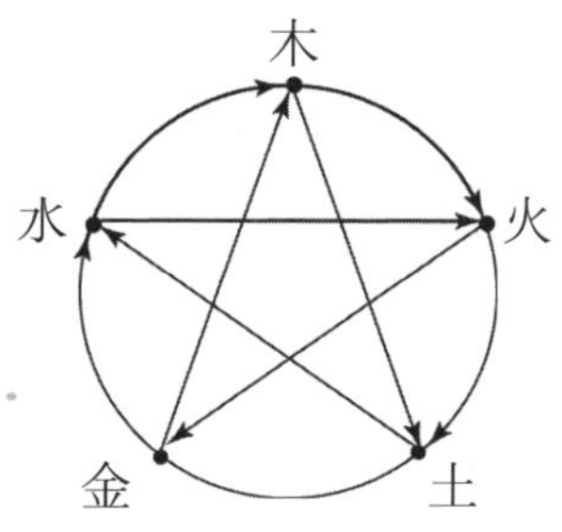

〈五行의 相生·相剋圖〉

8) 간합(干合)

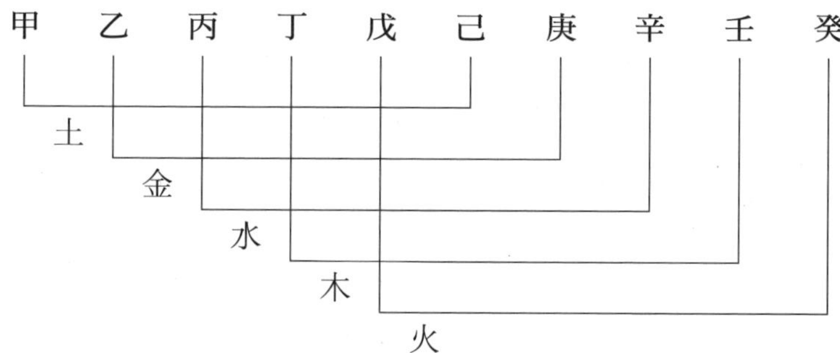

9) 간충(干沖)

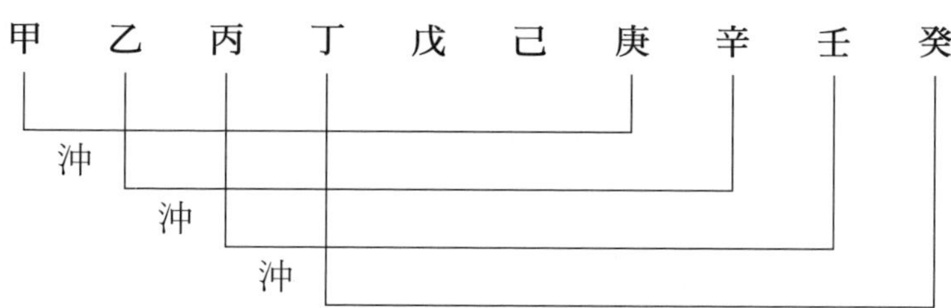

10) 지합(支合)

子-丑　寅-亥　卯-戌　辰-酉　巳-申　午-未

11) 지충(支沖)

子-午　丑-未　寅-申　卯-酉　辰-戌　巳-亥

12) 지장간(支藏干)

지지(地支) : 땅이며 지장간은 땅 속에 있는 보물이다.

여기(餘氣) : 전달의 정기 여분이 이월하여 초기에 가장 약하다.

중기(中氣) : 새로 태어나는 생기로서 십이운성(十二運星)의 장
생(長生)인 반면 저장되는 사행(四行)의 묘지다.

정기(正氣) : 최대의 왕기이자 주기(主氣)로서 월령(月令)을 형성
하여 여분은 다음 달 금기(金氣)가 된다.

436

지장간(支藏干)

	寅卯辰	巳午未	申酉戌	亥子丑
餘氣	戊甲乙	戊丙丁	戊庚辛	戊壬癸
中氣	丙 癸	庚 乙	壬 丁	甲 辛
正氣	甲乙戊	丙丁己	庚辛戊	壬癸己

方局	庚 卯 辰 甲甲乙乙	巳 午 未 丙丙丁丁	申 酉 戌 庚庚辛辛	亥 子 丑 壬壬癸癸
三合	亥 卯 未 甲甲乙乙	丙 午 戌 丙丙丁丁	巳 酉 丑 庚庚辛辛	申 子 辰 壬壬癸癸

13) 육신(六神)의 상생 상극법

육신(六神)은 음양의 배합이며 정(正)과 편(偏)으로 구별한다. 일주(日主)와 서로 견주어 육신이 음과 양으로 배합되면 정이라 하고, 음과 음이거나 양과 양이 되면 편중되었다 하여 편이라 한다.

일간(日干)과 같은 육신을 비견이라고 하며, 일간과 오행(五行)은 같으나 성(性)이 다르면 겁재(劫財), 일간에서 생(生)하는 것으로 일간과 동성인 육신을 식신(食神), 일간에서 생하나 일간과 다른 성인 육신은 상관(傷官), 일간과 극하되 음양이 배합되는 육신은 정재(正財), 일간이 극하되 음양이 편충되는 육신은 편재(偏財), 일간을 극하되 음양이 서로 배합되는 육신은 정관(正官), 일간을 극하되 음양이 편중되는 육신은 편관(偏官), 일간을 생해 주며 음양이 배합된 육신은 정인(正印), 일간을 생하나 음양이 편중되는 육신은 편인(偏印)이라고 한다.

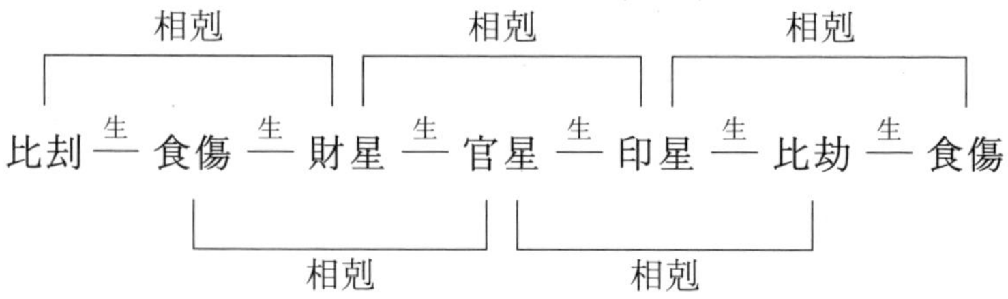

14) 십이운성(十二運星)

사람이 어머니의 자궁에 잉태되면서부터 출생하고 성장하고 왕성하고 노쇠하고 병들고 죽어서 무덤에 묻히기까지의 모든 과정을 세밀히 분석하고 질서 있게 체계화한 인생의 이정표를 십이운성이라고 한다.

고전 명리파에서는 이를 하찮은 별로 여기고 그 해석 또한 지극히 피상적이고 추상적이어서 배우는 학도 역시 거의 무관심하게 도외시하고 있지만, 사실은 십이운성이야말로 인간의 오장육부로서 가장 소중하고 신비한 운명의 열두 가락 거문고와 같다.

거문고가 열두 줄로 온갖 소리를 내고 사람을 울렸다 웃겼다 하듯이 십이운성은 인생의 성격과 직업을 비롯해서 부모 형제 처자의 인연과 그 후박(厚薄)을 소상히 알 수 있고, 소년 시절과 청년 시절, 그리고 장년과 만년의 운명을 관찰할 수 있다. 사람 팔자는 십이운성의 곡조에 맞추어서 읊는 노랫가락이라는 것이 가장 적절한 표현일 만큼 십이운성은 지금까지 상상조차 할 수 없는 무궁한 신비를 간직하고 있다. 이 금단의 수수께끼는 다음 십이운성론에서 구체적으로 밝히려니와 여기서는 그 개념만을 간단히 소개하겠다.

① **장생**(長生)

사람이 출생하고 어머니의 젖꼭지를 물고 있는 동안을 장생이라고 한다. 인생의 첫 출발이자 따사로운 모정을 듬뿍 누릴 수 있는 가장 순진난만하고 행복한 시절이다. 성격이 원만하고 호인이며 모방이 뛰어나고 예능에 소질이 있다.

② **목욕**(沐浴)

흔히 목욕이라면 어린 아이가 출생하면 맨 먼저 목욕을 시킨다 해서 장생을 출생이고, 목욕은 첫 번째 목욕인 양 해설하고 있는데 이는 어머니의 젖꼭지를 떠나서 저 혼자 마음대로 행동하면서부터 성년이 되기 이전의 미성년 시절를 말한다.

세상 물정을 모르고 육체 또한 미완성 단계에서 무엇이든 기분과 감정에 따라서 천방지축 경거망동하니 실패와 변동이 무상할 수밖에 없다. 다정다감하고 갈팡질팡하며 기분 내키는 대로 감정적으로 덤비고 행동하니 어찌 꼴불견이 아니겠는가? 인생으로서 가장 성패와 기복과 변동이 무상한 시기다. 풍류를 좋아하고 멋을 먹고 살며 시작은 있으나 끝이 없다.

③ **관대**(冠帶)

나이를 먹고 육체적으로 성숙하였으니 성인이라 하여 결혼을 시키고 살림을 나누어 분가시키니 독립하는 첫 과정이다. 비록 육신은 성숙되었으나 정신면은 텅 빈 미완성 단계이므로 반 성인이다.

마치 벼이삭이 처음 열리는 상태와 같이 겉은 완성되었으나 속은 빈 쭉정이다. 그래서 익지 않은 벼이삭은 고개를 반짝 쳐들고 수그릴 줄을 모른다. 그와 같이 관대는 저 잘난 맛에 누구에게나 어른 노릇만 하려 들고 고개 숙일 줄을 모른다.

어른을 공경하고 섬기는 법을 모르며 안하무인으로 천상천하 유아독존으로 행동하기 때문에 모가 나고 적이 많으며 좌충우돌이다. 경험없이 닥치는 대로 덤비고 뛰어들기 때문에 실패가 거듭되고, 고집과 우월감 때문에 고생을 사서 한다. 백전백패하면서도 백절불굴의 패기와 투지가 있어서 끝내는 성공을 하지만, 아량과 관용성이 없어서 고독을 자초한다.

장생과 목욕과 관대는 부모 슬하의 시절이므로 이 세 가지 별은 모두 부모궁에 있다. 부모는 나를 생해 주는 것이니 목(木)은 수생목(水生木)하여 수(水)가 부모가 되고, 화(火)는 목생화(木生火)하니 목(木)이 부모가 되며, 토(土)는 화생토(火生土)하니 화(火)가 부모이고, 금(金)은 토생금(土生金)하니 토(土)가 부모이며, 수(水)는 금생수(金生水)하니 금(金)이 부모가 된다.

때문에 갑(甲) 일생은 해자축(亥子丑) 북방 수(水)가 부모궁이고, 병(丙) 일생은 인묘진(寅卯辰) 동방 목(木)이 되며, 무(戊) 일생은 중앙 토(土)로서 방위가 없고, 토궁(土宮)이 따로 없으므로 병화(丙火)에 같이 묶어 놓는다. 병화는 하늘이요 무토(戊土)는 땅인데 하늘과 땅은 하나요, 땅이 소속할 곳은 하늘 뿐이라 해서 병화에 종속시킨 것이다. 그래서 무토는 병화와 같이 인묘진(寅卯辰) 동방 목(木)을 부모궁으로 삼는다.

목(木)은 토(土)를 극한다고 했는데, 어떻게 해서 극하는 것이 부모가 될 수 있느냐고 반문하겠지만, 앞서 오행상극에서 말했듯이 금수목화(金水木火)의 사상(四象)은 극을 만나면 크게 상해를 당해 두려워하지만 토(土)만은 목(木)이 쟁기요 호미로서 목이 극하면 도리어 생기를 얻어 기운이 생긴다.

440

부모궁은 생기와 기운을 얻는 곳이니 토(土)가 목을 부모궁으로 삼는 것은 당연하다. 그렇다고 토를 화(火)와 동일체로 삼는 것이 전적으로 옳은 것은 아니다.

왜냐 하면 하늘은 양이요, 땅은 음인고로 음양이 유별한데 음이 양으로 둔갑할 수는 없는 것이다. 땅은 어디까지나 음이요, 양이 될 수는 없다. 그래서 중국 명리계에서는 토(土)를 수(水)와 결부시켜 십이운성을 논한다.

토(土)는 육지요, 수(水)는 바다로서 육지가 바다와 한 몸이 되는 것은 자연의 섭리라는 것이다. 음양으로 따지면 토가 음이요, 수도 음이며, 토가 땅이요, 수가 바다이니 토가 수와 합치는 것은 당연하다 하겠다.

그러나 토와 수는 엄연히 상극된 오행으로서 상극이 하나로 뭉친다는 것은 있을 수 없는 이변이다. 문제는 토가 어디에 속하느냐 하는 것인데, 토는 종속물이 아닌 만큼 어디에도 속하지 않는다.

다만, 십이운성상 병화에 잠시 업혀가는 것일 뿐인데, 사실 토는 금수목화(金水木火)처럼 죽고 살고 흥하고 망하는 생사의 왕쇠가 없으므로 생사왕쇠를 분별하는 십이운성을 그대로 적용하기에는 여러 가지 어려운 문제가 있다. 차후 구체적인 설명이 있겠지만, 이 점을 헤아려 십이운성을 관찰해야 할 것이다.

이러한 난점은 금(金)의 십이운성에서도 발견할 수 있다. 금은 토가 부모궁인데 방위상 토궁이 없다. 그래서 부득이 여기서도 토는 화와 공동체라는 견지에서 사오미화(巳午未火)궁을 경(庚)의 부모궁으로 삼게 되었다.

임수(壬水)는 신유술(申酉戌) 서방 금이 부모궁이니 오행은 저마다 부모궁을 가지고 있다. 같은 부모궁이라 해도 순서에 따라서 장

생·목욕·관대로 분류된다. 갑목(甲木)은 해자축(亥子丑)이 부모
궁이니 순서대로 따져서 해(亥)는 장생이 되고, 자(子)는 목욕이 되
며, 축(丑)은 관대가 된다.

④ 건록(建祿)

정신적인 미완성을 완성시킴으로써 정신·육체 방면으로 성숙하
여 완성된 인간이 건록이다.

속이 꽉 차고 빈틈이 없는 벼이삭처럼 무게가 있고 침착하며 자
주 독립할 수 있는 능력이 완전하다. 옛날엔 벼슬을 하고 녹을 먹
는 것이 자립하는 첫 과정이었다. 그래서 건록이라 하고 임관(臨官)
이라고도 한다.

부모의 슬하를 완전히 떠나서 자기 나라를 세우고 독립하는 과정
이므로 남의 지배와 간섭을 거부하고 주도 면밀하여 자신만만하다.
인덕없이 자수성가하며, 고도의 지성으로써 기획과 설계에 능하다.

건록은 육신과 정신은 완성되었으나 아직 실제 경험은 하지 못했
으므로 수완이 부족하다. 융통성이 없고 처세가 원활치 못한 것이
흠이다.

⑤ 제왕(帝王)

벼슬하고 녹을 먹으면서 산전수전을 겪고 사회 물정에 통달하여
처세가 능소능대한 것이 제왕이다. 일생일대의 전성시대요, 정상으
로서 천하의 왕자로 군림하는 왕업을 꿈꾸는 것은 필연적이다.

수완·역량이 비범하고 백절불굴이며, 어떠한 간섭이나 지배도
받지 않고 자력으로 대규모 사업을 일으킨다. 남에게 지지 않으려
는 패기는 관대와 비슷하지만, 관대는 용기는 있으나 무모한데 반

해 제왕은 용기도 있고 책략도 있다는 점에서 관대와는 다르다.

⑥ 쇠(衰)

장년시절이 지나고 초로에 들면 정신은 멀쩡 하나 몸이 노쇠한다. 아직 독립할 능력은 있으나 천하를 다스리는 무거운 짐은 감당할 수 없다. 노련한 경험을 살려 부분적인 직분을 만족으로 삼는 마지막 활동기다.

패기가 없는 대신 온순하고 침착하며, 소극적이고 헌신적이다. 봉직 생활로는 가장 적합한 시기요, 마지막 봉사의 기회다. 건록과 제왕과 쇠는 자기 고장으로서 형제들이 살고 있는 형제궁이요, 자수성가하는 독립궁이다.

갑목(甲木)은 인묘진(寅卯辰) 동방 목(木)궁에 해당하고, 병화(丙火)는 사오미(巳午未) 남방 화(火)궁에 해당하며, 경금(庚金)은 신유술(申酉戌) 서방 금(金)궁이, 임수(壬水)는 해자축(亥子丑) 북방 수(水)궁이 각각 형제궁이요, 독립궁이다.

⑦ 병(病)

초로를 지나면 몸이 쇠약하여 병이 든다. 병이 들면 만사가 정상적이 아니며 감상적이고 비관적이다.

병이 들면 자식에게 의지하게 되므로 이 때부터 인생은 자식궁으로 옮겨 산다.

병이 들면 입원하고, 입원하면 가장 기다려지는 것이 문병객과 음식 선물이다. 서로 대화하고 회식하며 남의 신세를 기뻐하듯이 그 자신 남을 간호하고 보살피는 것은 즐겨 한다. 몽상이 많고 잔소리가 많은 것이 특징이다.

⑧ 사(死)

사람이 죽음에 임박하면 물욕이 없어지고 담백하며 취미를 살리고, 종교와 철학 등 인생을 연구하고 학문을 닦는 데 주력한다. 몸이 노쇠하니 육체 활동은 어렵고, 정신적이고 기술적인 업무로써 생계를 유지한다.

⑨ 묘(墓)

인생은 무덤에 들어가면 모든 것이 끝장이다. 아직 무덤에 들어간 것은 아니지만 무덤에 갇힌 것처럼 수족이 움직이지 않고 앉아서 산다.

남과 같이 활동하고 벌기가 어려우니 있는 것을 절약하고 아껴 쓸 수밖에 없다. 한푼이라도 더 불려서 하루라도 더 오래 살려고 저축하며, 사치를 모르고 실리만을 따지는 구두쇠다. 안정된 직업과 고정된 수입을 원한다.

병·사·묘는 자식궁에 있으므로 갑(甲)일생은 목생화(木生火)하니 사오미(巳午未) 남방 화(火)궁이, 병무일(丙戊日)생은 신유술(申酉戌) 서방 금(金)궁이, 경금(庚金)은 해자축(亥子丑) 북방 수(水)궁이, 임수(壬水)는 인묘진(寅卯辰) 동방 목(木)궁이 각각 자식궁에 해당한다.

병화(丙火)는 토(土)가 자식이나 토(土)궁이 없으므로 화(火)궁 다음의 금(金)궁을 자녀집으로 삼은 것이다.

⑩ 절(絶)

사람은 묻히면 허무로 돌아간다. 이미 죽어 묻힌 몸이 되살아 날 수는 없다. 예수는 무덤에서 부활했다지만 음양오행학으로는 전혀 생각조차 할 수 없다. 육신은 세포활동이 중지되면 썩고, 썩은 시체는 물과 한줌의 흙으로 돌아갈뿐 되살아날 수는 없기 때문이다.

그러나 땅에 묻히고 썩는 것은 몸에 속하는 육신일뿐 양에 속하는 기는 아니다.

만물은 기와 체의 결합으로써 생명이 발하고 존재하는데, 기와 체가 분리되면 생명과 존재는 몰락한다.

육신이 땅에 묻히면 기는 하늘로 승천하니 그 육신과 영혼[氣]이 서로 분리되고 단절된 상황을 절이라고 한다. 절은 기가 있을 뿐 육신이 없음으로써 가장 허약하고 불안한 상태이며, 새로운 육신을 찾아서 대기 속에 떠돌고 있는 과정이니 마음이 동하고 새로운 변화를 찾는 변동기를 의미한다. 어차피 죽은 몸과는 살 수 없으니 새로운 몸을 찾을 수밖에 없다. 그것은 갑(甲)은 갑이되 죽은 A갑이 아니고 전혀 새로운 B갑을 찾고 있는 것이다.

A갑에서 B갑으로 몸을 옮기듯이, 절은 옛날은 가고 새날을 맞이하는 새 출발의 별이다. 이미 끊어진 육신을 떠나 새 육신을 구하고 만나는 것을 절처봉생(絕處逢生)이라고 한다.

절은 언제나 새로움과 변화를 즐기고, 무엇이든 시종일관하지 못하며, 마음이 단순하고 결백하여 속는 일이 많다. 몸이 없는 영혼뿐으로서 아무리 붙잡으려 해도 잡을 수가 없듯이 사랑할 때는 뜨거워도 헤어질 때는 걷잡지 못한다.

⑪ **태**(胎)

육신을 찾아 헤매이던 영혼이 새로운 생명으로 재생·잉태한 것이 태다. 비록 잉태는 하였으나 아직 아들 딸의 성별이 분별되지 못하고 또 만삭이 되지 않았으므로 장차 어떻게 될 것인지 불안하고 초조하기 그지없다. 뱃 속에서 놀고 있기 때문에 마냥 즐기고 놀기를 좋아하며, 순진하며 여성적인 반면에 변화를 즐긴다. 낙태를 가장 두려워하듯이 폭력을 싫어하고, 아들이다 딸이다 하는 이성의 분별은 운명을 좌우하는 중대사로서 같은 동성간에는 누구와도 교제하지만, 이성 교제에 대해서는 심각하고 굳은 표정이다.

배 속에서 무엇이든 척척 청탁을 받듯이 남의 청탁을 너무 쉽게 받아들이고 실천하지 못해서 사서 고생하고 신용까지도 잃기 쉽다.

⑫ 양(養)

잉태한 태아가 완전히 성숙해 만삭이 된 것을 양이라고 한다. 아직 출생은 하지 않았지만 인간으로서의 형상이 완성되었기 때문에 불안과 근심이 없다. 여유 있고 안정된 상태에서 원만하고 자신이 있으며, 노신사처럼 둥글둥글 팔방미인이다.

절·태·양은 생명의 형체[육신]가 바뀌고 새로운 생명이 형성되는 과정으로서 상극이며 가장 허약한 별이다.

십이운성 조견표(十二運星早見表)

養	胎	絶	墓	死	病	衰	帝旺	建祿	官帶	沐浴	長生	十二運星 / 天干
戌	酉	申	未	午	巳	辰	卯	寅	丑	子	亥	甲
未	申	酉	戌	亥	子	丑	寅	卯	辰	巳	午	乙
丑	子	亥	戌	酉	申	未	午	巳	辰	卯	寅	丙
戌	亥	子	丑	寅	卯	辰	巳	午	未	申	酉	丁
丑	子	亥	戌	酉	申	未	午	巳	辰	卯	寅	戊
戌	亥	子	丑	寅	卯	辰	巳	午	未	申	酉	己
辰	卯	寅	丑	子	亥	戌	酉	申	未	午	巳	庚
丑	寅	卯	辰	巳	午	未	申	酉	戌	亥	子	辛
未	午	巳	辰	卯	寅	丑	子	亥	戌	酉	申	壬
辰	巳	午	未	申	酉	戌	亥	子	丑	寅	卯	癸

육신(六神)의 기질

① 비견(比肩)

비견은 형제 자매·친구·동생 사이로 자존심과 고집이 세고, 승부욕이 강하여 남에게 의존하는 것을 싫어 한다. 지나치게 자기 주장을 내세워 다른 사람과 대립 불화가 심하고 고립에 빠진다. 비견이 호신(好神)으로 작용할 때는 만인이 나에게 덕을 베풀고 다정하며 사랑을 준다. 그러나 흉신(凶神)으로 작용할 때는 만인이 나에게 해만 끼치고 이익은 주지 않는다. 인덕이 없으며 낭비·투기 등으로 재산을 날리며 횡액이 발생한다.

② 겁재(劫財)

겁재도 비견과 같으나 성격이 교만하고 불손하며, 사람들과 잘 다툰다. 겉으로는 얌전하게 보여도 본심은 고집이 대단하다. 강한 자에게는 약하나 약한 자에게는 인정 사정이 없다. 남에게 지기 싫어 하는 강한 승부욕과 욕심이 많아 실패와 곤경에 처하기도 한다. 동업이나 협동하는 일은 부적격하다. 호신이나 흉신일 때는 비견과 같은 원리다.

③ 식신(食神)

식신은 투자·기회·순조·원만 등에 해당한다. 의식주가 풍만함을 나타낸다. 남자에게는 장인·장모를 뜻하며, 여자에게는 자식을 의미한다. 식신은 자기 능력을 최대한 발휘하여 재산을 모을 수 있다. 포용력이 대단하여 여러 사람들과 교제가 빈번하며 이해심도 넓다. 식신이 호신으로 작용하면 재(財)를 생산하는 기반을 갖춘다. 소득이나 재물운이 좋고 호의호식한다. 그러나 흉신으로 작용할 때에는 자식복이 없고 여자는 호색하며 과부나 첩이 될 수도 있다.

④ 상관(傷官)

식신과 같은 이치나 경쟁·소송, 비판적 교만이나 하극상을 나타내며, 여자에게는 자식을 뜻한다. 신경이 예민하고 자존심이 강해 속박을 당하는 것을 거부한다. 두뇌회전이 빠르며 날카로운 말투로 상대의 기를 꺾는다. 상관이 호신일 때는 재주가 있고, 예술적 자질이 뛰어나며 종교인·예술가·음악가로 성공한다. 그러나 흉신일 때는 부모 형제 덕도 없고 시비·송사를 당하여 호색 음란한 여성으로 독신생활을 한다. 만사가 되는 일이 없다.

⑤ 정재(正財)

정재는 재산·성실·경영·직장·번영 등을 나타내며 자기가 소유하고 관리하는 능력을 말한다. 남자에게는 처를 말하며 여자에게는 시어머니를 의미한다. 일에 있어서는 정확하고 꼼꼼하며 빈틈이 없다. 정의감과 신용이 자산이다. 뛰어난 재능을 발휘하며 부지런하고 신용이 있다. 정재가 호신이면 기업과 종업원을 두며 만인의 존경을 받고 부귀영화를 누린다. 정재가 흉신일 때는 재산을 모

을 수가 없으며 처덕도 없다. 가난하고 병 들어 일생을 고통 속에
살아야 한다.

⑥ 편재(偏財)

정재와 같은 이치나 권력·투기·도박·완력·일확 천금·무관
의 기질이 있으며 남자에게는 정부를, 여자에게는 아버지와 시어머
니를 뜻한다. 성격은 한 가지 일에 집착하거나 연연해 하지 않는다.
일 처리는 수완이 좋아 잘 처리하며 헌신적으로 남의 일을 도와 준
다. 신용이 좋아 재를 모으는데 탁월한 능력을 발휘한다. 호신으로
작용하면 타향에서 대성공을 하며 몸도 건강하고 처덕도 있다. 반
면 흉신이면 투기욕이 강하여 재산을 날리며, 축첩 등 향락에 빠져
탕진한다. 가정불화 등으로 패가망신한다.

⑦ 정관(正官)

정관은 부자(父子) 합법·생업·출세 등을 나타내며 남자에게는
자식을, 여자에게는 남편을 뜻한다. 품행이 단정하고 재주와 지혜
가 많으며, 만인을 보호하는 관직이다. 자존심이 강하여 자신을 굽
히는 것을 싫어한다. 의지와 자립심이 강하다.

정관이 호신이면 높은 관직을 얻으며 출세한다. 남편과 자식복이
있으며 명성을 크게 떨친다. 그러나 흉신일 경우에는 재산과 생명
을 보호받지 못하며 직선적이고 독단적이다. 여자는 과부가 되거나
화류계 여자가 된다.

⑧ 편관(偏官)

편관은 부자·무관·권위·두목·후사 등을 말한다. 남자에게는

자식, 여자에게는 남편을 뜻하며, 성격이 급하여 좋고 싫음을 그대로 나타낸다. 남을 이해하고 타협하는 기질이 약해 성급함이 있다. 보스의 기질이 강하여 항상 윗자리를 차지하려 한다. 호신이면 어려운 고비도 대담하게 돌파하여 일을 성취하며 존경의 대상이 된다. 흉신으로 작용하면 재산이 흩어지고 건강도 해친다. 여자는 남편운이 박하여 개가를 하던지 바람을 피운다.

⑨ 정인(正印)

정인은 생모·학문·종교·의식주·후견인 등이며, 남녀 공통으로 어머니를 의미한다. 지혜롭고 총명하며 덕망과 인성을 상징한다. 의식주가 부유해지고 외모상으로 빈 틈이 없어 보이며, 자기 중심으로 사물을 파악하려 한다. 학문의 기질을 타고나 어떤 분야든지 착실히 하기만 하면 반드시 성취한다. 정인이 호신일 때는 인덕이 있어 생활이 윤택해진다. 심신이 충만하여 존경의 대상이 된다. 반면 흉신일 때는 지성과 덕성이 부족하여 모든 것이 불행해진다. 의지력이 약하고 독립심이 없다.

⑩ 편인(偏印)

편인은 계모·박덕·이별·고독·의식주 등이 부족한 경우다. 편인은 모두 계모나 유모를 의미한다. 머리 회전이 빠르고 어려운 상황도 즉흥적으로 잘 처리한다. 변덕이 많아 친구를 잘 사귀고 잘 헤어진다. 편인이 호신일 때는 교육과 양육을 받는다. 의사·학자·예술가·미용업에 종사하는 사람이 많다. 흉신일 때는 게으르고 어리석으며 무능하다. 자녀 인연이 박하며 의타심이 심하고 불로소득을 바란다. 두뇌 회전이 느리고 박복하게 생활한다.

육신조견표(六神 早見表)

印綬	偏印	正官	偏官	正財	偏財	傷官	食神	劫財	比肩	六神＼日干
癸	壬	辛	庚	己	戊	丁	丙	乙	甲	甲
壬	癸	庚	辛	戊	己	丙	丁	甲	乙	乙
乙	辛	癸	壬	辛	庚	己	戊	丁	丙	丙
甲	乙	壬	癸	庚	辛	戊	己	丙	丁	丁
丁	丙	乙	甲	癸	壬	辛	庚	己	戊	戊
丙	丁	甲	乙	壬	癸	庚	辛	戊	己	己
己	戊	丁	丙	乙	甲	癸	壬	辛	庚	庚
戊	己	丙	丁	甲	乙	壬	癸	庚	辛	辛
辛	庚	己	戊	丁	丙	乙	甲	癸	壬	壬
庚	辛	戊	己	丙	丁	甲	乙	壬	癸	癸

산수지리학(山水地理學)

산수지리란 지리학의 일부다. 땅의 기운과 산수의 주위 배경을 이용하여 산[生] 사람이 그 기를 받아 길흉화복이 있게 하는 것을 양택이라 한다.

이에 연관된 것이 도시 계획이며, 산업시설이며, 고속도로와 고압선·광산·댐 등과 아파트 단지까지도 활용되고 있다.

음택을 사용하여 죽은 조상들에게 그 기를 받게 함으로써 영혼을 편히 잠들게 하는 것은 물론 자손들의 길흉화복까지도 있게 하니, 이렇듯 자연을 최대한으로 활용하는 지혜는 동서양을 막론하고 세계 곳곳에 널리 유행하고 있는 사실이다. 우리 나라 산수지리는 세계에서 가장 명당이 많다고 저자는 장담한다.

옛날 도선국사(道銑國師)는 수천의 명당을 결록(結錄)에 남기면서도 함부로 이용하지 말 것을 엄히 하였고, 지금도 지리가(地理家)에서는 이 땅의 기운이 세계를 지배하는 날이 올 것이라 예찬하고 있으며, 수천의 대지혈(大地穴)이 있으니 잘 이용하여 응용하면 세계를 지배하는 인물들이 연이어 날 것이라 하였다.

도선국사의 말씀에 저자는 절대공감한다. 명(明)나라 이여송은 한국의 산세를 보고 탄복하여 지도에 그 맥을 일일이 붓으로 끊었다 하며, 일제 강점기 당시 일본은 한국의 산세를 보고 그 기를 차단하기 위해서 곳곳에 철심을 박아 그 맥을 차단하려고 온갖 짓을 다 저질렀다. 그 맥을 끊고 굴을 파서 기를 통하지 못하게 하였으며, 심지어는 경복궁을 없애고 총독부를 짓지 않았던가. 이를 늦게나마 알게 되어 우리 정부는 철심을 뽑았으며 총독부 건물을 헐어 없애고, 다시 경복궁을 복원 하였으니 만시지탄이나마 다행한 일이라고 하겠다.

하지만 아직도 산수지리학을 미신이라고 하는 자가 많이 있는가 하면 근간에는 자칭 세계적인 큰 도사다, 명사다, 최고다 하며 최고 권력자들의 묘를 내가 정해 주었다느니 하여 오도하거나 사기 행각으로 선량한 사람들을 현혹시켜 망동하는 자들이 너무나 많다. 진혈(眞穴)을 파괴하거나 남용하지 않을까 양심 있는 지사나 뜻있는 지사들은 심히 염려하는 바이다. 왜냐 하면 진혈을 그 수가 정해져 있어서 남용하거나 파괴하여 덕인이 아닌 졸부나 악인에게 돈 몇 푼에 팔리기라도 한다면 이 얼마나 국가적인 손실이겠는가?

그 같은 무지한 지사나 비양심적인 지사가 없기만을 진심으로 바라는 마음 간절하다.

일이 잘 안 풀리면 조상 탓을 한다. 혹세무민(惑世誣民)하는 자들이 과연 얼마나 많은가? 조상 묘를 파 옮겨라, 잘 봐준다고 하는 자도 있고, 자칭 자기가 이 나라에서 최고라고 하며 날뛰는 자들을 저자는 수없이 보아왔다.

명당이라고 하는 곳은 첫째, 고압선과 적어도 8킬로미터 이상 떨어져야 하며, 사자(死者)의 생년월일시에 따라 거리를 정해야 명당이 될 수 있다. 고속도로·터널·댐·호수 등의 거리를 측정하고, 몇 년 뒤 혹은 100~500년 내에 터널·고압선·고속도로·댐·호수 등이 생길 것에 대비해 그 연관관계를 관찰해야 된다는 것이다.
아무리 좋은 명당일지라도 터널이나 고속도로·고압선이 가로질러
버리면 명당의 기혈이 끊어져 버린다. 산소(山所) 앞은 무관하나
뒤쪽을 잘라 버리거나 산세의 맥이 끊어지면 혈(穴)이 없어진다.

또한 현재의 묘가 잘 되어 있는데도 몰지각한 엉터리 풍수가들이
말하기를, 물이 나느니, 어떻느니, 그래서 좋지 못하다느니 하는 잡
소리들을 많이 한다. 그대로 놓아두고 명당을 만들어야 풍수 대가
가 될 수 있다. 이미 잘 되어 있는 것을 파 옮기는 짓은 벌을 받는
다. 그냥 두고 길방(吉方)이나 좋은 기가 흐르는 곳에 가서 흙을 잘
맞추어 묘를 단장하면 되는 것이다. 잔디를 잘 자라게 하고 잡풀이
나지 않도록 해야 한다. 무덤가에는 큰 나무는 좋지 않다. 묘에서
10~20미터 거리 내에는 나무를 심지 말아야 한다.

또한 10년에 한 번씩 묘를 개수해야 한다. 개미집·두더지집 등
이 생겨 묘의 흙이 드러나면 좋지 않다.

■최고의 명당을 패망한다는 이유로 이장한 이창환(李昌煥) 씨의 경우

사주(四柱)				대운(大運)							
壬	己	戊	午	庚	辛	壬	癸	甲	乙	丙	丁
申	酉	戌	午	戌	亥	子	丑	寅	卯	辰	巳

위의 사주는 목수(木水) 진용으로 해석한다. 목(木)은 진용이고,
수(水)는 희신이다. 순수한 토속 농부의 사주로 성실하고 근면한 사
주다. 60년간 대운이 들어 있다. 자녀의 별인 관이 진용(眞用)이라
8남매의 자녀를 두었는데, 모두 자력으로 학업과 경제적인 문제를

훌륭하게 쌓아 올렸다.

경상남도 함양군 유림면 손곡리에 거주하고 있는 사람이다. 본명은 3세 때 어머니가 돌아가셨고, 그 어머니의 묘는 집 뒤의 밭에 안장되어 있다. 그 사람의 부친은 유명하다고 하는 풍수대가를 불러 묘자리를 감평 받았는데, 자칭 풍수대가라는 자가 하는 말인즉, '쉬어가지도 못할 흉한 자리.'라고 하더라는 것이다. 부친은 자녀들에게 어머니의 산소를 옮기자고 하였다. 그러나 자녀들은 평탄하게 잘 살고 있는데 왜 옮기느냐고 반론을 펴면서 지금까지 60년이란 세월이 흘렀다.

그런데 풍수대가는 묘를 파 옮기지 않으면 65세가 명이 된다고 호언장담을 하였다는 것이다. 그의 부친은 그러다가 작고하였고, 망자는 그날 눈을 제대로 감지 못하고 돌아가셨다고 한다.

결국 그의 부친이 눈을 감지 못하고 돌아가셨다는 말은, 풍수의 말만 믿고 어머니의 산소를 옮길 것을 주장하다가 자식들의 만류로 뜻을 이루지 못한 것이 한이 되어 제대로 눈을 감지 못하고 돌아가게 된 것으로 결론을 내렸다는 것이다.

풍수의 말만 믿고 있던 그의 부친은 60세가 되면서 모든 삶에 대한 의욕을 잃기 시작했다. 곧 명을 다할 것인데 일을 하면 뭐 하느냐는 생각이었다. 농삿일은커녕 죽을 날만을 기다리며 하루하루를 지냈다는 것이다. 산에나 오르내리면서 죽음을 기다린 것이다. 사람이 활동을 하지 않으면 쉬 늙고 세포의 기능이 빨리 퇴화된다는 것은 누구나 다 아는 사실이다.

엉터리 풍수나 박수무당들의 말을 함부로 곧이 듣는 무지한 사람들에게 경종을 울리는 한 예이기도 하다.

그 망자의 아들은 부친이 엉터리 풍수의 말을 믿다가 모든 것을 포기한 것이 너무 억울했던지, 저자를 찾아와서 그 동안에 있었던 모든 일을 사실대로 털어놓았다. 그러면서 묘자리를 한 번 봐 달라는 간곡한 요청이 있어서 1996년 6월 4일, 경남 함양군 유림면으로 가서 문제의 산소를 분석해 보았다.

저자가 자세히 분석해 본 결과 묘터는 대단히 좋은 자리였다. 생혈(生穴)방이었던 것이다. '자손이 부귀하고 등관(登官)하며 진재(進財)하니 우마(牛馬)가 성(盛)하다'는 말이 있다. 바로 생혈을 두고 하는 말이다.

저자는 그에게 정확히 분석하고 판단한 뒤에 대답해 주었다. 즉, 이 자리는 보기 드문 명당이라고 말해 준 것이다. 물론 몇 가지 처방전을 알려주기도 했다.

저자는 감사하다는 그의 말을 몇 번 들으면서 다시 한 마디를 더 던져 주었다. "앞으로 어떤 엉터리 풍수가 뭐라 해도 믿지 말고 내 말대로만 하면 가정과 자식들이 모두 융성할 것이니 걱정하지 말고 매사에 열심히 노력하기만 하면 당신은 65수가 아니라 90수까지 행복하고 건강하게 누릴 것이오." 했다.

■조상 묘가 나빠 자손에게 좋지 않다는 장손 박남식(朴南植) 씨의 경우

사주(四柱)				대운(大運)						
庚	丙	己	丙	丁	戊	己	庚	辛	壬	癸
寅	戌	亥	寅	亥	子	丑	寅	卯	辰	巳

위의 사주는 관(官)이 진용이다. 해중(亥中) 갑목(甲木)이 있고, 인중(寅中) 갑(甲) 연월시(年月時) 장간에 목(木)이 진용(眞用)이라,

천하의 대관 사주이다.

1997년 8월, 『월간 역학』의 소개로 왔다며 찾아온 사람이 박남식(朴南植) 씨다.

그는 대뜸 이렇게 말했다.

"저는 전국에서 소위 풍수대가라고 자칭하는 분들을 대부분 다 알고 있습니다. 그런데 하나같이 저의 마음을 흡족하게 해주는 사람이 없더군요. 그러던 차에 잡지사로부터 선생의 소개를 받게 되어 이렇게 찾아뵙게 되었습니다. 선생님께서는 풍수지리에 대해 특이한 방법으로 분석 판단한다고 하더군요. 저에게도 좋은 판단을 해주시기 바랍니다."

그러면서 그는 자신이 겪은 내용을 설명하기 시작했다.

"저는 지금 대단한 고심 속에서 살고 있습니다. 저의 조상님들 묘터가 나빠서 현재 생존해 계시는 부모님의 건강이 나쁘다고 합니다. 몇 분에게 여쭤봤더니 모두들 비슷한 말을 합니다. 기가 찰 노릇이라 이 일을 어쩌면 좋을까 하고 고심하다가 이렇게 찾아왔습니다. 혹시나 좋은 방법이 있을까 하고요."

그는 저자의 눈치를 한 번 살피더니 다시 자기의 이야기를 늘어놓기 시작했다.

"지난 5월 중순에 저의 부친께서 우연히 넘어져 허리를 다쳤습니다. 허리뼈가 부러졌더군요. 게다가 모친께서도 넘어져 지금 병원에 입원 중입니다. 그래서 도대체 어째서 이런 일이 연이어 일어나는가. 혹시 풍수들이 말하는 것처럼 조상의 산소가 잘못된 건 아닐까 하는 생각을 하게 되었습니다. 그래서 박수무당을 찾아가서 물어보았더니 그도 역시 조상의 묘자리가 나빠서 그렇다는군요."

"그래서요?"

"그래서 이대로는 안 되겠다 싶어서 자칭 대가라는 풍수를 모시고 갔더니, 한마디로 묘를 모두 옮겨야 한다는 겁니다. 큰일이라는 생각이 들더군요. 그 풍수에게 물었지요. '그럼 이 산소가 나빠서 부모님이 다쳤습니까?' 했더니, 그렇다는 겁니다. 그리고는 한술 더 떠서 앞으로 몇 년 내에 대흉이 일어난다는 것이었습니다. 위협인지 사실인지는 알 수 없으나 난감하기 이를데 없었습니다. 그래서 물었지요. '그 흉한 일이란게 무엇입니까?' 그랬더니 제가 파직을 당하고 형무소에 간다는 겁니다. 어이가 없더군요. 금방이라도 실소가 터질 것 같았습니다. 그러나 한편으로는 이 일을 함부로 받아들일 수도 없고, 또 그냥 흘려버리기에도 어딘지 모르게 기분이 좋지 않았거든요."

이 사람의 사주를 풀어보면 진용이 대단히 많다. 월(月)에는 양, 일(日)에는 묘라, 온화하고 청렴결백하여 정의파이며 부정이라고는 조금도 가까이 하지 않는 성격의 사주를 타고났다. 현재 고위 공직자로 책임감 있고 모든 일에 철두철미한 사람임이 확인되었다.

그가 얘기한 내용을 확인해 보려고 저자는 그 해 9월 초순에 조상의 산소가 모셔져 있는 곳을 찾았다.

서해안의 태안, 현대그룹 농장 앞쪽 해변가를 찾는 순간, '아! 이곳에 분명 명당이 있겠구나.'하는 예감이 들어 혼자 중얼거리기까지 했다.

해변에서 조금 경사진 곳에 자리잡고 있는 그 사람 조상의 산소 20여 기를 둘러봤다. 한편 그의 조부모 묘를 유심히 관찰하였다. 그곳은 분명 인혈방이었다.

인혈방이라 자손이 부귀하고 우마(牛馬)가 성하니 관운이 대길하다는 대길방이었다. 그런데 어떻게 풍수대가라는 사람들이 한결같

이 묘터가 나쁘니 산소를 옮겨야 한다고 했다니 기가 막힐 노릇이
었다. 저자의 판단으로는 도무지 이해할 수 없었다. 그래서 그에게
묘를 옮기지 말고 좋은 비법을 가르쳐 줄테니 그렇게 하라고 말해
주었다. 덧붙여 이곳보다 더 좋은 명당을 찾기는 어려울 것이라는
말도 해주었다. 이 조부모의 산소터가 최고의 명당이라고 설명해
주었다.

저자는 항간의 풍수지리가들이 말하는 것과는 다르게 묘를 옮기
지 않고 명당을 만드는 방법을 터득했다. 상당히 오랜 연구 기간과
임상 실험을 거쳐 터득한 결론이다. 즉, 사자(死者)나 장자 및 장손
의 사주를 잘 관찰하여 길방(吉方)으로 찾아가서, 그곳 길토(吉土)
를 그 사람들의 운세에 맞도록 중량을 잘 조정하여 목화토금수(木
火土金水)의 진용에 대비하여 뿌리며 명당을 만드는 것이다. 이것
은 부호나 성토의 일종이라고 보면 이해가 빠를 것이다.

우리 나라의 왕릉이나 대통령의 묘도 마찬가지다. 최소한 10년에
한 번씩은 기를 넣어 주어야 된다. 기란 주변의 환경과 나무·잔디
·흙 등이 어떻게 변화되었는가? 또한 고속도로·터널·고압선·
댐·호수 등이 어떻게 변하고 있으며, 언제쯤 묘와 상관관계를 가
지게 될 것인가 하는 점을 잘 관찰하여 옮기는 것이다.

이러한 모든 조건들을 세심히 관찰하지 않고 무턱대고 이장을 한
다면, 오히려 큰 화를 당할 수 있다. 그렇기 때문에 엉터리 풍수나
박수무당의 말에 현혹되는 어리석음을 범하지 말아야 한다.

옛말에도 있듯이 '잘못되면 조상 탓'으로 돌리는 우를 범하지 말
라는 이다.

저자는 가급적이면 조상의 묘를 건드리지 말라고 주장한다. 엉터
리 풍수나 박수들의 말을 함부로 남용해서는 안 된다. 풍수 전문가

를 잘 선택하여 확실한 진단을 받은 후에 정확한 판단을 하라는 주장이다. 물론 전국에는 풍수대가들이 많다. 그러나 진정 음양의 이치를 제대로 분석하고 사람의 원리를 제대로 판단하는 풍수가 얼마나 되는지는 의문스럽다.

조상의 묘는 절대로 섣불리 옮기는 우를 범하지 말것을 다시 한번 강조하며 명심하길 바라는 바이다.

앞으로 저자는 산수지리학이란 책을 발간할 때(2005년 출간 예정)묘를 이장하지 않고 명당을 만드는 비법을 상세히 소개하겠다.

죽은 사람의 명당과 살아 있는 사람의 명당

손톱이나 발톱, 머리카락을 함부로 버리면 질병과 마(魔)가 침범할 수 있다.

묘지를 보는데 '정중(正中)'하지 않으면 안 된다. 중(中)은 철학적인 의미로도 중요하지만, 풍수학에서는 중대한 의미를 가진다.

모든 사물은 중심을 잃으면 기울어지거나 넘어진다. 나무 토막 하나라도 정확하게 중심을 잡으면 바늘 끝이라도 기울어지거나 넘어지지 않는다. 그러나 중심이 틀어지고 기울지 않기를 바란다는 것, 또한 그리 쉬운 일은 아니다. 사람도 중심이 잡히지 않으면 안정되지 못하고 흔들린다. 한편 중심이라고 하는 것은 정직(正直)을 뜻하기도 한다. 그래서 정중(正中)은 정직·중심이라는 공식이 성립되는 것이다.

이러한 이치는 집터를 택하는 데도 그대로 적용된다. 정중해야 함은 말할 것도 없고, 바르고 곧아야 함 또한 절대적 조건이다. 묘지나 집터를 잡는데 중심을 가려서 잡는다는 것은 곧 원심(圓心)을 잘 잡는다는 것을 의미한다.

그러나 문제는 우리가 흔히 볼 수 있는 집터나 묘지들 가운데 중심이 제대로 잡혀 있는 것들이 별로 없다는 점이다. 이는 풍수지리에 대한 식견을 가지고 있는 사람이나 풍수학에 일가를 이루고 있는 사람들의 안목으로 세밀히 관찰하고 분석해 보면 분명히 느낄수 있는 것들이다.

그럼에도 불구하고 기껏해야 귀동냥으로 얻어들었거나 시중에 나와 있는 풍수학 관련 저서 몇 권 읽고 연구했다고 해서 마치 풍수학의 권위자인 것처럼 자신을 내세우며 일류 풍수가로 자처하는 이들이 도처에 들끓고 있음도 부인할 수 없는 현실이다.

속담에 '반풍수 집안 망친다'고 했다. 체계도 제대로 정립되어 있지 않은 어쭙잖은 이론과 가설을 가지고 좌향이 어떻다느니 하면서 근시안적 안목으로 제멋대로 남의 묘지나 집터를 택하여 명당이라고 하니 제대로 될 까닭이 없다.

게다가 설령 묘지의 선택이 잘못되었다 하더라도 방향만은 제대로 잡아주어야 할 터인데, 도리어 기울고 비뚤어지고 한 것이 똑같아서 그 심술을 의심하지 않을 수 없을 정도이니 더 말할 필요가 없다고 하겠다.

앞에서도 이미 언급했지만, 이는 자칭 풍수가들의 식견 부족은 고사하고 선량한 피해자는 어찌되든 오로지 자신의 축재만 이루어지면 그만이라는 식으로 앞뒤 가리지 않고 일시 방편으로 잡아주기 때문에 생기는 일이다.

한편으로는 집터나 묘지를 택하는데 외부 환경을 지나치게 좌향 위주로 조절하려는 근시안적 경향에서 비롯된 것처럼도 보인다. 이를테면, 청룡 백호의 위치를 좌향이라는 단순한 시각 차원에서만 움직여 적당히 근절하거나, 좌향이 장(葬)인이나 장손·장자의 생년월일을 상형(相形)하기 때문에 바로 이 상형을 피할 목적으로 좌향을 정한다거나, 혹은 직선 전방에 살격(殺格)이 있어서 그 살격을 피하기 위해 좌향을 비뚤게 하는 경우도 자주 보이기 때문이다. 이러한 차원에서 보면, 모두가 식견과 안목의 단순성, 혹은 치부 일색으로 이루어졌음을 한눈에 알 수 있다.

그렇지만 내외 환경이 정직·정중하게 조화되어 있지 않으면 택지나 묘지로는 부적합하다. 집터나 묘지의 좌향을 임의로 조절한다고 해서 부적지가 적지로 변하는 것은 아니다. 부적지를 적지라고 해본들 이미 정중을 잃어버린 택지이기 때문에 아무런 효능도 일어날 수 없다. 때문에 적지를 정확히 알아서 그 정중을 잃지 않게 택하지 않으면 안 된다. 정중을 잃으면 적지일지라도 오히려 부적지보다 더 해를 입힐 수 있는 까닭이다.

일설에 묘터나 집터를 택하는 것을 일러 '천리행룡 일석지지'(千里行龍一蓆之地), 혹은 '천장지비'(天藏地秘)라고 했다. 그만큼 택지(擇地)하는 일이 어렵다는 말이다. 그러나 이치를 정확히 깨달아 판단할 수 있는 역량을 기른다면, 그리 어렵지만도 않은 것이 바로 풍수지리다.

어쨌든 어려운 자리를 잘 택하기는 했는데, 그만 좌향을 기울어지고 비뚤게 하여 그나마 어렵게 얻은 자리를 흉지로 바꾸어 버린다는 것은 참으로 안타까운 일이 아닐 수 없다. 실제로 묘지나 집터를 찾아 다녀보면 택지를 잘해 놓고도 좌향 때문에 쓸모가 없어져 버린 곳이 비일비재하다. 안타깝기 그지없는 일이다.

뿐만 아니라, 묘지나 집터로 쓸 수 있는 명당 자리를 제대로 찾기는 했으나 단 3보의 거리도 안 되는 차이 때문에 원심지에 들어가지 못하고 그대로 방치된 것도 허다하다. 2, 3보 내에 타인의 묘터나 집터를 허락할 리도 만무하기 때문에 결국은 대단히 좋은 적지를 그만 버리고마는 사태가 일어나기도 한다. 이 모두가 중심에

464

서 적중하는 공식 이론을 모르기 때문에 발생하는 현상들이다.

따라서 중심을 어떻게 적중시키느냐 하는 것이 가장 큰 문제이자 요소로 대두될 수밖에 없다. 중지중(中之中)이라야 하겠는데, 이를 제대로 파악할 수 있는 식견과 안목이 없으니 어려운 것도 당연하다. 이렇듯 공식을 모르면 전혀 엉뚱한 결론을 내리게 된다.

중지중(中之中)에는 일중지중(一中之中)과 이중지중(二中之中)이 있다. 일중지중이라 함은 횡(橫)으로 그은 '一'의 중심과 종(縱)으로 그은 'ㅣ'의 중심을 말한다. 횡과 종의 중심인 '十'의 중심을 정확히 찾아 맞추어야 한다. 바로 이 '十'의 중심을 정확히 찾는 능력이 탁월해야만 간택을 잘 한다고 할 수 있다.

또한 '一中'과 'ㅣ中'을 합한 것을 이중지중(二中之中)이라고 한다. 즉, '十字'의 중심을 찾는 것이다. 다음 그림은 그 예시를 나타낸 것이다.

나아가 사람의 손톱·발톱·머리카락을 명당을 찾아서 그에 맞게 사용한다면 평생 행복하고 만사형통할 것이다. 이의 사용법은 다음과 같다.

첫째, 생년월일시의 간지를 잘 표출하여 동서남북 8간방과 진용에 맞추어 사용해야 한다.

우리 인간은 흙에서 와서 흙으로 돌아가게 마련이다. 살아 있는 동안에는 흙 위에 살면서 그 자양분을 먹고 생활하지만, 죽음에 이르면 어머니의 품안인 대지로 돌아간다. 구약의 「창세기」에도 하나님이 인간을 창조할 때 흙으로 자신의 모습과 같이 만들어 콧구멍으로 영혼을 불어넣었다는 기록이 있다.

이처럼 흙에서 와서 흙으로 돌아가는 것이야말로 천리다.

五行을 기본으로 한 山形에서 택지 방법이다

　불교에서도 만물 창조의 원리를 지수화풍(地水火風)의 이합집산으로 본다. 지수화풍 공식육대(空識六大)가 인연을 따라 만나고 헤어지는 것이 생멸의 고(苦)이기 때문에 이 세속연(世俗緣)을 끊고 적멸하는 것이 바로 고해(苦海)를 깨치고 극락에 드는 길이라고 여긴다. 화장(火葬) 또한 불교의 이 적멸사상에서 비롯된 것인데, 죽어 한 줌의 재가 됨으로써 모든 것에서 벗어나 정토에 든다는 것을 의미한다.

466

　　그러나 현대에 이르러서는 도시생활의 복잡함과 국토 면적에 비해 상대적으로 과도한 묘지의 수, 그리고 급격한 인구 증가로 인한 생활 공간의 협소화, 점증되는 환경문제, 생활의 간소함과 편리를 추구하는 경향 등 여러 가지 요인으로 인해 점차 화장이 일반화되고 있는 추세이며, 장례 절차 역시 지극히 형식적인 방향으로 흐르고 있다. 그럼에도 불구하고 명당의 중요성은 여전히 그 맹위를 떨치면서 여러 지각 있는 학자들에 의해 꾸준히 연구 발표되고 있다.

　　이제 살아 있는 사람의 명당 자리에 대해 살펴보기로 하자. 먼저 살아 있는 사람의 명당 자리는 어떻게 찾아야 하며, 손톱·발톱·머리카락은 또 어떻게 사용해야만 하는가?

■살고 있는 장소의 진용과 방향이 맞아야 한다.

　　음력을 기준으로 절기를 찾아서 1~3월생인 봄 태생은 서(西), 4~6월생인 여름 태생은 북(北), 7~9월생인 가을 태생은 동(東), 10~12월생인 겨울 태생은 남(南)쪽을 택하되, 우선 명산을 찾은 다음 그 산에서 명당을 찾을 때까지 아무 말도 하지 말아야 한다. 일단 명당을 찾은 뒤에는 다음 사항들에 유의해야 한다.

　　첫째, 토질은 오색이 영롱해야 좋다. 1~3월 생은 흰색 보자기에, 4~6월생은 검은색 보자기에, 7~9월생은 청색 보자기에, 10~12월생은 적색 보자기에 손톱·발톱·머리카락을 싼 다음 땅을 판다. 봄 태생은 80센티미터, 여름 태생은 78센티미터, 가을 태생은 110센티미터, 겨울 태생은 130센티미터 깊이로 파서 흙의 색깔을 잘 관찰하고 분석한다. 황흑백적의 네가지 색깔이 고루 배합되어야 하며, 서기가 흘러나올 정도로 윤택해야 한다. 흙 속에 습기가 너무 많으면 좋지 않다. 관운·재운·부부운·자식운이 없어진다.

가급적이면 자기 소유의 산을 구해 영구적으로 사용할 수 있도록 하면 좋으며, 소원 성취 부적과 행운의 번호를 만들어 사용하면 그야말로 금상첨화다. 토질은 푸석푸석하지 않고 굳은 것이 좋다. 푸석푸석하면 출세를 하지 못하기 때문이다.

손톱·발톱·머리카락을 묻을 때는 반드시 수맥이 있는지 없는지 관찰해야 한다. 수맥이 있으면 집안에 액운이 그칠 날이 없으므로 물줄기를 돌려야 하고, 명당 자리에 반석이 있어도 좋지 않다.

둘째, 주변을 아름답고 풍치있게 가꾸기 위해 나무나 꽃을 심는 경우가 많은데, 꼭 심고 싶다면 반드시 묘터에서 10~20미터 밖에 심도록 하라.

죽은 사람의 명당보다 산 사람의 명당이 더 찾기 어렵다. 명당이란 사람의 얼굴과 같다. 얼굴 생김새를 보고 그 사람의 인품을 알 수 있듯이 명당 또한 잘 보고 찾아야 한다. 특히 돈 많은 사람은 산을 매입하거나 자신의 소유지에서 명당을 찾을 수 있지만, 그렇지 못한 사람은 전문가에게 부탁하여 풍광이 아름답고 전망이 좋은 산을 택해야 한다. 앞산의 양쪽 봉우리가 튀어나오면 참으로 좋은 자리이니 풍수학설이 이렇다 저렇다 하여 다른 데를 찾아 다닐 필요가 없다.

끝으로 상생(相生)을 찾아야 하며, 상극이 있는 산은 피하는 것이 최상책이다.

■사자(死者)와 부적의 의미

조상의 묘지를 잘 모셔야만 후손들이 부귀와 영화를 누린다고 한다. 한낱 미신이라기보다는 역리학에 의한 지상, 즉 풍수설에 기인한다. 명당 자리를 고르는 문제에 대해서는 많은 사람들이 깊은 관심을 가지고 있으며, 심지어 공동묘지에다 조상의 유택을 마련할 때도 산세의 여러 모양과 주변 환경, 전망을 살펴본 후에 매장을 하는 심정은 조상에 대한 효심이다.

이왕이면 조상의 묘를 마련할 바에야 죽은 분의 사후 영생집이 되고 묘소만이라도 좋은 곳에 마련해야 하겠다는 집념인 것이다.

현대사회에서는 조상의 묘터를 명당에 모시기는 극히 어려운 실정이다. 예를 들면 명당의 조건에서 토질은 오색 영롱해야 한다. 관 넣을 자리를 팔 때 흙의 빛깔이 황·흑·백·적·청이 고루 배합되어 있어야 하며, 서기가 비쳐나올 정도로 윤택해야 한다고 풍수학에서는 주장한다. 과연 이러한 장소가 전국에 몇 군데나 되겠는가?

아무리 과학이 발달하였다 하더라도 사람의 운은 한 치도 알 수 없다. 부적이란 미신이다, 아니다 하는 논쟁이 오래 전부터 있어왔다. 부적은 작성자에 의해 크게 달라진다.

살아 있는 사람의 부적도 중요하지만 죽은 자의 부적도 대단히 중요하다는 사실을 재삼 일러두고자 한다. 사자의 관 속에 반드시 부적을 그려서 염하기 전에 장자나 장손의 사주와 맞추어 8~29장을, 그리고 82령 부적을 제대로 작성하여 옷 속에 넣어주면 사자의 영혼이 안정되어 자손이 총명하고 번창하며 부귀하여 만물이 영화롭고 대길하다.

원래 풍수학에서는 신비로운 비법이 많다. 제대로 시행한다면 놀라울 정도로 빠른 효험을 본다. 그래서 신비로운 전설이 생기고 불가해하기 때문에 미신이라고 일컬어지기도 한다. 묘지를 잘 택하여 맞는 부적을 써서 고인의 묘 속에 넣어주면 후손이 창성하고, 잘못 택하면 해를 입는다는 것은 풍수설이다. 산의 정기가 어린 곳에 묘지를 쓰고 부적을 묻어주면 자손이 만대 영화롭고 창성한다는 설에 대하여 저자는 이렇게 생각한다. 한 그루 나무에 비유하면 조상은 나무의 뿌리요, 자손은 나뭇가지다. 그 뿌리가 건전해야 가지가 무성할 것은 당연한 이치라 하겠다.

그러나 살아 있는 부모나 조부가 자손을 붙들어 주고 교육하는 것은 실증할 수 있는 일이겠으나, 이미 돌아가신 부모 조상이 명기(明氣) 있는 곳에 묻혀서 어떻게 자손에게 그 명기가 영향을 줄 수 있느냐 하는 것이 문제일 것이다. 사실상 의문이 안 될 수도 없다. 이 점이 부적설이나 풍수설의 불가해한 점이요, 또 중요한 점이기도 하다.

이사접생(以死接生)한다는 뜻이다. 예를 들면 고욤나무 한 그루가 있다고 하자. 고욤나무를 그대로 버려두면 언제까지나 고욤나무일 수밖에 없다. 그리고 몇십 년이고 몇백 년이고 고욤 밖에 열리지 않는다. 그러나 고욤나무를 기름진 땅에 옮겨 심고 나무를 잘라 버리면 당시에는 죽은 것처럼 되어버리지만, 그 뿌리에 생명 있는 단감나무를 접붙이면 고욤나무 뿌리는 전연 새로운 생명체로 바뀌어 큼직한 감이 열리게 마련이다. 그것을 이사접생이라고 한다.

예를 든 바와 같이 조상이라는 뿌리에 자손을 접생하여 새로운 생명체를 만든다는 것은 역리학의 오묘한 진리를 터득하지 않고는 판단하기 어려운 일이라 하겠다. 어제가 있기에 오늘이 있고 내일도 있는 것, 어제와 오늘과 내일이 연결된 하나라고 하는 불교의 인과설(因果說)과 별로 다를 게 없다. 하여튼 죽은 사람의 부적을 잘 작성하여 관 속에 넣어준다면 엄청난 좋은 결과가 있을 것이라고 저자는 믿어 의심치 않는다. 곧 『大運 山水地理學』을 출간할 예정이니, 그때 더욱 중요한 비법을 설명하겠다.

470

행운의 번호와 질병

木	1	양	간	늑골과 관절, 머리, 혈관, 간장, 왼쪽 배, 팔다리, 양손 맥(박)
	2	음	쓸개	늑골, 목덜미(뒤통수), 호흡기, 쓸개와 내장, 왼쪽어깨 팔다리, 혈관과 열 손가락
火	3	양	소장	소장, 어깨, 목구멍, 얼굴, 큰골, 이빨, 임파선, 신경
	4	음	심장	심장, 가슴, 눈, 작은골, 혀, 혈액, 머리
土	5	양	위	위, 허리, 겨드랑이, 가슴, 명치, 등, 다리, 손바닥, 피부 입술
	6	음	지라	지라, 위장, 창자, 팔, 위, 가슴, 양발, 입술, 오른손, 늑골과 근육, 자궁
金	7	양	대장	대장, 배꼽 주위, 폐, 골격, 큰골, 치질, 늑막, 피부
	8	음	폐	폐, 다리, 코, 입, 작은 골, 머리, 눈, 정액과 피
水	9	양	방광	방광, 정강이, 콩팥, 치질, 수분
	10	음	콩팥	콩팥, 다리, 음부, 요도, 자궁, 귀

천인지	발생할 수 있는 질병의 종류
木木木 木木火	소아마비, 뇌막염, 정신분열, 맹장염, 약물중독, 복막에 혹이 생김, 인후암, 반신불수, 위출혈, 자궁암, 복막염, 콩팥 허약, 눈병, 월경불순, 심장병
木木土	정신병, 말더듬, 위병, 신경통, 자궁병, 늑골병, 간 손상
木木金	뇌염, 간질환, 폐병, 신경과민, 눈병, 패혈증, 백혈구 감소증, 마비, 발광, 암이나 혹
木木水	뇌염, 폐병, 마비증상, 수란관 폐색, 콩팥, 귀, 뼈에 대한 질병 조심, 골수염, 대장암, 정신병
木火木	뇌염, 폐병, 마비증상, 수란관 폐색, 콩팥, 귀, 뼈에 대한 질병에 조심, 골수염, 대장암, 정신병
木火火	뇌염, 간장질환, 일반 위장병, 뇌출혈, 심장병, 고혈압, 정신분열증
木火土	심장병, 직장암, 위출혈, 자궁암
木火金	폐병, 정신착란, 불면증, 간병, 암, 혹, 코피, 뇌염, 마비, 반신불수, 피부병, 치질
木火水	뇌염, 마비, 심장병, 각종 폐질환, 폐암, 암, 정신병, 양기부족 조루증, 눈병, 신경통, 관절염, 혈관경하, 신경과민, 기타 급병
木土木	일반 위장병, 일반 폐병, 뇌염, 패혈증, 고혈압, 간병, 정신착란, 신경통, 결석, 암이나 혹, 기타 수족 질병
木土火	뇌염, 마비, 당뇨병, 눈병, 벙어리, 위장병, 고혈압, 신경통, 목구멍에 막이 끼는 병, 혹, 정신병, 위암, 귀머거리
木土土	위장병, 위출혈, 정신이상, 신경통, 폐병, 고혈압, 뇌신경 위축 뇌염, 늑골위축, 암, 눈이 멀어짐, 탈장. 위장. 대장. 피부 등의 혹, 암
木土金	천식, 만성장염, 대장염, 혹이나 암, 류머티스, 뇌출혈, 심장병 근시, 치통, 위장병, 뇌신경 이상

천인지	발생할 수 있는 질병의 종류
木土水	뇌염, 뇌출혈, 폐병, 맹장염, 정신착란, 간병, 월경 불순, 인후병, 암, 사지가 저림, 심장마비, 신경쇠약, 농아, 뇌암, 방광염, 귀, 콩팥 질병, 패혈증
木金木	뇌염, 천식, 비염, 위장병, 황달, 방광무력, 정신병, 쇠경쇠약 신경통, 불면증, 폐병, 갑상선종, 근육위축증, 장님, 수족잔폐
木金火	일반 폐질, 비염, 뇌염, 정신착란, 신경쇠약, 두통, 근시, 간병 식욕부진
木金土	심신불안, 간병, 두통, 신경쇠약, 근시, 신경통
木金金	소아마비, 뇌염, 폐질, 안질, 정신병, 간질, 복암, 신경통, 조루 비염, 말더듬
木金水	위장병, 안질, 뇌염, 신경통, 조루, 간병, 뇌일혈
木水木	뇌염, 천식, 자궁암, 정신이상, 심장병, 귓병, 콩팥과 방광을 조심할 것
木水火	정신병, 악몽, 소아마비, 심장병, 빈혈, 콩팥, 허약한 병, 임파선종, 피부병, 인후병, 월경 불순
木水土	천식, 뇌진탕, 콩팥 질병, 난소암, 월경 불순
木水金	뇌염, 간병, 신경증, 양기부족, 암, 위장병, 파상풍, 콩팥 질병
木水水	뇌염, 폐병, 간병, 심장마비, 정신병, 암, 콩팥질병, 생식기병 당뇨병, 임파선
火木木	간병, 신장병, 신경통, 양기부족, 폐병, 자궁암, 말더듬, 안질, 대장염
火木火 火木土	뇌염, 백치, 지랄병, 간병, 위하수, 신경쇠약, 정신병, 늑막염, 근시, 신경통, 위장병, 자궁염, 눈 어두워짐
火木金	뇌염, 백치, 고혈압, 뇌일혈, 반신불수, 방광암, 대장염, 안질, 폐병, 맹장염, 신경쇠약, 피부병
火木水	뇌염, 창자병, 수란관폐색, 방광결석, 심장병, 빈혈, 말더듬, 소아마비, 신장병, 귓병, 열병, 뇌일혈, 반신불수, 수족 잔폐

천인지	발생할 수 있는 질병의 종류
火火木	폐병, 천식, 심장이 두근거림, 뇌염, 심장병, 패혈증, 간질병, 불면증, 월경 불순, 빈혈
火火火	심장병, 뇌염, 백혈구 과다증, 폐병, 치루, 피부병, 갑상선종, 정신병
火火土	심장병, 폐병, 대장암, 안질, 신장병, 월경불순
火火金	뇌염, 호흡기질환, 정신착란, 폐병, 치질, 담결석, 심장, 속병
火火水	소아마비, 심장병, 객혈, 말더듬, 뇌염, 고혈압, 뇌일혈, 반신불수, 신경통, 심장마비, 정신병
火火木	뇌염, 위궤양, 위암, 위장병, 간암, 폐암, 심장병, 폐병, 정신병, 신경통, 신장병, 신경쇠약, 고혈압
火土火	위장병, 위하수, 창자 막힘, 뇌염, 말더듬, 빈혈, 안질, 대장암, 부인병, 파상풍, 수족 잔폐
火土土	폐병, 천식, 폐암, 신경이상, 뇌일혈, 말더듬, 농아, 수족잔폐
火土金	폐병, 간 담결석, 간병, 위출혈, 뇌일혈, 뇌진탕, 척주골절, 신장병
火土水	심장병, 심장마비, 위장질환, 객혈, 고혈압, 뇌일혈, 폐질환, 간병, 간암
火金木	뇌질환, 백치, 폐질환, 맹장염, 신경쇠약, 암, 정신착란, 안질, 객혈, 패혈증, 사지 뒤틀림
火金火	뇌염, 정신병, 간암, 간염, 유정, 신경쇠약, 폐병, 신경통, 안질, 근시
火金土	폐병, 객혈, 소아마비, 전신마비, 고혈압, 뇌일혈, 말더듬, 심장병, 두통, 정신병, 류머티즘, 피부에 반점이 생기는 병
火金金	소아마비, 폐병, 유암, 심장병, 뇌염, 정신병, 악몽, 위장병, 신장병, 양기부족, 말더듬, 뇌일혈
火金水	소아마비, 폐병, 유암, 심장병, 뇌염, 정신병, 악몽, 위장병, 신장병, 양기부족, 말더듬, 뇌일혈

천인지	발생할 수 있는 질병의 종류
火水木	심장병, 정신병, 천식, 고혈압, 뇌염, 안질, 눈이 멀어짐, 신경통, 신장병, 월경불순
火水火	심장병, 말더듬, 심장마비, 정신병, 위암, 양기부족, 안질, 간암
火水土	정신병, 뇌염, 소아마비, 심장병, 위질, 신장병, 위출혈, 만성대장염
火水金	폐질환, 천식, 심장병, 고혈압, 소아마비, 간암, 말더듬, 급성방광 결석, 두통, 악몽
火水水	신경실상(쇠약), 뇌염, 폐질환, 천식, 심장병, 간병, 류머티즘, 관절염, 부인병, 말더듬
土木木	신경통, 위질환, 대장염, 자궁암, 폐암, 간질, 신장병, 뇌출혈, 꼽추
土木火	간병, 간암, 황달, 열병, 눈이 멀어짐, 뇌염, 위장병, 늑골병, 고혈압, 신경쇠약, 심장기능 막힘
土木土	폐질환, 천식, 자궁암, 안질, 눈 멀어짐, 뇌염, 소화기병, 간염, 두통, 신경통, 신경쇠약
土木金	뇌염, 소아마비, 정신병, 뇌일혈, 폐질환, 위출혈, 간병, 신경쇠약, 악질병
土木水	신경실상, 신경쇠약, 두통, 뇌염, 위질환, 반신불수, 말더듬, 암, 수족잔폐, 간염
土火木	두통, 위질환, 뇌질환, 폐질환, 신경실상(쇠약)
土火火	뇌염, 심장질환, 천식, 척추결핵, 정신병, 빈혈, 암, 골수염
土火土	폐질환, 두통, 고혈압, 뇌염, 인후병, 정신병, 간암
土火金	폐질환, 피부병, 정신착란, 간염, 심장병, 뇌일혈, 반신불수, 대장병, 치질

천인지	발생할 수 있는 질병의 종류
土火水	뇌염, 소아마비, 뇌일혈, 심장마비, 눈 어두움, 맹장염, 현기증 자궁암, 사지마비, 급성악질, 성기능 쇠약, 부인병
土土木	정신병, 신경과민, 신경통, 심장병, 맹장염, 간암, 위장질환, 폐암, 근시
土土火	뇌염, 소아마비, 천식, 갑상선종, 양기 부족
土土土	폐질환, 심장병, 악성빈혈, 고혈압, 눈어두움, 체질잔약, 간병, 밤에 오줌 싸는 병
土土金	동맥경화증, 말더듬, 위장질환, 허벅지에 혹 생김
土土水	정신병, 뇌염, 안질, 신경쇠약, 부인병, 신경통, 고혈압, 성기능 쇠약, 백내장 질환
土金木	뇌염, 신경쇠약, 소아마비, 폐병, 빈혈증, 반신불수, 객혈, 눈어두움, 구토, 신경통, 꼽추, 혼미, 백혈구 감소증
木土火	폐질환, 폐결핵, 치루, 정신병, 갑상선종, 소아마비, 위질환, 위암, 불면증, 간염, 말더듬, 꼽추, 임파선암, 창독
土金土	신경쇠약, 신경실상, 뇌염, 위질환, 심장병, 현기증, 고혈압, 피부암
土金金	폐질환, 심장병, 맹장염, 위출혈, 신장병, 두통, 왼손마비, 눈어두움, 뇌염, 신경쇠약, 늑골통, 백혈구감소증, 왼쪽 허벅지 마비
土金水	간병, 폐병, 농아, 뇌일혈, 신장병, 위출혈
土水木	뇌일혈, 천식, 식도암, 유방암, 자궁탈장, 뇌막염, 피부병, 신장병 부인병, 패혈증, 자궁외 임신
土水火	고혈압, 심장병, 천식, 자궁암, 뇌염, 신경통, 악몽, 신장병, 안질
土水土	신경쇠약, 정신병, 정력감퇴, 조루, 신장병 등과 허리가 저리고 아픔, 뇌염, 신장결석, 방광병, 부인병, 귓병, 눈병, 심장병, 심장마비, 간암, 간병, 객혈, 천식, 뇌일혈, 폐병

천인지	발생할 수 있는 질병의 종류
土水金	신경통, 몽정, 갑상선종, 안질, 수족잔폐, 뇌염, 폐암, 신장염, 늑골병, 정신병
土水水	신장병, 발광결석, 간암, 콧병, 부인병, 치루, 뇌염, 절름발이
金木木	간암, 신경통, 신경쇠약, 정신병, 뇌질환, 폐병, 소아마비, 위출혈, 뼈 결핵성 류머티스, 복막염, 천식, 고환염, 신장염, 안질, 인후병
金木火	신경쇠약, 정신병, 반신불수, 관절염, 유정, 안질, 폐병, 폐암, 자궁암, 고혈압, 방광염, 간염, 뇌염, 뇌일혈, 심장병, 신장결석, 당뇨병, 소아마비, 내분비 장애, 비후염
金木土	폐병, 인후병, 비염, 늑막염, 뇌염, 직장암, 위암, 자궁암, 음경 임파암, 뇌일혈, 눈 어두움, 위장 질환, 신장결석, 농아, 창독, 신경통, 신경쇠약, 치질
金木金	폐병, 정신병, 간질병, 신경쇠약, 뇌염, 신경통, 관절염, 골수암, 말더듬, 인후암, 치질, 정력쇠퇴, 신장염, 퉁퉁붓는 병, 늑골염, 자궁암, 소아마비, 혈액병, 뇌암
金木水	신경쇠약, 양기부족, 조루, 뇌질환, 소아마비, 당뇨병, 정신병, 폐질환, 골수암, 위질, 수족 잔폐, 피부암, 소장 천공성 복막염
金火木	신경쇠약, 정신병, 천식, 폐병, 뇌염, 안질, 소아마비, 심장병, 난소염, 자궁암, 눈 어두움
金火火	신경쇠약, 정신병, 폐병, 천식, 간암, 백치, 뇌일혈
金火土	신경쇠약, 정신병, 천식, 뇌염, 심장마비, 협심증, 고환염
金火金	신경쇠약, 정신병, 폐임파암, 유방암, 폐병, 간암, 간병, 뇌염, 고혈압, 탈장, 뇌일혈, 안질, 말더듬, 위장병, 사지마비, 반신불수, 당뇨병
金火水	뇌염, 심장병, 해양성빈혈증, 심장마비, 폐병, 피부반점, 간·지라 굳어짐, 대장염, 임파염, 파상풍, 정신병, 치루, 악몽, 근시, 뇌일혈, 신경통, 소아마
金土木	뇌염, 신경쇠약, 정신병, 폐암, 폐병, 위암, 간병, 간암, 자궁암, 객혈, 방광결석, 신경통, 눈 어두움, 뇌일혈, 신경성 위장병

천인지	발생할 수 있는 질병의 종류
金土火	뇌염, 심장병, 심장마비, 갑상선종, 뇌일혈, 안질, 근시, 지랄병 치질, 신경통, 폐병, 위질환, 피부병, 신경쇠약, 농아, 신장병 오줌 독소증
金土土	갑상선종, 정신병, 위암, 소아마비, 말더듬, 수족잔폐, 배에 혹이 생기고 부품
金土金	뇌염, 뇌일혈, 폐암, 간암, 천식, 복막염, 심장병, 십이지장천공
金土水	뇌염, 정신병, 심장 두근거림, 폐병, 천식, 기관지염, 자궁파열 신장병, 야뇨증, 부인병, 암, 간병
金金木	신경쇠약, 신경통, 관절염, 근시, 뇌막염, 정신병, 폐병, 소아마비, 뇌일혈, 반신불수, 심장병, 심장마비, 왼발 못씀, 당뇨병, 말더듬
金金火	폐병, 천식, 뇌염, 위질환, 안질, 소아마비, 현기증, 뇌일혈, 복막염, 악성빈혈, 말더듬, 간병, 기형병신, 꽁지뼈 물러지는 병
金金土	소아마비, 뇌염, 위질환, 신장염, 고혈압, 왼손마비, 과민성 비염, 허리 허벅지 골수암, 폐병, 조루, 성기능 감퇴, 양기부족, 자궁암, 치질, 정신병
金金金	폐병, 정신병, 천식, 소아마비, 뇌염, 암증상, 부인병, 맹장염 심장병, 늑골 조심할 것.
金金水	폐병, 대장임파암, 객혈, 대장이 막힘, 심장마비, 신장병, 양기부족, 조루, 신경통, 빈혈, 안질, 신경쇠약, 당뇨병, 뇌충혈, 사지 근육 위축증
金水木	정신위축, 신경쇠약, 정신병, 폐병, 뇌염, 간암, 인후암, 자궁암, 반신불수, 뇌일혈, 수족잔폐, 말더듬, 신장병, 부인병, 허리와 등이 저리고 아픔, 축농증, 골수염, 다리가 까맣게 되는 병
金水火	정신병, 지랄병, 폐병, 객혈, 천식, 유방암, 위암, 심장병, 가슴 두근거림, 안질, 인후암, 뇌염, 급증, 결석, 말더듬, 현기증, 신경통, 부인병, 소아마비
金水土	심장병, 패혈증, 뇌염, 소아마비, 위암, 자궁암, 간암, 편도선염, 치질, 수족잔폐, 말더듬, 간병, 신장병, 다리가 까맣게 되는 병

478

천인지	발생할 수 있는 질병의 종류
金水金	안질, 눈 어두움, 근시, 신장병, 반신불수, 뇌염, 농아, 정신쇠약, 자궁암, 몽정, 수족잔폐, 귀병
金水水	폐병, 천식, 탈장, 반신불수, 고혈압, 소아마비, 뇌염, 심방마비, 부신암, 허리 등 쑤시고 저림
水木木	간병, 심신불안, 실면증, 간암, 위암, 맹장염, 뇌염, 뇌출혈, 천식, 인후암, 소아마비, 폐암, 식도가 막히는 병
水木火	뇌염, 소아마비, 간암, 탈장, 말더듬, 심장병, 신경통, 관절염, 절름발이, 뇌일혈, 정신병, 월경불순, 신경쇠약
水木土	위질, 간병, 간암, 신경통, 양기부족, 관절염
水木金	간암, 위질환, 신경쇠약, 신경통, 뇌염, 중독, 백혈구 과다증
水木水	신장병, 지랄병, 백치, 뇌염, 폐병, 신경통, 자궁 파열
水火木	소아마비, 심장병, 심장마비, 신장병, 고혈압, 뇌일혈, 심신불안, 악몽, 신경통, 부인병, 정신분열증, 뇌염, 안질
水火火	신장병, 말더듬, 천식, 야맹증, 빈혈증, 폐병, 소아마비, 뇌일혈, 신경통, 위암, 사지기형
水火土	심장성 천식, 심장마비, 고혈압, 뇌일혈, 객혈, 비인후암, 임파선결핵, 안질, 신경통, 뇌염, 소아마비, 조급증, 자궁암
水火金	폐병, 천식, 신경쇠약, 뇌염성농아, 폐암, 위천공, 위출혈, 간암, 지랄병, 비암, 피부병, 치질, 심장마비, 뇌일혈, 신경통, 빈혈, 소아마비, 조급증
水火水	빈혈, 심장병, 심장마비, 뇌염, 소아마비, 폐암, 악몽, 관절염, 절름발이, 안질, 조급증, 뇌일혈, 위출혈, 자궁암, 다리가 까맣게 되는 병
水土木	위장병, 맹장염, 담결석, 간암, 피부 경화증, 정신실상, 저혈압, 뇌일혈, 폐병, 소아마비, 뇌염, 부인병, 신경통, 신경쇠약, 유정, 신장결석
水土火	심장병, 신경쇠약, 악몽, 신장병, 신경통, 암, 중풍, 반신불수

천인지	발생할 수 있는 질병의 종류
水土土	위확장, 안질, 근시, 백혈병, 신경쇠약, 정신병, 유정, 신장병, 귓병, 뇌염, 수족 잔폐, 간병, 소아마비
水土金	위장병, 정신병, 소아마비, 신경통, 신장병, 부인병, 폐병, 귀머거리, 말더듬, 암, 뇌일혈, 뇌진탕
水土水	천식, 신장병, 수란관 폐색, 기억력 감퇴, 과민성 비염, 정신병, 실어증, 부인병
水金木	안질, 간병, 신경쇠약, 신경통, 폐병, 뇌염, 간암, 정신병
水金火	폐병, 천식, 심장병, 빈혈, 소아마비, 맹장염, 언어장애, 사지기형, 신경쇠약, 악몽
水金土	천식, 폐병, 안질, 자궁암, 뇌염, 신장병
水金金	소아마비, 안질, 신장병, 신경쇠약, 양기부족, 인후병, 정신분열증, 폐병, 늑골병, 위하수, 위암, 마비증상
水金水	정신병, 과민성피부염, 수족잔폐, 뇌염, 위암, 말더듬, 귀머거리
水水木	백치, 뇌염, 자궁암, 간암, 심장병, 뇌염, 천식, 신장염, 안질, 정신병, 간경화, 위, 지라병
水水水	심장병, 신경통, 안질, 뇌일혈, 뇌염, 소아마비, 악몽, 반신불수, 위통, 부인병, 위출혈, 토혈, 눈과 입 비뚤어짐
水水土	심장병, 폐암, 간암, 뇌염, 폐병, 뇌일혈, 신장병, 하체신경통, 장폐색, 하체불구
水水金	심장병, 간암, 소아마비, 폐병, 신장병
水水水	폐병, 정신병, 백치, 재생장애 빈혈증, 꼽추, 귀머거리, 말더듬, 요도염, 신장병

· **백치** : 정신박약 중에도 정도가 가장 심한 것. 연령에 비해 지능이 낮다.

· **위출혈** : 위궤양, 위암, 위동맥경화 등으로 위벽이 상하여 출혈

· **경통** : 월경 때에는 허리나 배 또는 이가 아프고 고달픈 증세

■**五臟六腑**

 ·甲 : 膽　　　·乙 : 肝　　　·丙 : 小腸　·丁 : 心腸

 ·戊 : 胃　　　·己 : 脾　　　·庚 : 大腸　·辛 : 肺

 ·壬 : 膀胱三焦　　　　·癸 : 腎臟

■**四肢五體**

 ·甲 : 頭　　　　·乙 : 頸　　　　·丙 : 肩

 ·丁 : 心　　　　·戊 : 脇[갈비]　　·己 : 腸

 ·庚 : 臍輪[배꼽]　·辛 : 股　　　　·壬 : 脛

 ·癸 : 足

■**十二支別　四肢五體**

 ·子 : 膀胱·水道·耳

 ·丑 : 胃·脾

 ·寅 : 膽·髮·兩手·脈

 ·卯 : 十脂

 ·辰 : 皮·肩·胃

 ·巳 : 面·咽·齒·下·尻

 ·午 : 精神·眼目

 ·未 : 胃·脘·背·梁·膈[명치]

 ·申 : 大腸·經絡

 ·酉 : 精血·小腸

 ·戌 : 命門

 ·亥 : 腎

기(氣)란 무엇인가

기를 한마디로 표현한다면 힘〔力〕이라고 할 수 있다. 모든 사물을 생성시키는 근원의 세기(勢氣)이기 때문입니다.

사물을 움직이거나 변화하게 하는 작용을 힘이라고 하는데, 다른 말로 기운(氣運)이라고도 하며, 현대 과학적 표현으로는 에너지라고 한다. 이것은 눈에 보이지는 않지만 분명히 어떤 작용을 일으키고 있다.

이 기의 개념을 정확하게 파악하기 위해서는 우선 농경사회와 깊은 연관을 맺고 있다는 사실을 알 필요가 있다. 사물의 존재, 활동 등을 설명하는 중국 철학상의 중요한 개념이었던, 이 기는 원래 '气'라고 썼는데, 수증기를 본뜬 글자이다.

인간에게는 왜 생사(生死)가 있는가. 생물에는 왜 사계절에 따른 성쇠의 변화가 있는가를 추구하여, 이것을 수증기나 인간의 숨결에 비길 수 있는 아주 작은 기의 집산으로 설명하려고 하였다. 따라서 기는 인간의 마음에서 독립되어 우주에 보편적으로 존재하고, 그 자체가 활동력을 가장 공통 보편의 질료(質料)로서, 그것이 응집되면 사물은 존재하게 되고 흩어지면 사멸하게 된다고 생각하였다.

중국 철학에서는 기의 양적 변화는 고려되지 않고 있다. 고대에는 기에 대해 살아 있는 기와 죽어가는 기 두 가지가 있고, 또 서로 다른 운동이 있는 것으로 보아 청탁설(淸濁說), 음양설(陰陽說)을 낳았으며, 사물의 이질성 또는 서로 다른 단계적 운동에 착상하여 오행설(五行說)이 성립되었다.

이와 동시에 그 근원이 되는 일원기(一元氣)를 생각하게 되었는데, 음양오행 등의 기에 대한 추구는 초자연적 자연이법(理法)을 현저하게 함으로써 형이상(形而上)의 이(理)를 기에 우선하게 하는 개념이 성립되었던 것이다.

중국의 가장 오래된 사서인『설문해자』(說文解字)는 기를 운기 (雲氣), 즉 구름이라고 풀이하고 있는데, 오래 전부터 기는 바람이나 구름을 포함한 기상을 나타내는 말로 쓰였다. 기상과 계절의 변화를 나타내는 천기(天氣)와 땅의 기운인 지기(地氣)가 결합하여 곡물이 생장한다. 그리고 동물은 이 생장하는 식물의 생명력을 소화 흡수 과정을 거쳐 활동력으로 삼는다고 고대인들은 생각했다. 기는 이렇게 해서 생태계 일반을 두루 관통하고 있는 우주적 생명력을 뜻하게 되었다.

인간의 생명 역시 기의 흐름이다. 기가 피의 순환과 연결된다고 보아 혈기(血氣)라 했고, 호흡이 그 관건이라고 보아 기식(氣息)이라고 했다. 내적 생명의 상태는 자연히 밖으로 드러난다고 해서 기색(氣色)·기분(氣分)·기품(氣品)이라는 표현이 있게 되었다. 글에서는 문기(文氣), 글씨에서는 서기(書氣)가 문제되는 것도 동일한 맥락이다.

질병은 체내에 있는 기가 순조롭게 돌지 않을 때 생기는 현상이었다. 한의학에서는 치료를 엉킨 기(氣), 막힌 맥(脈)을 소통시키는 행위로 이해한다. 한의학의 치료와 결합한 도교는 기를 잘 기르고 보존하는 일을 가장 중요하게 여겼다. 그러자면 재산이나 명예 따위의 세속적 욕망에 흔들리지 않고 생리적 필요에 충실해야 한다면서 연금술과 호흡법을 발전시켰던 것이다.

그러나 공자(孔子) 이래 유가(儒家)의 생각은 달랐다. 생리적 욕구인 기는 오히려 다스리고 제어해야 할 대상이었다.

공자는 '혈기를 근심하라'고 했고, 순자(荀子)는 '인간과 동식물에 공통된 힘은 기이나, 인간이 인간다우려면 이성으로 기를 제어해야 한다'고 했다. 맹자(孟子)는 의지가 굳으면 기를 움직일 수 있다'고 기를 부정적으로 평가하면서, 또 한편 순수한 감정과 도덕적 자긍심을 야기(夜氣)·호연지기(浩然之氣)로 명명함으로써 논란을 예비하였다.

그러다 수나라와 당나라 시대를 거치면서 불교와 도교가 치밀한 세계관과 인간관을 기반으로 사상계를 풍미하게 되자, 유학은 예의 범절을 익히고 가르치는 수준을 넘어 포괄적 형이상학과 존재론을 정비해야 했다.

우주와 인간을 관통하는 이기철학(理氣哲學)의 체계를 정립한 주희(朱熹)는 '존재를 구성하는 물질적 요소'의 자격을 부여 받은 것이 기라고 했다. 자연 세계는 물론, 인간의 감정·의지·사유까지 포괄적 기의 한 계기로 이해되었다.

기는 본래 유동적 활동적이어서 원초의 혼일적(渾一的) 기는 음양으로 자체 분화되고, 다시 오행으로 갈라진다. 모든 사물의 생성과 변화는 음양오행이 서로 갈등 조화하는 과정으로 풀이된다. 기의 이 같은 운동과 변화에는 일정한 질서가 있다.

주희는 이 정합적 질서에 이(理)라는 이름을 붙였으며, 우주를 주재하는 원리인 이는 흠없이 선하고 완전하기에 세계는 본래 조화롭고 질서가 잡혀 있다고 생각했다. 이 기는 논리적으로 증명할 수 있는 모호한 부분이 많기 때문에 때로는 미신이나 속임수로 치부하는 예가 더러 있다. 그러나 그건 분명 잘못된 생각임을 상기해야 할 것이다.

앞에서도 피력했지만, 이 기(氣)는 형체가 없다. 그러나 형체가 없다고 해서 존재하지 않는다고 말할 수는 없다. 우리 인체의 많은 감각기관이 느끼는 것이라면, 그것은 실제 눈에 보이지는 않더라도 반드시 존재한다고 봐야 하는 것이다. 기가 바로 이와 같은 것이라고 생각하면 되겠다. 그리고 기의 세계에는 시간과 공간이 없다. 그러나 각자의 상상으로 시간과 공간을 형성할 수 있다.

공기나 자석의 힘, 그리고 전기가 보이지 않는다고 해서 존재하지 않는다고 단언할 수 없듯이 우주에 가득찬 기 또한 제3의 시각이나 육감으로 본다면 분명히 존재하는 힘인 것이다.

우리는 기가 무엇인지, 어떤 것인지, 어떤 작용을 하는지도 모르면서 이와 관련된 어휘들을 수없이 사용하고 있다.

공기·천기·지기·생기·오기·악기·화기·정기·원기·골기·살기·건기·습기·온기·냉기·한기·시기·패기·용기·분위기 등 수없이 많다. 기가 막힌다, 기가 세다, 기가 죽었다, 기가 살았다, 기가 약하다, 기분이 좋다, 기분이 나쁘다, 기백이 있다, 기운을 차려라, 기운이 빠졌다 등등 헤아릴 수 없이 많다.

이렇듯 많은 기의 단어와 어휘들을 하루에도 수없이 되뇌면서도 실제로 그 뜻을 정리하라면 얼른 대답을 못하는 경우가 많다. 위와 같은 어휘들은 우리 눈으로 직접 볼 수 있는 것은 아무것도 없다. 그러나 느낄 수 있음은 분명하다. 이런 것들을 우리의 수많은 감각기관 가운데 어느 한 곳에서라도 느낄 수 있다면, 그건 분명 존재한다고 말할 수 있는 것이 아닌가.

　사람에게는 육체의 기인 정기(精氣), 마음의 기인 심기(心氣), 정신의 기인 영기(靈氣)가 있다. 정기가 약하면 병을 얻기 쉬우므로 병든 생활을 하게 되는 운명을 지니게 되고, 심기가 약하면 마음이 좁아서 너그러움이 없고, 영기가 약하면 나쁜 삶을 사는 운명을 지니게 되는 것이다. 그러나 정기가 강하더라도 이것을 잘못 쓰게 되면 객기가 되어 파멸을 자초하는 경우도 흔히 있다.

　우리 인체는 보이는 것과 보이지 않는 것으로 구성되어 있다. 인체의 각 기관이나 피부처럼 보이는 것이 있는가 하면 보이지 않는 감각·마음·느낌·생각 등이 있다. 이것을 기(氣), 신(身), 심(心)이라고 한다. 그 중에서 기는 우리의 육안으로 보이지 않고 손에 잡히지도 않으면서 우주 만물을 움직이는 근원적인 힘을 가지고 있다. 그러므로 이 기는 지구의 자기 작용과 밀접한 관계를 가지고 있음으로 생사에 지대한 영향을 미치고 있다.

　거대한 지구가 갖고 있는 힘, 이것을 지기(地氣)라 하고 우주 공간에 있는 기를 천기(天氣)라 한다. 지구는 자전과 공전을 한다. 그것은 우주 공간에 기를 내뿜기도 하고 우주 공간에 있는 기, 즉 천기를 끌어당기기도 한다.

　물체가 움직이고 변화하기 위해서는 반드시 기의 작용이 있어야 한다. 물체는 음(陰·地)이고, 기는 양(陽·天)이라 할 수 있다. 그래서 기가 물체에 작용하여 움직이고 변화하는 현상도 하나의 천지조화(天地造化)라 할 수 있다. 기가 공간 속을 이동해 갈 때는 전파(電波)와 같은 성질을 띤다.

　현대과학에서는 우주에 있는 모든 힘을 크게 세 가지로 분류하고 있다. 중력(重力), 즉 만유인력과 전자기력, 그리고 핵력(核力)이다.

중력은 이 땅 위의 모든 물체가 무게를 지니는 원인력이고, 전자기력은 전기와 자기, 그리고 전파의 힘이며, 핵력은 원자폭탄이나 원자력 발전과 같은 힘으로 가장 큰 힘이다.

플러스와 마이너스를 일반적으로 생각하면 보태고 빼는 것이다. 그러나 이 기에 대입을 하면 플러스는 양(陽)으로 천(天)이고 마이너스는 음(陰)으로 지(地)이다. 이 음양이 합쳐져서 빚어지는 이 빛의 오묘한 창출을 우리는 천지조화(天地造化)라고 말한다.

그러므로 나쁜 기는 좋은 기로 바꾸어서 나쁜 운에서 좋은 운으로, 약한 기는 강하게, 강한 기는 더욱 강하게 쌓아가는 방법을 터득해야만 건강하고 안정된 운명을 갖게 되는 것이다.

나는 기의 초능력을 가지고 있나?

1997년 여름, 경희대학교 서정범(徐廷範) 교수를 찾아뵈었다. 필자가 십수년 동안 연구하고 창작한 『대운용신영부적』(大運用神靈符籍) 출판 관계로 자문을 얻기 위해서였다.

우리가 잘 알고 있는 바와 같이 서교수는 국문학자이며, 문필가로서도 명성이 높지만 무속연구가로도 유명하다. 국내에서의 명성 못지 않게 일본에서도 서교수의 지명도는 과히 상상을 초월할 정도로 잘 알려진 분이다.

특히 서교수는 우리 나라 무속인 3,500여 명을 대상으로 연구를 거듭하며 기(氣) 측정을 했다는 사실은 언론을 통해 여러 번 보도된 적도 있었다. 국문학자로서 현대문학을 연구하고 강의하셨던 분이 전공 분야와 전혀 다른 무속연구에 대단한 열의를 보여 국내 유일한 무속연구가로 알려지면서 세인들로부터 힐난을 받는 오해도 불러들였다. 그러나 필자가 보기에는 전혀 힐난 받을 일이 아닌 학문의 한 분야다.

그 분과 대화를 나눠보면 충분히 이해할 수 있고, 왜 전혀 다른 분야를 연구하게 되었는지, 하필이면 무속이 연구 대상이었는지를 이해할 만하다. 무속 연구를 위해 세계 각국 무속인을 찾아 다니면서 기측정을 하고 연구를 거듭했다고 한다.

서교수는 열쇠고리 하나만 들고 아무 곳에서나 측정을 해도 정확한 해답이 나온다는 사실을 직접 접할 수 있었다.

경희대 교수회관 2층 서교수 연구실 뒤편에는 수맥이 강하게 흐르고 있었다. 그날 수맥을 차단하는 실험을 직접 필자에게 시험해 보였다. 수맥이 강하게 흐르는 그 연구실 뒤쪽에 서교수의 저서를 한 권 올려놓으니 금시 차단되는 사실을 직접 체험한 것이다. 필자는 그동안 수맥 차단 실험을 수없이 했고, 또 많은 연구를 거듭 하면서 임상실험을 했으나 그날 그곳에서 강하게 흐르는 수맥이 책 한 권으로 차단되는 것을 보고는 대단히 놀라지 않을 수 없었다.

현재 우리 나라에는 자칭 기능력의 권위자라고 자부하는 사람이 많다. 그러나 필자가 직접 체험해 본 결과로는 믿기 힘든 부분이 많았는데, 그날 서교수의 서적이나 손에서 기가 강하게 발산되는 것을 직접 체험하고는 오랫동안 기를 연구해 온 필자도 어안이 벙벙해지지 않을 수 없었다. 서교수의 연구실에는 언론사 기자를 비롯 연구가들이 자문을 얻기 위해 수없이 찾아오고 있었다.

언젠가 모 텔레비젼 방송 프로에 나와서 하신 말씀을 들은 적이 있다. 무속 연구를 위해 한 무속인을 만났더니 마흔 살이 되면 죽는다고 하는가 하면 또 어느 무인은 쉰을 넘기기가 어렵다고 했다는 것이다. 예순, 일흔 등 무인들마다 각양 각색으로 수명을 말하더라는 것이다. 그런데 그분은 지금 일흔을 훨씬 넘었어도 현재의 건강은 4, 50대 못지 않게 강건하다. 필자의 연구 방법으로 진단해 볼때 서교수는 백수를 하실 분이었다. 역학적으로 풀어서 분석해 보면 아흔 일곱 이상 장수할 운이라고 했더니 빙긋 웃기만 했다.

『대운용신영부적』 감수를 부탁했더니, 그것은 자신의 전공이 아니기 때문에 감수는 할 수 없고, 대신 추천사를 써 주겠다는 말씀이었다. 그날 서교수는 필자에게 "정재원씨, 당신은 엄청난 기를 갖고 있다. 일반적으로 기가 강하다는 사람들보다 훨씬 센 기를 가지고 있으니 잘 개발해 보라. 기는 무한한 잠재력이 있는데, 아직은 그 개발이 미흡하다. 당신이 적임자다. 당신이 개발하면 틀림없이 엄청난 기를 발산할 수 있으니 연구하고 개발하라."는 것이었다. 그런 다음 "지금 세인들의 이목을 집중시키고 있는 사람을 소개해 줄 테니, 그 찾아가서 기의 개발법을 터득하라."는 것이었다.

사흘 후 필자는 서교수가 소개해 준 도인을 찾아가 서교수 소개로 왔다고 했더니 친절하게 맞아주었다. 필자의 저서 2권을 전하고 기개발법을 터득하기 위해 찾아온 이유를 설명했다.

20여분 동안 대담을 나눈 후 필자를 유심히 관찰하더니

"당신은 나보다도 훨씬 기가 강해요. 지금 나의 능력으로는 당신에게 기개발을 시킬 힘이 없습니다. 선생이 직접 실험을 하고 실행을 하면 바로 초능력의 기가 발산되지요."
하면서 필자의 부탁을 조용히 거절하는 것이었다. 몇 번이나 사정하면서 가르쳐 달라고 했으나 그의 대답은 한결 같았다.

곧바로 사무실로 돌아온 필자는 30분간 명상에 들어갔다. 그러나 아무런 영감도 떠오르지 않았다. 그래서 다시 서교수를 찾아가서 그 날의 내용을 설명했다.

"기 도인은 자기 힘으로는 도저히 당해 낼 수가 없다. 70평생 수

만 명을 접해 봤으나 정재원씨 같은 사람은 처음이다. 이렇게 기가 강한 사람은 자기 능력으로는 어쩔 도리가 없다.”고 하더라는 설명을 하고 서교수의 방법으로 기개발을 가르쳐 달라고 졸랐더니 그때서야 응낙해 주었다.

서교수와 필자는 서로 마주 보고 앉아 기의 정신세계로 들어가 나의 초능력을 찾기 시작했다. 몇 번 실험을 하고난 서교수는

“나는 이제 정재원 씨의 기에 눌린 것 같아. 당신은 여태껏 내가 본 어떤 사람들보다 강한 기를 가지고 있어요. 대단한 능력입니다. 집중적으로 개발해 보세요.” “현재의 능력으로도 기가 들어가고 상대에게 정재원 이름만 써 주어도 충분히 기가 들어간다.”고 하였다.

어느날 서교수 연구실에서 옆방의 교수에게 ‘정재원’ 이름을 써서 테스트를 했더니 기적 같은 현상(힘)이 일어났다며 야단 법석을 떤 일이 있었다. 그 교수는 박수를 치며 악수를 청하기까지 했다. 그 자리에서 서교수는 “이제 정재원 씨는 확실하고 충분한 기가 개발되었다. 그렇다고 자만하지 말고 계속 정진하라.”는 격력의 말까지 해주었다.

그 후 서교수의 기특강에 필자도 초청되었다. 1998년 4월, 소공동 롯데호텔 33층, 서울시 여의사회 회원 400여 명을 대상으로 기 세미나가 열렸다. 그날 그 자리에는 엘리트 여의사회 회원들 외에도 많은 사람들이 운집했다. 현역 정치인도 다수 있었고, 종교인, 실업인을 비롯 남자 의사도 참석했다.

90분간의 열강이었다. ‘기와 정신, 음과 양의 체질분석, 종교적인 차원을 초월한 음양의 기가 반드시 존재한다’는 이론을 발표했다. 그날 참석자 중에는 종교 관계 인사도 참석해 있었다. 음식도 체질에 맞아야 장수한다는 것, 감자·돼지고기·쇠고기·야채·생선과

여러 가지 약용식품도 오행 체질에 맞느냐 안 맞느냐에 따라 다르다는 사실을 증명해 보이기 위해 강의 현장에서 직접 테스트를 하며 분석하기도 했다.

서교수는 그 자리에서 기가 정신세계에 미치는 영향에 관해서도 이론적으로 강의했다. 아울러 숫자에도 기가 있다는 새로운 사실도 설명했다. 그러면서 "여기 정재원 씨는 젊은 사람이지만 대단한 기의 초능력자다. 앞으로 그 어느 누구보다도 강한 기를 발산할 것이다."고 소개해 주었다.

그 후 필자는 다소 미흡하다고 생각하는 부분을 개발하는데 혼신을 기울였다. 맨 먼저 태백산 천제단에 올라가 기증폭 실험을 하고 전국 유명산을 수십 군데 올라 기를 위해 명상에 들었다.

전국의 명산을 두루 오르고 섭렵해 봤으나 역시 태백산이 가장 강한 기를 품고 있다는 사실을 발견했다. 필자의 모임인 신정음양회 회원들 중에 원하는 사람에 한해 태백산 기증폭대회(연 4회)를 정기적으로 갖고 있다. 등반 일정이 시작되면 신정음양연구회에서 밤 9시에 출발, 태백산 천제단에 이튿날 새벽 5시 도착, 태백산 일출시 기증폭제를 올리고 하산, 동해시를 거쳐 무릉계곡 경유 서울로 돌아오는 1박 2일 코스다.

태백산 천제단을 다녀온 날, 필자의 장충동 사무실에서 명상을 하면 멀리 미국의 대통령이 무엇을 하고 있는지를 느낄 수 있다. 그 사람에 대해 집중적으로 명상을 했을 때 나타나는 현상이다. 때로는 집중 명상을 하면 '지금 우리나라 대통령은 무엇을 하고 있는지, 건강은 어떠한지' 명상을 통해 느낌을 받게 된다.

환자의 병을 치료하는 명상, 어느 집에 수맥이 흐르는지, 누구의 조상묘에 수맥이 흐르는지, 상대가 지금 좋은 상태인지 나쁜 상태인지 판단하는 명상, 사업의 성패에 대한 명상 등을 수없이 실험해 보았다. 그럴 때마다 나는 내 자신에 대한 기의 초능력을 판단할 수 있었다.

지난 98년 지방자치단체장 선거 때, 어느 한 사람을 위해 기증폭을 집중적으로 명상에 들어간 적이 있었다. 그곳에서는 여러 후보가 등록을 할 것으로 예상되었다. 그래서 그들 중에 누가 당선 가능성이 있는가를 판단하기가 무척 어려울 정도로 난마였다. 혼전 예상 지역으로 분류된 곳이었다.

그래서 태백산 천제단을 다녀온 후, 한 후보에 대한 집중 명상에 들었다. 릴 낚시처럼 유권자들의 마음을 건져 올리는 명상에 들어간 것이다. 그 당시 그 후보는 무투표 당선이 되는 행운을 건져 올렸다. 명상을 한 5일 후 후보등록 마감일 오후 5시가 되었는데도 강력한 후보군이 모두 등록을 하지 않는 사태가 빚어졌다. 기증폭 명상을 해준 그 사람만 등록한 것이다. 강력한 후보군들이 등록을 하지 않은 이유는 본인들 외에는 아무도 모른다. 그날 저녁 후보등록 마감 시간이 끝나자 무투표 당선 연락을 받은 것이다. 이것을 어떻게 표현해야 하는지를 연구 대상으로 돌려놓겠다.

신정음양연구회의 기증폭 대회 및 사례

신정음양연구회원의 태백산 천제단 기증폭대회는 정기적으로 실시하고 있다. 98년 3회, 99년3회에 걸쳐 대회를 열었다. 98년에는 직접 참석하지 않고 참여 통보만 해온 회원도 수천 명이나 되었다. 그날 참석하지 않고 참여만 하는 회원들에게도 그 명단이 빠짐없이 소개된다. 다시 출간된 『대운』 증보판의 독자 여러분들도 참여 의사가 있어 통보해 주면 모두 받아줄 예정이다. 책 속의 엽서에 자기 소개를 정확하게 기재하여 월 회비 1만원을 보내면 정회원으로 등록, 기증폭대회 때마다 기를 보내줄 것이다. 입금계좌는 신정음양연구회(011-08-227212 우리은행 정재원)로 하면 된다.

삼라만상에는 기가 있다. 특히 생명체는 기가 있어야 한다. 기가 강하냐 약하냐 하는 것이 관건이다. 만물의 영장인 우리 인간에게는 더 말할 나위가 없다. 그리고 가장 예민한 부분은 정신이다. 정신이 혼미해지면 가치관을 잃게 된다. 가치관이 상실되면 아무 생각조차도 할 수 없게 되어 판단력을 잃는다.

그래서 다시 한번 강조하지만, 우리들 일상생활에서 가장 중요한 것이 이름과 행운번호, 그리고 삼합인장(三合印章)이다. 이것이 자기의 운세와 맞아야 확실하고 강한 기가 증폭된다는 사실을 잊어서는 안 된다. 서정범 교수의 소개로 버트링 연구가에게 실험을 해본 결과 인장에도 기가 있다는 것이 판명되었다. 그래서 나의 초능력을 인정한다는 것이었다. 일상생활을 하는데, 어느 곳에서든 손을 대고 집중적으로 기를 보내주면 확실하게 그 사람에게는 좋은 기가 작용하여 큰 도움이 된다는 것이다.

편안한 마음, 훌륭한 생각, 남을 사랑하고 공경하는 자세를 가지고 기증폭을 하면 반드시 건강해지고, 하고자 하는 일이 순조로워지는 것이다. 또한 모든 사람이 자신에게 긍정적 반응의 작용이 일어나 비판적이던 사람이 오히려 호의적으로 바뀌는 것이다.

수맥 차단과 기증폭에 대한 사례 몇 가지를 예로 들어본다.

신정음양연구회 정회원인 김기영(56세) 씨의 경우, 경기도 구리에서 플로라마트 유통을 경영하는 김씨는 1998년 가을 장충동 필자의 연구실로 전화 상담을 해 왔다. 내용은 세 살 짜리 손자가 매일 울기만 하고 1년 내내 감기인지, 원인 모르는 증세로 코를 흘린다는 것이다. 밤이 되면 더욱 심해 온 집안이 그 애로 하여 고통스러울 정도로 애를 먹는다. 병원에 가 봐도 아무 이상이 없다는 진단이다. 그런데 세 살이 되도록 울음과 콧물 흘리는 증세가 그치지 않는다. 의사만 보면 질겁을 하여 병원 앞에만 가면 눈동자까지 이상하게 변하면서 울기만 한다. 도대체 이 일을 어쩌면 좋으냐는 내용이였다.

필자도 확실한 판단이 서지 않았다. 그래서 말해 주었다.

"필자는 의사가 아닙니다. 병은 의사가 고쳐야 하는데, 거 참! 알 수가 없군요. 현대과학으로 증명되지는 않았지만, 기를 증폭해 볼 테니 일단 데리고 오십시오."

전화를 끊자 부리나케 달려왔다. 그런데 참 희한한 일이었다. 병원 문앞에만 가면 기절할 것 같이 울던 아이가 필자의 연구실에 들어서면서 전혀 울지를 않는 것이었다. 오히려 아주 편안한 모습이었다. 필자가 아이를 보듬으면서 머리를 쓰다듬어 주었다. 천진스러운 아이에게 사랑스런 눈길을 주면서, 장차 커서 착하고 훌륭한 사람이 되라고 말해 주었다. 그리고 기증폭을 해주고 글자로 경면주사 처방을 해주었다. 이후 1년이 지난 지금까지 울지 않는 것은 물론, 아무런 장애도 없이 건강하게 잘 자란다는 것이다.

그 소문이 퍼지자, 이웃에 살고 있는 김 사장의 친구 부인 김영숙(60세) 씨도 무슨 병인지 모를 증세를 가지고 있다면서 하소연해 왔다. 가슴이 답답하고 머리가 너무 아파 못 견딜 지경이어서 죽고 싶은 마음 뿐이라는 것이었다. 그 부인도 병원에 수없이 가 봤으나 별 이상을 발견치 못하고 지낸다고 하소연했다.

그 부인을 유심히 관찰한 필자는 사주를 풀어 보았다. 필자에게는 영감이 있다. 그 영감을 가지고 명상을 한다. 그래서 명상에서 예시되는 것은 100퍼센트 완치시키는 효험을 보게 되는 것이다.

"부인의 연세는 60세입니다. 좀 늦은 경우입니다만, 개명을 하십시오. 그래서 새 이름으로 삼합인장을 만들고 행운의 번호를 가지시오."

그렇게 하여 기증폭까지 해주었다. 그날 이후 부인은 본래 모습대로 건강을 되찾아 농사일도 잘 하고 있음을 확인했다.

앞에서 손자의 경우를 겪은 플로라마트 유통 김기영 사장의 둘째 딸은 그 마트에서 경리 일을 담당하고 있는데, 어느 날 갑자기 쓰러져 초주검 상태에 이르렀다. 병원에서 응급 처치를 하고 정밀 진단을 받아보았으나 아무런 이상을 발견하지 못했다. 병원에서도 이상한 증상이라는 소견이었다. 수십 년 동안 전문의로서 많은 환자들을 돌봤으나 이런 증세는 처음이라는 것이었다. 증상은 있으나 그 원인이나 병증을 발견할 수가 없다는 대답이었다. 몇 군데 큰 병원을 전전하며 진찰을 해 보았으나 역시 똑같은 반응이었다. 밥도 먹지 못할 뿐만 아니라 쇠약해져서 움직이는 것조차도 힘들어하는 형편이었다.

김기영 사장은 손자의 경우를 생각하고는 아내와 의논했다. 정재원 회장을 찾아가자는 것이었다. 그러나 부인은 펄쩍 뛰었다. 현대 의학을 연구하고 수십 년 동안 수많은 환자들을 치료한 의사가 모르는 것을 그 사람이 어떻게 안단 말이냐고 단호하게 거절했다. 그러면서 남편을 미친 사람으로까지 치부했다는 이야기를 들려 주었다. 그러나 김 사장은 이러다가는 딸이 죽을 것 같다는 생각에 미치자, 아내를 설득하기 시작했다.

"이대로 두다간 저 애가 죽을 것 같지 않소? 내가 미쳤다는 소릴 들어도 좋으니 정재원 씨를 한 번 찾아가 봅시다. 그 정회장은 당신이 더 잘 아는 사람이 아니오. 우리 손자를 봤지 않소? 그리고 이웃집 이씨 부인도 우리가 소개했잖소? 그러니 당신이 전화를 해 보던지 하구려. 만일 이번에 딸의 증세를 낫게 해주면, 나는 정재원 씨를 은인으로 모실 작정이오.”

남편의 설득에 겨우 수그러든 아내는 남편과 함께 딸을 데리고 필자의 연구실를 찾아왔다.

1999년 1월, 초주검에까지 이른 딸은 고개마저도 들지 못하고 사지가 축 늘어진 상태였다. 20대 초반의 젊은이가 이렇게 된 것은 필시 무슨 영문이 있을 거라고 생각하며 몇 가지 원인을 찾고자 물어봤으나 어떤 원인도 없다는 거였다.

필자가 보기에 이 아가씨는 기가 완전히 빠져 있었다. 우선 기증폭이 급선무였다. 발가락 끝에서 머리까지 기증폭을 했다. 그리고 개명을 하고 삼합인장을 만들어 주었다. 기가 너무 빠져 있는 상태라 다시 기증폭을 하고 돌려보냈다. 3일 이내에 어떤 차도가 생기지 않으면 다시 오라고 했다.

이튿날, 김 사장으로부터 전화가 왔다. 밥을 먹기 시작했고 힘을 얻어 걸어다니며 말도 잘 한다는 것이었다. 기적 같은 일이라면서 고맙다는 인사를 몇 번이고 전해 왔다.

3일 후부터는 정상적으로 종전에 맡아서 하던 경리일을 하고 있다는 전갈이 왔다. 오히려 전보다 더 활기차게 일에 열중하고 있다면서, 이것이 바로 기적이라고 말했다.

그렇다. 기적이라는 것은 바로 이런 경우이다. 기적은 먼 곳에서 일어나는 것이 아니라, 바로 내 옆에 이웃에서 일어난다. 그것을 미처 찾아내지 못했을 뿐이다.

여러 병원에서도 고치지 못한 손자와 딸의 증상을 본 부인은 차츰 마음이 기울기 시작했다. 평소 허약한 신체에 신경과민 현상이 나타나곤 하던 부인은 내친김에 자신도 기증폭을 받겠다고 나섰다.

오늘날 고등교육을 받은 부인으로서도 쉽게 내키지 않았지만 현대 과학만으로 모든 것을 해결할 수 없다는 것을 서서히 인식하게 된 것이다.

부인은 필자의 연구실로 직접 찾아오지 않고 이름과 생년월일시·신장·체중·혈액형 등을 상세히 적어 알려왔다. 부인의 사주를 세밀히 분석한 후 새벽 명상을 하고는 처방을 내렸다. 물론 기증폭이 우선이었다.

한 달이 지났을 때, 김기영 씨로부터 전화를 받았다. 평소 불평불만이 많았고 신경질을 잘 내던 사람이 완전히 달라져 일을 하면서도 콧노래를 흥얼거리고 삶의 보람이 가득찬 모습으로 변했다는 것이다. 이렇듯 일이 순조롭게 이루어지고 사업도 번창하여, 김기영 사장은 새로 법인체를 설립하면서 삼합인장은 물론 실무인·경영인·은행인·인감인 등 필요한 인장을 만들었다. 이제는 집안에서 사소한 일만 벌어져도 전화로 상담한 후 처리하고 있다.

사주만 보고도 집과 조상의 유택에 대한 길흉판단이 가능하다

어느 날 갑자기 필자의 선배 한 분이 사주팔자를 봐 달라고 내방했다. 이 분은 선배로서 뿐만 아니라 필자가 어려울 때 많은 도움을 베풀어 주신 은인이기도 했다. 그 사주의 본인이 누구인지도 가르쳐 주지 않으면서 무조건 정확하게 풀어 달라는 청이었다.

생년월일시를 보았더니 그 사람은 당시 나이 60세였는데, 앞으로 살아야 5, 6개월 이상은 살 수 없다는 것으로 나타났다.

"이제 60밖에 안 됐지만, 이 사람은 앞으로 5, 6개월 밖에 못 삽니다. 사업은 말기 현상에 이르렀고, 부도 위기에 몰려있습니다. 인생도 말기에 이르렀습니다. 불치병이 들어있고 이 사람의 몸에는 나쁜 기가 강하게 흐르고 있습니다. 또한 조상의 묘터가 대단히 좋지 않습니다. 더 이상 불 필요도 없겠습니다. 선배님, 그런데 이 분이 누굽니까?”

그러자 선배는 화를 벌컥내며 큰 소리쳤다.

“야, 임마! 그런 엉터리 같은 소리하지 마! 이 분 조상의 무덤은 왕릉터보다 더 좋은 곳이라고 했어. 그리고 집도 아주 오랜 동안 살아오면서도 어디 하나 고친 곳이 없는데, 무슨 잠꼬대 같은 소리야!”

“그렇다면 한번 확인을 해볼까요? 내 말이 틀림없습니다. 자신합니다. 내 말을 믿고 안 믿고는 선배의 마음이겠지만, 나는 내 목에 칼이 들어와도 한 말은 틀림없습니다.”

필자가 찾아간 그 집은 강남에서도 요지로 정평이 나 있는 대단히 잘 지은 주택이었다. 그러나 나쁜 기가 흐르고 있었다.. 그런 사실을 누가 알랴! 수맥이 대주(大主)와 맞지 않았다. 수맥도 사람에게 맞는 것이 있고, 맞지 않는 것이 있다. 수맥이 흐른다고 무조건 나쁜 것이 아니라, 가끔은 수맥과 사람 사이에 맞으면 대단히 좋은 경우도 있다.

그 집은 주인과 맞지 않아서 가족 중에 불치환자가 생긴 것이다. 그리고는 이왕에 시작한 일이라 천 리길을 달려서 고향에 안장되어 있는 조상의 묘까지 확인했다. 필자가 예측한 것과 조금도 틀리지 않았다. 그 당시로서는 나름대로 명당이라고 생각했는지 몰라도 이름만의 지관이 지적을 했거나, 아니면 집안 사람들의 판단으로 묘터를 잡은 듯했다. 보기에는 웅장하고 호화 분묘이었으나 필자가 보건대, 절대 그 자리에 묘를 쓰면 안 되는 곳이었다. 그 자리는 강남집보다 더욱 강하게 나쁜 수맥이 흐르고 있었다.

그곳에는 강남집 대주의 아우가 살고 있으면서 산소를 관리하고 있었다는데, 필자가 본 대로 설명을 했더니 그 관리인은 기가 막힌다는 반응이었다. 상세히 설명을 해주자, 하나도 틀리지 않는다고 수긍했다. 그 때서야 그들은 필자의 말을 신임하게 되어 강남의 대주와 전화로 상의한 후 바로 고치는 작업을 시작했다.

그 산에도 명당이 있었다. 능선과 산자락을 두어 시간 찾아 헤맨 끝에 명소를 발견했다. 그 명당의 흙 다섯 섬을 파다 분묘에 골고루 덮고 주변에 뿌리면서 수맥의 방향을 돌리는 의식을 행하였다. 상세한 내용은 다 기술하지 못하지만 이틀 동안 의식을 치르고 상경하였다.

한 달이 지났을 무렵, 강남의 대주가 필자를 찾아와서는 다짜고짜 큰절을 하였다. 자신의 몸이 언제 그랬느냐는 듯이 말끔히 나았다는 것이다. 그러면서 강남 집을 옮기던지, 아니면 그 집의 수맥도 차단시켜 달라는 부탁이었다. 집을 옮기는 대신 수맥의 방향을 바꾸었다. 그런 후 강남의 주인은 한 달에 두어 번씩 필자를 찾아와 모든 것을 상의하는 사이로 변했다. 상업 번창도 일취월장이라는 그의 표현이었다.

기증폭과 삼합인장으로 불치를 완쾌시킨 경우

1998년 7월 『대운』 독자라면서 한 분이 찾아왔다. 그는 30여 년을 국가에 봉직했던 고위 공직자였다. 정년이 몇 년 남았으나 건강 악화로 그 해말 명예 퇴임을 신청해 놓은 상태라는 설명이었다. 평소 그 분도 숫자에 대한 신묘함을 여러 문헌이나 연구가들로부터

들은 바가 있으나 저자의 신비스런 발견에 도취되어 찾아왔다는 것이다.

전 가족의 생년월일시를 대입하여 사주를 풀어 숫자의 배열과 행운번호, 그리고 기증폭에 삼합인장을 가족에게 한 벌씩 해주었다.

저자는 회원이면 누구에게나 살고 있는 집의 번지, 출생지, 생년월일시, 평소 소신대로 갖고 있는 숫자 등을 종합하여 각종 용신(用神), 체(體)를 판단해 주고 있다. 맨 먼저 건강을 확인하고 그 변화 정도를 파악한 후에 문제되는 부분을 집중적으로 풀어간다.

그 고위 공직에 계시던 분은 그날로부터 5일 후에 큰 병원에서 대수술을 하도록 예약 되어 있다면서 어떻게 해야 할지 망설이는 중이라고 말했다. 그의 예약 수술 일자는 1998년 7월 20일이었다.

"절대로 안 됩니다. 그날은 서장님의 사주팔자에 천지충(天地沖)이 있습니다. 이런 날은 신상에 불길한 일이 생기는 날이니 다음으로 연기하십시오. 내일 다시 오십시오. 한번 확인해 보도록 하겠습니다. 오늘 모든 것을 풀어보고 내일 새벽에 명상을 한 후 다시 봐 드리겠습니다."

다음날, 그는 어김없이 약속 시간에 왔다. 필자는 기증폭을 하면서 전신을 가볍게 지압을 하고 통증이 심한 부위를 집중하여 기를 불어넣었다. 30여 분이 지나자, 그는 기분이 상쾌해지면서 통증이 가라앉았다는 것이다. 그러자 그는 K대학 병원에서 수술하기로 했던 약속을 미루고 매일 필자를 찾아와 하루 30분씩 집중 치료를 받았다. 우선 환자의 좋은 기분과 나을 수 있다는 믿음이 있었던 것이다.

사실인 즉, 그 병은 수술을 하지 않으면 복부 팽창으로 죽게 되는 증세라고 했다. 수술을 한다 해도 50퍼센트를 자신할 수 없다는 의사의 소견이었다고 한다. 수술 도중에 어떤 불상사가 발생하더라도 의사의 책임이 없다는 각서를 써야 할 정도로 불치에 가까운 병이었다. 그래서 본인은 물론 가족들도 몹시 불안에 떨고 있었다.

며칠 후, 환자의 부인이 필자를 찾아왔다.

"우리 주인은 수술을 해야 하는데, 정선생님을 만난 후로는 수술을 연기하겠다고 합니다. 무슨 영문인지 모르겠습니다. 최첨단 장비로, 더구나 우리 나라 명문 대학병원의 유명한 의사분께서도 반드시 수술을 해야 하며, 수술을 해도 50퍼센트를 장담할 수 없다는 중상인데 수술을 받지 않겠다니 정말 어이가 없습니다. 저로서는 도무지 이해할 수가 없습니다. 제가 알아들을 수 있도록 설명을 좀 해 주십시오."

걱정스런 투로 안절부절 못하는 부인에게 필자는 크게 걱정하지 말라며 설명을 해 주었다.

"물론 현대의학적 측면으로만 보면 이해 못할 부분이 많습니다. 그러나 현대과학이나 의학으로도 해결할 수 없는 부분이 상당히 많습니다. 음양과 역학은 현대과학을 훨씬 앞선 학문이고 또 앞서 가는 분야도 많습니다. 현대과학으로는 도저히 풀 수 없는 것을 음양을 적용해서 풀어내고 있습니다. 또한 기(氣)는 현대과학에서 증명되지는 않지만, 현대 의학의 근본도 이 기에서 비롯된 것입니다. 기는 바로 힘입니다. 힘이 있어야만 현대과학이나 의학을 연구하고 치유할 수 있는 것이지요. 그래서 저는 바로 이 기의 원리를 이용하여 증폭시킴으로써 난치를 극복시키고자 합니다. 현재 우리 주변에서도 이 원리를 이용함으로써 신비한 일이 수없이 많이 일어나고 있습니다. 작년엔 서울시 여의사회 회원 400여 명과 일반 사회 전반에 걸친 저명한 분들이 한자리에 모여 기에 대한 세미나를 연 적이 있습니다. 롯데호텔에서 있었던 일입니다만, 저도 그 자리에 참석하여 경희대 서정범 교수와 함께 연구 발표를 한 바 있습니다."

과학으로 해결하지 못하는 것을 기로 치유하는 부분이 수없이 많다. 결국 그분은 수술을 하지 않고 필자에게 기증폭을 받고 있다. 10여 개월이 지난 지금은 더 이상의 악화는 보이지 않고 기분이 좋고 머리도 맑아 많은 차도가 있는 상태다. 머지 않아 수술하지 않고 완쾌되리라 본다.

또 한 분도 역시 고위 공직자 출신이었다. 이분은 현재 신정음양 연구회의 회원 중에 제일 연장자로서 회원들의 존경을 받는다.

1998년 봄, 신정음양 연구회원들의 태백산 기증폭 수련회를 마치고 동해시를 거쳐 무릉계곡을 찾았다. 그곳은 근처에 양 〔陽·바다〕 과 음 〔陰·계곡과 댐 저수지〕 이 양립하여 정맥이 상통하고 있었다. 여기를 초대한 분이 바로 장형이었다. 대형 버스로 그곳에 들어서자, 곧 무릉계곡이라는 것을 알 수 있었다.

유화순지의(有和順之意) 청룡조천 운행우시(靑龍朝天雲行雨施)라. 청룡이 하늘에 오르니 구름이 요동하고 비가 시기를 맞추어 내리니 그야말로 천혜의 축복 받은 땅이었다. 한반도에서 기가 가장 상생 완화되어 명당 중의 명당이라는 것을 단번에 알 수 있었다. 이곳에 와서 기증폭을 한다면, 아무리 어려운 일을 당하는 사람일지라도 기꺼이 변화를 일으킬 수 있다는 사실을 확신하게 되었다. 유명한 지질학자들이 많이 있지만 이곳을 발견하지 못한 것 같다. 또 한편 그 양면 상성의 시기가 도래하지 않아 이곳을 발견할 수가 없어서 임자를 만나지 못한 것 같다. 그러나 현재의 주인인 장형(長兄)은 운시(運時)를 만난 것이다. 이곳은 바로 그분이 주인이어야 하는 운명적 만남이라는 온 몸으로 느낄 수 있었다.

'유순화평지의 호방안탑혹명혹방(有順和平之意 虎榜雁塔或名或幇)'이라, 그 집에 들어가 보니 호(虎)의 형상이 한 점 있었다. 그 것이 이 골안의 지킴이었다. 호랑이 같은 드센 방(榜)과 기러기 같은 탑에 명성이 찬연하게 오르게 된다는 것을 확신할 수가 있었다.

그 이후 다시 그곳을 찾아 주인과 함께 사방팔방에 나침반을 놓고 관찰하고, 능선을 타고 올라 곳곳에서 명상을 하였다. 아무리 살피고 확인해 봐도 조금도 훼손되지 않고 태고의 품위가 지반을 이룬 자연의 명지였다.

우리 나라가 일정(日政)에 시달리고 있을 때, 일본인들이 우리 나라 명산에 쇠말뚝을 박았다는 사실은 누구나 알고 있다. 그들은 우리 명산의 맥을 끊기 위해 10층 쇠말뚝을 우리 강산 수만 곳에 박아 놓았다. 쇠말뚝 하나를 박은 것이 아니라, 10층을 이루도록 했다. 하나를 뽑아내면 그 밑에 또 하나가 나오고, 또 뽑아내면 그대로 박혀 있는 것이다. 1개 말뚝이면 그냥 뽑아내면 되지만, 한 곳의 말뚝을 뽑아내기 위해서는 열 번이나 뽑아내는 작업을 하도록 해 놓은 것이다. 일본인들은 맨 위의 것 하나를 뽑으면 다 뽑힌 줄 여길 거라고 위장한 것이다. 그러나 우리 민족은 그렇게 어리석지는 않았다.

우리 민족이 지혜로워서 언젠가는 훌륭한 인재가 태어나 자기네들 일본을 호령할 것을 그들은 이미 알고 있었던 것이다. 일제 36년 동안 일본인들은 우리 국민에게 말과 글로 표현할 수 없는 치욕을 주었다. 그들은 전 세계가 공인하는 엄청난 만행을 저질렀다. 언젠가는 되돌아갈 보복이 두려웠던 것이다. 그래서 우리 민족의 기를 꺾어버리기 위해 그런 짓을 저질렀다.

쇠말뚝은 역학적으로 보면 100년이 지나면 효력이 상실된다. 이제는 거의 그 효력이 끝날 때가 되었다. 필자가 보건대, 우리 나라가 2061년이 되면 세계 제1의 강대국이 된다. 그때가 되면 일본은 모든 것을 우리 국민에게 의지하며 살아야 하는 형국이 될 것이다.

일본 사람들이 우리 명산에 박아놓은 쇠말뚝이 수만 개인데 이를 빨리 찾아 없애버린다면 우리의 국운은 빠르게 상승한다. 그러나 이는 엄청난 예산과 노력을 필요로 한다. 필자의 계산으로는 약 10년의 기간이 걸릴 것이고, 약 10조원에 이른다. 1년에 1조원씩 10년 동안 작업을 해야 모두 찾아 없앨 수 있다. 이 일은 국가적 차원에서 해야 하고, 만일 국가에서 협조를 요청하면 그 방법을 공개할 생각이다. 만일 그런 작업을 하게 되면 비공개로 해야 한다. 잘못하면 오히려 우리가 피해를 볼 수도 있다. 이 작업은 국가의 자존심에 대한 의미도 부여되므로 반드시 비공개로 진행되어야 한다.

필자가 쇠말뚝에 대한 것을 언급한 이유는 우리 나라 명산은 예외없이 쇠말뚝이 박혀 있지만, 언급한 무릉계곡 근처에는 이런 흔적을 전혀 발견할 수 없었다. 풍광이 훼손되지 않았다. 태백산 정기가 이곳으로 집중되어 활화산 같은 맥이 그대로 살아있다. 거기엔 신비한 용호가 지키며 버티고 있기 때문에 나쁜 마음으로 다가가 훼손하면 천벌을 받는다.

이곳은 1999년부터 개운(開運)이 된다. 일신영귀(一身榮貴) 유구지의(有救之意)요, 갈룡득수(渴龍得水) 제제창생(濟濟蒼生)하는 곳이다. 즉, 목마른 용이 물을 얻으니 구세제민(救世濟民)하여 여러 생명을 보살펴 주는 곳이라 길성(吉星)이 문에 비쳤다. 그러므로 이곳에 와서 뜻을 이루고자 하는 사람은 반드시 상서로운 일이 일어나게 되어 있다.

이곳 능선 좌측에 불치병 환자들을 위한 자리가 마련되면 좋은 효과를 얻을 수 있다. 맨발로 하루에 2, 3회를 30분 이상 걷고 난 후 무릉계곡의 생수와 자연식으로 체질을 다듬는다. 기본운동은 필수며 체질에 맞는 건강식품 및 약용식품을 더불어 복용하면 더욱 효과가 높다.

위와 같은 생활을 계속할 경우 자신도 모르는 사이에 기적같은 효험을 보게 될 것이다.

이곳의 양 능선은 천하에 제일 가는 명당으로 양쪽에서 마주치는 기류가 더욱 강한 기를 일으키며 상생하여 불치의 환자에게 주입시켜 나쁜 병원균을 소멸 및 소각시키는 작용을 하게 된다. 그와 함께 차츰 호기(好氣)가 몸 안으로 파고들어 환자의 정신, 즉 기가 강하게 작용하므로 불치의 세포를 박멸시키게 되는 것이다.

앞에서도 피력했지만 이 능선에는 쇠말뚝이 단 한 개도 박히지 않았다. 천하의 명당인데도 감히 침범을 못했거나 미처 발견하지 못했던 게 틀림없다. 능선을 넘어 도보로 약 30분 거리에는 묵은 전답이 있고 또한 오랜 집터가 있다.

이곳은 정치 지망생들의 심신단련으로도 안성맞춤의 자리다. 한편 청석이 깔려 있는데, 수십억 년 전에 지구가 생성되면서 생긴 듯한 용족(龍足)이 있다. 지구 생성시 용암로에서 가마를 만들어 부어 놓은 것처럼 희귀한 이 용족 청석 위에서 제를 올리면 정치 지망생이나 큰 사업의 기초를 다지고 있는 사람들에게는 보이지 않는 엄청난 힘을 얻을 것이다. 수험생이나 고시생에게는 지운(地運)이 상생되니 더욱 좋은 작용이 일어나며 뜻한 바 소원을 이루는 자리다.

정치 지망생이나 사업의 기초를 다지고 있는 사람들이 이곳에서 기증폭을 하게 되면 관록이 산처럼 높고 청석처럼 단단하고 기가 활화산처럼 솟아 오르는 형국이 된다. 그러므로 자신이 닦고 노력하는 만큼 단단하고 평안하게 태평을 누리게 되는 곳이다. 사방팔방에서 모이는 기는 태백산 정상에서 내려주는 기로서 만인의 등불처럼 비쳐주게 된다. 특히 큰 포부의 사업가가 그곳에서 기증폭을 하게 되면 상상 외로 엄청난 재화를 얻게 될 것이다. 그럴 경우 사람에 따라 21일, 31일, 41일간 계속해야 효험을 얻을 수 있다.

또한 1~3월생은 19일, 4~6월생은 29일, 7~9월생은 21일, 10~12월생은 23일간 기증폭을 받는다. 경우에 따라 3회 연속하면 더욱 강한 기를 받게 되고, 그 기의 힘으로 명성이 영화롭고 귀하게 되어 사방팔방으로 떨치게 된다. 재물과 권력이 함께 있게 되니 소원대로 성취되는 길운이 넘친다.

능선 아래 별장 우측에 골짜기가 있는데, 200미터 안에 명당이 자리하고 있다. 이곳은 누구에게나 기를 증폭시켜 줄 수 있는 지운(地運)이 있다. 각종 시험을 준비하는 사람, 애정을 소망하는 사람, 사교가 잘 안 되는 사람, 아무리 노력해도 축적이 안 되는 사람, 작은 집이나 건물을 갖고자 소망해도 잘 안 되는 사람, 가족운이 미약하고 가족 부양이 힘든 사람, 열심히 노력해도 결국 남 좋은 일만 시키는 사람 등등, 이런 사람들이 이곳에서 명상과 기증폭을 하면 확실한 소원을 이룰 수 있다.

그곳에 갈 수 있는 사람이 누구일까? 운이 지극히 좋은 사람이라야 그곳에 가서 인연을 맺게 될 것이다. 그곳에 가게 되는 사람은 바로 행운을 받은 것이나 다름없다고 확신하다.

세계 곳곳에는 명산이 많다. 특히 우리 나라는 많은 명산을 가진 복된 나라다. 백두산이 있고 금강산·천의산·지리산·설악산·소백산·태백산 등 많은 명산이 있다. 그러나 동해시에서 15분 거리인 무릉계곡 능선은 태백의 정기를 이어받은 유일한 곳이다.

필자가 반해 버리고 푹 빠져버린 그곳에 신정음양연구회 기증폭 수련장을 만들었으면 하는 것이 크나큰 소망이기도 하다.

선관단식과 기의 조화, 사천 용님선원 여지헌 원장

기(氣)에 대해 깊이 연구하다보니 많은 기연구가와 기전문가를 만나게 되었다. 그 중에 한 사람이 바로 경남 사천시 용현면에 소재한 선관단식(禪觀斷食) 용님선원의 여지헌 원장이다.

여지헌 원장도 저자의 책 독자로 흉금 없는 인연을 맺게 된 분이다. 필자가 회장직을 맡고 있는 '산청·함양 양민학살사건 유족회'의 일로 고향인 경남 산청에 갔다 용님선원을 방문하게 되었다. 그때만 하더라도 사천의 촌구석에 있는 선관단식 수련원이 무슨 볼거리가 있겠는가 하는 선입견이 있었기에 큰 기대는 하지 않았다. 그러나 용님선원에 도착해서는 그곳이 마치 무학대사가 이르던 삼신봉 청학동을 방불케 할 정도로 산세가 좋음에 필자는 한 번 놀랐고, 또한 앞으로는 청수가 흐르고 뒤로는 산소가 풍부한 숲이 있기에 선관단식을 하기에는 적지임에 두 번 놀랐다. 이런 연유로 필자는 여지헌 원장을 평범하지 않은 사람으로 느끼게 되어 많은 만남과 대화를 나누는 사이에 필자의 판단이 옳았음을 입증했다.

많은 사람들이 알고 있듯이 단식은 칼을 대지 않는 완전무결한 대수술이다. 더구나 선관단식은 단순히 질병 퇴치만이 목적이 아니라 심신까지 맑게 하여 고매한 인격자로 변모케 하는데 그 수행과정이 일반 단식과는 많은 차이를 보이고 있다. 용님선원의 여지헌 원장은 이런 선관단식을 20여년 연구해 온 단식의 권위자로서 이런 분을 만나게 된 것을 필자로서는 큰 기쁨으로 가지고 있다.

한마디로 선관단식은 육체를 영체로 바꾸는 수행법이라 하겠다.

음식으로 만들어진 인간의 육체는 그 조직이 조잡하여 외부의 충격에 쉽게 부서지고 망가지며 죽으면 썩어서 한 줌의 흙으로 돌아가지만, 영체는 그 조직이 정묘하고 정화된 체질로 변함을 말하며, 죽어서 다비(茶毘)를 하여도 타지 않고 오색영롱한 사리로 남는다.

대표적인 예가 바로 불교의 석가세존이다. 석가세존은 히말라야 설산에서 6년의 단식고행을 통하여 세속의 조잡한 육신을 모두 불태워 버리고 우주의 기로 전신을 재구성해 보리수 아래에서 대각(大覺)을 성취하기 이전에 이미 육신이 모두 불신(佛身)으로 변해 있었다. 그리하여 열반 후에는 전신이 수백 개의 쇄신사리로 변하였던 것이다.

선관단식도 이와 같은 개념이다. 대장간에서 녹슨 무쇠를 시뻘건 불에 달구어 두드려서 독을 완전히 제거한 후 금강보검을 만들 듯이 선관단식도 이와 같다는 것이다. 선관단식에서 관(觀)이란 이론적 개념으로 파악할 수 없는 생명의 실상을 직관에 의해 깨달음을 말하며 외부세계를 보는 시(視)와는 정반대 되는 개념이다. 사념이 외부세계로 흐를 때 진리는 점점 더 멀어지지만 내부세계로 향하여 자기자신의 참 모습을 찾을 때 삼라만상의 모든 의문도 명명 백백하게 드러나게 된다. 즉 관은 정신적인 개념이며 내부세계를 추구해 들어가는 수행법이고, 이것이 바로 선관단식인 것이다.

결론적으로 선관단식이란 몸 속의 불순물을 모두 태워버리고 선(禪)과 연단(鍊丹) 수련으로 외기를 체내에 끌어들여 정신과 육체를 단련함과 아울러 인생의 모든 유혹을 타파해 어떠한 외부세계의 유혹에도 동요되지 않고 편안한 마음으로 항상 즐거움 속에서 살아가게 하는 수행법이다. 이런 선관단식의 실력자이자 권위자인 여지헌 원장을 만나게 된 것은 개인적으로 기쁨이 아닐 수 없다. 더구나 필자 역시 용님선원을 자주 방문하게 되면서 불치병이 걸렸거나 수술로 치유가 불가능했던 사람들이 선관단식 수련을 해 건강한 몸과 정신을 되찾는 것을 자주 보면서 새삼 선관단식의 효능에 놀라지 않을 수 없었다.

이렇듯 필자와 독자로 맺어진 인연은 한결같이 심성이 고왔다. 모두 봉사정신이 투철한 사람들이었다. 여지헌 원장도 그런 분이었다. 일에 대한 의욕도 대단했고 자기의 심신을 던져 이웃을 사랑하는 자비로운 마음이 더욱 존경스러웠다. 특히 단식에 대해 지식이 부족한 필자로서는 여지헌 원장의 해박한 식견에 놀라울 정도였다.

처음 그곳에서 불치환자를 단식으로 치료한다는 것이 믿기지 않았지만, 직접 보고 확인해 보니 효험이 대단한 것을 알게 되었다.

단식수련원이 전국에 많은 줄로 알고 있다. 그런데 단식의 최대 효험을 받는 데는 우선 물이 좋아야 하고 산세로부터 받는 기가 강해야 큰 효험을 얻게 된다는 사실을 발견하게 되었다.

여지헌 원장은 그곳에서 10여 년을 보냈지만 물질적인 얻음은 없다고 했다. 그러나 그는 천만금을 얻었다고 본다. 왜냐 하면 많은 사람들로부터 존경과 신뢰를 한껏 받고 있기 때문이다. 그는 앞으로 몇십 년의 운을 앞당겨 그곳을 찾는 사람이 완쾌되고, 또한 기와 운을 배려함으로써 사회와 인류에 봉사하는 훌륭한 사회인이 될 것으로 믿어 의심치 않았다.

필자의 친척 한 사람은 당뇨에 합병증까지 얻어 불치에 가까웠다. 서울의 큰 병원에 간 것은 말할 것도 없고, 유명하다는 소문만 들어도 달려가서 치료를 받곤 하였는데 별 효험이 없었다. 수천만 원의 진료비를 들여 전국 유명한 곳을 찾아다녔지만 효험은커녕 점점 더 악화되고 있었다. 그를 필자가 용님선원을 소개하자, 그곳에서 단 1회의 단식으로 큰 효험을 봤다는 기쁜 소식을 들었다. 몇 번 계속해서 거의 완치 단계까지 이른 모양이다. 이런 불치병 뿐만 아니라 몸이 비대한 젊은 남녀도 그곳에서 단식 1회로 큰 효험을 본다는 것이다.

우리의 통념으로도 단식의 효능에 대해 많이 듣고 있다. 그러나 실제 체험을 해보면, '정말 단식이 좋은 거구나' 하는 것을 느끼게 된다. 앞에서도 언급했지만 용님선원의 자리를 자세히 살펴보면 이렇게 훌륭한 곳이 있었구나 하고 깜짝 놀라게 된다.

'유진취지상 용생두각 연후등천(有進就之像 龍生頭魚 然後登天)'의 지형이다. 즉, 용의 머리에 뿔이 나자 곧이어 하늘로 오르는 기가 있는 곳이었다. 말하자면 땅을 파서 금을 얻으니 마침내 형통함을 얻고 길성이 몸에 따르니 뜻을 이루고 지위가 있으며, 공직자는 높은 뜻과 복록을 얻게 되므로 만사가 형통하는 격이다. 특히 불치와 고질적 환자는 그곳에서 단식과 더불어 기증폭을 하게 되면 음양의 조화가 잘 어우러져 큰 효험을 얻게 된다.

저자의 독자였던 김성식(55세)도 고위 공직자였는데, 그분도 필자의 소개로 용님선원(055)834-1115 전화번호만 듣고 찾아가 단식과 기증폭을 받고 오랜 지병이었던 만성위염과 관절염이 깨끗이 낫게 되었다고 전해 왔다.

천제존성(天帝尊星) 82령부

사람들은 갖가지 재앙과 불행이 닥칠 때마다 과학의 힘으로도 해결할 수 없는 일들이 너무나 많음을 새삼 느끼곤 한다. 그럴 때마다 무엇인가에 의지하고 호소하고 싶은 생각이 들게 된다. 그래서 신앙을 갖기도 하고 선인들이 태고적부터 사용하며 전해 내려오는 부적의 도움을 받기도 한다. 이 천제존성 82령 부적은 모든 재난과 병마로 인한 불행을 타개해 주는 힘을 가지고 있다. 이 부적을 액자로 만들어 매일 아침 저녁으로 정화수를 떠놓은 뒤 향불을 피워 놓고 기도하면 가정이 안정되고 번창하며 가족들의 건강과 행복은 물론 입신 출세하여 부귀영화를 누린다. 기와 82신령에 담긴 글을 명상 끝에 작성한 것이다. 서정범 교수도 초능력의 기가 나온다고 했다. 사진 위에 손바닥을 대고 느껴보라. 이 신령한 작품은 고위층 인사에 그려준 7호이다.

▌ **저자와의 상담전화** ▌

평생전화 ｜ 0502-2235-6715
대표전화 ｜ 02)765-4724～5
팩　　스 ｜ 02)765-4726

｜ **大運** ｜ 오천년 숨겨진 비밀

초　　판 ｜ 1997년　7월　30일
개 정 판 ｜ 1997년 12월　30일
증 보 판 ｜ 2003년　5월　10일
중　　판 ｜ 2012년　5월　30일

지 은 이 ｜ 鄭 再 原
펴 낸 이 ｜ 洪 鐵 夫
펴 낸 곳 ｜ **文 志 社**

등록일자 ｜ 1978년 8월 11일
등록번호 ｜ 제3-50호

주　　소 ｜ 서울특별시 은평구 갈현1동 423-16
전　　화 ｜ 편집팀 02)386-8451
　　　　　　영업팀 02)386-8452
　　　　　　팩　스 02)386-8453

책 값 17,500원

＊잘못된 책은 구입한 곳에서 바꾸어 드립니다.